2020 职(执)业资格考试辅导丛书

公路水运工程试验检测人员考试

习题精练与解析

交 通 工 程

吴建新 主编

人民交通出版社股份有限公司

北 京

内 容 提 要

本书根据2020年度《交通工程》科目考试大纲的相关要求，精心编写了大量练习题，并附有详细解析。全书分为两部分。第一部分为习题及参考答案，共17章，分别为：基础知识、道路交通标志、交通标志反光膜、道路交通标线、路面标线涂料、防腐粉末涂料及涂层、公路安全护栏、隔离设施、防眩设施、突起路标、轮廓标、监控设施、通信设施、收费设施、低压配电设施、照明设施、隧道机电设施。第二部分为试验检测师和助理试验检测师考前模拟试卷。

本书可作为公路水运工程试验检测人员考前复习参考资料。

图书在版编目(CIP)数据

公路水运工程试验检测人员考试习题精练与解析．交通工程／吴建新主编．—北京：人民交通出版社股份有限公司，2020.8

(2020职(执)业资格考试辅导丛书)

ISBN 978-7-114-16681-5

Ⅰ．①公…　Ⅱ．①吴…　Ⅲ．①交通工程—试验—资格考试—题解②交通工程—检测—资格考试—题解　Ⅳ．①U41-44②U61-44

中国版本图书馆CIP数据核字(2020)第111003号

书　　名：公路水运工程试验检测人员考试习题精练与解析　交通工程
著 作 者：吴建新
责任编辑：丁　遥
责任校对：孙国靖　魏佳宁
责任印制：刘高彤
出版发行：人民交通出版社股份有限公司
地　　址：(100011)北京市朝阳区安定门外外馆斜街3号
网　　址：http://www.ccpcl.com.cn
销售电话：(010)59757973
总 经 销：人民交通出版社股份有限公司发行部
经　　销：各地新华书店
印　　刷：北京市密东印刷有限公司
开　　本：787×1092　1/16
印　　张：21.75
字　　数：523千
版　　次：2020年8月　第1版
印　　次：2020年8月　第1次印刷
书　　号：ISBN 978-7-114-16681-5
定　　价：80.00元

前　言

随着我国交通建设事业的快速发展,为了加强公路水运建设项目管理,规范施工过程中的试验检测行为,提高试验检测队伍的整体素质和专业技术水平,确保公路水运工程试验检测工作质量,交通部自1998年以来陆续颁布了《公路水运工程试验检测人员资质管理暂行办法》《公路水运工程试验检测管理办法》和《公路水运工程试验检测人员考试办法》等系列规章制度,启动了公路水运工程试验检测人员从业资格管理。2007年,交通部基本建设质量监督总站以省为单位组织了公路水运工程试验检测人员业务考试;2009年以来,交通运输部工程质量监督局会同交通运输部职业资格中心,在全国范围内先后组织了六次公路水运工程试验检测人员统一考试。

2015年6月23日,人力资源社会保障部、交通运输部联合印发了《关于印发〈公路水运工程试验检测专业技术人员职业资格制度规定〉和〈公路水运工程试验检测专业技术人员职业资格考试实施办法〉的通知》(人社部发〔2015〕59号),标志着公路水运工程试验检测专业技术人员水平评价类国家职业资格制度正式设立。

2020年4月,交通运输部职业资格中心发布了《2020年度公路水运工程试验检测专业技术人员职业资格考试大纲》。考试大纲分为助理试验检测师和试验检测师两个级别,均设《交通工程》科目和专业科目,其中,专业科目包括《道路工程》《桥梁隧道工程》《交通工程》《水运结构与地基》《水运材料》等5个科目。

为满足广大考生的备考需要,我们根据2020年度《交通工程》科目考试大纲的相关要求,精心编写了大量练习题,并附有参考答案及详细解析,力求将知识点融入习题中,并通过解析让考生能够举一反三,帮助考生进一步巩固掌握知识点,避免看书过程中的枯燥,提高复习效率。

本书由湖南大学吴建新主编。参与本书编写人员有:湖南师范大学孙红英,湖南湖大土木建筑工程检测有限公司王洪斌、龚伟。

本书难免有疏漏和不当之处,请各位考生提出宝贵意见和建议,以便修订时参考。

主　编

2020年7月

致考生

2015年6月23日，人力资源社会保障部、交通运输部联合印发了《关于印发〈公路水运工程试验检测专业技术人员职业资格制度规定〉和〈公路水运工程试验检测专业技术人员职业资格考试实施办法〉的通知》(人社部发〔2015〕59号)，标志着公路水运工程试验检测专业技术人员水平评价类国家职业资格制度正式设立。

一、《交通工程》的特点

1. 考试的内容面广

依据《公路水运工程试验检测专业技术人员职业资格考试大纲》(2016年版)的规定，在公路水运工程试验检测专业技术人员职业资格考试中，将原来的《交通安全设施》和《机电工程》两门专业考试科目合并为《交通工程》一门专业考试科目，可见《交通工程》科目考试的内容之广泛。

本书第一部分共17章，分别为：基础知识、道路交通标志、交通标志反光膜、道路交通标线、路面标线涂料、防腐粉末涂料及涂层、公路安全护栏、隔离设施、防眩设施、突起路标、轮廓标、监控设施、通信设施(原通信管道习题并入此章)、收费设施[新增加"入口称重检测设施(设备)组成及要求"和"电子不停车收费(ETC)门架系统"相关习题]、低压配电设施、照明设施、隧道机电设施。

2. 涵盖的学科广

《交通工程》涵盖的学科和技术内容主要有光学、气象学、声学、测量学、电学、力学及现代通信技术、现代交通控制技术、激光技术、计算机软件技术、计算机网络技术、数据加密与信息安全技术、视频技术、图像和语音信号压缩编码技术、监控图像的流媒体处理技术、数据采集与处理技术、网络管理与设计技术、信息显示技术、电源技术、防雷接地技术、遥感和遥测技术等。这就要求助理试验检测师和试验检测师要加强以上学科和技术的理论学习，用相关理论指导检测过程。

3. 检测项目多和检测仪器多

据统计，交通工程中的检测指标达300项之多，只有真实地测取这些客观评价指标才能准确地评价交通工程的质量；其检测仪器类型达30多种，且很昂贵，配置齐全需200多万元，如光时域反射仪的价格高达数万元一台。这就要求助理试验检测师和试验检测师要熟悉多种仪器的使用方法和试验检测的方法并正确评估检测误差。

交通工程测试的仪器主要有数字式万用表、接地电阻测试仪、绝缘电阻测试仪、耐压测试仪、涂层测厚仪、亮度计、色度计、照度计、温度计、湿度计、测速雷达、轻便磁感风向风速表、光时域反射仪、光源、光功率计、可变光衰减器、PCM 传输分析仪、低速数据测试仪、铷钟(或铯钟)、网络通信分析仪、网络协议分析仪、视频信号发生器、视频测量仪、数字存储示波器、网络电缆通信分析仪、电缆故障测试仪、线缆测试仪、信号发生器、声级计、音频性能分析仪、全站仪等。

4. 标准多且更新快

由于《交通工程》中新技术、新产品的不断采用和普及,其相关的标准也很多且更新快,如发光二级管(LED)产品的标准更新最快的为 2 年。据统计,《交通工程》所涉及的国家标准有近 40 个,所涉及的交通、邮电行业标准也有近 40 个。

本次修订更新的标准主要有:《公路工程质量检验评定标准　第一册　土建工程》(JTG F80/1—2017)、《公路交通安全设施设计规范》(JTG D81—2017)、《公路交通安全设施设计细则》(JTG/T D81—2017)、《外壳防护等级(IP 代码)》(GB/T 4208—2017)、《地下通信管道用塑料管》(YD/T 841.1 ~ 841.5—2016)、《公路地下通信管道　高密度聚乙烯硅芯塑料管》(JT/T 496—2018)等。由于标准更新牵涉的面较广,本次修订从第一章到第十一章都做了较大的修改,并适当增加了综合题题量。故请大家在复习时,注意已更新标准的相关更新点和修改点。

二、考生该如何备考

《交通工程》科目涉及的知识面广、跨学科多、检测项目多、检测仪器多、标准多,且要求记忆的知识点都相对独立、学习记忆难度大,是考试的难点。如何备考复习、有效提高应试成绩是广大考生共同关注的问题。为此,我们提出了以下几点备考建议,仅供参考。

(1)严格按照考试大纲梳理知识点。切实按大纲的具体内容和要求进行复习和做题。本书也是严格按大纲的内容和要求编写的,题目的特点是:了解的内容一般出单选题和判断题;熟悉的内容一般出单选题、判断题和多选题;掌握的内容一般出多选题和综合题。

(2)紧抓核心考点、高频考点、新增考点、易错考点和与工程实际联系紧密的考点,善于思考和归纳整理。如色度性能和光度性能测试及数据分析判断涉及道路交通标志、交通标志反光膜、道路交通标线、路面标线涂料、防腐粉末涂料及涂层、突起路标、轮廓标、监控设施和收费设施等部分,其测试方法基本相同,不同的主要是非发光体和发光体的区别,白昼测试和夜晚测试的区别,入射角和测试角改变的区别及不同材料的色品坐标有效区的区别等。考生应注意弄懂一个题目,推广到一类题目,做到举一反三,则能收到事半功倍的复习效果。

由于本科目考点多，知识点覆盖面广，记忆精准性要求高，因此，考生需要借助教材等考试资料对每一部分所涉及的知识点重新复习、架构，对每个部分的考试要点进行分析、解读，分类总结，把握每一类问题的一般规律，用不同记忆方法复习，处理好熟悉内容与不熟悉内容。

(3)各章综合题是考生应特别注意的重点。此外，书末根据2020年度考试大纲精心编写了两套模拟试卷，可供考前练笔使用。

要特别强调的是，考生在备考复习过程中，一定要以考试大纲和考试用书作为主要复习资料，认真踏实复习，深入理解掌握各个知识点。本辅导书仅作为参考资料。

最后，预祝各位考生顺利通过考试！

目　录

第一部分　习题及参考答案

第二部分　模拟试卷及参考答案

第一部分

习题及参考答案

第一章

基 础 知 识

复习提示

本章涵盖的范围很广，主要包括光学、气象学、声学、测量学、电学、力学及现代交通控制技术、计算机软件设计技术、计算机网络技术等基础知识。同时，既有技术性问题，又有管理性问题，如单位工程、分部工程、分项工程的划分和相应的工程质量检验评定方法及检查项目的合格率计算等。另外，本章对应的标准也很多，包括公路工程质量检验评定标准；公路交通安全设施质量检验抽样方法；公路交通安全设施设计细则；环境温度、环境湿度、机械振动、冲击试验、盐雾试验、人工加速老化试验、IP防护等级等试验设备和操作方法等标准。考生一定要以考试大纲和2020年版考试用书《交通工程》作为主要复习资料，认真踏实复习，深入理解掌握各个知识点。

与本章有关的规范《环境试验　第2部分：试验方法　试验Fc：振动（正弦）》（GB/T 2423.10—2019）已于2019年发布，自2020年1月1日起实施。需要说明的是，本章习题的解析中相关标准名称通常提及一次，后面习题的解析中相同的标准名称则不再提及。故有些题目只有参考答案而无解析部分。在其后的各章中也是如此。

本章引用的标准《公路工程质量检验评定标准　第一册　土建工程》（JTG F80/1—2017）中的相关施工工程质量要求及检验评定标准在后续第二章至第十一章中还将引用。

习　题

一、单项选择题

1. 公路监控设施分为（　　）。

A. A、B两个等级　　B. A、B、C三个等级

C. A、B、C、D四个等级　　D. A、B、C、D、E五个等级

2. 工程质量检验评定单元为（　　）。

A. 单位工程　　B. 分部工程　　C. 分项工程　　D. 合同段

3. 交通安全设施工程一般项目的合格率应不小于(　　)。

A. 70%　　B. 75%　　C. 80%　　D. 90%

4. 交通安全设施关键项目的合格率应不小于(　　)。

A. 75%　　B. 85%　　C. 95%　　D. 100%

5. 可见光也是一种电磁波,其波长范围为(　　)。

A. 780 ~ 2500nm　　B. 2500 ~ 15000nm

C. 380 ~ 780nm　　D. 120 ~ 380nm

6. 高速公路的公路服务水平至少应不低于(　　)。

A. 一级　　B. 二级　　C. 三级　　D. 四级

7. 光源色温超过 5300K 时(　　)。

A. 光色偏红　　B. 光色偏黄　　C. 光色偏绿　　D. 光色偏蓝

8. 用显色指数对光源的显色性进行定量的评价,Ra 值越大(　　)。

A. 光源的显色性越差　　B. 光源的显色性越好

C. 光源偏红　　D. 光源偏蓝

9. 防雷系统通常由接闪器、引下线和(　　)组成。

A. 避雷线　　B. 避雷针　　C. 避雷网　　D. 接地装置

10. 人眼中光谱视效率最大的光波长为(　　)。

A. 455nm　　B. 555nm　　C. 655nm　　D. 755nm

11. 1 单位立体角内发射 1 流明的光,其对应量为(　　)。

A. 亮度:1 尼特(nt)　　B. 光通量:1 流明(lm)

C. 照度:1 勒克斯(lx)　　D. 发光强度:1 坎德拉(cd)

12. 单位立体角内发射的光通量所对应的物理量为(　　)。

A. 发光强度　　B. 亮度　　C. 照度　　D. 光通量

13. 公路服务水平最好的级别为(　　)。

A. 一级　　B. 三级　　C. 四级　　D. 六级

14. JT/T　×××—××××为(　　)。

A. 交通运输行业强制性行业标准　　B. 交通运输行业推荐性行业标准

C. 交通运输行业推荐性标准　　D. 交通运输行业强制性标准

15. 系统软件主要包括操作系统、语言处理程序和(　　)。

A. 用户程序　　B. 实时程序　　C. 实用程序　　D. 编辑程序

16. 软件可用下列公式表示(　　)。

A. 软件 = 程序 + 数字 + 文档　　B. 软件 = 程序 + 数据 + 文档

C. 软件 = 程序 + 数值 + 文档　　D. 软件 = 程序 + 算法 + 文档

17. 软件质量的定义是(　　)。

A. 软件的功能性、可靠性、易用性、效率、可维护性、可移植性

B. 满足规定用户需求的能力

C. 最大限度达到用户满意

D. 软件特性的总和,以及满足规定和潜在用户需求的能力

18. 下列硬件部件中,不属于中央处理器(CPU)中控制器的部件是( )。

A. 时序部件和微操作形成部件　　B. 程序计数器

C. 外设接口部件　　D. 指令寄存器和指令译码器

19. 在计算机系统中,构成虚拟存储器( )。

A. 只需要一定的硬件资源便可实现　　B. 只需要一定的软件即可实现

C. 既需要软件也需要硬件方可实现　　D. 既不需要软件也不需要硬件

20. 数据库中能保证不产生死锁的方法为( )。

A. 两段锁协议　　B. 一次封锁法　　C. 2 级封锁协议　　D. 3 级封锁协议

21. 下列关于软件开发的叙述中,与提高软件可移植性相关的是( )。

A. 选择时间效率高的算法

B. 尽可能减少注释

C. 选择空间效率高的算法

D. 尽量用高级语言编写系统中对效率要求不高的部分

22. 1984 年 ISO/TC 提出的计算机网络 7 层协议中,最低层是( )。

A. 物理层　　B. 应用层　　C. 用户层　　D. 会话层

23. 电磁兼容性(EMC)测试包括测试方法、测量仪器和( )。

A. 测量标准　　B. 试验场所　　C. 频谱分析仪　　D. 屏蔽室

24. 电磁兼容性(EMC)测试包含电磁干扰测试及( )。

A. 辐射耐受性测试　　B. 静电测试

C. 电磁耐受性测试　　D. 电性快速瞬时干扰耐受测试

25. 循环盐雾试验严酷等级(1)为( )。

A. 4 个喷雾周期,每个 2h,每组喷雾周期后有一个为期 7d 的湿热储存周期

B. 8 个喷雾周期,每个 4h,每组喷雾周期后有一个为期 7d 的湿热储存周期

C. 2 个喷雾周期,每个 2h,每组喷雾周期后有一个为期 22h 的湿热储存周期

D. 4 个喷雾周期,每个 2h,每组喷雾周期后有一个为期 5d 的湿热储存周期

26. 盐雾试验结果的判定方法有( )。

A. 超声雾化法　　B. 评级判定法　　C. 数据统计法　　D. 经验判定法

27. 人工模拟盐雾试验包括中性盐雾试验、醋酸盐雾试验、铜盐加速醋酸盐雾试验和( )。

A. 高温湿热试验　　B. 静电效应试验　　C. 酸性盐雾试验　　D. 交变盐雾试验

28. 交变盐雾试验是一种综合盐雾试验,它主要用于( )。

A. 空腔型的整机产品　　B. 线型金属产品

C. 电子产品　　D. 平板状产品

29. 盐雾试验结果的常用表述方法有:腐蚀物的外观特征、按腐蚀百分比、按腐蚀率、照经验划分和( )。

A. 按质量增减　　B. 盐雾沉降率　　C. 钠盐分析法　　D. 气体色相

30. 高速公路机电系统属于( )。

A. 单位工程　　B. 分项工程　　C. 分部工程　　D. 合同段

31. 在合同段中,具有独立施工条件和结构功能的工程为(　　)。

A. 检验批　B. 分部工程　C. 分项工程　D. 单位工程

32. 交通工程一般项目的合格率应不低于(　　)。

A. 75%　B. 80%　C. 85%　D. 90%

33. 交通安全设施工程关键项目的合格率应不低于(　　)。

A. 85%　B. 90%　C. 95%　D. 100%

34. 机电工程分项工程各项实测检查项目的权值均为(　　)。

A. 0.9　B. 1.0　C. 1.2　D. 1.5

35. 机电工程中施工单位对每分项工程的检查频率为(　　)。

A. 30%　B. 50%　C. 80%　D. 100%

36. 评定为不合格的分项工程,经加固、补强或返工调测,满足设计要求后可以重新评定其质量等级,但计算分部工程评分值时按其复评分值的(　　)计算。

A. 80%　B. 85%　C. 90%　D. 95%

37. 机电工程检验评定内容包括基本要求、实测项目、资料和(　　)。

A. 参数测试　B. 功能测试　C. 外观鉴定　D. 性能测试

38. 工程质量检验评定以分项工程为单元,采用(　　)。

A. 5 分制　B. 100 分制

C. 甲、乙、丙、丁分级制　D. 合格率

39. 监控设施工程属于机电工程中的(　　)。

A. 单项工程　B. 单位工程　C. 分部工程　D. 分项工程

40. 工程质量保证资料应真实、准确、齐全、完整,其检查时间为(　　)。

A. 分项工程质量检验评定之前　B. 分项工程质量检验评定之后

C. 分部工程质量检验评定之前　D. 分部工程质量检验评定之后

41. 机电工程关键项目的合格率不小于(　　)。

A. 75%　B. 85%　C. 95%　D. 100%

42. 工程质量最基本的检验评定单元为(　　)。

A. 检验批　B. 分项工程　C. 分部工程　D. 单位工程

43.《公路工程质量检验评定标准　第一册　土建工程》(JTG F80/1—2017)第 3.2.4 条规定:本标准规定的检查方法为标准方法,采用其他高效检测方法应经(　　)。

A. 专家组确认　B. 比对确认　C. 主管部门确认　D. 总监确认

44. 湿度有 3 种基本形式,即水汽压、相对湿度和(　　)。

A. 绝对湿度　B. 比湿　C. 露点温度　D. 焓湿度

45. 在常温下,如果压力增加 1 倍,相对湿度会(　　)。

A. 增加 2 倍　B. 增加 1 倍　C. 不变　D. 减小一半

46. 户外设备做振动试验,在 2 ~ 9Hz 扫频时期位移幅值为(　　)。

A. 2mm　B. 3.5mm　C. 5mm　D. 6.5mm

47. 车载设备做振动试验,频率上限为(　　)。

A. 200Hz　B. 300Hz　C. 400Hz　D. 500Hz

48. 老化试验一个循环周期所需的时间和总试验时间分别为(　　)。
A. 20h,27 周期　B. 22h,27 周期　C. 24h,30 周期　D. 30h,48 周期

49. 防腐涂层厚度检测所用仪器一般是(　　)。
A. 微波测厚仪　B. 多普勒测厚仪　C. 超声波测厚仪　D. 射线测厚仪

50. 公路机电设备的镀锌层厚度不得低于(　　)。
A. 50μm　B. 65μm　C. 85μm　D. 100μm

51. 试验设备的计量检定有效期一般为(　　)。
A. 半年　B. 1 年　C. 2 年　D. 3 年

52. 涂层测厚仪检测前要校准,校准方法为(　　)。
A. 仪器自动校准　B. 通过自检程序校准
C. 激光校准　D. 用探头测量校准试块校准

53. IP 防护等级组成的数字有(　　)。
A. 1 个　B. 2 个　C. 3 个　D. 4 个

54. 做 IPX4 防水试验,应采用(　　)。
A. 喷水试验　B. 短时浸水试验　C. 溅水试验　D. 淋水试验

55. 1 库仑/秒为(　　)。
A. 1Ω(电阻)　B. 1W(功率)　C. 1V(电压)　D. 1A(电流)

56. 我国低压配电设备都能适用的海拔为(　　)。
A. 500m 及以下地区　B. 1000m 及以下地区
C. 1500m 及以下地区　D. 2000m 及以下地区

57. 试验证明,温度一定时,导体的电阻与(　　)。
A. 截面面积成正比　B. 导体长度成反比
C. 电阻率成反比　D. 电阻率成正比

58. 两个相同阻值的电阻 R,并连接到电压为 220V 的电源上,则流过电阻 R 的电流为(　　)。
A. 220/2　B. $220/(2R)$　C. $220/R$　D. $220\times2/R$

59. 粗细和长度相同的一根铜导线和一根铝导线串联在同一电路中,则(　　)。
A. 两根导线上的电流一定相等
B. 两根导线的电阻一定相等
C. 铜导线上的电流大于铝导线上的电流
D. 两根导线上的电流方向相反

60. 线圈中有无感应电动势,主要取决于(　　)。
A. 线圈中有无磁力线通过　B. 穿过线圈中磁力线的数目有无变化
C. 线圈是否闭合　D. 线圈中有无磁通通过

61. 正弦量的三要素为(　　)。
A. 最大值、角频率、初相角　B. 周期、频率、角频率
C. 最大值、有效值、频率　D. 最大值、周期、频率

62. 交流系统中与接地中性线对应的母线颜色为(　　)。

A. 红色　B. 黄色　C. 绿色　D. 黑色

63. 若三相四线制供电系统的相电压为 220V，则线电压为（　　）。

A. 220V　B. $220\sqrt{2}$ V　C. $220\sqrt{3}$ V　D. $380\sqrt{2}$ V

64. 三极管用作开关元件时，应工作在（　　）。

A. 放大区　B. 截止区　C. 饱和区　D. 截止区和饱和区

65. 将交流电变为直流电的电路称为（　　）。

A. 稳压电路　B. 滤波电路　C. 整流电路　D. 放大电路

66. 图示电路中，$V_A = 3V$，$V_B = 0V$，若二极管的正向压降忽略不计，则 V_F 为（　　）。

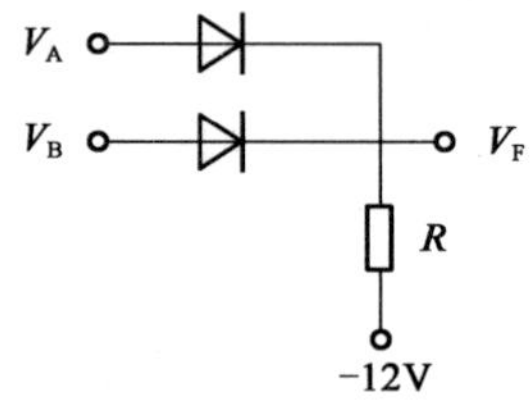

A. －12V　B. －9V　C. 0V　D. 3V

67. 下列逻辑符号中，能实现 $F = \overline{AB}$ 逻辑功能的是（　　）。

A. 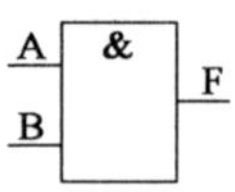

B. 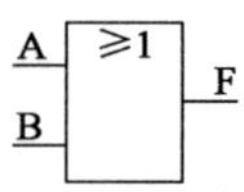

C. 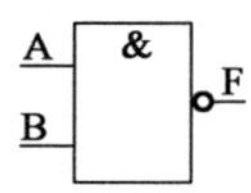

D. 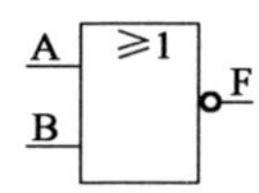

68. 最常用的数码显示器的字码段数为（　　）。

A. 五段　B. 六段　C. 七段　D. 九段

69. 编码器属于（　　）。

A. 时序逻辑电路　B. 组合逻辑电路　C. 触发器　D. 振荡器

70. 交流电流表、电压表指示的数值是（　　）。

A. 平均值　B. 最大值　C. 有效值　D. 瞬时值

71. 若用万用表测二极管的正、反向电阻的方法来判断二极管的好坏，好的二极管应为（　　）。

A. 正、反向电阻相等　B. 正向电阻大，反向电阻小

C. 反向电阻比正向电阻大很多倍　D. 正、反向电阻都等于无穷大

72. 下列不属于循环盐雾试验周期的阶段状态的是（　　）。

A. 喷雾　B. 湿热　C. 干燥　D. 二氧化硫

73. 交通行业中使用的车载机电产品依据《公路机电系统设备通用技术要求及检测方法》(JT/T 817—2011)做振动试验时，扫频速率为（　　）。

A. 每分钟 1 个倍频程　B. 每分钟 5 个倍频程

C. 每分钟 5 个循环　D. 每分钟 10 个循环

74. 当人从黑暗的电影院走入阳光下双眼视觉下降的现象称为（　　）。

A. 不适型眩光　B. 光适应型眩光　C. 失能型眩光　D. 干扰型眩光

75. 表示电能消耗快慢的物理量是（　　）。

A. 电动势　　B. 电功率　　C. 电流　　D. 电压

76. 在验收型抽样中，抽样方案通常用(　　)。

A. 一次抽样方案　　B. 二次抽样方案　　C. 三次抽样方案　　D. 多次抽样方案

77. 在结构上，标准一般由规范性要素和资料要素组成。规范性要素又可分为一般要素和(　　)。

A. 技术要素　　B. 附属要素　　C. 补充要素　　D. 概述要素

78. 在验收型检验中，为破坏性或检测时间较长的检验项目而规定的样本大小称为(　　)。

A. 一般样本数　　B. 特殊样本数　　C. 孤立样本数　　D. 随机样本数

79. 采用《计数抽样检验程序　第1部分：按接收质量限(AQL)检索的逐批检验抽样计划》(GB/T 2828.1—2012)检验时，转移规则的具体批次要求为(　　)批。

A. 大于5　　B. 大于10　　C. 大于15　　D. 大于20

80.《环境试验　第2部分：试验方法　试验Fc：振动(正弦)》(GB/T 2423.10—2019)中规定扫描频率范围应覆盖危险频率的(　　)。

A. 0.7～1.3倍　　B. 0.75～1.25倍

C. 0.8～1.2倍　　D. 0.85～1.15倍

二、判断题

1. 安全是在人类生产过程中，将系统的运行状态对人类的生命、财产、环境可能产生的损害控制在人类能接受水平以下的状态。(　　)

2. 线形诱导标志用于引导行车方向，提示道路使用者前方线形变化，注意谨慎驾驶。(　　)

3. 常规路面的构造包括面层、垫层和路基。(　　)

4. 桥梁的三个主要组成部分是上部结构、桥跨结构和附属结构。(　　)

5. 路基指的是按照路线位置和一定技术要求修筑的作为路面基础的带状构造物。(　　)

6. 公路服务水平是指驾驶员感受公路交通流运行状况的质量指标，通常用行驶时间、驾驶自由度和交通延误等指标表征。(　　)

7. 质量不仅指产品的质量，也指过程和体系的质量。(　　)

8. 在大型桥梁桥跨上部结构与桥台端墙之间必须加装伸缩缝。(　　)

9. 交通工程常用的系统分析方法有线性规划、图与网络理论、灰色模型法等。(　　)

10. 产品质量是指产品"反映实体满足明确和隐含需要的能力和特性的总和"。(　　)

11. 标准体系的基本结构可分为基础标准、服务标准、技术标准、产品标准四类。(　　)

12. 抽样时根据批量大小、接收质量限等因素决定样本大小和判定数组。(　　)

13. 评定为不合格的分项工程返工后，重新评分值时按其复评分值的90%计算。(　　)

14. 可见光的光谱分布波长范围为380～780nm。(　　)

15. 逆反射的发现奠定了光纤传输的理论基础。(　　)

16. 光源的色温用摄氏度(℃)表示。(　　)

17. 用色温的概念完全可以描述连续光谱光源的颜色特性。（　）

18. 人眼对不同波长的可见光具有不同的视觉灵敏度。（　）

19. 辐射功率相等时，波长 555nm 的黄绿光比波长 650nm 的红光的光通量大 10 倍。（　）

20. 某点在给定方向的亮度因数等于该方向的亮度与相同条件下全反射或漫反射的漫射体的亮度之比。（　）

21. 色度计量是指对颜色量值的计量。（　）

22. 因远大于眼睛能适应的照明而引起烦恼、不适或丧失视觉的感觉称眩光。（　）

23. 入射光方向变化较大时，反射光仍从接近入射光的反方向返回称逆反射。（　）

24. 软件动态测试是指通过运行软件来检验软件的动态行为和运行结果的正确性。（　）

25. 软件通常被分成应用软件和高级软件两大类。（　）

26. 电磁兼容性（EMC）是指设备或系统在其电磁环境中能正常运行。（　）

27. 电磁干扰有传导干扰和辐射干扰两种。（　）

28. 超声雾化法不容易控制盐雾沉降率。（　）

29. 盐雾试验是考核产品或材料的抗盐雾腐蚀能力的重要手段。（　）

30. 需要进行盐雾试验的产品主要是一些金属产品，通过检测来考察产品的抗腐蚀性。（　）

31. 称重判定不适用对某种金属耐腐蚀质量进行考核。（　）

32. 盐雾试验溶液：盐溶液采用氯化钠（化学纯、分析纯）和蒸馏水或去离子水配制，其浓度为（5 ±0.1）%（体积百分比）。（　）

33. 循环盐雾试验有 6 个严酷等级。（　）

34. 关于盐雾试验：试验温度为 35℃ ±2℃，连续雾化，推荐的持续时间为 16h、24h、48h、96h、168h、336h、672h。（　）

35. 只有在其使用的设备、原材料、半成品、成品及施工工艺符合基本要求的规定时才能对分项工程质量进行检验评定。（　）

36. 机电工程实测关键项目合格率不得低于 90%。（　）

37. 机电工程分项工程各项实测检查项目的权值均为 1。（　）

38. 分项工程质量评定合格应符合：（1）检验记录应完整；（2）实测项目应合格；（3）施工资料应齐全。（　）

39. 机电工程分项工程检查频率，工程监理单位为 30%。（　）

40. 交通安全设施分项工程评分值不小于 75 分者为合格，小于 75 分者为不合格。（　）

41. 交通安全设施每标段为一单位工程。（　）

42.《公路工程质量检验评定标准　第一册　土建工程》（JTG F80/1—2017）规定：对检查项目按规定的检查方法和频率进行指定抽样检验并计算合格率。（　）

43. 检查项目合格率（%）$=\frac{\text{检查合格的点(组)数}}{\text{该检查项目的全部检查点(组)数}}\times 100$。（　）

44. 分项工程应按基本要求、实测项目、外观质量等检验项目分别检查。　(　　)

45. 从路段长度规定的检查频率是双车道路段的最低检查频率，对多车道应按车道数与双车道之比相应增加检测量。　(　　)

46. 通常每个检验批应由同型号、同等级、同种类(尺寸、特性、成分等)，且生产工艺、条件和时间基本相同的单位产品组成。　(　　)

47. 交通工程检验评定的内容包括基本要求、实测项目、外观鉴定和质量保证资料检查等检验项目。　(　　)

48. 不管是工厂验收还是工地抽验，接收质量限 AQL≤1.0。　(　　)

49. 分项工程是分部工程的组成部分，是施工图预算中最基本的计算单位。　(　　)

50. 分部工程所属任一分项工程不合格，则该分部工程为不合格。　(　　)

51. 评定为不合格的分项工程，经加固、补强或返工、调测，满足设计要求后，可以重新进行检验评定。　(　　)

52. 机电工程的分部工程为监控设施、通信设施、收费设施、低压配电设施、照明设施和隧道机电设施。　(　　)

53. 温度试验是环境试验中最基础的一种。　(　　)

54. 露点受温度影响，但不受压力影响。　(　　)

55. 相对湿度受温度的影响很大，压力也会改变相对湿度。　(　　)

56. 车载设备做振动试验，频率上限为 500Hz。　(　　)

57. 冲击试验常用半正弦形脉冲、梯形脉冲、后峰锯齿形脉冲，后峰锯齿形脉冲具有更均匀的响应谱。　(　　)

58. 冲击试验常用的 3 种冲击脉冲波形为：半正弦形脉冲、梯形脉冲、后峰锯齿形脉冲。　(　　)

59. 振动台按其工作原理可以分为机械振动台、电动振动台和液压振动台。　(　　)

60. 振动试验的严酷等级由频率范围、振动幅值和耐久试验的持续时间 3 个参数共同确定。　(　　)

61. 户外设备做振动试验时，2～9Hz 按位移控制，位移幅值 3.5mm；9～150Hz 按加速度控制，加速度为 $20m/s^2$。　(　　)

62. 评价材料的老化主要通过两种方法：户外暴晒和人工加速老化。　(　　)

63. 材料的老化现象有褪色、氧化、开裂、失光、粉化、强度下降等。　(　　)

64. 人工加速老化试验所用的仪器设备有人工加速老化试验箱、黑板温度计、拉力机、冰箱和恒温玻璃水槽。　(　　)

65. 老化试验一个循环周期所需的时间和总试验时间分别为 22h、27 周期。　(　　)

66. IP65 表示产品可以完全防止粉尘进入并可用水冲洗，无任何伤害。　(　　)

67. 机电设备的立柱壁厚、板厚做检测，仪器一般用超声波测厚仪。　(　　)

68. 超声波测厚仪检测前要校准。校准方法为用校准试块校准。　(　　)

69. 公路机电设备的镀锌层厚度不得低于 85μm。　(　　)

70. 涂装质量好坏，最后都要体现在涂膜好坏上，所以涂装后的质量检测主要是对涂膜性能的检测。　(　　)

71. 漆膜附着力是指漆膜与被涂物件表面结合在一起的坚固程度。（　）

72. 电路中有电压必有电流。（　）

73. 电流产生的条件是必须具有能够自由移动的电荷。（　）

74. 串联电路中，流过各电阻上的电流是处处相等的。（　）

75. 正弦电压 $u(t)=100\sqrt{2}\sin(314t+60°)$ V，则该正弦电压的频率为 0.02s。（　）

76. 二极管、三极管、场效应管是常用的开关元件。（　）

77. 组合逻辑电路任意时刻的稳定输出只由该时刻的输入信号取值组合决定，而与原电路状态无关。（　）

78. 时序逻辑电路的输出与电路的原状态无关。（　）

79. 雷击分为直击雷和感应雷。（　）

80. 交流电源接地系统主要包括工作接地、防静电接地、防雷接地 3 种形式。（　）

81. 防直击雷装置包括接闪器、引下线和接地体。（　）

82. 工厂验收在供货方检验合格的批中抽样，工地抽验在工厂验收合格的批中抽样，监督抽查可在任何时间、地点对产品进行抽样。（　）

83. 工频运行电压下，电气装置外绝缘的爬电距离应符合相应环境污染分级条件下的爬电比距要求。（　）

84. 耐候人工加速试验时，喷淋和氙灯冷却用水为导电电阻大于 0.5MΩ · cm 的纯净水。（　）

85. 放宽检验条件下，出现不合格批被拒收，从下一个批次开始转入加严检验。（　）

86. 除特殊规定外，机电产品的试验条件为环境温度：25 ~ 55℃；相对湿度：35% ~ 75%；大气压力：85 ~ 106kPa。（　）

87. 电阻只和导体的长度、截断面积、材料和温度有关，而和电压、电流无关。（　）

88. 机电设备依据《外壳防护等级（IP 代码）》（GB/T 4208—2017）做外壳防护等级防尘试验时，正常情况下应开启的泄水孔，试验期间应封堵。（　）

89. 对软件测试来说，穷举测试是不可能的，测试不是无止境的，要考虑到测试目标、人力、资源的限制。（　）

90. 对确定的放电点进行静电放电抗扰度试验，试验电压为 2kV；至少施加 10 次单次放电，放电之间间隔至少 1s；产品的各种动作、功能及运行逻辑应正常。（　）

91. 监督检验等级代表了监督检验的严格程度，分第一监督检验等级和第二监督检验等级。（　）

92. 机电工程实测关键项目合格率不得低于 95%。（　）

93. 外场机电设备宜采用 NT 系统接地。（　）

94. 交通机电产品耐温度交变试验通常用“两箱法”，低温为 -50℃，高温为 +70℃。（　）

95. 抗射频电磁场辐射试验是模拟开关动作和雷电感应产生的骚扰对电子设备造成的干扰，测试被试验设备的抗干扰能力。（　）

96. 机械振动中的危险频率可引起样品呈现出不正常和/或性能变坏，机械共振和/或其他作用的响应，如颤动。（　）

三、多项选择题

1. 工程质量评定等级分为(　　)。

A. 不合格　B. 合格　C. 良好　D. 优质

2. 从是否针对系统的内部结构和具体实现算法的角度来看,软件测试分为(　　)。

A. 白盒测试　B. 黑盒测试　C. 恢复测试　D. 强度测试

3. 计算机网络按拓扑结构可分为(　　)。

A. 星形网络　B. 环形网络　C. 总线网络　D. 互联网络

4. 一般盐雾试验的试验设备和仪器有(　　)。

A. 盐雾试验机　B. 温度测量仪器

C. 万能材料试验机　D. 盐雾沉降量测量仪器

5. 盐雾试验所用的温度传感器是(　　)。

A. 银铜合金　B. 铂电阻　C. 热电偶　D. 铬电阻

6. 循环盐雾试验的试验设备有(　　)。

A. 氧气瓶　B. 盐雾箱　C. 喷雾器　D. 湿热箱

7. 常见的盐雾试验喷雾方法有(　　)。

A. 空气喷雾法　B. 气压喷射法　C. 气压喷塔法　D. 超声雾化法

8. IP 防水等级和防尘等级分为(　　)。

A. IPX0 ~ IPX9　B. IP0X ~ IP6X　C. IPX1 ~ IPX9　D. IP1X ~ IP6X

9. 验收型检验使用的标准为(　　)。

A.《计数抽样检验程序　按极限质量 LQ 检索的孤立批检验》(GB/T 15239—1994)

B.《计数抽样检验程序　第 1 部分:按接收质量限(AQI)检索的逐批检验抽样计划》(GB/T 2828.1—2008)

C.《计数抽样检验程序　第 1 部分:按接收质量限(AQI)检索的逐批检验抽样计划》(GB/T 2828.1—2012)

D.《计数抽样检验程序　第 2 部分:按极限质量水平(LQ)检索的孤立批检验抽样方案》(GB/T 2828.2—2008)

10. 通常表征交通流的参数为(　　)。

A. 交通量　B. 载货量　C. 车流密度　D. 车速

11. 交通调查包括(　　)。

A. 交通量调查　B. 车速调查　C. 车流密度调查　D. 延误调查

12. 交通系统的特点为具有(　　)。

A. 整体性　B. 相关性　C. 目的性　D. 环境适应性

13. 交通工程常用的系统分析方法有(　　)。

A. 非线性规划　B. 排队论　C. 灰色模型法　D. 神经网络法

14. 标准包含的要义为(　　)。

A. 获得最佳秩序　B. 各方协商一致

C. 重复性的事物　D. 公认的权威机构批准发布

15. 质量概念可以分为(　　)。

A. 符合性质量概念　　B. 适用性的质量概念

C. 效益性质量概念　　D. 广义质量概念

16. 无形的数据库产品的产品质量应当符合(　　)。

A. 真实性　　B. 准确性　　C. 完整性　　D. 合法性

17. 交通安全设施包括(　　)。

A. 道路交通标志　　B. 安全护栏　　C. 防眩设施　　D. 地下通信管道

18. 产品可靠性的参量有(　　)。

A. 可用功能效率　　B. 极限寿命

C. 失效率　　D. 平均无故障工作时间

19. 安全设施质量特性主要有(　　)。

A. 外观质量　　B. 材料要求　　C. 防腐涂层质量　　D. 光、色度性能

20. 分项工程中关键项目的决定因素为(　　)。

A. 安全　　B. 卫生　　C. 环境保护　　D. 公众利益

21. 建设项目质量等级评定为合格要求为(　　)。

A. 项目所含单位工程全部合格　　B. 项目所含分部工程全部合格

C. 项目所含分项工程全部合格　　D. 项目所含检验批全部优良

22. 下列波长范围中属于可见光的为(　　)。

A. 640 ~ 780nm　　B. 565 ~ 595nm　　C. 492 ~ 565nm　　D. 250 ~ 380nm

23. 光的传播规律有(　　)。

A. 同种均匀介质中光沿直线传播

B. 两束光在传播过程中相遇时互不干扰

C. 光传播途中遇到两种不同介质分界面时,发生反射和折射

D. 介质不吸收光能

24. 当光入射到实际的材料表面时会产生(　　)。

A. 漫反射　　B. 镜面反射　　C. 临界反射　　D. 逆反射

25. 描述光源光色的参数有(　　)。

A. 显色指数 Ra　　B. 色温　　C. 相关色温　　D. 色差

26. 下列视效率为零的光波长是(　　)。

A. 320nm　　B. 515nm　　C. 810nm　　D. 1320nm

27. 彩色光的基本参数有(　　)。

A. 明亮度　　B. 色差　　C. 饱和度　　D. 色调

28. 下面哪组满足光的三基色(　　)。

A. 红、绿、蓝　　B. 红、绿、黄　　C. 红、黄、蓝　　D. 黄、青、紫

29. 通常实际使用的色度计量器具主要有(　　)。

A. 标准色板　　B. 色度计　　C. 色差计　　D. 照度计

30. 眩光产生的后果主要归结为(　　)。

A. 不适型眩光　　B. 眼底型眩光　　C. 失能型眩光　　D. 光适应型眩光

31. 组批原则为通常每个检验批产品应（　　）。

A. 同型号　B. 同种类（尺寸、特性、成分等）

C. 同等级　D. 生产工艺、条件和时间基本相同

32. 分项工程质量检验内容包括（　　）。

A. 基本要求　B. 实测项目

C. 外观鉴定　D. 质量保证资料基本要求

33. 交通工程检测试验中，检测试验依据主要有（　　）。

A. 国家及行业技术标准　B. 出厂证明

C. 合格证书　D. 设计文件

34. 机电工程的分部工程有监控设施、通信设施、收费设施和（　　）。

A. 低压配电设施　B. 环境检测设施　C. 照明设施　D. 隧道机电设施

35. 机械冲击试验的技术指标包括（　　）。

A. 脉冲持续时间　B. 速度变化量　C. 波形选择　D. 峰值加速度

36. 机械振动和冲击试验的目的是（　　）。

A. 确定电工电子产品的机械薄弱环节　B. 确定电工电子产品的性能下降情况

C. 确定样品的结构完好性　D. 研究电工电子产品的动态特性

37. 机械振动试验设备有（　　）。

A. 电动振动台　B. 传感器　C. 检测仪表　D. 大功率氙灯

38. 人工加速老化试验主要设备有（　　）。

A. 黑板温度计　B. 人工加速老化试验箱

C. 喷雾器　D. 湿热箱

39. 老化试验分为（　　）。

A. 温度老化　B. 阳光辐照老化　C. 加载老化　D. 盐雾老化

40. 人工加速老化试验条件和时间为（　　）。

A. 光照和雨淋，18h　B. 冷冻（－20℃ ±2℃），2h

C. 浸水（20℃ ±2℃），2h　D. 一个循环周期 22h，总试验时间为 27 周期

41. IP 代码是指电气设备外壳的防护能力为（　　）。

A. 防止人体接近壳内危险部件

B. 防止固体异物进入壳内设备

C. 防止漏电

D. 防止由于水进入壳内对设备造成有害影响

42. 代码 IP68 表示该电气设备外壳的防护能力为（　　）。

A. 防尘 6 级，防水 8 级

B. 防尘 8 级，防水 6 级

C. 可防强烈喷水；直径 2.5mm 的试具不得进入壳内

D. 可防持续潜水影响（可长期潜水）；直径 1.0mm 的试具不得进入壳内

43. 涂膜机械性能的检测项目包括（　　）。

A. 附着力　B. 冲击强度　C. 硬度　D. 光泽

44. 涂膜特殊性能的检测项目主要包括(　　)。
A. 耐候性　B. 耐酸碱性　C. 耐油性　D. 耐溶剂性
45. 下列关于电流的说法正确的是(　　)。
A. 电荷的定向移动形成电流　B. 电源外部电流从正极流向负极
C. 正电荷定向移动的方向为电流方向　D. 负电荷定向移动的方向为电流方向
46. 下列说法正确的是(　　)。
A. 短导线的电阻比长导线的电阻小
B. 粗导线的电阻比细导线的电阻小
C. 铜导线的电阻比铁导线的电阻小
D. 同种材料长度相等,粗导线的电阻比细导线的电阻小
47. 负反馈对放大电路的影响是(　　)。
A. 降低放大倍数　B. 增大输入电阻
C. 减小输出电阻　D. 扩展放大电路通频带
48. 下列说法正确的是(　　)。
A. 三相负载作星形联结时,必须有中性线
B. 三相负载作星形联结时,线电流必等于相电流
C. 三相负载作星形联结时,线电压必为相电压的$\sqrt{3}$倍
D. 若电动机每相绕组的额定电压为220V,当对称三相电源的线电压为380V时,电动机绕组应接成星形才能正常工作
49. 理想运算放大器主要参数特点是(　　)。
A. $K_{CMR}\to\infty, r_0\to 0$　B. $A\to\infty, r_i\to\infty$
C. $r_0\to 0, r_i\to\infty$　D. $A\to\infty, r_0\to\infty$
50. 常用的滤波器有(　　)。
A. 带阻滤波器　B. 带通滤波器　C. 互通滤波器　D. 高通滤波器
51. 感应雷主要危害形态为(　　)。
A. 产生强大的感应电流或高压　B. 地电位上升
C. 静电场增加　D. 能量巨大
52. 一般来说,雷电侵入高速公路机电系统设备的路径主要有(　　)。
A. 交流电源线引入　B. 视频及控制线引入
C. 避雷针引入　D. 地电位反击
53. 公路供电系统的接地形式有(　　)。
A. TN 系统　B. TT 系统　C. IT 系统　D. TN-C-S 系统
54. 用指针式万用表测量未知电阻时(　　)。
A. 不可以带电测量电阻　B. 不可以带电切换量程
C. 应先放在欧姆挡的大量程上　D. 应先放在欧姆挡的小量程上
55. 低压测电笔使用正确的是(　　)。
A. 用手接触前端金属　B. 用手接触后端金属
C. 只能测 500V 及以下电压　D. 测时先测带电体以确定其好坏

56. 电流表的使用方法为(　　)。
A. 电流表要串联在电路中　　B. 测交流时注意极性
C. 禁止电流表直接连到电源的两极　　D. 选好量程

57. 电流表测量的正确使用方法是(　　)。
A. 电流表应与被测电路并联
B. 电流表应与被测电路串联
C. 测量时,先把量程置于最大挡位,再根据被测电流值从大到小转到合适挡位
D. 测量时,先把量程置于最小挡位,再根据被测电流值从小到大转到合适挡位

58. 随机误差的统计规律有(　　)。
A. 对称性　　B. 有界性　　C. 重复性　　D. 单峰性

59. 电流表的使用方法为(　　)。
A. 电流表要串联在电路中　　B. 测交流电流时注意极性
C. 禁止电流表直接连到电源的两极　　D. 选好量程

60. 交通标志产品各项试验的判定规则为(　　)。
A. 每项试验至少检测 3 个数据(宜在不同试样上进行),取其平均值为检测结果
B. 检测数据全部符合标准要求,则判定该批产品合格
C. 检测数据有一项不符合标准要求,抽取双倍数量的产品对该项指标进行复检
D. 若复检合格,则判定该批产品合格;若复检不合格,则判定该批产品不合格

61. 通常实际使用的色度计量器具主要有(　　)。
A. 标准色板　　B. 色度计　　C. 色差计　　D. 光谱光度计

62. 公路站内供电系统的接地形式有(　　)。
A. TN-S 系统　　B. TT 系统　　C. IT 系统　　D. TN-C-S 系统

63. 负反馈电路有(　　)。
A. 电压串联负反馈　　B. 电压并联负反馈
C. 电流串联负反馈　　D. 电流并联负反馈

64. 进行测量不确定度评定时,常见的分布函数有(　　)。
A. 正态分布　　B. t 分布　　C. 奇偶分布　　D. 均匀分布

65. 公路系统电源接地形式通常为(　　)形式。
A. TD　　B. TN　　C. IT　　D. TT

66. 钢构件防腐层涂层测厚仪包括(　　)。
A. 磁性测厚仪　　B. 电涡流测厚仪　　C. 千分尺　　D. 游标卡尺

67. 当物体在连续光谱(　　)的照射下,物体会显示出它的真实颜色。
A. 荧光灯　　B. 太阳光
C. 发光二极管(LED)灯　　D. 白炽灯

68.《环境试验　第 2 部分:试验方法　试验 Fc:振动(正弦)》(GB/T 2423.10—2019)规定的振动试验下限频率为(　　)。
A. 0.1Hz　　B. 5Hz　　C. 55Hz　　D. 100Hz

四、综合题

1. 试回答下列交通安全设施工程质量检测评定方面的问题。

(1)分项工程合格的条件为(　　)。

A. 评分≥75 分　　B. 评分≥80 分

C. 合格率≥75%　　D. 合格率≥80%

(2)分项工程验收时的相关要求为(　　)。

A. 关键项目检测合格率为 100%,否则必须进行返工处理

B. 实测项目的任一单个检测值突破规定极限值,则该实测项目不合格

C. 外观质量应进行全面检查,并满足规定要求,否则该检查项目不合格

D. 原材料配比基础等七类质量保证资料齐全

(3)不合格分项工程的处理方法为(　　)。

A. 经加固、补强满足设计要求　　B. 经返工调测满足设计要求

C. 复评分数大于 95 分为合格　　D. 满足设计要求后重新进行检验评定

(4)分部工程质量评定要求为(　　)。

A. 所属各分项工程全部合格,则该分部工程评定为合格

B. 所属任一分项工程不合格,则该分部工程评定为不合格

C. 所含分项工程和实测项目应合格

D. 所属有两项(或以上)非关键分项工程不合格,则该分部工程评定为不合格

(5)某交通安全设施单位工程各分部工程合格率均满足要求(一般项目大于 80%,关键项目大于 95%),仅有一分项工程外观质量不满足要求,该单位工程评定为(　　)。

A. 不合格　　B. 整改后重新评定

C. 合格,但不能评优　　D. 合格,但要整改

2. 试回答下列关于机械振动与冲击试验的问题。

(1)机械振动和冲击试验的目的是(　　)。

A. 用来确定电工电子产品的机械薄弱环节或性能下降情况

B. 运用试验资料结合有关规范来决定样品是否可以接收

C. 确定样品的结构完好性和研究其动态特性

D. 根据经受试验中各种严酷等级的能力来划分元器件的等级

(2)振动台按其工作原理可以分为(　　)。

A. 机械振动台　　B. 电动振动台　　C. 液压振动台　　D. 气压振动台

(3)振动试验的严酷等级由以下参数共同确定(　　)。

A. 环境温度　　B. 频率范围

C. 振动幅值　　D. 耐久试验的持续时间

(4)户外设备做振动试验时,2Hz→9Hz→150Hz→9Hz→2Hz 为一个循环,扫描速率为每分钟一个倍频程,共经历 20 个循环。其振幅控制为(　　)。

A. 2 ~ 9Hz 按位移控制,位移幅值 2mm;9 ~ 150Hz 按加速度控制,加速度为 15m/s^2

B. 2 ~ 9Hz 按位移控制，位移幅值 3.5mm；9 ~ 150Hz 按加速度控制，加速度为 $20m/s^2$

C. 2 ~ 9Hz 按位移控制，位移幅值 5mm；9 ~ 150Hz 按加速度控制，加速度为 $25m/s^2$

D. 2 ~ 9Hz 按位移控制，位移幅值 8mm；9 ~ 150Hz 按加速度控制，加速度为 $30m/s^2$

(5)车载设备做振动试验除频率上限不同外，其他试验参数和户外设备相同，其频率上限为（　　）。

A. 200Hz　　B. 300Hz　　C. 400Hz　　D. 500Hz

3. 试回答外壳类型为第二种类型（外壳内气压与周围大气压力相同）的设备，IP 防护第一位特征数字为 5 和 6 的防尘试验的问题。

(1)试验设备有（　　）。

A. 密闭防尘试验箱　　B. 粉末循环泵

C. 金属方孔筛　　D. 鼓风机（300L/min）

(2)金属方孔筛的规格为（　　）。

A. 筛孔尺寸 75μm　　B. 筛孔尺寸 100μm

C. 金属丝直径 50μm　　D. 金属丝直径 75μm

(3)滑石粉用量为（　　）。

A. $1kg/m^3$　　B. $2kg/m^3$　　C. $3kg/m^3$　　D. $4kg/m^3$

(4)被试设备放入试验箱内时正确的说法有（　　）。

A. 按正常工作位置放置

B. 按最大接受粉尘位置放置

C. 设备在正常情况下开启的泄水孔在试验期间保持开启

D. 设备在正常情况下开启的泄水孔在试验期间保持关闭

(5)被试件按正常工作位置放入试验箱，开启粉末循环泵，不停地扬尘，试验后机壳内无明显灰尘沉积，即认为试验合格。试验时间为（　　）。

A. 8h　　B. 12h　　C. 16h　　D. 24h

4. 试回答下列防腐涂层厚度检测的问题。

(1)钢铁基底的防腐涂层厚度检测所用仪器一般是（　　）。

A. 磁感应测厚仪　　B. 磁吸力测厚仪

C. 超声波测厚仪　　D. 电涡流测厚仪

(2)测厚仪必须是经计量检定合格且在有效期内可正常使用的仪器，其有效期为（　　）。

A. 6 个月　　B. 1 年　　C. 18 个月　　D. 2 年

(3)涂层测厚仪检测前要校准。校准方法为（　　）。

A. 仪器自动校准　　B. 通过自检程序校准

C. 激光校准　　D. 用探头测量校准试块校准

(4)常用的测厚仪及其测厚范围为（　　）。

A. 磁性涂层测厚仪（1200μm）　　B. 电涡流涂层测厚仪（3000μm）

C. 超声波测厚仪（50000μm）　　D. 红外测厚仪（200000μm）

(5)镀锌层厚度不得低于（　　）。

A. 50μm　　B. 65μm　　C. 85μm　　D. 100μm

5. 试回答抽样检验一般规定的相关问题。

(1)抽样原则有(　　)。

A. 科学　　B. 使错判概率最小

C. 经济　　D. 使漏判概率最小

(2)按照检验目的和检验实施主体将公路交通安全设施抽样检验分为(　　)。

A. 工厂验收　　B. 工地抽验　　C. 监理抽验　　D. 监督抽查

(3)公路交通安全设施有缺陷的产品分为(　　)。

A. A 类,主要质量特性不符合产品技术标准要求

B. B 类,外观有较明显缺陷,其他质量特性符合产品技术标准的要求

C. C 类,外观有轻微缺陷,其他质量特性符合产品技术标准的要求

D. D 类,外观无缺陷,其他个别质量特性基本符合产品技术标准的要求

(4)对于 A 类缺陷产品(　　)。

A. 无条件拒收

B. 经订货方同意后,修复后予以降级使用

C. 经订货方同意后,修复后予以降价使用

D. 经订货方同意后,修复后一般予以接收

(5)抽样标准的选用正确的有(　　)。

A. 在工厂验收时,采用 GB/T 28281—2012,并规定 AQL = 1.0

B. 在工地抽验时,采用 GB/T 28281—2012,并规定 AQL = 4.0

C. 检验中供货方不能提供批的质量信息时,应作孤立批处理,按《计数抽样检验程序 第 2 部分:按极限质量水平(LQ)检索的孤立批检验抽样方案》(GB/T 2828.2—2008)的规定执行

D. 对路面标线涂料和玻璃珠等散粒料或液体进行检验时,按《色漆、清漆和色漆与清漆用原材料取样》(GB/T 3186—2006)规定执行

6. 某工地到货 DB2 类热浸镀锌波形钢护栏板共 1180 块,按 GB/T 2828 抽样检验(该类产品前 5 批质量较稳定)。试回答下列问题。

(1)接收质量限 AQL 为(　　)。

A. 1.0　　B. 2.0　　C. 3.0　　D. 4.0

(2)检验水平为(　　)。

A. Ⅰ　　B. Ⅱ　　C. Ⅲ　　D. Ⅳ

(3)抽样方案为(　　)。

A. 一次抽样方案　　B. 二次抽样方案

C. 三次抽样方案　　D. 四次抽样方案

(4)样本数为(　　)。

A. 32　　B. 50　　C. 80　　D. 125

(5)若不合格品数为 2(一块为板厚不达标,一块为定尺长度不达标),则该批产品为(　　)。

A. 合格　　B. 可降级使用

C. 不合格　　D. 需进行第二次抽样检测

7. 试回答下列接地电阻的问题。

(1)接地电阻测试仪的类型有(　　)。

A. 手摇发电机式打钎法接地电阻测试仪

B. 电子式打钎法接地电阻测试仪

C. 手摇发电机式钳形表法接地电阻测试仪

D. 电子式钳形表法接地电阻测试仪

(2)《公路工程质量检验评定标准　第二册　机电工程》(JTG F80/2—2004)中对接地电阻测试仪准确度要求为(　　)。

A. 0.5 级　　B. 1.0 级　　C. 2.5 级　　D. 没具体规定

(3)手摇发电机式打钎法接地电阻测试仪各端子名称为(　　)。

A. 电流极 C1　　B. 标准电位极 C2　　C. 电位极 P1　　D. 辅助电位极 P2

(4)测量时各端子接线为(　　)。

A. 电流极 C1 接 40m 外的地钎　　B. 标准电位极 C2 接被测接地极

C. 电位极 P1 接 20m 外的地钎　　D. 辅助电位极 P2 接 20m 外的地钎

(5)测量时注意事项有(　　)。

A. 测量前断开接地极与被测设备的连接

B. 匀速摇动测量仪,转速为 150r/min

C. 辅助电位极 P2 地钎与标准电位极 C2 地钎距离大于 20m

D. 地钎尽量打在潮湿土壤中,必要时在地钎周围浇水

8. 试回答下列绝缘电阻的问题。

(1)接地电阻测试仪的类型有(　　)。

A. 手摇发电机式绝缘电阻测试仪　　B. 电子式绝缘电阻测试仪

C. 霍尔元件式绝缘电阻测试仪　　D. 超声式绝缘电阻测试仪

(2)机电设备绝缘电阻测试时对绝缘电阻测试仪准确度要求为(　　)。

A. 0.5 级　　B. 1.0 级　　C. 2.5 级　　D. 没具体规定

(3)绝缘电阻测试仪各端子名称为(　　)。

A. "地"(E)端钮　　B. "线"(L)端钮

C. "屏"(G)端钮　　D. "放"(F)端钮

(4)测量时各端子接线为(　　)。

A. "地"(E)端钮与被测设备的外壳或接地端相连(黑表笔)

B. "线"(L)端钮应与被测设备的导线相连(红表笔)

C. "屏"(G)端钮与"线"端钮外面的一个铜环连接

D. "放"(F)端钮为放电端钮,与电源接地相连接

(5)测试注意点及常见问题为(　　)。

A. 测试前将被测设备控制机箱内的空气开关断开

B. 测试前取下被测设备的防雷模块

C. 测试仪输出电压设置到 500V 挡

D. 测试完毕后注意将红黑表笔短接放电

9. 试回答机电设备的电气安全性能的相关问题。

(1)使用交流 220V 供电的机电设备在工地仓库抽测其电源接线端子与机壳的绝缘电阻值为(　　)。

A. ≥50MΩ　　B. ≥80MΩ　　C. ≥100MΩ　　D. ≥150MΩ

(2)使用交流 220V 供电的机电设备安装到位后抽测其电源接线端子与机壳的绝缘电阻值为(　　)。

A. ≥50MΩ　　B. ≥80MΩ　　C. ≥100MΩ　　D. ≥150MΩ

(3)使用交流 220V 供电的机电设备电气强度试验条件为(　　)。

A. 在产品电源接线端子与机壳之间施加频率 50Hz、有效值 1500V 的正弦交流电

B. 历时 1min,应无火花、闪络和击穿现象

C. 漏电电流不大于 2mA

D. 漏电电流不大于 5mA

(4)公路机电系统产品安全接地试验说法正确的有(　　)。

A. 产品应设安全保护接地端子

B. 接地端子与机壳连接可靠

C. 接地端子与机壳之间的接触电阻应小于 0.1Ω

D. 接地端子与机壳之间的接触电阻应小于 0.25Ω

(5)公路机电系统设备宜采用的接地方式为(　　)。

A. 外场设备宜采用 TT 系统接地

B. 外场设备宜采用 IT 系统接地

C. 外场设备宜采用 TN-C-S 系统接地

D. 金属外壳的设备应设置保护端子且应清楚标注,便于识别

10. 试回答电磁兼容的相关问题。

(1)电磁骚扰种类有(　　)。

A. 电磁干扰　　B. 传导骚扰　　C. 辐射骚扰　　D. 静电放电

(2)电磁兼容性 EMC 指(　　)。

A. 设备或系统在其电磁环境中能正常工作

B. 设备或系统工作时不产生传导骚扰

C. 设备或系统工作时不产生辐射骚扰

D. 设备向外释放的电磁能量应在允许的范围内

(3)静电放电抗扰度要求有(　　)。

A. 对所确定的放电点(操作人员正常使用设备时可能接触的表面)采用接触放电

B. 试验电压为 2kV,至少施加 10 次单次放电

C. 放电之间间隔至少 1s

D. 产品的各种动作、功能及运行逻辑应正常

(4)辐射电磁场抗扰度要求有(　　)。

A. 对正常运行的设备四个侧面分别在发射天线垂直极化位置进行试验

B. 对正常运行的设备四个侧面分别在发射天线水平极化位置进行试验

C. 发射场强为 5V/m

D. 产品的各种动作、功能及运行逻辑应正常

(5)电快速瞬变脉冲群抗扰度要求有（　　）。

A. 将 2kV 试验电压通过耦合/去耦网络施加到供电电源端口和保护接地上

B. 将 1kV 试验电压通过耦合/去耦网络施加到输入输出信号和控制端口上

C. 施加试验电压 5 次

D. 每次持续时间不少于 1min

11. 试回答电气强度试验相关问题。

(1)电气强度测试仪器(耐压测试仪)的精度为（　　）。

A. 0.5 级　　B. 1.0 级　　C. 1.5 级　　D. 2.0 级

(2)试验前的准备工作有（　　）。

A. 确认断开设备电源开关，将被测设备的并联电容器、浪涌保护器等附件折开

B. 确认耐压测试仪电源未接通且其升压旋钮已调至最小，将测试仪接地端子可靠接入安全地

C. 将耐压测试仪输出接地与被测设备的 PE 端子可靠连接

D. 将耐压测试仪输出高压测试棒闭路

(3)预备测试过程中说法正确的有（　　）。

A. 耐压测试仪通电，设置漏电流大小(通常 5mA)，设置计时器 1min

B. 启动计时器

C. 缓慢调节升压旋钮，使耐压测试仪输出电压为 50Hz、有效值 1500V 的正弦交流电压

D. 计时器回零，调节升压旋钮，使耐压测试仪输出电压为 0

(4)测试过程中说法正确的有（　　）。

A. 将耐压测试仪输出高压测试棒接至被测设备的电源接线 L 端，升压至有效值 1500V 并启动计时器，观察设备应无火花、闪络和击穿现象，漏电电流不大于 5mA；历时 1min

B. 若不通过则试验终止，该试验产品电气强度不合格

C. 若通过，则高压测试棒接至被测设备的电源接线 PE 端，重复 A 选项步骤

D. 测试完耐压测试仪输出电压回零

(5)测试后处理工作有（　　）。

A. 断开耐压测试仪电源

B. 卸下高压棒并断开测试仪与被测设备的其他连线

C. 恢复被测设备所做改动

D. 对试验进行记录并签字

12. 中性盐雾试验是人工模拟盐雾环境来考核产品或金属材料耐腐蚀性能的环境试验方法，请根据有关知识和标准回答下列问题。

(1)为确保盐雾试验结果的可靠性，试验前盐雾试验箱应进行计量校准并在有效期内，盐

雾试验箱需要计量校准的参数包括(　　)。

A. 试验箱内温度　　B. 试验箱内湿度

C. 试验箱盐雾沉降量　　D. 试验箱内压力

(2)产品的防腐层在做中性盐雾试验时,其步骤一般包括(　　)。

A. 准备试样　　B. 配制溶液　　C. 放置试样　　D. 设置试验条件

(3)中性盐雾试验中,正确的操作方法包括(　　)。

A. 试验周期内喷雾不得中断

B. 只有需要短期观察试样时,才能打开盐雾箱

C. 如果试验终点取决于开始出现腐蚀的时间,应经常检查试样

D. 定期目视检查预定试验周期的试样

(4)交通工程产品中性盐雾试验的评定方法一般采用(　　)。

A. 评级判定法　　B. 称重判定法

C. 腐蚀物出现判定法(外观评定法)　　D. 腐蚀数据统计分析法

(5)盐雾试验结束后,试样恢复操作方法正确的是(　　)。

A. 取出试样后不用马上清洗,先在室内干燥 0.5 ~ 1h

B. 干燥后用温度不高于 40℃的清洁流动水清洗残留的盐雾溶液

C. 清洗后用吹风机吹干

D. 清洗后用干净软布擦干

13. 温度交变试验用于评价电子元件设备和其他产品经受环境温度迅速变化的能力,请根据《环境试验　第 2 部分:试验方法　试验 N:温度变化》(GB/T 2423.22—2012),回答下列问题。

(1)GB/T 2423.22—2012 中涉及以下几种试验方法,我国公路机电产品温度交变试验一般选择(　　)。

A. 试验 Na:规定转换时间的快速温度变化试验

B. 试验 Nb:规定温度变化速率的温度变化试验

C. 试验 Nc:两液槽温度快速变化试验

D. 试验 Q:密封

(2)以下有关温度交变试验设备,描述正确的是(　　)。

A. 试验设备可以采用一个具有快速温度交变能力的专用试验箱,也可以采用一个高温箱和一个低温箱的组合

B. 如果采用两湿度箱的组合,高温箱和低温箱放置位置应能使试验样品在规定时间内从一个箱转移到另一个箱,转换方法可以是手动或自动

C. 试验箱中放置样品的任一区域内应能保持试验所规定的空气温度

D. 样品放入试验箱后,需在 5min 内完成对试验箱加压

(3)以下有关温度交变试验方法,描述正确的是(　　)。

A. 初始检测时应按有关标准的规定,对试验样品进行外观检查及机械和电气安全性能的检测

B. 将无包装、不通电的试验样品,在“准备使用”状态下,按正常工作位置放置于试验

箱内。然后打开样品的电源,使其处于正常工作状态

C. 高温和低温试验箱的转换时间应为 5 ~ 10min

D. 达到规定的试验持续时间后关闭试验箱电源,在标准大气条件下进行恢复,时间要足以达到温度稳定

(4)温度交变试验的严酷等级决定因素有(　　)。

A. 高温温度值　　B. 低温温度值　　C. 转换时间　　D. 循环次数

(5)温度交变试验可能会使样品出现的问题有(　　)。

A. 样品内部出现润滑脂凝结现象　　B. 样品的电源模块出现工作故障

C. 样品结构变形或开裂　　D. 玻璃蒙面的样品破碎

习题参考答案及解析

一、单项选择题

1. C

【解析】《公路工程技术标准》(JTG B01—2014)4.2。

2. C

3. C

【解析】《公路工程质量检验评定标准　第一册　土建工程》(JTG F80/1—2017)3.2.5。JTG F80/1—2017 改变了2004版中评分的做法,而改用合格率对公路工程进行质量检验评定。

4. C

【解析】《公路工程质量检验评定标准　第一册　土建工程》(JTG F80/1—2017)3.2.5。

5. C

6. C

【解析】《公路工程技术标准》(JTG B01—2014)3.4.2。

7. D

8. B

9. D

【解析】避雷线即引下线;避雷针、避雷网均为接闪器。

10. B

11. D

12. B

13. A

【解析】《公路工程技术标准》(JTG B01—2014)。

14. C

15. C

【解析】系统软件由操作系统、实用程序、编译程序等组成。操作系统实施对各种软硬件资源的管理控制；实用程序是为方便用户所设；编译程序的功能是把用户用汇编语言或某种高级语言所编写的程序翻译成机器可执行的机器语言程序。

16. B

【解析】软件 = 程序 + 数据 + 文档中的数据，既有数字之意又有数据库等含义。

17. D

【解析】满足规定和潜在用户需求的能力是软件质量的本质。

18. C

【解析】外设接口部件属于I/O的范围，不属于CPU中控制器的部件。

19. C

【解析】要存储就要用硬件单元，而安排区域引导数据等就是软件的工作范围。

20. B

【解析】一次封锁法要求每个事务必须一次将所有要使用的数据全部加锁，否则就不能继续执行。一次就将以后要用到的全部数据加锁，势必扩大了封锁的范围，从而降低了系统的并发度，降低并发度就意味着能保证不产生死锁。

21. D

【解析】高级语言编写的程序可移植性强。

22. A

【解析】7层分别为物理层、数据链路层、网络层、传输层、会话层、表示层、应用层。

23. B

【解析】EMC测试包括测试方法、测量仪器和试验场所，测试方法以分类为依据，测量仪器以频域为基础，试验场地是进行EMC测试的先决条件。

24. C

【解析】电磁耐受性测试主要是检测产品在各种电磁干扰环境下能否正常工作，而辐射耐受性测试、电性快速瞬时干扰耐受测试已包含在电磁耐受性测试中，静电测试不属于电磁兼容性测试。

25. A

26. B

【解析】盐雾试验的目的是考核产品或金属材料的耐盐雾腐蚀质量，盐雾试验结果的判定方法有评级判定法、称重判定法、腐蚀物出现判定法、腐蚀数据统计分析法。

27. D

【解析】人工模拟盐雾试验包括中性盐雾试验（NSS试验，最早，应用最广）、醋酸盐雾试验（腐蚀比NSS快3倍）、铜盐加速醋酸盐雾试验（腐蚀是NSS的8倍）、交变盐雾试验。

28. A

【解析】交变盐雾试验实际上是中性盐雾试验加恒定湿热试验，它主要用于空腔型的整机产品。通过潮态环境的渗透，使盐雾腐蚀不但在产品表面产生，也在产品内部产生，是将产品在盐雾和湿热两种环境条件下交替转换，最后考核整机产品电性能和机械性能有无变化。

29. A

【解析】盐雾试验结果的表述有很多种方法，常用的表述方法为腐蚀物的外观特征、按腐蚀百分比、按腐蚀率、按质量增减和按照经验划分。

30. A

31. D

【解析】《公路工程质量检验评定标准 第一册 土建工程》(JTG F80/1—2017) 3.1.1。

32. B

【解析】《公路工程质量检验评定标准 第一册 土建工程》(JTG F80/1—2017) 3.2.5。

33. C

【解析】《公路工程质量检验评定标准 第一册 土建工程》(JTG F80/1—2017) 3.2.5。

34. B

35. D

36. C

37. C

38. D

【解析】《公路工程质量检验评定标准 第一册 土建工程》(JTG F80/1—2017) 3.2.4。

39. C

40. A

【解析】《公路工程质量检验评定标准 第一册 土建工程》(JTG F80/1—2017) 3.3.3。

41. D

【解析】《公路工程质量检验评定标准 第一册 土建工程》(JTG F80/1—2017) 3.2.5。

42. B

【解析】《公路工程质量检验评定标准 第一册 土建工程》(JTG F80/1—2017)3.3。

43. B

【解析】《公路工程质量检验评定标准 第一册 土建工程》(JTG F80/1—2017) 3.2.4。

44. C

【解析】湿度有3种基本形式，即水汽压(绝对湿度)、相对湿度和露点温度。

45. A

【解析】相对湿度指特定温度下水汽分压和饱和水汽压之比，受温度和压力的影响很大。

46. B

47. D

48. B
49. C
50. C
51. B

【解析】绝大部分试验设备的计量检定有效期为1年。

52. D

【解析】涂层测厚仪检测前必须用探头测量校准试块自校，否则误差大，主要是受温度影响。

53. B

【解析】IP防护等级由两个数字组成，第1个数字表示电器防尘、防止外物侵入的等级，第2个数字表示电器防湿气、防水侵入的密闭程度，数字越大表示其防护等级越高。

54. C

【解析】见《外壳防护等级(IP代码)》(GB/T 4208—2017)。

55. D
56. D
57. D

【解析】电阻 $R=\rho L/S$(式中：ρ 为导体电阻率，L 为导体长度，S 为导体截面面积)。

58. D

【解析】$I=U/R$，两个相同阻值 R 的电阻并联等效电阻为 $R/2$。

59. A

【解析】串联电路电流相同。

60. B

【解析】感应电动势 $e=N\Delta\Phi/\Delta t$(式中：N 为匝数，$\Delta\Phi/\Delta t$ 为线圈中磁通变化率)。

61. A

【解析】有了最大值、角频率、初相角才能确定一个正弦量。

62. D

【解析】三相交流母线颜色分别为：A母线为黄色，B母线为绿色，C母线为红色，接地中性线为黑色，不接地中性线为白色。

63. C

【解析】$U_1=\sqrt{3}U_p$。

64. D

【解析】开状态的三极管工作在饱和区，关状态的三极管工作在截止区。

65. C

【解析】只有通过整流电路才能去掉交流电的负半周。

66. D

【解析】F 点的电位由 V_A 决定(钳位)，此时二极管A受正压，二极管B受负压。

67. C

【解析】$F=\overline{AB}$为与非门逻辑式，其对应为C中的与非门逻辑符号。

68. C

【解析】数字显示器件是最常用的显示器件,而笔画最多的数字8可用七段线条组合。

69. B

【解析】编码器能将每一组输入信息变换为相应进制的代码输出,电路中不含存储元件,输入输出之间无反馈通道,以上两点为组合逻辑电路的显著特征。

70. C

【解析】在实际测量中,交流电表指示数均为有效值。

71. C

【解析】二极管具有单向导电性。

72. D

【解析】循环盐雾试验不存在二氧化硫周期的阶段。

73. A

【解析】《公路机电系统设备通用技术要求及检测方法》(JT/T 817—2011)4.4.3。

74. B

【解析】眩光分为不适型眩光、光适应型眩光、失能型眩光三种。光适应型眩光为人从黑暗处走入阳光下双眼视觉下降的现象。

75. B

【解析】电动势、电流、电压都不能表示电能的消耗速率。

76. A

【解析】《公路交通安全设施质量检验抽样方法》(JT/T 495—2014)。

77. A

【解析】标准一般由规范性要素和资料要素组成。规范性要素可分为一般要素和技术要素,资料要素又可分为概述要素和补充要素。

78. B

【解析】《公路交通安全设施质量检验抽样方法》(JT/T 495—2014)。

79. B

【解析】《公路交通安全设施质量检验抽样方法》(JT/T 495—2014)5.1.2.5。

80. C

【解析】《环境试验　第2部分:试验方法　试验Fc:振动(正弦)》(GB/T 2423.10—2019)3.11。

二、判断题

1. √

【解析】安全是相对危险而言的,通常是指免受人员伤害、财产损失、设备损坏或环境破坏的一种客观状态。安全的本质是将损害控制在人类能接受水平以下的状态。

2. √

【解析】线形诱导标志用于引导车辆驾驶员改变行驶方向,视需要设于易肇事弯道路段、小半径匝道曲线或中央隔离设施及渠化设施的端部。

3. ×

【解析】路面是在路基顶面用各种混合料铺筑而成的层状结构物。常规路面构造包括面层、垫层、基层。

4. ×

【解析】桥梁上部结构由桥跨结构、支座系统组成。桥梁主要由上部结构、下部结构和附属结构组成。

5. √

6. ×

【解析】缺平均行驶速度。

7. √

8. √

9. √

10. √

11. ×

【解析】共五类,漏掉了“相关标准”。

12. ×

【解析】漏掉“检验严格程度”。

13. ×

【解析】《公路工程质量检验评定标准　第一册　土建工程》(JTG F80/1—2017)3.3.6。复评时权值不是0.9(2004版规范),而为1(2017版规范)。

14. √

15. ×

16. ×

17. √

18. √

19. √

20. ×

【解析】应将“漫反射”改为“全透射”。

21. √

22. √

23. √

24. √

【解析】软件的测试方法很多,不同的出发点用不同的测试方法。按测试过程分为静态分析法、动态测试法。动态测试是直接执行程序进行测试,包括功能测试、接口测试和结构测试,观察程序的行为,记录执行的结果,从执行结果来分析程序可能出现的错误。

25. ×

【解析】软件通常被分成应用软件和系统软件两大类,软件系统的最内层是系统软件,应用软件是用户按其需要自行编写的专用程序。

26. ×

【解析】电磁兼容性(EMC)是指设备或系统在其电磁环境中符合要求运行并不对其环境中的任何设备产生无法忍受的电磁干扰的能力。因此,EMC包括两个方面的要求:一方面是指设备在正常运行过程中对所在环境产生的电磁干扰不能超过一定的限值;另一方面是指器具对所在环境中存在的电磁干扰具有一定程度的抗扰度,即电磁敏感性。

27. √

【解析】电磁干扰有传导干扰和辐射干扰两种。传导干扰主要是电子设备产生的干扰信号通过导电介质或公共电源线互相产生干扰;辐射干扰是指电子设备产生的干扰信号通过空间耦合把干扰信号传给另一个电网络或电子设备。

28. ×

【解析】超声雾化法很容易控制盐雾沉降率,超声波频率越高,所产生的盐雾越细,盐雾沉降率就越低。可以通过调节超声波频率来达到控制盐雾沉降率的目的。

29. √

【解析】盐雾试验是考核产品或材料抗盐雾腐蚀能力的重要手段。试验结果的科学性、合理性至关重要。影响盐雾试验结果稳定性和一致性的因素很多,要提高盐雾试验结果的有效性,试验技术是关键。

30. √

【解析】盐雾试验的目的是考核产品或金属材料的耐盐雾腐蚀质量。

31. ×

【解析】称重判定是通过对腐蚀试验前后样品的质量进行称重的方法,计算出受腐蚀损失的质量来对样品耐腐蚀质量进行评判,它特别适用于对某种金属耐腐蚀质量进行考核。

32. ×

【解析】应为质量百分比。

33. √

【解析】试件耐受程度随选用的严酷等级而定。

34. √

35. ×

【解析】缺:且无严重外观缺陷和质量保证资料真实并基本齐全时,才能对分项工程质量进行检验评定。

36. ×

【解析】机电工程实测关键项目合格率要求达到100%。

37. √

38. ×

【解析】(3)应为外观质量应满足要求。《公路工程质量检验评定标准　第一册　土建工程》(JTG F80/1—2017)3.3.3。

39. √

40. ×

【解析】《公路工程质量检验评定标准　第一册　土建工程》(JTG F80/1—2017)

3.2.5。

41. √

42. ×

【解析】应进行随机抽样检验。《公路工程质量检验评定标准　第一册　土建工程》(JTG F80/1—2017)3.2.4。

43. √

44. ×

【解析】漏掉“质量保证资料”。《公路工程质量检验评定标准　第一册　土建工程》(JTG F80/1—2017)3.2.1。

45. √

【解析】《公路工程质量检验评定标准　第一册　土建工程》(JTG F80/1—2017)3.2.4。

46. √

47. √

【解析】《公路工程质量检验评定标准　第一册　土建工程》(JTG F80/1—2017)3.2.1。

48. ×

49. √

50. √

【解析】分部工程所属分项工程全部合格,该分部工程合格。

51. √

【解析】《公路工程质量检验评定标准　第一册　土建工程》(JTG F80/1—2017)3.3.6。

52. √

53. √

【解析】设备的工作地域不同,环境温度相差很大,温度试验为各种设备的必做科目;另外,做别的环境试验都少不了温度参数。

54. ×

【解析】露点不受温度影响,但受压力影响。

55. √

【解析】一定温度和压力下,一定数量的空气只能容纳一定限度的水蒸气。

56. √

57. √

【解析】梯形脉冲能在较宽的频谱上产生比半正弦形脉冲更高的响应。后峰锯齿形脉冲与半正弦形脉冲及梯形脉冲相比,由于它的上升时间最长,因此具有更均匀的响应谱。

58. √

【解析】最常用的是半正弦形脉冲,梯形脉冲基本上不用于元器件型样品。后峰锯齿形脉冲与半正弦形脉冲和梯形脉冲相比,具有更均匀的响应谱。

59. √

60. √

61. ×

【解析】加速度为 $10m/s^2$。《公路机电系统设备通用技术要求及检测方法》(JT/T 817—2011)4.4.2。

62. √

【解析】户外暴晒需2年,人工加速老化可大大缩短老化时间。

63. √

64. √

65. √

66. √

【解析】6表示尘密防护,5表示防(喷)水等级。

67. √

68. √

【解析】超声波测试仪检测前必须用探头测量校准试块自校。

69. √

70. √

【解析】涂膜做好后,里面的材性不好检测,但也可通过涂膜性能来反映。

71. √

72. ×

【解析】有电压且必须要形成回路才有电流。

73. ×

【解析】或"导体两端存在电压"。

74. √

【解析】串联电路中流过各元件的电流相等,各元件上电压不等;并联电路中流过各元件的电流不相等,而各元件上电压相等。

75. ×

【解析】频率 $f=\omega/(2\pi)=314/(2\pi)=50Hz$;0.02s为其周期。

76. √

【解析】利用二极管的单向导电性和三极管的截止/饱和特性用作开关元件。如高频开关管1N4148(二极管)、大功率开关管13005(三极管)、场效应管K727等都是专门用作开关元件。

77. √

【解析】这是组合逻辑电路最重要的特性。

78. ×

【解析】时序逻辑电路的输出不仅取决于该时刻的输入,还与电路原来的状态有关。这是时序逻辑电路最重要的特性。

79. √

【**解析**】直击雷能量巨大,可损坏建筑物,中断通信,伤及人畜。直击雷过后,由于静电感应和电磁感应在电线或电气设备上形成过电压(感应雷),主要危害建筑物内电子设备。

80. ×

【**解析**】应为工作接地、保护接地、防雷接地3种形式。

81. √

【**解析**】三者构成防直击雷系统。

82. √

【**解析**】《公路交通安全设施质量检验抽样方法》(JT/T 495—2014)4.3。

83. ×

【**解析**】应为"符合相应环境污秽分级条件"。

84. ×

【**解析**】导电电阻大于1MΩ · cm的纯净水。

85. ×

【**解析**】从下一个批次开始转入正常检验。《公路交通安全设施质量检验抽样方法》(JT/T 495—2014)5.1.25。

86. ×

【**解析**】环境温度:15～35℃。《公路机电系统设备通用技术要求及检测方法》(JT/T 817—2011)5.1。

87. ×

【**解析**】电阻是导体本身的固有特性,其只与导体的长度、横截面积、材料和温度有关,而和电压、电流无关。而题中用"截断面积"不准确(截断面可以为横截面、斜截面及曲面),故判该题错。

88. ×

【**解析**】正常情况下应开启的泄水孔,试验期间应开启。《外壳防护等级(IP代码)》(GB/T 4208—2017)13.4。

89. √

【**解析**】在黑盒测试中,测试数据完全来源于软件的规格说明,即不需要了解程序的内部结构。若要用这种方法来发现程序中的所有错误,可行的途径就是穷举测试。但在实际情况下,该方法仅对一些小型简单的程序适用,而对一些大型或稍微复杂的程序都是不可能实现的。

90. ×

【**解析**】试验电压为4kV。《公路交通安全设施质量检验抽样方法》(JT/T 495—2014)4.11.2。

91. √

【**解析**】《公路交通安全设施质量检验抽样方法》(JT/T 495—2014)3.38。

92. ×

【**解析**】机电工程实测关键项目合格率要求达到100%。

93. ×

【解析】TT 系统接地。《公路机电系统设备通用技术要求及检测方法》(JT/T 817—2011)4.8.6。

94. ×

【解析】低温为 -40℃。《公路机电系统设备通用技术要求及检测方法》(JT/T 817—2011)4.2。

95. ×

【解析】模拟开关动作和雷电感应产生的骚扰属于随机单个或多个脉冲干扰，而射频电磁场通常属于周期电磁辐射干扰。

96. √

【解析】《环境试验　第 2 部分：试验方法　试验 Fc：振动(正弦)》(GB/T 2423.10—2019)3.9。

三、多项选择题

1. AB

2. AB

【解析】恢复测试主要检查系统的容错能力，强度测试检查程序对异常情况的抵抗能力。

3. ABC

【解析】网络拓扑结构是指网络中各个站点相互连接的形式，而互联网络是一个抽象的网络总称。

4. ABD

5. BC

6. BCD

7. BCD

8. AB

【解析】防尘等级：IP0X ~ IP6X；防水等级：IPX0 ~ IPX9。《外壳防护等级(IP 代码)》(GB/T 4208—2017)。

9. CD

【解析】选项 A，交通设施不用此标准；选项 B，标准颁布年限不对。

10. ACD

11. ABCD　　12. ABCD　　13. ABCD　　14. ABCD　　15. ABD

16. ABCD　　17. ABCD　　18. ACD　　19. ABCD　　20. ABCD

21. ABC

22. ABC

【解析】选项 D 为紫外线。

23. ABC

24. AD

25. ABC

26. ACD　27. ACD　28. AD　29. ABC　30. ACD

31. ABCD

32. ABCD

33. AD

34. ACD

【解析】环境检测设备为隧道机电设施的分项工程。

35. ABCD

36. ABCD　37. ABC　38. ABCD　39. ABC　40. ABCD

41. ABD

42. AD

【解析】简言之,IP 代码是防止异物和水进入设备的相关条款和规定。

43. ABCD

44. ABCD

45. ABC

【解析】电流的定义规定正电荷定向移动的方向为电流方向。

46. CD

【解析】如是同种材料,选项 A、B 两种说法成立;若是不同材料,则不一定正确。

47. AD

【解析】对输入、输出电阻的影响,要通过不同类型的负反馈来实现,如串联负反馈增大输入电阻,电压负反馈减小输出电阻。

48. BD

【解析】三相对称负载作星形联结时不需要中性线;三相不对称负载作星形联结且无中性线时,线电压不一定为相电压的$\sqrt{3}$倍。

49. ABC

【解析】理想运算放大器主要参数特点是:开环电压放大倍数 $A\to\infty$;输入电阻 $r_i\to\infty$;输出电阻 $r_0\to 0$;共模抑制比 $K_{CMR}\to\infty$。

50. ABD

【解析】带阻滤波器阻止 $f_1\sim f_2$ 某个频率范围的信号通过;带通滤波器只允许 $f_1\sim f_2$ 某个频率范围的信号通过;高通滤波器只允许高于 f_1 的频率范围的信号通过;没有互通滤波器。

51. ABC

【解析】能量巨大不是危害的形态而是原因。

52. ABCD

【解析】用浪涌保护器防交流电源线引入雷;用金属氧化锌避雷器防视频及控制线引入雷;用小电阻的接地体(联合接地电阻$\leqslant 1\Omega$)防避雷针引入雷和地电位反击。

53. ABD

54. ABC

【解析】选项 A,带电测量一是测不准,二是可能损坏表;选项 B 的情况同选项 A;选项 C,先放在大量程上有利保护表;选项 D,因量程小,测量时可能对表针产生冲击。

55. BCD

【解析】前端金属直接与带电体接触其上电压高(220V),用手接触会触电。

56. ACD

57. BC

【解析】选项 A 的测法电流表会损坏(内阻小,短路电流大);选项 D 的测法也可能会损坏电流表。

58. ABD

【解析】因为随机不可能有重复性。

59. ACD

【解析】测直流时才注意极性,注意选项 C 因电流表内阻小,短路电流大,会损坏电流表。

60. ABCD

【解析】《道路交通标志板及支撑件》(GB/T 23827—2009)7.4。

61. ABCD

【解析】标准色板和试件颜色用肉眼比对;色度计是通过与合成颜料比较来测量或详细说明颜色的一种实验室仪器,可测出被测色的色品坐标;色差计根据 CIE 色空间的 L_{ab}、L_{ch} 原理,测量显示出样品与被测样品的色差 ΔE 以及 ΔL_{ab} 值,适合色彩评价和数据管控;光谱光度计又称分光仪,可具体分辨出色彩中的光谱分量及组成比例。

62. AD

【解析】公路供电系统的接地形式不用 IT 系统,该系统安全性较差;TN-S 系统和 TN-C-S 系统常用于站内;外场设备通常用 TT 系统。

63. ABCD

【解析】依据“负反馈电路”的定义。

64. ABD

【解析】“奇偶分布”是凑数的。

65. BD

【解析】电源接地形式通常为 TN、TT、IT 三种,TD 是生造凑数的,而高速公路电源接地形式通常为 TN、TT 两种。

66. AB

【解析】防腐层涂层测厚仪有磁性测厚仪(适用于测钢构件防腐层)、电涡流测厚仪、超声波测厚仪。

67. BD

【解析】太阳光中午的显色指数近 100,白炽灯的显色指数大于 97,而目前情况下荧光灯、LED 灯的显色指数还难达到 90。

68. ABCD

【解析】《环境试验 第 2 部分:试验方法 试验 Fc:振动(正弦)》(GB/T 2423.10—2019)5.1.1。

四、综合题

1.(1)D　　(2)BC　　(3)ABD　　(4)ABC　　(5)AB

【解析】(1)《公路工程质量检验评定标准　第一册　土建工程》(JTG F80/1—2017)3.2.5。

(2)关键项目检测合格率大于95%,原材料配比基础等六类质量保证资料齐全。《公路工程质量检验评定标准　第一册　土建工程》(JTG F80/1—2017)3.2。

(3)《公路工程质量检验评定标准　第一册　土建工程》(JTG F80/1—2017)3.3.6。

(4)《公路工程质量检验评定标准　第一册　土建工程》(JTG F80/1—2017)3.3。

(5)《公路工程质量检验评定标准　第一册　土建工程》(JTG F80/1—2017)3.3。

2.(1)ABCD　　(2)ABC　　(3)BCD　　(4)B　　(5)D

3.(1)ABC　　(2)AC　　(3)B　　(4)AD　　(5)A

【解析】(1)不需要鼓风机。

(2)《外壳防护等级(IP代码)》(GB/T 4208—2017)。

(3)滑石粉应符合人体健康与安全的各项规定,用金属方孔筛滤过,用量为$2kg/m^3$,且使用次数不得超过20次。

(4)《外壳防护等级(IP代码)》(GB/T 4208—2017)。

(5)如是第一种类型设备(设备工作时壳内气压低于周围气压)做试验,除上述过程外,试验时要对壳内抽真空,抽气速度不超过每小时60倍外壳容积,但压差不得超过2kPa(20mbar)。

4.(1)ABC　　(2)B　　(3)D　　(4)ABC　　(5)C

【解析】(1)磁感应测厚仪、磁吸力测厚仪均属于磁性测厚仪,电涡流测厚仪只适合测铜铝等良导体的防腐涂层厚度。

(2)《中华人民共和国计量法实施细则》。

(3)涂层测厚仪检测前必须用探头测量校准试块自校。

5.(1)AC　　(2)ABD　　(3)ABC　　(4)A　　(5)ABCD

【解析】(1)选项A已包含了选项B、D。

(2)工地抽验已包含了监理抽验。

6.(1)D　　(2)A　　(3)A　　(4)A　　(5)A

【解析】(1)AQL≤4.0。《公路交通安全设施质量检验抽样方法》(JT/T 495—2014)。

(2)《公路交通安全设施质量检验抽样方法》(JT/T 495—2014)。工厂验收,一般检验水平为Ⅱ;工地抽检,一般检验水平为Ⅰ。直接采用正常检验,因该类产品前5批质量较稳定。

(3)先按一次抽样检验,当样品中不合格数$A \leq A_c$时,判定该批次合格,予以接收;当样品中的不合格数$A \geq R_e$时,判定该批次不合格,拒绝接收。当样品中的不合格数在A_c、R_e之间时,需要进行第二次抽样。

(4)《公路交通安全设施质量检验抽样方法》(JT/T 495—2014)表1。

(5)《公路交通安全设施质量检验抽样方法》(JT/T 495—2014)。$A=2$,查表1,[3,4],$A<$

A_c,又查附表A.1,其中特殊合格判定数A_s对板厚和定尺长度无要求。故该批产品判定为合格。

7.(1)ABD (2)D (3)ABCD (4)ABC (5)ABD

【解析】(1)选项C为凑数的。

(2)《公路工程质量检验评定标准 第二册 机电工程》(JTG F80/2—2004)。

(3)《接地电阻测试仪使用说明书》。

(4)《接地电阻测试仪使用说明书》。

(5)《接地电阻测试仪使用说明书》。

8.(1)AB (2)B (3)ABC (4)ABC (5)ABD

【解析】(1)仅有选项A、B两种类型,选项C、D为凑数的。

(2)《公路机电系统设备通用技术要求及检测方法》(JT/T 817—2011)5.11.1。

(3)绝缘电阻测试仪只有3个端子:E"地"、L"线"、G"屏"。

(4)《绝缘电阻测试仪使用说明书》。

(5)《绝缘电阻测试仪使用说明书》。

9.(1)C (2)A (3)ABD (4)ABC (5)AD

【解析】(1)《公路机电系统设备通用技术要求及检测方法》(JT/T 817—2011)4.8.2。

(2)《公路工程质量检验评定标准 第二册 机电工程》(JTG F80/2—2004)2.1.2。注意:机电设备安装前单机测试绝缘电阻值应大于或等于100MΩ,适用标准JT/T 817—2011;机电设备安装到系统后测试绝缘电阻值应大于或等于50MΩ,适用标准JTG F80/2—2004。

(3)《公路机电系统设备通用技术要求及检测方法》(JT/T 817—2011)4.8.3。

(4)《公路机电系统设备通用技术要求及检测方法》(JT/T 817—2011)4.8.4。

(5)TT系统(见下图)接地方式俗称为保护接地方式,它的整个电力系统有一点直接接地,用电设备的外露可导电部分通过保护线接在与电力系统接地点无直接关联的接地极,故障电压不互窜,电气装置正常工作时外露可导电部分为地电压,比较安全;但其相线与用电设备的外露可导电部分短路时,仍有触电的可能,须与漏电保护开关合用。外场设备用该种方式较好。

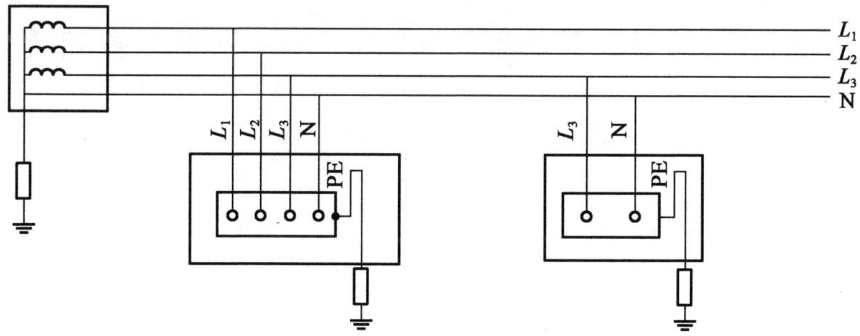

TT系统

IT系统(见下图)接地方式也称为经高阻接地方式,其电力系统的中性点不接地或经很大阻抗接地,用电设备的外露可导电部分经保护线接地,由于电源侧接地阻抗大,当某相线与用电设备的外露可导电部分短路时,一般短路电流不超过70mA,这种保护接地方式特别适用于环境特别恶劣的场合。

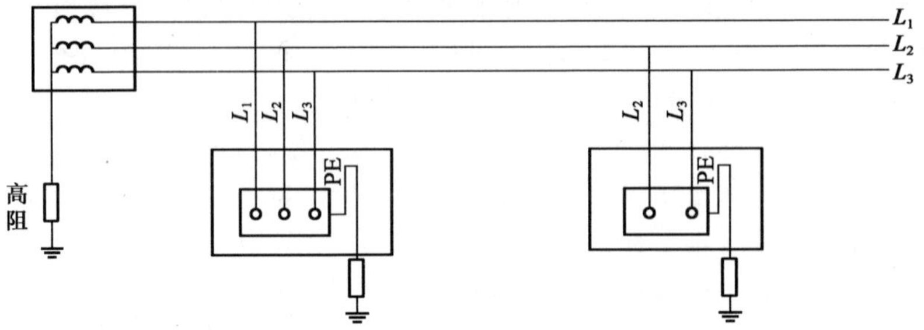

IT 系统

在 TN-C-S 系统(见下图)接地方式中,系统中电源至用户的馈电线路 N 线与 PE 线是合一的,而在进户处分开,此方式经济性较差、安全性最好。

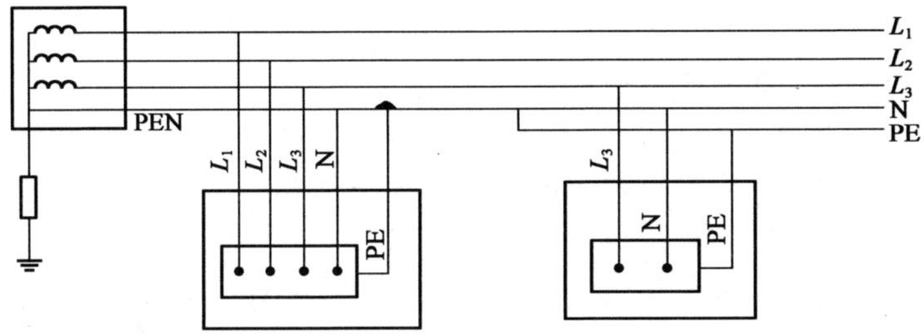

TN-C-S 系统

10.(1)ABCD　(2)AD　(3)ACD　(4)ABD　(5)ABCD

【解析】(1)电磁干扰指电磁骚扰引起设备传输通道或系统性能下降;传导骚扰指通过一个或多个导体传导能量的电磁骚扰;辐射骚扰指以电磁波的形式通过空间传播能量的电磁骚扰;静电放电指有不同静电电位的物体相互靠近或直接接触引起的电荷转移。静电放电轻者引起干扰,重者损坏设备。

(2)电磁兼容性(EMC)指设备或系统在其电磁环境中能正常工作且不对该环境中任何事物构成不能承受的电磁骚扰的能力。

(3)试验电压为 4kV。《公路机电系统设备通用技术要求及检测方法》(JT/T 817—2011)。

(4)发射场强为 3V/m。《公路机电系统设备通用技术要求及检测方法》(JT/T 817—2011)。

(5)《公路机电系统设备通用技术要求及检测方法》(JT/T 817—2011)。

11.(1)B　(2)ABC　(3)ABCD　(4)ABD　(5)ABCD

【解析】(1)《公路机电系统设备通用技术要求及检测方法》(JT/T 817—2011)4.8.3。

(2)选项 D 应为"高压测试棒开路"。

(3)《公路机电系统设备通用技术要求及检测方法》(JT/T 817—2011)4.8.3。

(4)选项 C 应为"接至被测设备的电源接线 N 端"。《公路机电系统设备通用技术要求及检测方法》(JT/T 817—2011)4.8.3。

(5)《耐压测试仪说明书》。

12.(1)ACD　(2)ABCD　(3)ABCD　(4)ABCD　(5)ABC

【解析】(1)《人造气氛腐蚀试验　盐雾试验》(GB/T 10125—2012)4。

(2)《人造气氛腐蚀试验　盐雾试验》(GB/T 10125—2012)4。

(3)《人造气氛腐蚀试验　盐雾试验》(GB/T 10125—2012)6、7、8。

(4)《人造气氛腐蚀试验　盐雾试验》(GB/T 10125—2012)。

(5)《人造气氛腐蚀试验　盐雾试验》(GB/T 10125—2012)10.8、9。

13.(1)A　(2)ABC　(3)ABD　(4)ABCD　(5)ABCD

【解析】(1)《环境试验　第2部分:试验方法　试验N:温度变化》(GB/T 2423.22—2012)7、8、9。

(2)《环境试验　第2部分:试验方法　试验N:温度变化》(GB/T 2423.22—2012)7。

(3)转换时间应≤3min。

(4)《环境试验　第2部分:试验方法　试验N:温度变化》(GB/T 2423.22—2012)7.2.3。

(5)GB/T 2423.22—2012中未提及以上情况,但温度交变试验可能会使样品出现以上问题。

第二章

道路交通标志

复习提示

本章引用的标准有《道路交通标志和标线》(GB 5768.1～5768.2—2009)、《LED主动发光道路交通标志》(GB/T 31446—2015)、《道路交通标志板及支撑件》(GB/T 23827—2009)、《公路沿线设施塑料制品耐候性要求及测试方法》(GB/T 22040—2008)、《公路交通工程钢构件防腐技术条件》(GB/T 18226—2015)、《公路交通安全设施质量检验抽样方法》(JT/T 495—2014)、《安全色》(GB 2893—2008)、《公路交通安全设施设计规范》(JTG D81—2017)和《公路交通安全设施设计细则》(JTG/T D81—2017)。而《公路沿线设施塑料制品耐候性要求及测试方法》(GB/T 22040—2008)、《公路交通工程钢构件防腐技术条件》(GB/T 18226—2015)、《公路交通安全设施质量检验抽样方法》(JT/T 495—2014)、《安全色》(GB 2893—2008)、《公路交通安全设施设计规范》(JTG D81—2017)和《公路交通安全设施设计细则》(JTG/T D81—2017)中的相关条款在第三章至第十一章中还将引用。

习　题

一、单项选择题

1. 标志板与立柱的连接可采用抱箍夹紧式或(　　)。

A. 铆钉铆固式　　B. 螺栓连接式　　C. 钢带捆扎式　　D. 环氧粘接式

2. 标志板表面应无明显凹痕或变形,板面平面度不应大于(　　)。

A. 3mm/m　　B. 5mm/m　　C. 7mm/m　　D. 9mm/m

3. 反光标志板粘贴面膜无法避免接缝时,接缝应为上搭下,重叠部分不小于(　　)。

A. 5mm　　B. 6mm　　C. 8mm　　D. 10mm

4. 单一热浸镀锌处理时,标志底板、立柱、横梁等大型构件的镀锌量不低于(　　)。

A. 350g/m^2　　B. 500g/m^2　　C. 600g/m^2　　D. 800g/m^2

5. 涂料对标志底板的附着性能应达到(　　)。

A. 一级以上　B. 二级以上　C. 三级以上　D. 四级以上

6. 标志板面上油墨与反光膜的附着牢度应大于或等于(　　)。

A. 90%　B. 92%　C. 94%　D. 95%

7. 交通安全设施产品的测试准备内容包括试样的制备和(　　)。

A. 测试标准　B. 测试环境条件　C. 测试仪器　D. 测试技术规程

8. 交通安全设施测试环境条件为(　　)。

A. 温度 23℃ ±2℃、相对湿度 50% ±10%　B. 温度 24℃ ±2℃、相对湿度 55% ±10%

C. 温度 25℃ ±2℃、相对湿度 60% ±10%　D. 温度 25℃ ±2℃、相对湿度 65% ±10%

9. 为了保证测试环境条件,要求试样测试前在测试环境中放置(　　)。

A. 8h　B. 12h　C. 24h　D. 48h

10. 标志结构上可采用可拆卸式防松防盗螺母,其平均防松力矩不宜小于(　　)。

A. 150N · m　B. 180N · m　C. 200N · m　D. 240N · m

11. 磁性测厚仪用于测量(　　)。

A. 磁性基体以上涂层厚度　B. 非磁性金属基体上的涂层厚度

C. 磁性非金属基体上的涂层厚度　D. 非磁性非金属基体上的涂层厚度

12. 电涡流测厚仪用于测量(　　)。

A. 磁性基体以上涂层厚度　B. 非磁性金属基体上的涂层厚度

C. 磁性非金属基体上的涂层厚度　D. 非磁性非金属基体上的涂层厚度

13. 对镀锌层厚度进行仲裁检验时应采用(　　)。

A. 磁性测厚仪测厚法　B. 电涡流测厚仪测厚法

C. 超声波测厚仪测厚法　D. 氯化锑测厚法

14. 标志板下缘至路面净空高度允许误差为(　　)。

A. −50mm　B. +50mm　C. +100mm　D. +150mm

15. 超声波测厚仪用来(　　)。

A. 测试标志构件的总厚度　B. 磁性基体以上涂层厚度

C. 非磁性金属基体上的涂层厚度　D. 非磁性非金属基体上的涂层厚度

16. 金属材料的强度性能试验值修约至(　　)。

A. 0.5MPa　B. 1MPa　C. 5MPa　D. 10MPa

17. 测试标志板面色度性能时制取的单色标志板面试样尺寸为(　　)。

A. 100mm × 100mm　B. 150mm × 100mm　C. 150mm × 150mm　D. 200mm × 150mm

18. 测试标志板面色度性能的仪器是(　　)。

A. 色谱分析仪　B. 色彩色差计　C. 分光计　D. 色温计

19. 金属材料的延伸率试验值和断后伸长率试验值修约至(　　)。

A. 0.1%　B. 0.5%　C. 1%　D. 5%

20. 根据《道路交通标志和标线　第 2 部分:道路交通标志》(GB 5768.2—2009)规定,按照交通标志的使用规则,请指出哪种形状的标志属于必须遵守的标志(　　)。

A. 四边形　B. 圆形　C. 正等边三角形　D. 叉形

21. 标志板面油墨与反光膜的附着性能试验的印刷方法为(　　)。

A. 丝网印刷　　B. 浸墨印刷　　C. 刻板印刷　　D. 激光印刷

22. 标志板面油墨与反光膜的附着性能试验试样尺寸为(　　)。

A. 不小于 100mm × 200mm　　B. 不小于 150mm × 250mm

C. 不小于 150mm × 300mm　　D. 不小于 200mm × 300mm

23. 采用铝合金板制作标志底板时,厚度不宜小于(　　)。

A. 1.0mm　　B. 1.5mm　　C. 2.0mm　　D. 2.5mm

24.《道路交通标志板和支撑件》(GB/T 23827—2009)要求的各项试验,宜抽样(　　)。

A. 3 个或以上　　B. 4 个或以上　　C. 5 个或以上　　D. 6 个或以上

25. 交通标志产品的试验频率及结果判定规则之一,每项试验至少检测(　　)个数据。

A. 2　　B. 3　　C. 4　　D. 5

26. 出厂检验为产品出厂前的随机抽样,对反光型标志板面光度性能、(　　)进行自检、合格者附合格证方可出厂。

A. 结构尺寸、板面色度性能等 5 项性能　　B. 结构尺寸、板面色度性能等 6 项性能

C. 结构尺寸、板面色度性能等 7 项性能　　D. 结构尺寸、板面色度性能等 8 项性能

27. GB 5768.2—2009 规定,圆形标志用于(　　)。

A. 警告标志　　B. 禁令和指示标志

C. "减速让行"禁令标志　　D. "停车让行"禁令标志

28. GB 5768.2—2009 规定,倒等边三角形标志用于(　　)。

A. 警告标志　　B. 禁令和指示标志

C. "减速让行"禁令标志　　D. "停车让行"禁令标志

29. GB 5768.2—2009 规定,八角形标志用于(　　)。

A. 警告标志　　B. 禁令和指示标志

C. "减速让行"禁令标志　　D. "停车让行"禁令标志

30. GB 5768.2—2009 规定,叉形标志用于(　　)。

A. 警告标志　　B. "铁路平交道口叉形符号"警告标志

C. "减速让行"禁令标志　　D. "停车让行"禁令标志

31. 抱箍、紧固件等小型构件,其镀锌量不低于(　　)。

A. $150g/m^2$　　B. $250g/m^2$　　C. $350g/m^2$　　D. $450g/m^2$

32. 制作标志底板的铝合金板材的力学性能应满足《一般工业用铝及铝合金板、带材　第 2 部分:力学性能》(　　)的规定。

A. GB 3880.2—2001　　B. GB 3880.2—2001

C. GB 3880.2—2012　　D. GB/T 3880.2—2012

33. 用于技术等级较高的道路时,标志底板宜采用牌号为(　　)的铝合金板材。

A. 3001　　B. 3002　　C. 3003　　D. 3004

34. 大型标志板或用于沿海及多风地区的标志板,宜采用牌号为(　　)的铝合金板材。

A. 3001 或 3101　　B. 3002 或 3102　　C. 3003 或 3103　　D. 3004 或 3104

35. 拼装的大型标志板的型材宜采用综合性能等于或优于牌号(　　)的铝合金型材。

A. 2021　　B. 2022　　C. 2023　　D. 2024

36. 标志底板采用碳素结构钢冷轧薄钢板时，应满足《碳素结构钢冷轧薄钢板及钢带》(　　)的规定。

A. GB 11253—1998　　B. GB 11253—1998

C. GB 11253—2007　　D. GB/T 11253—2007

37. 标志底板采用连续热镀锌钢板时，应满足《连续热镀锌钢板及钢带》(　　)的规定。

A. GB 2518—2000　　B. GB/T 2518—2000

C. GB 2518—2008　　D. GB/T 2518—2008

38. 标志板面普通材料色白色的亮度因数要求(　　)。

A. ≥0.35　　B. ≥0.55　　C. ≥0.75　　D. ≥0.95

39. 标志板面普通材料色黄色的亮度因数要求(　　)。

A. ≥0.25　　B. ≥0.35　　C. ≥0.45　　D. ≥0.55

40. 标志板面普通材料色红色的亮度因数要求(　　)。

A. ≥0.03　　B. ≥0.05　　C. ≥0.07　　D. ≥0.09

41. 标志板面普通材料色绿色的亮度因数要求(　　)。

A. ≥0.06　　B. ≥0.12　　C. ≥0.18　　D. ≥0.24

42. 标志板面普通材料色蓝色的亮度因数要求(　　)。

A. ≥0.01　　B. ≥0.03　　C. ≥0.05　　D. ≥0.07

43. 标志板面普通材料色黑色的亮度因数要求(　　)。

A. ≤0.03　　B. ≤0.05　　C. ≤0.07　　D. ≤0.09

44. 对比色有(　　)。

A. 白色和黑色　　B. 红色和黑色　　C. 绿色和黑色　　D. 蓝色和黑色

45. 安全色有(　　)。

A. 红、黄、绿、蓝　　B. 红、黄、绿、白　　C. 红、黄、绿、黑　　D. 黄、绿、蓝、白

46. 安全色红色的对比色为(　　)。

A. 黑色　　B. 白色　　C. 黄色　　D. 绿色

47. 安全色黄色的对比色为(　　)。

A. 黑色　　B. 白色　　C. 黄色　　D. 绿色

48. 安全色蓝色的对比色为(　　)。

A. 黑色　　B. 白色　　C. 黄色　　D. 绿色

49. 安全色绿色的对比色为(　　)。

A. 黑色　　B. 白色　　C. 黄色　　D. 绿色

50. 安全色与对比色的相间条纹为(　　)。

A. 等宽条纹，斜率约30°　　B. 等宽条纹，斜率约36°

C. 等宽条纹，斜率约45°　　D. 等宽条纹，斜率约55°

51. 红色与白色相间条纹表示(　　)。

A. 禁止与提示消防设备、设施位置的安全信号

B. 表示危险位置的安全信号

C. 表示指令的安全标记，传递必须遵守规定的信息

D. 表示安全环境的安全标记

52. 黄色与黑色相间条纹表示(　　)。

A. 禁止与提示消防设备、设施位置的安全信号

B. 表示危险位置的安全信号

C. 表示指令的安全标记,传递必须遵守规定的信息

D. 表示安全环境的安全标记

53. 绿色与白色相间条纹表示(　　)。

A. 禁止与提示消防设备、设施位置的安全信号

B. 表示危险位置的安全信号

C. 表示指令的安全标记,传递必须遵守规定的信息

D. 表示安全环境的安全标记

54. 蓝色与白色相间条纹表示(　　)。

A. 禁止与提示消防设备、设施位置的安全信号

B. 表示危险位置的安全信号

C. 表示指令的安全标记,传递必须遵守规定的信息

D. 表示安全环境的安全标记

55. 发光标志的静态视认距离应不小于(　　)。

A. 150m　　B. 200m　　C. 250m　　D. 300m

56. 发光标志的动态视认距离应不小于(　　)。

A. 110m　　B. 160m　　C. 210m　　D. 260m

57. 电网供电型发光标志接地端子与机壳的连接电阻应小于(　　)。

A. 0.1Ω　　B. 0.3Ω　　C. 0.5Ω　　D. 1.0Ω

58. 电网供电型发光标志的电源接线端子与机壳的绝缘电阻应不小于(　　)。

A. 50MΩ　　B. 700MΩ　　C. 100MΩ　　D. 150MΩ

二、判断题

1. 交通标志的抱箍、紧固件等小型构件,其镀锌量不低于350g/m^2。(　　)

2. 交通标志反光膜的逆反射系数过高可造成字体的渗光和视认的眩目。(　　)

3. 交通标志应存放在室内干燥通风的地方,储存期不宜超过1年。(　　)

4. 道路交通标志产品的检验方法主要依据标准为《道路交通标志板和支撑件》(GB/T 23827—2009)。(　　)

5. 超声波测厚仪用来测试标志构件的总厚度。(　　)

6. 磁性测厚仪可用于镀锌层厚度的仲裁检验。(　　)

7. 电涡流测厚仪用于测量非磁性金属基体上的涂层厚度。(　　)

8. 金属材料强度性能测试值应修约至0.5MPa。(　　)

9. 金属材料屈服点延伸率应修约至0.1%。(　　)

10. 测试标志板面色度性能的标准是《道路交通反光膜》(GB/T 18833—2002)。(　　)

11. 标志板抗冲击性能的试样尺寸为150mm×150mm。 ( )

12. 标志板抗冲击性能试验也可直接在需进行测试的标志板面上进行。 ( )

13. 老产品停产1年或1年以上再生产时,需做全项性能型式检验。 ( )

14. 对每批产品进行随机抽样或依据《公路交通安全设施质量检验抽样及判定》(JT/T 495—2004)进行抽样检测。 ( )

15.《道路交通标志板和支撑件》(GB/T 23827—2009)要求的各项试验,宜抽样3个或以上。 ( )

16. 标志板面逆反射系数用逆反射系数测试仪测试,每块板每种颜色测两点。 ( )

17. 标志板下缘至路面净空高度用经纬仪、全站仪或尺测量,每块板测3点。 ( )

18. 标志板立柱的内边缘距土路肩的边缘线的距离应≥250mm。 ( )

19. 标志板立柱的竖直度允许偏差为3mm/m。 ( )

20. 标志板立柱的竖直度用垂线法测量,每根柱测2点。 ( )

21. 标志板基础顶面平整度允许偏差为4mm。 ( )

22. 标志基础尺寸允许偏差为(+100mm,-50mm)。 ( )

23. 交通标志按光学特性分类,分为逆反射式、照明式和发光式3种。 ( )

24. 交通标志按版面内容显示方式分类,分为静态标志和可变信息标志。 ( )

25. 交通标志按设置的时效分类,分为永久性标志和临时性标志。 ( )

26. 交通标志基础尺寸检查用尺量,每个基础长度、宽度各测3点。 ( )

27. 禁令标志和指示标志为道路使用者必须遵守标志。 ( )

28. 指路标志、禁令、指示标志套用于无边框的白色底板上,为必须遵守标志。 ( )

29. 为保证视认性,同一地点需要设置两个以上标志时,可安装在1个支撑结构(支撑)上,但最多不应超过4个。 ( )

30. 分开设置的标志,应先满足禁令、指示和警告标志的设置空间。 ( )

31. 交通标志及支撑件应安装牢固,基础混凝土强度至少应达到设计强度的95%。 ( )

32. 标志底板、滑槽、立柱、横梁、法兰盘等大型构件,其镀锌量不低于600g/m^2。 ( )

33. 标志用钢构件制作的支撑件,其防腐层质量应符合《公路交通工程钢构件防腐技术条件》(GB/T 18226—2015)的要求。 ( )

34. 采用单一热浸镀锌处理时,标志底板、滑槽、立柱、横梁、法兰盘等大型构件,其镀锌量不低于600g/m^2。 ( )

35. 制作标志底板的铝合金板材的力学性能应满足《一般工业用铝及铝合金板、带材 第2部分:力学性能》(GB/T 3880.2—2012)的规定。 ( )

36. 用于技术等级较高的道路时,标志底板宜采用牌号为3003的铝合金板材。 ( )

37. 大型标志板或用于沿海及多风地区的标志板,宜采用牌号为3004或3104的铝合金板材。 ( )

38. 制作标志底板及滑槽的铝合金挤压型材,应满足《一般工业用铝及铝合金挤压型材》(GB/T 6892—2015)的规定。 ( )

39. 大型标志板宜采用综合性能等于或优于牌号2024的铝合金型材。 ( )

40. 标志底板采用碳素结构钢冷轧薄钢板应满足《碳素结构钢冷轧薄钢板及钢带》(GB/T 11253—2007)的规定。 (　　)

41. 标志底板采用连续热镀锌钢板时应满足《连续热镀锌钢板及钢带》(GB/T 2518—2008)的规定。 (　　)

42. 标志板面普通材料色白色的亮度因数要求≥0.75。 (　　)

43. 对比色为白色和黑色。 (　　)

44. 安全色为红、黄、绿、蓝四色。 (　　)

45. 标志板面普通材料色绿色的亮度因数要求≥0.12。 (　　)

46. 标志板面普通材料色蓝色的亮度因数要求≥0.05。 (　　)

47. 标志板面普通材料色黑色的亮度因数要求≥0.03。 (　　)

48. 太阳能供电组合式发光标志由底板、主动发光单元、壳体、逆反射材料、驱动控制电路、太阳电池组件、蓄电池组、充放电控制电路等组成。 (　　)

49. 发光道路交通标志按供电形式分为电网供电型和太阳能供电型。 (　　)

50. 发光道路交通标志按结构形式分为单一式发光标志和组合式发光标志。 (　　)

三、多项选择题

1. 标志底板制作时尽可能(　　)。

A. 使用最大尺寸制作　　B. 减少接缝

C. 边缘宜进行卷边加固　　D. 边缘宜进行卷边用铆钉加固

2. 可选用型铝、型钢等滑槽对标志底板进行加固,其加固连接采用铆接时(　　)。

A. 铆接前在滑槽和底板间加耐候胶　　B. 使用沉头铆钉

C. 铆钉直径不宜小于4mm　　D. 铆接间距宜为150mm±50mm

3. 标志底板与滑槽的焊接工艺质量应(　　),焊接强度应均匀,(　　);其他工艺连接方法应经证实安全可行,并方可使用。

A. 稳定可靠

B. 无漏焊、虚焊等现象

C. 焊接强度值不低于同类材料采用铆钉连接时的强度要求

D. 提供相应的检测报告

4. 同块标志板的底板和板面所用材料不具有相容性,其损坏因素有(　　)。

A. 热膨胀系数　　B. 电化学作用　　C. 磁场作用　　D. 静电作用

5. 标志板面存在的缺陷有(　　)。

A. 裂纹、起皱、边缘剥离　　B. 逆反射性能不均匀和明显的气泡

C. 颜色不均匀　　D. 划痕及各种损伤

6. 反光型标志板粘贴面膜无法避免接缝时,应(　　)。

A. 使用面膜产品的最大宽度进行拼接

B. 应为上搭下

C. 重叠部分不应小于5mm

D. 距标志板边缘5cm之内,不得有贯通的拼接缝

7. 标志板面反光膜的逆反射系数越高，表示(　　)。

A. 光度性能越差　B. 光度性能越好　C. 发现距离越长　D. 发现距离越短

8. 标志板样品需要经历的环境试验有(　　)。

A. 耐盐雾腐蚀性能试验　B. 耐高低温性能试验

C. 耐候性能试验　D. 耐酸雨试验

9. 交通标志产品的包装、运输要求有(　　)。

A. 标志在装箱前应逐件包装　B. 形状尺寸相同的标志板每两块一起包装

C. 标志板面应有软衬垫材料加以保护　D. 每箱不得超过100块

10. 标志装箱时，应随箱附有(　　)。

A. 产品质量等级检验合格证　B. 产品使用说明

C. 各种材质、牌号、状态　D. 反光膜等级

11. 试样的制备方式有(　　)。

A. 随机抽取标志生产厂商制作的标志板及支撑件

B. 随机抽取标志生产厂商制作的标志板及支撑件并从其中截取相应尺寸

C. 随机抽取生产所使用的原材料，将反光膜粘贴到标志底板上，制成标志板试样

D. 试样数目按相关规范确定

12. 交通标志结构尺寸的测试有(　　)。

A. 外形尺寸　B. 铆接间距　C. 板厚、壁厚　D. 孔径

13. 交通标志结构尺寸的测试仪器有(　　)。

A. 直尺　B. 卷尺　C. 板厚千分尺　D. 红外测距仪

14. 交通标志外观质量检查内容有(　　)。

A. 缺陷检查　B. 板面不平度测量

C. 板面拼接缝检查　D. 板面不垂直度测量

15. 交通标志板面拼接缝检测方法是，并用(　　)。

A. 面对标志板面　B. 目测　C. 直尺测量　D. 游标卡尺测量

16. 钢构件防腐层厚度测试使用的设备主要包括(　　)。

A. 磁性测厚仪　B. 电涡流测厚仪　C. 超声波测厚仪　D. 等离子测厚仪

17. 使用超声波测厚仪测试时，应注意(　　)。

A. 用来测试标志构件的总厚度　B. 用来测试标志表面防腐层厚度

C. 测头和被测件间加适量的耦合剂　D. 根据不同的材质进行声速设置

18. 交通标志中，金属材料的材料性能测试所测试的量值主要有(　　)。

A. 屈服强度　B. 伸长率　C. 抗拉强度　D. 疲劳强度

19. 交通标志中的玻璃钢材料要测试的材料力学性能指标有(　　)。

A. 拉伸强度　B. 压缩强度　C. 弯曲强度　D. 冲击强度

20. 需检测的标志板面(非反光型)色度性能指标有(　　)。

A. 色品坐标　B. 亮度因数　C. 反射系数　D. 眩光系数

21. 道路交通标志产品的检验规则包括(　　)。

A. 出厂检验　B. 型式检验　C. 抽样方法　D. 判定规则

22. 出厂检验为产品出厂前的随机抽样，关于出厂检验说法正确的有(　　)。
   A. 对结构尺寸、外观质量、标志板面色度、标志板面光度性能、抗冲击性能进行自检
   B. 对自然暴露试验和人工加速老化试验进行自检
   C. 对耐盐雾腐蚀性能进行自检
   D. 合格者附合格证方可出厂
23. 下列情况需做型式检验(　　)。
   A. 老产品转厂生产、停产 1 年或 1 年以上的产品再生产
   B. 正常生产的产品经历两年生产、国家授权的质量监督部门提出质量抽查
   C. 产品结构有较大改变时
   D. 材料或工艺有较大改变时
24. 交通标志产品各项试验的判定规则为(　　)。
   A. 每项试验至少检测 3 个数据(宜在不同试样上进行)，取其平均值为检测结果
   B. 检测数据全部符合标准要求，则判定该批产品合格
   C. 检测数据有一项不符合标准要求，抽取双倍数量的产品对该项指标进行复检
   D. 若复检合格，则判定该批产品合格；若复检不合格，则判定该批产品不合格
25. 标志板耐高低温性能试验的温度控制为(　　)。
   A. 低温 －30℃ ±3℃，该温度下保持 48h
   B. 低温 －40℃ ±3℃，该温度下保持 72h
   C. 高温 60℃ ±3℃，该温度下保持 48h
   D. 高温 70℃ ±3℃，该温度下保持 24h
26. 标志板自然暴露试验要点有(　　)。
   A. 试样尺寸 100mm × 200mm
   B. 试样尺寸 150mm × 250mm
   C. 试样面朝正南方，与水平面成当地的纬度角进行暴晒
   D. 试样面朝正南方，与水平面成 45° ±1°进行暴晒
27. 标志板自然暴露试验的检查周期为(　　)。
   A. 试验开始后，每 1 个月做 1 次表面检查；半年后，每 2 个月检查 1 次
   B. 试验开始后，每 1 个月做 1 次表面检查；半年后，每 3 个月检查 1 次
   C. 合成树脂类板材的标志底板暴晒 2 年后，做最终检查
   D. 合成树脂类板材的标志底板暴晒 3 年后，做最终检查
28. 人工加速老化试验要点有(　　)。
   A. 试样的尺寸取 65mm × 100mm
   B. 试样的尺寸取 65mm × 142mm
   C. 按照《塑料　实验室光源暴露试验方法　第 2 部分：氙弧灯》(GB/T 16422.2—1999)的规定进行试验
   D. 合成树脂类板材须经过 1200h 试验
29. 标志板面与标志底板的附着性能试验试样尺寸为(　　)。
   A. 反光膜试样 150mm × 25mm　　B. 反光膜试样 200mm × 25mm

C. 标志底板试样 150mm×50mm　　D. 标志底板试样 200mm×50mm

30. 标志板面油墨与反光膜的附着性能试验要点有(　　)。

A. 用丝网印刷的方法

B. 面积不小于 200mm×200mm

C. 面积不小于 200mm×300mm

D. 按照《凹版塑料油墨检验方法　附着牢度检验》(GB/T13217.7—2009)进行测试

31. 标志板出厂检验要点有(　　)。

A. 产品出厂前,应随机抽样

B. 对结构尺寸、外观质量标志板面色度、光度性能等 5 项性能自检

C. 对结构尺寸、外观质量标志板面色度、光度性能等 12 项性能自检

D. 合格者附合格证才可出厂

32. 标志板耐盐雾腐蚀性能试验溶液为(　　)。

A. 化学纯的氯化钠溶于蒸馏水

B. 分析纯的氯化钠溶于蒸馏水

C. 配制成质量比 5% ±0.1% 的盐溶液

D. 配制成质量比 10% ±0.1% 的盐溶液

33. 标志板耐盐雾腐蚀性能试验箱内温度和试样为(　　)。

A. 保持 35℃ ±2℃　　B. 保持 40℃ ±2℃

C. 150mm×150mm 的试样　　D. 200mm×200mm 的试样

34. LED 主动发光道路交通标志按环境温度适用等级分为(　　)。

A. A 级:−20 ~ +55℃　　B. B 级:−40 ~ +50℃

C. C 级:−55 ~ +45℃　　D. D 级:−65 ~ +40℃

35. 发光道路交通标志电气强度试验要求为(　　)。

A. 电源接线端子与机壳之间施加频率 50Hz、1500V 正弦交流电

B. 历时 1min

C. 应无火花、闪络和击穿现象

D. 漏电电流不大于 5MA

36. 设置禁令、指示、警告标志宜采用Ⅴ类反光膜的路段为(　　)。

A. 高速公路、一级公路主线小半径曲线及立体交叉小半径匝道路口

B. 交通较为复杂、视距不良、观察角过大的交叉路口或路段

C. 单向有三条或三条以上车道时

D. 公路横断面发生变化时或大型车辆所占比例很大时

37. 根据《道路交通标志和标线　第 2 部分:道路交通标志》(GB 5768.2—2009)规定,原则上不同种类标志应避免并设,请指出下列哪类标志应单独设置(　　)。

A. 指路标志　　B. 解除限制速度标志

C. 警告标志　　D. 减速让行标志

四、综合题

1. 试回答交通标志外观质量检查的问题。

(1)外观质量包括(　　)。

A. 缺陷检查　　B. 板面不平度测量

C. 板面拼接缝检查　　D. 板面垂直度测量

(2)逆反射性能不均匀缺陷的检查条件是(　　)。

A. 在夜间黑暗空旷的环境　　B. 距离标志板面 10m 处

C. 汽车前照灯远光为光源　　D. 垂直照射标志板面

(3)逆反射性能不均匀缺陷的检查内容是目测能辨别出标志板面(　　)。

A. 同种材料有明显差异　　B. 同一颜色有明显差异

C. 同一工艺有明显差异　　D. 同一工序有明显差异

(4)标志板面其余缺陷检查是(　　)。

A. 在白天环境中　　B. 用 4 倍放大镜来进行检查

C. 用 20 倍放大镜来进行检查　　D. 目测检查

(5)板面不平度的测量方法为(　　)。

A. 将标志板面朝上自由放置于一平台上

B. 将 1m 的直尺放置于标志板面上

C. 用钢板尺具测量板面任意处与直尺之间的最大间隙

D. 用油标尺测量板面任意处与直尺之间的最大间隙

2. 试回答交通标志产品各项试验检测频率及结果判定规则的相关问题。

(1)每项试验至少检测(　　)。

A. 2 个数据　　B. 3 个数据　　C. 4 个数据　　D. 5 个数据

(2)每项试验宜(　　)。

A. 在不同试样上进行　　B. 在相同试样上进行

C. 在不同试样相对应面上进行　　D. 在相同试样不同的面上进行

(3)检测结果为(1)问中每组数据的(　　)。

A. 平均值　　B. 最大值　　C. 最小值　　D. 方均根值

(4)检测数据有一项指标不符合标准要求时(　　)。

A. 判不合格　　B. 判复检　　C. 判修复　　D. 判降级使用

(5)复检的抽样值为(　　)。

A. 抽取 1.2 倍初检数量的产品　　B. 抽取 1.5 倍初检数量的产品

C. 抽取 2 倍初检数量的产品　　D. 抽取 3 倍初检数量的产品

3. 试回答交通标志工程质量检验评定标准的问题。

(1)交通标志检验评定的基本要求是(　　)。

A. 标志的形状要正确

B. 尺寸符合要求

C. 反光膜的颜色、字符的尺寸、字体等应符合《道路交通标志和标线》(GB 5768—

2009)

D. 反光膜的颜色、字符的尺寸、字体等应符合《公路交通标志板》(JT/T 279—2004)

(2)交通标志标志面的实测项目有(　　)。

A. 反光膜等级　　B. 逆反射系数

C. 贴膜质量　　D. 标志汉字、数字、拉丁字母的字体及尺寸

(3)标志板结构尺寸的实测项目有(　　)。

A. 平整度　　B. 长度　　C. 宽度　　D. 板厚

(4)标志立柱、横梁及连接件实测项目有(　　)。

A. 基本尺寸　　B. 焊接质量　　C. 镀锌质量　　D. 涂层质量

(5)安装施工质量实测项目有(　　)。

A. 基础安装　　B. 标志立柱垂直度

C. 标志板安装平整度　　D. 标志板安装高度

4. 试回答 LED 主动发光道路交通标志性能检验项目的问题。

(1)发光道路交通标志型式检验的项目有(　　)。

A. 材料要求、基本要求、外观质量、色度性能、调光功能

B. 视认性能、绝缘电阻、电气强度、安全接地、电源适应性

C. 电气指标要求、结构稳定性、耐低温性能、耐高温性能、耐湿热性能

D. 耐机械振动性能、耐盐雾腐蚀性能、耐候性能、防护等级、可靠性

(2)发光道路交通标志出厂检验不做的检验项目有(　　)。

A. 电气强度、结构稳定性　　B. 耐机械振动性能、耐盐雾腐蚀性能

C. 耐候性能　　D. 可靠性

(3)发光道路交通标志出厂检验必做的检验项目有(　　)。

A. 材料要求、基本要求、外观质量　　B. 色度性能、调光功能、视认性能

C. 绝缘电阻、安全接地　　D. 电源适应性、电气指标要求

(4)发光道路交通标志出厂检验选做的检验项目有(　　)。

A. 耐低温性能　　B. 耐高温性能　　C. 耐湿热性能　　D. 防护等级

(5)正常批量生产时,发光标志型式检验的周期为(　　)。

A. 半年一次　　B. 每年一次　　C. 两年一次　　D. 三年一次

5. 试回答标志板工程质量检验评定的问题。

(1)交通标志实测项目的关键项目有(　　)。

A. 标志板金属构件涂层厚度　　B. 标志板基础混凝土强度

C. 标志板反光膜等级　　D. 标志板反光膜逆反射系数

(2)标志板逆反射系数测试要求(　　)。

A. 每块板测 3 次　　B. 每块板每种颜色测 3 点

C. 每块板测 5 次　　D. 每块板每种颜色测 5 次

(3)标志板下缘至路面的静空高度的正偏差为(　　)mm。

A. 50　　B. 60　　C. 80　　D. 100

(4)标志板实测项目有板面反光膜逆反射系数、标志板下缘至路面的静空高度、立柱竖

直度、标志基础尺寸和(　　)。

A. 标志立柱的内边缘距土路肩边缘线距离

B. 金属构件涂层厚度

C. 基础混凝土强度

D. 基础顶面平整度

(5)交通标志检验评定的基本要求和实测项目有(　　)。

A. 基本要求有 4 条　　B. 基本要求有 6 条

C. 实测项目有 6 项　　D. 实测项目有 8 项

6. 试回答标志板检测相关问题。

(1)交通标志结构尺寸要求有(　　)。

A. 标志板的外形尺寸允许偏差为 ±5mm

B. 采用铝合金板制作标志底板时,其厚度不应小于 2.0mm

C. 采用挤压成型的铝合金型材制作标志底板时,型材宽度一般不小于 30cm

D. 使用薄钢板制作标志底板时,其厚度不应小于 1.0mm

(2)标志立柱材料及构造要求有(　　)。

A. 钢管、型钢或八角形钢柱

B. 铝合金型材、钢筋混凝土柱或木柱

C. 立柱为钢构件时,顶部应加避雷针

D. 标志板与立柱的连接采用抱箍夹紧式或钢带捆扎式

(3)反光型标志板的面膜拼接应符合以下要求(　　)。

A. 面膜应尽可能减少拼接

B. 当粘贴面膜无法避免接缝时,接缝以搭接为主,且应为上搭下,重叠部分不应小于 5mm

C. 当需要丝网印刷时,可采用平接,其间隙不应超过 2mm

D. 距标志板边缘 5cm 之内,不得有贯通的拼接缝

(4)标志板面色度性能有(　　)。

A. 普通材料色色品坐标

B. 普通材料色亮度因数

C. 反光型标志板夜间色色品坐标

D. 逆反射材料色亮度因数

(5)标志板面与标志底板的附着性能要求有(　　)。

A. 反光膜及黑膜在 5min 后的剥离长度不应大于 20mm

B. 反光膜及黑膜在 5min 后的剥离长度不应大于 30mm

C. 涂料对标志底板的附着性能应达到 GB/T 1720 中三级以上的要求

D. 涂料对标志底板的附着性能应达到 GB/T 1720 中四级以上的要求

7. 试回答下列颜色所代表的交通标志的含义。

(1)红色表示(　　)。

A. 禁止　　B. 危险　　C. 停止　　D. 警告

(2)蓝色表示(　　)。

A. 地名　　B. 路线　　C. 指令　　D. 遵循

(3)绿色表示(　　)。

A. 地名　　B. 路线　　C. 方向　　D. 旅游区

(4)表示警告、用于警告标志的底色为(　　)。

A. 黄色　　B. 荧光黄色　　C. 棕色　　D. 白色

(5)用于道路作业区的警告、指路标志色为(　　)。

A. 橙色　　B. 荧光橙色　　C. 蓝色　　D. 黑色

习题参考答案及解析

一、单项选择题

1. C　　2. C　　3. A　　4. C　　5. A

6. D　　7. B　　8. A　　9. C

10. C

【解析】《公路交通安全设施设计细则》(JTG/T D81—2017)4.5.5。

11. A

12. A

13. D

14. C

【解析】《公路工程质量检验评定标准　第一册　土建工程》(JTG F80/1—2017)11.2.2。

15. A

16. B

17. C

18. B

19. B

20. B

【解析】GB 5768.2—2009 中 3.5。正等边三角形:用于警告标志;圆形:用于禁令和指示标志;叉形:用于“铁路平交道口叉形符号”警告标志;方形:用于指路标志,部分警告、禁令和指示标志,旅游区标志,辅助标志,告示标志等。

21. A　　22. D　　23. B　　24. A　　25. B

26. A　　27. B　　28. C　　29. D　　30. B

31. C　　32. D　　33. C　　34. D　　35. D

36. D　　37. D　　38. C　　39. C　　40. C

41. B　　42. C　　43. A　　44. A　　45. A

46. B　　47. A　　48. B　　49. B　　50. C

51. A　　52. B　　53. D　　54. C　　55. C

56. C　　57. C　　58. C

二、判断题

1. √　　2. √　　3. √　　4. √　　5. √

6. ×　　7. √　　8. ×　　9. √

10. ×

【解析】应为 GB 18833—2012。

11. √　　12. √　　13. √　　14. √　　15. √

16. ×

【解析】每块板每种颜色至少测 3 点。《公路工程质量检验评定标准　第一册　土建工程》(JTG F80/1—2017)11.2.2。

17. ×

【解析】每块板测 2 点。《公路工程质量检验评定标准　第一册　土建工程》(JTG F80/1—2017)11.2.2。

18. √

【解析】《公路工程质量检验评定标准　第一册　土建工程》(JTG F80/1—2017)11.2.2。

19. √

【解析】《公路工程质量检验评定标准　第一册　土建工程》(JTG F80/1—2017)11.2.2。

20. √

【解析】《公路工程质量检验评定标准　第一册　土建工程》(JTG F80/1—2017)11.2.2。

21. √

【解析】《公路工程质量检验评定标准　第一册　土建工程》(JTG F80/1—2017)11.2.2。

22. √

【解析】《公路工程质量检验评定标准　第一册　土建工程》(JTG F80/1—2017)11.2.2。

23. √

24. √

25. √

26. ×

【解析】各测 2 点。《公路工程质量检验评定标准　第一册　土建工程》(JTG F80/1—2017)11.2.1。

27. √

28. √

29. √

30. √

31. ×

【解析】《公路工程质量检验评定标准　第一册　土建工程》(JTG F80/1—2017)11.2.1。

32. √

33. √

34. √

35. √

36. √	37. √	38. √	39. √	40. √
41. √	42. √	43. √	44. √	45. √

46. √

47. ×

【解析】应为≤0.03。

48. √

49. ×

50. ×

三、多项选择题

1. ABC	2. BCD	3. ABC	4. ABD	5. ABCD
6. ABCD	7. BD	8. ABC	9. ABC	10. ABD
11. ABCD	12. ABC	13. ABC	14. ABC	15. ABC
16. ABC	17. ACD	18. ABC	19. ABCD	20. AB

21. ABCD

22. AD

【解析】产品出厂前的随机抽样通常不含选项B、C。

23. ABCD

24. ABCD

25. BD

26. BCD	27. BC	28. BCD	29. BD	30. ACD
31. ABD	32. AC	33. AC	34. ABC	35. ABCD

36. ABCD

【解析】《公路交通安全设施设计细则》(JTG/T D81—2017)4.4.5。

37. BD

【解析】《道路交通标志和标线　第2部分:道路交通标志》(GB 5768.2—2009)3.2.4。

四、综合题

1.(1)ABC	(2)ABCD	(3)AB	(4)AB	(5)ABC
2.(1)B	(2)A	(3)A	(4)A	(5)C

3.(1)ABCD (2)ABCD (3)ABCD (4)ABCD (5)B

4.(1)ABCD (2)ABCD (3)ABCD (4)ABCD (5)B

5.(1)CD (2)B (3)D (4)AD (5)AC

【解析】(1)《公路工程质量检验评定标准 第一册 土建工程》(JTG F80/1—2017)11.2.2。注意在2004版标准中,标志板金属构件涂层厚度也为关键项目。

(2)《公路工程质量检验评定标准 第一册 土建工程》(JTG F80/1—2017)11.2.2。

(3)《公路工程质量检验评定标准 第一册 土建工程》(JTG F80/1—2017)11.2.2。

(4)金属构件涂层厚度和基础混凝土强度两项实测项目在JTG F80/1—2004中有,但在JTG F80/1—2017中取消了。

(5)《公路工程质量检验评定标准 第一册 土建工程》(JTG F80/1—2017)11.2.2。

6.(1)ACD (2)ABD (3)ABD (4)ABCD (5)AC

【解析】(1)选项B,其厚度不应小于1.5mm。《道路交通标志板及支撑件》(GB/T 23827—2009)5.1。

(2)选项C,顶部应加盖柱帽。《道路交通标志板及支撑件》(GB/T 23827—2009)5.1。

(3)选项C,其间隙不应超过1mm。《道路交通标志板及支撑件》(GB/T 23827—2009)5.2.4。

(4)《道路交通标志板及支撑件》(GB/T 23827—2009)5.5。

(5)《道路交通标志板及支撑件》(GB/T 23827—2009)5.11。

7.(1)ABC (2)CD (3)ABC (4)AB (5)AB

【解析】《道路交通标志和标线 第2部分:道路交通标志》(GB 5768.2—2009)3.4。

第三章

交通标志反光膜

复习提示

本章引用的标准有《道路交通反光膜》(GB/T 18833—2012)。

习　题

一、单项选择题

1. 反光膜的表层一般选用(　　)。

A. 透光性良好的普通玻璃　　B. 透光性良好的钢化玻璃
C. 透光性良好的去铅玻璃　　D. 透光性良好的树脂薄膜

2. 反光膜的胶黏层一般是(　　)。

A. 502 胶　　B. 氯丁胶　　C. 环氧树脂胶　　D. 硅胶

3. 反光膜的底层材料为(　　)做的保护层。

A. 三合板　　B. 厚纸　　C. 铝板　　D. 钢板

4. 透镜埋入型的逆反射亮度(　　)。

A. 最高　　B. 很高　　C. 较高　　D. 不高

5. 玻璃珠型反光膜特点主要有(　　)。

A. 没有光线的折射　　B. 没有金属反射层
C. 有光线的折射　　D. 所有光线都从玻璃珠曲面反射出去

6. 微棱镜型反光膜结构中,其棱镜(　　)。

A. 没有空气层　　B. 有 1 个空气层　　C. 有 2 个空气层　　D. 有 3 个空气层

7. 反光膜按其光度性能、结构和用途,可分为(　　)。

A. 5 种类型　　B. 6 种类型　　C. 7 种类型　　D. 8 种类型

8. 逆反射系数的单位为(　　)。

A. $cd \cdot lx^{-1} \cdot m^{-2}$　　B. $cd \cdot lm^{-1}/m^{-2}$

C. $cd \cdot lm^{-2}/m^{2}$　　D. $cd \cdot lx^{-2}/m^{-2}$

9. 工程级反光膜的使用寿命一般为(　　)。

A. 3 年　　B. 5 年　　C. 7 年　　D. 9 年

10. 超工程级反光膜的使用寿命一般为(　　)。

A. 5 年　　B. 6 年　　C. 8 年　　D. 10 年

11. 透镜埋入式玻璃珠型结构通常制作(　　)。

A. 工程级反光膜　　B. 高强级反光膜　　C. 超强级反光膜　　D. 大角度反光膜

12. 可用于永久性交通标志的反光膜类型为(　　)。

A. Ⅰ～Ⅱ类反光膜　　B. Ⅰ～Ⅲ类反光膜

C. Ⅰ～Ⅳ类反光膜　　D. Ⅰ～Ⅴ类反光膜

13. Ⅵ类反光膜通常为微棱镜型结构,有金属镀层,使用寿命一般为(　　)。

A. 3 年　　B. 5 年　　C. 7 年　　D. 10 年

14. Ⅶ类反光膜通常为微棱镜型结构,柔性材质,使用寿命一般为(　　)。

A. 3 年　　B. 5 年　　C. 7 年　　D. 10 年

15. Ⅶ类反光膜通常为微棱镜型结构,柔性材质,可用于(　　)。

A. 临时性交通标志　　B. 永久性交通标志　　C. 轮廓标　　D. 以上均不对

16. 逆反射系数为(　　)。

A. R_A = 发光强度系数/试样表面面积　　B. R_A = 发光强度/试样表面面积

C. R_A = 发光亮度系数/试样表面面积　　D. R_A = 发光亮度/试样表面面积

17. 发光强度系数的单位为(　　)。

A. $cd \cdot lx^{-1}$　　B. $cd \cdot lx^{-2}$　　C. $lm \cdot lx^{-1}$　　D. $lm \cdot lx^{-2}$

18. 反光膜的主要质量评定标准为《道路交通反光膜》(　　)。

A. GB/T 18833—2004　　B. GB 18833—2004

C. GB/T 18833—2012　　D. GB 18833—2012

19. 反光膜的技术要求包括一般要求、外观质量、光度性能、耐候性能等(　　)。

A. 10 项要求　　B. 12 项要求　　C. 14 项要求　　D. 16 项要求

20. 反光膜的光度性能,其数值以(　　)来表示。

A. 反射系数　　B. 逆反射系数　　C. 发光强度系数　　D. 亮度系数

21. 反光膜如不具备旋转均匀性时,制造商应(　　)。

A. 沿其逆反射系数值较大方向做出基准标记

B. 沿其逆反射系数值较小方向做出基准标记

C. 沿其逆反射系数值平均值方向做出基准标记

D. 沿其逆反射系数值最大值方向做出基准标记

22. 在Ⅰ类逆反射系数 R_A 值表中最小逆反射系数值要求最低的颜色为(　　)。

A. 绿色　　B. 白色　　C. 棕色　　D. 蓝色

23. 在Ⅰ类逆反射系数 R_A 值表中最小逆反射系数值要求最高的颜色为(　　)。

A. 绿色　　B. 白色　　C. 棕色　　D. 蓝色

24. 反光膜夜间的色度性能有(　　)。

A. 夜间色　　B. 逆反射色　　C. 色品坐标　　D. 亮度因数

25. 色品坐标中有效范围面积最小的颜色为(　　)。

A. 白色　　B. 红色　　C. 黄色　　D. 绿色

26. 色品坐标中有效范围面积最大的颜色为(　　)。

A. 白色　　B. 红色　　C. 黄色　　D. 绿色

27. 白色在色品图的(　　)。

A. 右下　　B. 左下　　C. 中间　　D. 左上

28. 绿色在色品图的(　　)。

A. 右下　　B. 左下　　C. 中间　　D. 左上

29. 反光膜背胶在附着性能试验 5min 后的剥离长度不应大于(　　)。

A. 5mm　　B. 10mm　　C. 15mm　　D. 20mm

30. 反光膜收缩性能试验后,任何一边的尺寸在 10min 内,其收缩不应超过(　　)。

A. 0.5mm　　B. 0.8mm　　C. 1.0mm　　D. 1.5mm

31. 反光膜收缩性能试验后,任何一边的尺寸在 24h 内,其收缩不应超过(　　)。

A. 2.5mm　　B. 3.0mm　　C. 3.2mm　　D. 3.5mm

32. Ⅰ类和Ⅱ类反光膜的抗拉荷载值不应小于(　　)。

A. 16N　　B. 20N　　C. 24N　　D. 28N

33. 耐候性能试验后,反光膜逆反射系数 R_A 值不应低于(　　)。

A. GB/T 18833—2012 表 8 规定的值　　B. GB/T 18833—2012 表 9 规定的值

C. GB/T 18833—2012 表 10 规定的值　　D. GB/T 18833—2012 表 11 规定的值

34. 耐候性能试验后反光膜光度色度指标的测试角为(　　)。

A. 观测角为 0.1°,入射角为 -4°、15°和 30°

B. 观测角为 0.2°,入射角为 -4°、15°和 30°

C. 观测角为 0.5°,入射角为 -4°、15°和 30°

D. 观测角为 1.0°,入射角为 -4°、15°和 30°

35. 耐候性能试验后,Ⅳ反光膜逆反射系数 R_A 值不应低于(　　)。

A. 规范值的 50%　　B. 规范值的 65%　　C. 规范值的 80%　　D. 规范值的 90%

36. 反光膜耐弯曲性能的试样尺寸为(　　)。

A. 150mm × 70mm　　B. 150mm × 150mm　　C. 230mm × 70mm　　D. 230mm × 150mm

37. 反光膜收缩性能的试样尺寸为(　　)。

A. 100mm × 100mm　　B. 150mm × 150mm　　C. 200mm × 200mm　　D. 230mm × 230mm

38. 反光膜收缩性能试验时,测其试样尺寸变化的时间在防粘纸去除后(　　)。

A. 5min 和 12h　　B. 10min 和 12h　　C. 10min 和 24h　　D. 30min 和 48h

39. 反光膜防粘纸可剥离性能的试样尺寸为(　　)。

A. 10mm × 100mm　　B. 15mm × 100mm　　C. 20mm × 150mm　　D. 25mm × 150mm

40. 反光膜防粘纸可剥离性能试验时所压重物的质量为(　　)。

A. 3000g ± 30g　　B. 3300g ± 33g　　C. 6600g ± 66g　　D. 6600g ± 33g

41. 反光膜防粘纸可剥离性能试验时的环境温度与时间为(　　)。

A. 60℃ ±2℃的空间里放置 2h　　B. 65℃ ±2℃的空间里放置 2h
C. 65℃ ±2℃的空间里放置 2h　　D. 70℃ ±2℃的空间里放置 4h

42. 反光膜耐盐雾腐蚀性能试验时,箱内温度保持在(　　)。
A. 25℃ ±2℃　　B. 30℃ ±2℃　　C. 35℃ ±2℃　　D. 40℃ ±2℃

43. 反光膜耐盐雾腐蚀性能试验时,试样在盐雾空间连续暴露时间为(　　)。
A. 72h　　B. 96h　　C. 120h　　D. 144h

44. 反光膜耐高低温性能试验,低温时的温度和持续时间为(　　)。
A. －25℃ ±3℃,保持 48h　　B. －30℃ ±3℃,保持 48h
C. －35℃ ±3℃,保持 72h　　D. －40℃ ±3℃,保持 72h

45. 根据《道路交通反光膜》(GB/T 18833—2012)规定,测量夜间色时,不作要求的颜色为(　　)。
A. 黄色　　B. 灰色　　C. 荧光橙色　　D. 棕色

二、判断题

1. 反光膜的表层一般选用透光性良好的钢化玻璃。(　　)
2. 反光膜的基层多为树脂有机化合物制成的薄膜。(　　)
3. 反光膜的胶黏层一般是环氧树脂胶。(　　)
4. 反光膜的底层是厚纸做的保护层。(　　)
5. 透镜埋入型是将玻璃珠直接埋入透明树脂里。(　　)
6. 透镜埋入型反光膜能保证该玻璃珠的焦点正好落在背后的反光层上。(　　)
7. 透镜埋入型反光膜的逆反射亮度不高。(　　)
8. 密封胶囊型的反光层是直接涂在玻璃珠上的。(　　)
9. 微棱镜型反光膜没有光线的折射。(　　)
10. 微棱镜型反光膜没有金属反射层。(　　)
11. 微棱镜型反光膜所有光线都从微棱镜的 3 个面反射出去。(　　)
12. 微棱镜型反光膜结构中,其棱镜上面和下面都有一个空气层。(　　)
13. 荧光反光膜以及用于临时性交通标志的反光膜,使用寿命一般为 3 年。(　　)
14. Ⅶ类反光膜通常为微棱镜型结构,柔性材质,使用寿命一般为 10 年。(　　)
15. Ⅱ类反光膜通常为透镜埋入式玻璃珠型结构,称超工程级反光膜。(　　)
16. Ⅲ类反光膜通常为密封胶囊式玻璃珠型结构,使用寿命一般为 10 年。(　　)
17. Ⅳ类反光膜通常为微棱镜型结构,称超强级反光膜,使用寿命一般为 10 年。(　　)
18. Ⅴ类反光膜通常为微棱镜型结构,称大角度反光膜,使用寿命一般为 10 年。(　　)
19. Ⅵ类反光膜通常为微棱镜型结构,有金属镀层,使用寿命一般为 10 年。(　　)
20. 反射光线从靠近入射光线的反方向,向光源返回的反射称逆反射。(　　)
21. 参考中心为确定逆反射材料特性时在试样中心所给定的一个点。(　　)
22. 参考轴为起始于参考中心,垂直于被测试样反射面的直线。(　　)
23. 照明轴为连接参考中心和光源中心的直线。(　　)
24. 观测轴为连接参考中心和光探测器中心的直线。(　　)

25. 观测角 α 为照明轴与观测轴之间的夹角。（　　）

26. 逆反射系数为平面逆反射表面上的发光强度系数 R 除以它的表面面积的商。（　　）

27. 发光强度系数 R 为逆反射在观察方向的发光强度 J 除以投向逆反射体且落在垂直于入射光方向的平面内的光照度 $E_{\perp}$ 的商。（　　）

28. 发光强度系数的单位为 $cd \cdot lx^{-1}$。（　　）

29. 反光膜的光度性能以逆反射系数表述。（　　）

30. 反光膜如不具备旋转均匀性时，制造商应沿其逆反射系数值较大方向做出基准标记。（　　）

31. 在Ⅰ类逆反射系数 R_A 值表中，最小逆反射系数值要求最低的颜色为白色。（　　）

32. 在Ⅰ类逆反射系数 R_A 值表中，最小逆反射系数值要求最高的颜色为白色。（　　）

33. 反光膜白天的色度性能指标有色品坐标和亮度因数。（　　）

34. 反光膜夜间的色度性能指标有色品坐标。（　　）

35. 反光膜背胶附着性能试验后，在 5min 后的剥离长度不应大于 20mm。（　　）

36. Ⅰ类和Ⅱ类反光膜的抗拉荷载值不应小于 24N。（　　）

37. 经汽油和乙醇浸泡后，反光膜表面不应出现软化、皱纹、渗漏、起泡损坏。（　　）

38. 盐雾试验后，反光膜表面不应有变色、渗漏、起泡或被侵蚀等损坏。（　　）

39. 高低温试验后，反光膜表面不应出现裂缝、软化、剥落、皱纹、起泡、翘曲或外观不均匀等损坏。（　　）

40. 自然暴露或人工加速老化试验后，反光膜应无明显的裂缝、皱折、刻痕、凹陷、气泡、侵蚀、剥离、粉化或变形等损坏。（　　）

41. 耐候性能试验后，Ⅳ类反光膜逆反射系数 R_A 值不应低于规范值的 80%。（　　）

42. 逆反射体的基准轴为从逆反射体中心发出，垂直于逆反射体轴的一条射线。（　　）

三、多项选择题

1. 反光膜的反射层有（　　）。

A. 微小玻璃珠层　　B. 微棱镜层

C. 金属反光镀层　　D. 微小玻璃柱层

2. 密封胶囊型反光层的特点是（　　）。

A. 反光层直接涂在玻璃珠上

B. 反光层直接涂在面层上

C. 比透镜埋入型产品有更高的反光亮度

D. 空气层解决了膜结构内、外的温差问题

3. 微棱镜型反光膜的技术特点为（　　）。

A. 没有光线的折射　　B. 没有金属反射层

C. 棱镜上面和下面都有一个空气层　　D. 光线都从微棱镜的 3 个面反射出去

4. Ⅰ类反光膜的特点是（　　）。

A. 称工程级反光膜　　B. 使用寿命一般为 7 年

C. 通常为透镜埋入式玻璃珠型结构
D. 用于永久性交通标志和作业区设施

5. Ⅱ类反光膜的特点是(　　)。

A. 称超工程级反光
B. 使用寿命一般为10年
C. 通常为透镜埋入式玻璃珠型结构
D. 用于永久性交通标志和作业区设施

6. Ⅲ类反光膜的特点是(　　)。

A. 称高强级反光膜
B. 使用寿命一般为10年
C. 通常为密封胶囊式玻璃珠型结构
D. 用于永久性交通标志和作业区设施

7. Ⅳ反光膜的特点是(　　)。

A. 称超强级反光膜
B. 使用寿命一般为10年
C. 通常为微棱镜型结构
D. 用于永久性交通标志、作业区设施和轮廓标

8. Ⅴ类反光膜的特点是(　　)。

A. 称大角度反光膜
B. 使用寿命一般为10年
C. 通常为微棱镜型结构
D. 用于永久性交通标志、作业区设施和轮廓标

9. 反光膜外观质量包括(　　)。

A. 应有平滑、洁净的外表面
B. 不应有明显的划痕、条纹、气泡
C. 颜色及逆反射应均匀
D. 防粘纸不应有气泡、皱折、污点或杂物等缺陷

10. Ⅰ类反光膜逆反射系数 R_A 值表中观测角有(　　)。

A. 0.2°　　B. 0.5°　　C. 1°　　D. 1.5°

11. Ⅰ类反光膜逆反射系数 R_A 值表中每个观测角对应的入射角有(　　)。

A. −4°　　B. 1°　　C. 15°　　D. 30°

12. 反光膜白天的色度性能指标有(　　)。

A. 昼间色　　B. 表面色　　C. 色品坐标　　D. 亮度因数

13. 反光膜抗冲击性能试验后,在受到冲击的表面以外,不应出现(　　)。

A. 裂缝　　B. 层间脱离　　C. 老化　　D. 破碎

14. 反光膜耐弯曲性能试验后,表面不应(　　)。

A. 裂缝　　B. 剥落　　C. 层间分离　　D. 断裂

15. 反光膜防粘纸可剥离性能试验后,无须用水或溶剂浸湿,防粘纸可方便地(　　)。

A. 手工剥下
B. 无破损
C. 无撕裂
D. 不从反光膜上带下黏合剂

16. 经汽油和乙醇浸泡后,反光膜表面不应出现(　　)。

A. 软化、起泡　　B. 皱纹　　C. 渗漏　　D. 开裂或被溶解

17. 盐雾试验后,反光膜表面不应有(　　)。

A. 变色　B. 渗漏　C. 起泡　D. 被侵蚀

18. 高低温试验后,反光膜表面不应出现(　　)。

A. 裂缝、剥落　B. 软化、皱纹　C. 起泡、翘曲　D. 外观不均匀

19. 自然暴露或人工加速老化试验后,反光膜应无明显的(　　)。

A. 裂缝、皱折　B. 刻痕、凹陷　C. 气泡、侵蚀、剥离　D. 粉化或变形

20. 玻璃珠型逆反射类的反光膜,其主要制备工艺包括(　　)。

A. 植珠　B. 涂覆黏合层

C. 真空镀膜、涂压敏胶　D. 复合防粘纸

21. 玻璃微珠的选择要求(　　)。

A. 折射率高　B. 圆度好　C. 清晰、透明　D. 颗粒均匀

22. 抗冲击性能试验是将反光膜试样反光面朝上,水平放置在仪器钢板上,(　　)。

A. 在试样上方 250mm 处

B. 在试样上方 500mm 处

C. 用一个质量为 450.0g ±4.5g 的实心钢球自由落下,冲击试样

D. 用一个质量为 900.0g ±9.0g 的实心钢球自由落下,冲击试样

23. 反光膜抗拉荷载试验设备及拉伸速度为(　　)。

A. 精度为 0.5 级的万能材料试验机　B. 精度为 1.0 级的万能材料试验机

C. 以 100mm/min 的速度拉伸　D. 以 300mm/min 的速度拉伸

24. 反光膜性能试验中,试样是 150mm ×150mm 的试验为(　　)。

A. 抗冲击性能　B. 光度性能　C. 色度性能　D. 耐高低温性能

25. 反光膜性能试验中,试样是 25mm ×150mm 的试验为(　　)。

A. 耐盐雾腐蚀性能　B. 抗拉荷载　C. 耐溶剂性能　D. 耐候性能

26. 反光膜耐溶剂性能试验中将试样分别浸没在(　　)。

A. 汽油中 10min　B. 汽油中 20min　C. 乙醇中 1min　D. 乙醇中 10min

27. 反光膜耐盐雾腐蚀性能试验中盐溶液及温度条件为(　　)。

A. 5.0% ±0.1%(质量比)的盐溶液且在盐雾试验箱内连续雾化

B. 10.0% ±0.1%(质量比)的盐溶液且在盐雾试验箱内连续雾化

C. 箱内温度保持 35℃ ±2℃

D. 箱内温度保持 50℃ ±2℃

28. 反光膜自然暴露试验要点包括(　　)。

A. 试样尺寸不小于 150mm ×150mm

B. 安装在至少高于地面 0.8m 的暴晒架面上

C. 试样面朝正南方,与水平面成当地的纬度角或 45° ±1°

D. 试样开始暴晒后,每个月做 1 次表面检查,半年后,每 3 个月检查 1 次

29. 公路交通用反光膜一般是由(　　)等多层不同的物质组成的膜结构物体。

A. 表层　B. 功能层　C. 承载层　D. 胶黏层

30. 反光膜在白天表现的各种颜色为(　　)。

A. 逆反射色　B. 昼间色　C. 表面色　D. 色温

31. 反光膜要求做的机械性能试验有(　　)。
A. 抗冲击性能　B. 耐弯曲性能　C. 抗拉荷载　D. 抗剪荷载

四、综合题

1. 拟对某批Ⅲ类白色反光膜(无金属镀层)做色度性能试验,请判断。
(1)反光膜在白天的色度性能指标有(　　)。
A. 昼间色　B. 表面色　C. 色品坐标　D. 亮度因数
(2)反光膜在夜间的色度性能指标有(　　)。
A. 昼间色　B. 表面色　C. 色品坐标　D. 亮度因数
(3)白色在色品图(昼间色)中大致位置为(　　)。
A. 左上角　B. 右下角　C. 中间　D. 左下角
(4)检测仪器有(　　)。
A. 色差计　B. 非接触式色度计　C. 逆反射测量仪　D. 亮度计
(5)测得色品坐标 $X=0.330$,$Y=0.350$;亮度因数为0.29,该膜是否合格(　　)。
注:有效白色区域的四个角点坐标为 $P_1(0.350,0.360)$,$P_2(0.305,0.315)$,$P_3(0.295,0.325)$,$P_4(0.340,0.370)$;规范要求亮度因数≥0.27。
A. 色品坐标不合格　B. 色品坐标合格
C. 亮度因数不合格　D. 亮度因数合格

2. 试回答反光膜光度性能测试的问题。
(1)单色反光膜试样尺寸为(　　)。
A. 100mm×100mm　B. 100mm×150mm
C. 150mm×150mm　D. 150mm×250mm
(2)一般测试方法按《逆反射体光度性能测试方法》(　　)。
A. JT 690—2001　B. JT/T 690—2001　C. JT 690—2007　D. JT/T 690—2007
(3)测试反光膜的逆反射系数,在《逆反射体光度性能测试方法》中规定的方法有(　　)。
A. 比率法　B. 替代法　C. 虚拟法　D. 直接发光强度法
(4)仲裁试验时,反光膜的逆反射系数按《逆反射系数测试方法 共平面几何法》(　　)规定的方法进行。
A. JT 689—2000　B. JT/T 689—2000　C. JT 689—2007　D. JT/T 689—2007
(5)一般情况下,测试时的旋转角 ε 取(　　)。
A. 0°　B. 45°
C. 90°　D. 按生产厂商或委托方的要求选取

3. 试回答反光膜的色度性能测试问题。
(1)单色反光膜试样尺寸为(　　)。
A. 100mm×100mm　B. 100mm×150mm
C. 150mm×150mm　D. 150mm×250mm
(2)采用《标准照明体和几何条件》(GB/T 3978—2008)规定的CIE标准照明体(　　)。
A. D_{50}光源　B. D_{55}光源　C. D_{60}光源　D. D_{65}光源

(3)测取各种反光膜昼间色的色品坐标和亮度因数的测量几何条件为(　　)。

A. 30°,α:0°　　B. 35°,α:0°　　C. 45°,α:0°　　D. 60°,α:0°

(4)测取反光膜夜间色色品坐标的标准为《夜间条件下逆反射体色度性能测试方法》(　　)。

A. JT 692—2001　　B. JT/T 692—2001　　C. JT 692—2007　　D. JT/T 692—2007

(5)测取反光膜夜间色色品坐标的条件为(　　)。

A. CIE 标准照明体 A 光源　　B. CIE 标准照明体 D_{55}光源

C. 入射角 0°、观测角 0.2°　　D. 入射角 0°、观测角 0.5°

4. 拟对某批Ⅲ类白色反光膜做耐候性能试验,请回答相关问题。

(1)自然暴露或人工加速老化后反光膜应无明显的(　　)。

A. 裂缝、皱折　　B. 刻痕、凹陷

C. 气泡、侵蚀、剥离　　D. 粉化或变形

(2)耐候性能试验后反光膜任何一边出现的收缩均不得超过(　　)。

A. 0.5mm　　B. 0.6mm　　C. 0.8mm　　D. 1.0mm

(3)耐候性能试验后逆反射系数、色品坐标及亮度因数的测试角为(　　)。

A. 观测角为 0.1°,入射角为 -4°、15°和 30°

B. 观测角为 0.2°,入射角为 -4°、15°和 30°

C. 观测角为 0.5°,入射角为 -4°、15°和 30°

D. 观测角为 1.0°,入射角为 -4°、15°和 30°

(4)试验前,反光膜的逆反射系数 $R_A = 210\text{cd} \cdot \text{lx}^{-1} \cdot \text{m}^{-2}$(观测角 0.2°、入射角 15°),试验后的 $R_A{}'$(观测角 0.2°、入射角 15°)应为多少才合格(　　)。

A. $105\text{cd} \cdot \text{lx}^{-1} \cdot \text{m}^{-2}$　　B. $137\text{cd} \cdot \text{lx}^{-1} \cdot \text{m}^{-2}$

C. $168\text{cd} \cdot \text{lx}^{-1} \cdot \text{m}^{-2}$　　D. $189\text{cd} \cdot \text{lx}^{-1} \cdot \text{m}^{-2}$

(5)测得色品坐标 $X = 0.285$, $Y = 0.320$;亮度因数为 0.28,该膜是否合格(　　)。

注:有效白色区域的四个角点坐标为 P_1(0.350,0.360),P_2(0.305,0.315),P_3(0.295,0.325),P_4(0.340,0.370);规范要求亮度因数≥0.27。

A. 色品坐标不合格　　B. 色品坐标合格

C. 亮度因数不合格　　D. 亮度因数合格

5. 试回答反光膜结构、分类及检验规则等问题。

(1)反光膜按逆反射原理可分为(　　)。

A. 透镜埋入式玻璃珠型　　B. 密封胶囊式玻璃珠型

C. 微棱镜型　　D. 微棱柱型

(2)反光膜分类的依据为(　　)。

A. 光度性能　　B. 结构　　C. 用途　　D. 机械性能

(3)反光膜分为七类,其使用年限分别为(　　)。

A. Ⅰ类为 7 年　　B. Ⅱ、Ⅲ、Ⅳ、Ⅴ类为 10 年

C. Ⅵ类为 13 年　　D. Ⅶ类为 15 年

(4)反光膜出厂时,每批产品的数量不得超过(　　)。

A. $2000m^2$　　B. $3000m^2$　　C. $4000m^2$　　D. $5000m^2$

(5)反光膜的检验规则为(　　)。

A. 标准规定的每项性能试验至少取样5个,在试验结果全部合格的基础上取算术平均值为试验结果

B. 若某一试验结果不符合标准要求,则应从同一批产品中抽取双倍数量的试样进行该项目复测

C. 若复测结果全部合格,则整批产品合格

D. 若复测结果有不合格项,则整批产品为不合格

6. 试回答反光膜耐候性能试验的问题。

(1)耐候性能试验的试验时间为(　　)。

A. Ⅰ类自然暴露24个月;人工加速老化1200h

B. Ⅲ类自然暴露36个月;人工加速老化1800h

C. Ⅴ类自然暴露36个月;人工加速老化1800h

D. Ⅵ、Ⅶ类自然暴露45个月;人工加速老化3000h

(2)自然暴露试验的要点是(　　)。

A. 将尺寸不小于150mm×250mm的试样安装在高于地面0.8m的暴晒架面上

B. 试样面朝正南方,与水平面成当地的纬度角或30°±1°

C. 试样开始后,每个月做1次表面检查,半年后,每3个月检查1次,直至暴晒期限

D. 以自然暴露试验为仲裁试验

(3)人工加速老化试验的光源和试验箱内环境为(　　)。

A. 氙弧灯　　B. 高压汞灯

C. 黑板温度选择65℃±3℃　　D. 相对湿度选择50%±5%

(4)老化试验箱的辐照功率为(　　)。

A. 光谱波长290~800nm之间的辐照度为$550W/m^2$

B. 光谱波长800~1330nm之间的辐照度为$700W/m^2 \pm 50W/m^2$

C. 在光谱波长290~1870nm之间的总辐照度不超过$850W/m^2 \pm 70W/m^2$

D. 在光谱波长290~2450nm之间的总辐照度不超过$1000W/m^2 \pm 100W/m^2$

(5)试验过程为(　　)。

A. 采用连续光照,周期性喷水,喷水周期为120min,其中18min喷水、102min不喷水

B. 采用连续光照,周期性喷水,喷水周期为120min,其中28min喷水、92min不喷水

C. 采用连续光照,周期性喷水,喷水周期为240min,其中40min喷水、200min不喷水

D. 采用连续光照,周期性喷水,喷水周期为240min,其中60min喷水、180min不喷水

7. 遵照反光膜检验规则,回答下列问题。

(1)反光膜质量的检验类型为(　　)。

A. 出厂检验　　B. 型式检验　　C. 工地检验　　D. 监理抽检

(2)反光膜型式检验项目有外观质量、光度性能、色度性能、耐弯曲性能、附着性能、收缩性能、防粘纸可剥离性能、抗拉荷载、耐溶剂性能、耐盐雾腐蚀性能及(　　)。

A. 抗冲击性能　　B. 抗剪切性能　　C. 耐高低温性能　　D. 耐候性能

(3)反光膜型式检验项目有外观质量、光度性能、色度性能、耐弯曲性能、附着性能、收缩性能及(　　)。

A. 抗冲击性能　　　　B. 防粘纸可剥离性能

C. 耐溶剂性能　　　　D. 耐候性能

(4)反光膜生产厂进行型式检验条件为(　　)。

A. 新产品投入批量生产前

B. 老产品转厂生产时

C. 停产 1 年或 1 年以上的产品再生产时

D. 正常生产的产品每经历 2 年生产时(耐候性能试验可每 4 年进行 1 次)

(5)检验判定规则为(　　)。

A. 每项性能试验,至少取样 3 个

B. 在试样测试结果全部合格的基础上,以 5 个(或 5 个以上)试样测试结果的算术平均值为试验结果

C. 若某一试样的测试结果不符合标准要求,则应从同一批产品中再抽取双倍数量的试样进行该不合格项目的复测

D. 若复测结果全部合格,则整批产品合格;若复测结果(包括该项试验所要求的任一指标)有不合格项,则整批产品为不合格产品

习题参考答案及解析

一、单项选择题

1. D	2. C	3. B	4. D	5. C
6. C	7. C	8. A	9. C	10. D
11. A	12. D	13. A	14. A	15. A
16. A	17. A	18. C	19. A	20. B
21. A	22. C	23. B	24. C	25. A
26. D	27. C	28. D	29. D	30. B
31. C	32. C	33. C	34. B	35. C
36. C	37. D	38. C	39. D	40. D

41. D

42. C

43. C

44. D

45. B

【解析】《道路交通反光膜》(GB/T18833—2012)5.4.2。

二、判断题

1. ×

【解析】应为树脂薄膜。

2. √

3. √

4. √

5. √

6. ×

【解析】不能保证。

7. √

8. √

9. √

10. √

11. √

12. √

13. √

14. ×

【解析】使用寿命一般为3年。

15. √

16. √

17. √

18. √

19. ×

【解析】使用寿命一般为3年。

20. √

21. √　22. √　23. √　24. √　25. √

26. √　27. √　28. √　29. √　30. √

31. ×

【解析】应为棕色。

32. √

33. √

34. √

35. √

36. √

37. ×

【解析】漏掉:开裂或被溶解等。

38. √

39. √

40. √

41. √

42. √

【解析】《道路交通反光膜》(GB/T 18833—2012)3.5。

三、多项选择题

1. ABC	2. ABCD	3. ABCD	4. ABCD	5. ABCD
6. ABCD	7. ABCD	8. ABCD	9. ABCD	10. ABC
11. ACD	12. CD	13. ABD	14. ABCD	15. ABCD
16. ABCD	17. ABCD	18. ABCD	19. ABCD	20. ABCD
21. ABCD	22. AC	23. AD	24. ABCD	25. BC

26. AC

27. AC

28. BCD

【解析】不小于 150mm×250mm。

29. ABCD

【解析】公路交通用反光膜一般是由表层(保护膜)、反射层(功能层)、基层(承载层)、胶黏层和底层(保护层)等多层不同的物质组成的膜结构物体。

30. BC

【解析】《道路交通反光膜》(GB/T 18833—2012)5.4.1。

31. ABC

【解析】《道路交通反光膜》(GB/T 18833—2012)5.5～5.10。

四、综合题

1.(1)CD　　(2)C　　(3)C　　(4)AD　　(5)BD

【解析】(5)方法1:在《轮廓标》(GB/T 18833—2012)P8页的图3中找(0.330,0.350)点,落在白色区域,则色品坐标合格。

方法2:若无《轮廓标》(GB/T 18833—2012)P8页的图3,利用尺和纸依题中的四个角点坐标做出有效白色区域图,在图上找(0.330,0.350)点,落在有效白色区域,则色品坐标合格。

方法3:解析法,依题中的四个角点坐标P_1(0.350,0.360),P_2(0.305,0.315),P_3(0.295,0.325),P_4(0.340,0.370)。P_1、P_2组成有效区域的下线,其方程为$y=0.22x+0.247$;P_3、P_4组成有效区域的上线,其方程为$y=x+0.030$。将测试值(0.330,0.350)的X_C值0.330代入下线方程,得$Y=0.320<Y_C=0.350$(下线在测试值0.350之下);将测试值(0.330,0.350)的X_C值0.330代入上线方程,得$Y=0.360>Y_C=0.350$(上线在测试值0.350之上),且X_C值在本题x变量的取值范围内。所以测试色品坐标(0.330,0.350)在白色区域内,色品坐标合格。

题中规定亮度因数≥0.27,实测亮度因数为0.29,故亮度因数合格。

2.(1)C　(2)D　(3)ABD　(4)D　(5)ACD

3.(1)C　(2)D　(3)C　(4)D　(5)AC

4.(1)ABCD　(2)C　(3)B　(4)C　(5)AD

【解析】(1)~(3)《道路交通反光膜》(GB/T 18833—2012)P10。

(4)查《道路交通反光膜》(GB/T 18833—2012)表10得,Ⅲ类膜系数为0.8,故 $R'_A = 0.8 \times R_A = 168(cd \cdot lx^{-1} \cdot m^{-2})$。

(5)因 $X = 0.285 \leqslant X_3 = 0.29$(白色标点的 X_{min}),故色品坐标不合格;又查表亮度因数标准值为≥0.27,实测值0.28大于标准值,故亮度因数合格。见《道路交通反光膜》(GB/T 18833—2012)P8。

5.(1)ABC　(2)ABC　(3)AB　(4)B　(5)BCD

【解析】(1)《道路交通反光膜》(GB/T 18833—2012)4.1。

(2)、(3)《道路交通反光膜》(GB/T 18833—2012)4.2。

(4)《道路交通反光膜》(GB/T 18833—2012)7.2。

(5)标准规定的每项性能试验至少取样3个。《道路交通反光膜》(GB/T 18833—2012)7.4。

6.(1)ABC　(2)ABCD　(3)ACD　(4)AD　(5)A

【解析】《道路交通反光膜》(GB/T 18833—2012)P14。

7.(1)AB　(2)ACD　(3)ABC　(4)ABC　(5)ACD

【解析】《道路交通反光膜》(GB/T 18833—2012)7。

第四章

道路交通标线

复习提示

本章引用的标准有《道路交通标志和标线　第 3 部分：道路交通标线》（GB 5768.3—2009）、《道路交通标线质量要求和检测方法》（GB/T 16311—2009）。

习　题

一、单项选择题

1. 分隔道路上对向行驶的交通流的标线为何种颜色（　　）。

A. 橙色　　B. 蓝色　　C. 黄色　　D. 白色

2. 闪现率效果最好在（　　）。

A. 2.0 ~ 2.2 次/s 之间时　　B. 2.4 ~ 2.6 次/s 之间时

C. 2.8 ~ 3.0 次/s 之间时　　D. 3.0 ~ 3.2 次/s 之间时

3. 标线最薄的是溶剂型涂料标线和水性涂料标线，其湿膜厚度为（　　）。

A. 0.2 ~ 0.5mm　　B. 0.3 ~ 0.6mm　　C. 0.3 ~ 0.8mm　　D. 0.4 ~ 1.0mm

4. GB 5768—2009 中规定横向标线的线宽最大值为（　　）。

A. 35cm　　B. 40cm　　C. 45cm　　D. 50cm

5. GB 5768—2009 中规定纵向标线的线宽最小值为（　　）。

A. 5cm　　B. 8cm　　C. 10cm　　D. 12cm

6. 标线最薄的是热熔突起振动标线，其突起部分高度为（　　）。

A. 2 ~ 4mm　　B. 3 ~ 5mm　　C. 3 ~ 7mm　　D. 4 ~ 10mm

7. 纵向标线的线宽最大值为（　　）。

A. 20cm　　B. 25cm　　C. 30cm　　D. 35cm

8. 横向标线的线宽最小值为（　　）。

A. 15cm　　B. 20cm　　C. 25cm　　D. 30cm

9. 正常使用期间的白色反光标线的逆反射亮度系数不应低于(　　)。

A. $50mcd \cdot m^{-2} \cdot lx^{-1}$　　B. $60mcd \cdot m^{-2} \cdot lx^{-1}$

C. $70mcd \cdot m^{-2} \cdot lx^{-1}$　　D. $80mcd \cdot m^{-2} \cdot lx^{-1}$

10. 正常使用期间的黄色反光标线的逆反射亮度系数不应低于(　　)。

A. $50mcd \cdot m^{-2} \cdot lx^{-1}$　　B. $60mcd \cdot m^{-2} \cdot lx^{-1}$

C. $70mcd \cdot m^{-2} \cdot lx^{-1}$　　D. $80mcd \cdot m^{-2} \cdot lx^{-1}$

11. 新施划的非雨夜Ⅳ级白色反光标线的逆反射亮度系数不应低于(　　)。

A. $150mcd \cdot m^{-2} \cdot lx^{-1}$　　B. $300mcd \cdot m^{-2} \cdot lx^{-1}$

C. $450mcd \cdot m^{-2} \cdot lx^{-1}$　　D. $600mcd \cdot m^{-2} \cdot lx^{-1}$

12. 新施划的非雨夜Ⅳ级黄色反光标线的逆反射亮度系数不应低于(　　)。

A. $100mcd \cdot m^{-2} \cdot lx^{-1}$　　B. $200mcd \cdot m^{-2} \cdot lx^{-1}$

C. $350mcd \cdot m^{-2} \cdot lx^{-1}$　　D. $400mcd \cdot m^{-2} \cdot lx^{-1}$

13. 防滑标线的抗滑值应不小于(　　)。

A. 35BPN　　B. 40BPN　　C. 45BPN　　D. 50BPN

14. 公路交通标线的交竣工验收依据为(　　)。

A.《道路交通标志和标线》(GB 5768—2009)

B.《道路交通标线质量要求和检测方法》(GB/T 16311—2009)

C.《公路工程质量检验评定标准》(JTG F80/1—2017)

D.《道路交通标线》(GB 57768—2012)

15. 公路交通标线的施工质量控制和质量判断依据是(　　)。

A.《道路交通标志和标线》(GB 5768—2009)

B.《道路交通标线质量要求和检测方法》(GB/T 16311—2009)

C.《公路工程质量检验评定标准》(JTGF80/1—2017)

D.《道路交通标线》(GB 57768—2012)

16. 标线实际位置与设计位置的横向允许误差为(　　)。

A. ±15mm　　B. ±20mm　　C. ±25mm　　D. ±30mm

17. 标线的宽度允许误差为(　　)。

A. 0～3mm　　B. 0～4mm　　C. 0～5mm　　D. 0～8mm

18. 其他标线尺寸的允许误差不超过(　　)。

A. ±2%　　B. ±3%　　C. ±5%　　D. ±8%

19. 标线设置角度的允许误差为(　　)。

A. ±1°　　B. ±2°　　C. ±3°　　D. ±5°

20. 热熔型路面标线涂料常温下为(　　)。

A. 固体粉末状　　B. 液体状　　C. 颗粒状　　D. 膏状

21. 热熔型路面标线涂料施划于路面时,物理冷却固化时间一般为(　　)。

A. 1min 内　　B. 1.5min 内　　C. 2min 内　　D. 3min 内

22. 热熔突起振动标线的突起部分高度为(　　)。

A. 1～5mm　　B. 2～6mm　　C. 3～7mm　　D. 4～8mm

23. 每平方米标线的涂料用量为(　　)。

A. 1.0 ~ 3kg　B. 1.5 ~ 4kg　C. 2 ~ 5kg　D. 2.5 ~ 6kg

24. 据不完全统计,我国热熔型标线的用量占标线总量的(　　)。

A. 70% 以上　B. 80% 以上　C. 90% 以上　D. 95% 以上

25. 热熔型路面标线涂料熔料温度一般在(　　)。

A. 200℃以上　B. 230℃以上　C. 250℃以上　D. 280℃以上

26. GB/T 16311—2009 中标线纵向实线或间断线取样测试点划分为从每个核查区域中随机连续选取(　　)。

A. 5 个测试点　B. 10 个测试点　C. 15 个测试点　D. 20 个测试点

27. GB/T 16311—2009 中图形、字符或人行横道线取样检测单位划分,以每(　　)标线面积为一个检测单位。

A. $1000m^2$　B. $1500m^2$　C. $2000m^2$　D. $2500m^2$

28. GB/T 16311—2009 中纵向实线或间断线取样核查区域划分为(　　)。

A. 在标线的起点、终点及中间位置,选取 3 个 50m 为核查区域

B. 在标线的起点、终点及中间位置,选取 3 个 100m 为核查区域

C. 在标线的起点、250m、中间、750m 及终点位置,选取 5 个 50m 为核查区域

D. 在标线的起点、250m、中间、750m 及终点位置,选取 5 个 100m 为核查区域

29. GB/T 16311—2009 中图形、字符或人行横道线取样核查区域划分,从每个检测单位中选取(　　)有代表性的图形、字符或人行横道线为核查区域。

A. 3 个　B. 5 个　C. 6 个　D. 7 个

30. GB/T 16311—2009 中图形、字符或人行横道线取样测试点划分,从每个核查区随机选取(　　)测试点。

A. 5 个　B. 10　C. 15 个　D. 20 个

31. GB/T 16311—2009 中新划路面标线初始逆反射亮度系数的取样应执行《新划路面标线初始逆反射亮度系数及测试方法》(　　)。

A. GB 21383—2000　B. GB/T 21383—2000

C. GB 21383—2008　D. GB/T 21383—2008

32. JTG F80/1—2017 中规定的路面标线实测项目的抽样频率为标线线段长度、宽度、厚度、纵向间距、逆反射系数均(　　)。

A. 每 2km 测 3 处　B. 每 2km 测 5 处　C. 每 1km 测 3 处　D. 每 1km 测 5 处

33. 标线尺寸、角度、形状与位置检测仪器为(　　)。

A. 钢卷尺(分度值不大于 0.2mm)、量角器(测量精度为 ±0.20)

B. 钢卷尺(分度值不大于 0.3mm)、量角器(测量精度为 ±0.30)

C. 钢卷尺(分度值不大于 0.4mm)、量角器(测量精度为 ±0.40)

D. 钢卷尺(分度值不大于 0.5mm)、量角器(测量精度为 ±0.50)

34. 标线湿膜涂层厚度检测仪器为(　　)。

A. 涂层测厚仪　B. 湿膜厚度梳规　C. 标线厚度测量块　D. 塞规

35. 标线色度性能亮度因数、色品坐标检测仪器为(　　)。

A. 分光计 B. 色彩色差计 C. 色卡 D. 光谱分析仪

36. 根据《道路交通标志和标线 第3部分:道路交通标线》(GB 5768.3—2009)规定,请指出下列哪种标线属于禁止标线( )。

A. 黄色虚实线 B. 车道宽度渐变标线

C. 铁路平交道口标线 D. 潮汐车道标线

37. 网状线标线的颜色为( )。

A. 橙色 B. 蓝色 C. 黄色 D. 白色

38. 潮汐车道线由( )组成。

A. 两条白色虚线并列 B. 两条黄色虚线并列

C. 两条橙色虚线并列 D. 两条蓝色虚线并列

39. 下列为横向警告标线的是( )。

A. 路面(车行道)宽度渐变段标线 B. 接近障碍物标线

C. 铁路平交道口标线 D. 减速标线

40. 网状线标线的颜色为( )。

A. 橙色 B. 蓝色 C. 黄色 D. 白色

二、判断题

1. 第一部全国统一的《道路交通标志和标线》(GB 5768)颁布于1986年。 ( )
2. 道路交通标线是一种方便、简单、实用、经济的交通安全设施。 ( )
3. 非雨夜Ⅰ级白色反光标线初始逆反射亮度系数应大于150mcd·lx^{-1}·m^{-2}。 ( )
4. 非雨夜Ⅰ级黄色反光标线初始逆反射亮度系数应大于100mcd·lx^{-1}·m^{-2}。 ( )
5. 雨夜白色反光标线连续降雨时,初始逆反射亮度系数应大于75mcd·lx^{-1}·m^{-2}。 ( )
6. 雨夜黄色反光标线连续降雨时,初始逆反射亮度系数应大于75mcd·lx^{-1}·m^{-2}。 ( )
7. 长效标线带的抗滑性能分为A级、B级。A级抗滑值至少为45BPN。 ( )
8. B级抗滑值至少为55BPN。 ( )
9. 禁止标线为告示道路交通的遵行、禁止、限制等特殊规定的标线。 ( )
10. 道路交通标线虚线的实线段和间隔的长度与车辆行驶速度直接相关。 ( )
11. 闪现率在2.8~3.0次/s之间时效果最好。 ( )
12. 标线最薄的是溶剂型涂料标线和水性涂料标线,其湿膜厚度为0.3~0.8mm。 ( )
13. 横向标线的线宽最小值为20cm。 ( )
14. 纵向标线的线宽最小值为8cm。 ( )
15. 横向标线的线宽最大值可达45cm。 ( )
16. 纵向标线的线宽最大值可达30cm。 ( )
17. 标线表面的抗滑性能一般应不低于所在路段路面的抗滑性能。 ( )
18. GB/T 16311—2009规定:防滑标线的抗滑值应不小于45BPN。 ( )
19. 逆反射亮度系数的单位为坎德拉每勒克斯每平方米(cd·m^{-2}·lx^{-1})。 ( )

20. 标线实际位置与设计位置的横向允许误差为 ±30mm。（　　）

21. 标线的宽度允许误差为 0 ~ 10mm。（　　）

22. 其他标线尺寸的允许误差不超过 ±5%。（　　）

23. 5m 长标线的长度允许误差为 ±25mm。（　　）

24. 标线设置角度的允许误差为 ±5°。（　　）

25. GB/T 16311—2009 中将 GB/T 16311—2005 中的标线光度性能的表述由"逆反射系数"改为"逆反射亮度系数"。（　　）

26. 白色立面反光标志干燥时初始逆反射亮度系数应大于 400mcd · m^{-2} · lx^{-1}。（　　）

27. 黄色立面反光标志干燥时初始逆反射亮度系数应大于 350mcd · m^{-2} · lx^{-1}。（　　）

28. 通常情况下双组份道路交通标线为反光标线，因其施工时均面撒玻璃珠。（　　）

29. 热熔型路面标线涂料常温下为固体粉末状。（　　）

30. 热熔型路面标线涂料成分中主要成膜物为环氧树脂。（　　）

31. 热熔反光型和热熔普通型标线的干膜厚度为 0.7 ~ 2.5mm。（　　）

32. 热熔型路面标线涂料施划于路面时由于物理冷却固化，一般 3min 内即可通车。（　　）

33. 我国热熔型标线的用量占标线总量的 90% 以上。（　　）

34. 热熔型路面标线涂料熔料温度一般在 200℃ 以上。（　　）

35. 双组份路面标线涂料施工时，A、B 组分按一定配比混合后常温施划于路面。（　　）

36. 双组份涂料标线按其施工方式划分为喷涂型、刮涂型、结构型和振荡型 4 种。（　　）

37. A、B 组分在设备管道中各行其道，不能混用，只在喷嘴内或喷嘴外按配比混合。（　　）

38. 双组份涂料固化时间与标线厚度无关，而与 A、B 组分配比和施工环境温度相关。（　　）

39. 双组份涂料面撒玻璃珠应选用经硅烷偶联剂处理的镀膜玻璃珠。（　　）

40. 水性路面标线涂料是一种高固体分常温涂料。（　　）

41. 车辆行驶方向可随交通管理需要进行变化的车道称为潮汐车道。（　　）

42. 可变导向车道线用于指示导向方向随需要可变的导向车道的位置。（　　）

43. 车距确认标线作为车辆驾驶员保持行车安全距离的参考，视需要设于较长直线段、易发生追尾事故或其他需要的路段。（　　）

44. 路面（车行道）宽度渐变段标线用以警告车辆驾驶员路宽或车道数变化，应谨慎行驶，并禁止超车，标线颜色为白色。（　　）

45. 干燥状态下，标线逆反射亮度系数的测试观测角为 1.24°、入射角为 88.76°，测试仪器沿行车方向平放进行测试。（　　）

46. 突起振动标线的突起部分高度为 3 ~ 7mm；若有基线，基线的厚度为 1 ~ 2mm。（　　）

47. 根据《道路交通标线质量要求和检测方法》（GB/T 16311—2009）规定，道路交通标线施工完成超过 6 个月以上，白色反光标线的逆反射亮度系数不应低于 150mcd · m^{-2} · lx^{-1}。（　　）

三、多项选择题

1. 道路交通标线按标线用途可分为非反光标线、反光标线和(　　)。

A. 突起振动标线　B. 防滑标线　C. 雨夜标线　D. 其他标线

2. GB 5768—2009 中规定实线段和间隔的长度分别为 2m 和 2m 及(　　)。

A. 2m 和 4m　B. 4m 和 4m　C. 4m 和 6m　D. 6m 和 9m

3. GB 5768—2009 中规定纵向标线的线宽一般取(　　)。

A. 10cm　B. 15cm　C. 20cm　D. 25cm

4. GB 5768—2009 中规定横向标线的线宽一般取(　　)。

A. 20cm　B. 30cm　C. 40cm　D. 45cm

5. 标线厚度最小值超过 0.5mm 的标线类型有(　　)。

A. 热熔反光型和热熔普通型涂料标线　B. 热熔突起振动标线

C. 双组份涂料标线　D. 预成形标线带标线

6. 道路交通标线相关技术要求、质量要求和评定标准的依据主要包括(　　)。

A.《道路交通标志和标线》(GB 5768—2009)

B.《道路交通标线质量要求和检测方法》(GB/T 16311—2009)

C.《公路工程质量检验评定标准　第一册　土建工程》(JTG F80/1—2017)

D.《道路交通标线》(GB 57768—2012)

7. 标线长度以及间断线纵向间距的允许误差为(　　)。

A. 6000m 长允许误差 ±30mm　B. 5000m 长允许误差 ±25mm

C. 4000m 长允许误差 ±20mm　D. 1000m 长允许误差 ±10mm

8. 道路交通标线施工(　　)。

A. 由专业施工人员进行　B. 采用专业施工设备

C. 采用不同种类的道路标线材料　D. 按照相关标准规定施划或安装于路面

9. 路面标线涂料的施工特点为(　　)。

A. 施工工艺的连续性　B. 施工工艺的时间性

C. 施工工艺的流动性　D. 施工作业区的特殊性和危险性

10. 路面标线施工前对施工现场考察工作的主要内容为(　　)。

A. 施工时的气象条件

B. 施工路面状况和交通流特点

C. 其他配合单位的协调工作

D. 尽量选择在路面干燥和气温 10℃以上的白天进行施工

11. 热熔喷涂施工设备按喷涂方式可分为(　　)。

A. 低压有气喷涂型　B. 高压有气喷涂型

C. 离心喷涂型　D. 螺旋喷涂型

12. 热熔标线具有优点为(　　)。

A. 3min 内即可通车　B. 线形美观

C. 经久耐用　D. 价格便宜

13. 热熔标线施划按施工方式可分为(　　)和(　　)。
A. 热熔刮涂　B. 热熔喷涂　C. 热熔振荡　D. 热熔滚涂
14. 热熔刮涂施工设备按其动力方式可分为(　　)。
A. 手推式　B. 自行式　C. 车载式　D. 便携式
15. 双组份涂料标线按其施工方式划分为(　　)。
A. 喷涂型　B. 刮涂型　C. 结构型　D. 振荡型
16. 国际上涂料工业的总体趋势为(　　)。
A. 水性化　B. 无溶剂化　C. 高固体分　D. 紫外光固化
17. 水性普通型路面标线涂料的施工方式为(　　)。
A. 低压有气喷涂　B. 高压无气喷涂　C. 刮涂　D. 滚涂
18. 热熔型涂料存在的不足有(　　)。
A. 大量耗能　B. 重涂施工难度大　C. 造价高　D. 劳动强度大
19. 溶剂型涂料存在的不足有(　　)。
A. 含有 30% ~40% 以上的有机溶剂　B. 严重污染环境
C. 不易施工　D. 强度偏低
20. 标线干膜涂层厚度检测采用(　　)。
A. 涂层测厚仪　B. 塞规
C. 标线厚度测量块　D. 百分尺
21. 色彩色差计用来检测(　　)。
A. 亮度因数　B. 色品坐标
C. 色温　D. 逆反射亮度系数
22. 测试湿膜厚度试板要求为(　　)。
A. 厚度 0.3mm 以上、面积为 100mm ×300mm 光亮平整的金属片
B. 厚度 0.3mm 以上、面积为 300mm ×500mm 光亮平整的金属片
C. 厚度 2mm 以上、面积为 200mm ×300mm 玻璃片
D. 厚度 2mm 以上、面积为 300mm ×500mm 玻璃片
23. 白色折线车距确认标线组成为(　　)。
A. 标线总宽 350cm
B. 线条宽 40cm
C. 线条宽 45cm
D. 从确认基点 0m 开始,每隔 5m 设置 1 道标线,连续设置两道为 1 组,间隔 50m 重复设置 5 组
24. 白色半圆状车距确认标线(　　)。
A. 设置于气象条件复杂路段　B. 半圆半径为 30cm(圆心至白实线外边缘)
C. 间隔 50m 设置　D. 半圆点距白实线 3 ~5cm
25. 警告标线有(　　)。
A. 路面(车行道)宽度渐变段标线　B. 接近障碍物标线
C. 铁路平交道口标线　D. 减速标线

26. 路面(车行道)宽度渐变段标线用填充线形式,填充线(　　)。

A. 为倾斜的平行粗实线　　B. 线宽 45cm

C. 间隔 100cm　　D. 倾斜角度为 45°

27. 收费岛头地面标线的特点是(　　)。

A. 标线颜色为白色　　B. 线宽 45cm,间隔 100cm

C. 倾斜角度为 45°　　D. 标线应划在迎车行方向,长 1500cm

28. 立面标记用以提醒驾驶员注意车行道或近旁有高出路面的构造物,(　　)。

A. 一般应涂至距路面 2.5m 以上的高度

B. 标线为黄黑相间的倾斜线条

C. 斜线倾角为 45°,线宽均为 15cm

D. 设置时应把向下倾斜的一边朝向车行道

29. 标线亮度因数为(　　)。

A. 黄色 >0.27　　B. 橙色 >0.14　　C. 红色 >0.07　　D. 蓝色 >0.10

30. 根据《道路交通标志和标线　第 3 部分:道路交通标线》(GB 5768.3—2009)规定,属于纵向标线的包括(　　)。

A. 路口导向线　　B. 左弯待转曲线

C. 潮汐车道线　　D. 导向车道线

四、综合题

1. 试回答交通标线的基本要求和外观质量的问题。

(1)标线的设计应符合(　　)。

A.《道路交通标志和标线》(GB 5768—1999)

B.《道路交通标线质量要求和检测方法》(GB/T 16311—2009)

C.《公路工程质量检验评定标准　第一册　土建工程》(JTG F80/1—2017)

D.《道路交通标线质量要求和检测方法》(GB/T 16311—2005)

(2)使用的标线材料应符合(　　)。

A.《路面防滑涂料》(JT/T 712—2008)

B.《道路预成形标线带》(GB/T 24717—2009)

C.《道路交通标线质量要求和检测方法》(GB/T 16311—2009)

D.《路面标线涂料》(JT/T 280—2004)

(3)外观质量中关于标线视认性的要求有(　　)。

A. 颜色均匀　　B. 边缘整齐　　C. 线形规则　　D. 线条流畅

(4)外观质量中,关于标线的其他要求有(　　)。

A. 涂层厚度应均匀　　B. 无明显起泡、皱纹

C. 无明显斑点、开裂　　D. 无明显发黏、脱落、泛花

(5)外观质量中关于反光标线的面撒玻璃珠,要求其(　　)。

A. 分布符合 GB/T 24722—2009 的要求

B. 性能符合 GB/T 24722—2009 的要求

C. 粒径符合 GB/T 24722—2009 的要求

D. 层次符合 GB/T 24722—2009 的要求

2. 试回答下列道路交通标线工程质量检验评定问题。

(1)《公路工程质量检验评定标准　第一册　土建工程》(JTG F80/1—2017)中，交通标线应符合的基本要求为(　　)。

A. 交通标线施划前路面应清洁、干燥、无起灰

B. 交通标线涂料应符合现行《路面标线涂料》(JT/T 280)和《路面标线用玻璃珠》(GB/T 24722)的规定

C. 交通标线的颜色形状和位置应符合现行《道路交通标志和标线》(GB 5768)的规定并满足设计要求

D. 反光标线玻璃珠应撒布均匀，施划后标线无起泡、剥落

(2)标线实测项目有标线线段长度、标线宽度、标线厚度、标线横向偏移和(　　)。

A. 标线纵向间距　　B. 标线逆反射亮度系数

C. 标线脱落面积　　D. 抗滑值(BPN)

(3)标线实测项目的关键项目有(　　)。

A. 标线厚度　　B. 抗滑值(BPN)

C. 标线逆反射亮度系数　　D. 标线脱落面积

(4)《公路工程质量检验评定标准　第一册　土建工程》(JTG F80/1—2017)新增的检测项目为(　　)。

A. 标线厚度　　B. 抗滑值(BPN)

C. 标线逆反射亮度系数　　D. 标线脱落面积

(5)标线厚度的测试仪器和频率为(　　)。

A. 标线厚度测试仪　　B. 卡尺

C. 每 1km 测 3 处，每处测 6 点　　D. 每 1km 测 3 处，每处测 9 点

3. 试回答《道路交通标线质量要求和检测方法》(GB/T 16311—2009)中标线尺寸允许误差的相关问题。

(1)标线实际位置与设计位置的横向允许误差为(　　)。

A. ±20mm　　B. ±30mm　　C. ±40mm　　D. ±50mm

(2)标线的宽度允许误差为(　　)。

A. 0 ~ 3mm　　B. 0 ~ 5mm　　C. 0 ~ 7mm　　D. 0 ~ 10mm

(3)标线长度以及间断线纵向间距的允许误差为(　　)。

A. 6000m 长允许误差 ±30mm　　B. 5000m 长允许误差 ±25mm

C. 4000m 长允许误差 ±20mm　　D. 1000m 长允许误差 ±10mm

(4)其他标线尺寸的允许误差不超过(　　)。

A. ±1%　　B. ±3%　　C. ±5%　　D. ±8%

(5)标线设置角度的允许误差为(　　)。

A. ±1°　　B. ±2°　　C. ±3°　　D. ±5°

4. 试回答 GB/T 16311—2009 中抽样方法的相关问题。

(1)关于纵向实线或间断线检测单位的划分,说法正确的有(   )。

A. 测量范围小于或等于 5km 时,以整个测量范围为一个检测单位

B. 测量范围小于或等于 10km 时,以整个测量范围为一个检测单位

C. 测量范围大于 5km 时,取每 5km 为一个检测单位

D. 测量范围大于 10km 时,取每 10km 为一个检测单位

(2)关于纵向实线或间断线核查区域的划分,说法正确的有(   )。

A. 在标线的起点、终点及中间位置,选取 3 个 100m 为核查区域

B. 在标线的起点、终点、中间、250m、750m 位置,选取 5 个 100m 为核查区域

C. 一个检测单位含 3 个核查区域

D. 一个检测单位含 5 个核查区域

(3)关于纵向实线或间断线测试点的划分,说法正确的有(   )。

A. 从每个核查区域中随机连续选取 10 个测试点

B. 从每个核查区域中随机连续选取 20 个测试点

C. 每个检测单位中含 30 个测试点

D. 每个检测单位中含 100 个测试点

(4)关于图形、字符或人行横道线检测单位、核查区域和测试点的划分,说法正确的有(   )。

A. 以每 1500m^2 标线面积为一个检测单位

B. 以每 3000m^2 标线面积为一个检测单位

C. 从每个检测单位中选取 3 个有代表性的图形、字符或人行横道线为核查区域

D. 从每个核查区域中随机选取 5 个测试点

(5)新施划路面标线初始逆反射亮度系数的取样应执行《新划路面标线初始逆反射亮度系数及测试方法》(   )。

A. GB 21383—2000　　B. GB/T 21383—2000

C. GB 21383—2008　　D. GB/T 21383—2008

5. 试回答下列反光标线逆反射亮度系数实测检验评定问题。

(1)逆反射亮度系数实测按标线用途可分为(   )。

A. 非雨夜反光标线　　B. 雨夜反光标线

C. 非立面反光标线　　D. 立面反光标线

(2)非雨夜反光标线分级为(   )。

A. 甲、乙、丙、丁　　B. 1、2、3、4、5　　C. Ⅰ、Ⅱ、Ⅲ、Ⅳ　　D. A、B、C、D、E

(3)非雨夜白色反光标线最高级别的逆反射亮度系数为(   )。

A. 175$mcd\cdot m^{-2}\cdot lx^{-1}$　　B. 225$mcd\cdot m^{-2}\cdot lx^{-1}$

C. 450$mcd\cdot m^{-2}\cdot lx^{-1}$　　D. 650$mcd\cdot m^{-2}\cdot lx^{-1}$

(4)雨夜反光标线逆反射亮度系数的检测环境为(   )。

A. 室内标准环境　　B. 干燥　　C. 潮湿　　D. 连续降雨

(5)标线逆反射亮度系数的测试仪器和频率为(   )。

A. 标线逆反射测试仪　　B. 干湿表面逆反射标线测试仪

C. 每 1km 测 3 处,每处测 6 点　　D. 每 1km 测 3 处,每处测 9 点

6. 试回答有关道路交通标线的问题。

(1)标线按功能可分为(　　)。

A. 指示标线　　B. 警告标线　　C. 禁止标线　　D. 提醒标线

(2)标线按设置方式可分为(　　)。

A. 纵向标线　　B. 横向标线　　C. 斜向标线　　D. 其他标线

(3)标线按形态可分为(　　)。

A. 线条　　B. 字符　　C. 突起路标　　D. 轮廓标

(4)标线的类型有白色实线、白色虚线、黄色实线、黄色虚线及(　　)。

A. 白色虚实线　　B. 黄色虚实线　　C. 橙色虚线　　D. 蓝色虚线

(5)潮汐车道线属于(　　)。

A. 指示标线　　B. 警告标线　　C. 禁止标线　　D. 提醒标线

7. 试回答《道路交通标线质量要求和检测方法》(GB/T 16311—2009)的有关问题。

(1)标线按用途可分为非反光标线、反光标线和(　　)。

A. 突起振动标线　　B. 防滑标线　　C. 雨夜标线　　D. 其他标线

(2)标线外形尺寸误差为(　　)。

A. 标线实际位置与设计位置的横向允许误差为 ±30mm

B. 标线宽度的允许误差为 0 ~ 5mm

C. 其他标线尺寸的允许误差不超过 ±5%

D. 标线设置角度的允许误差为 ±3°

(3)标线的长度误差为(　　)。

A. 6000mm ±30mm　　B. 4000mm ±20mm

C. 3000mm ±15mm　　D. 1000mm ±10mm 或 2000mm ±10mm

(4)间断标线的纵向间距误差为(　　)。

A. 9000mm ±45mm　　B. 6000mm ±30mm

C. 3000mm ±15mm　　D. 1000mm ±10mm

(5)标线的厚度范围为(　　)。

A. 溶剂型涂料标线:0.3 ~ 0.8mm(干膜)

B. 热熔型涂料标线:0.7 ~ 2.5mm(干膜)

C. 水性涂料标线:0.3 ~ 0.8mm(湿膜)

D. 双组份涂料标线:0.4 ~ 2.5mm(干膜)

习题参考答案及解析

一、单项选择题

1. C　　2. C　　3. C　　4. C　　5. B

6. C　　7. C　　8. B　　9. D　　10. A

11. C

【解析】《公路工程质量检验评定标准　第一册　土建工程》(JTG F80/1—2017)11.3.2。

12. B

【解析】《公路工程质量检验评定标准　第一册　土建工程》(JTG F80/1—2017)11.3.2。

13. C

14. C

15. B

16. D	17. C	18. C	19. C	20. A
21. D	22. C	23. C	24. C	25. A
26. B	27. B	28. B	29. A	30. A
31. D	32. C	33. D	34. B	35. B

36. A

【解析】《道路交通标志和标线　第3部分:道路交通标线》(GB 5768.3—2009)5.2。

37. C

【解析】《道路交通标志和标线　第3部分:道路交通标线》(GB 5768.3—2009)5.10。

38. B

【解析】《道路交通标志和标线　第3部分:道路交通标线》(GB 5768.3—2009)4.4。

39. D

【解析】《道路交通标志和标线　第3部分:道路交通标线》(GB 5768.3—2009)6.1。

40. C

【解析】《道路交通标志和标线　第3部分:道路交通标线》(GB 5768.3—2009)5.10。

二、判断题

1. √

2. ×

【解析】应为道路交通安全设施。

3. √

【解析】《公路工程质量检验评定标准　第一册　土建工程》(JTG F80/1—2017)11.3.2。

4. √

【解析】《公路工程质量检验评定标准　第一册　土建工程》(JTG F80/1—2017)11.3.2。

5. √

【解析】《公路工程质量检验评定标准　第一册　土建工程》(JTG F80/1—2017)11.3.2。

6. √

【解析】《公路工程质量检验评定标准　第一册　土建工程》(JTG F80/1—2017)11.3.2。

7. √

8. √

9. √

10. √

11. √　　12. √　　13. √　　14. √　　15. √

16. √

17. √

18. √

19. ×

【解析】应为坎德拉每平方米每勒克斯。

20. √

21. ×

【解析】应为 0 ~ 5mm。

22. √

23. √

24. ×

【解析】应为 ±3°。

25. √

26. √

【解析】《公路工程质量检验评定标准　第一册　土建工程》(JTG F80/1—2017)11.3.2。

27. √

【解析】《公路工程质量检验评定标准　第一册　土建工程》(JTG F80/1—2017)11.3.2。

28. √

29. √

30. ×

【解析】应为热塑性树脂。

31. √　　32. √　　33. √　　34. √　　35. √

36. √　　37. √　　38. √　　39. √　　40. √

41. √

【解析】《道路交通标志和标线　第 3 部分:道路交通标线》(GB 5768.3—2009)4.4。

42. √

【解析】《道路交通标志和标线　第 3 部分:道路交通标线》(GB 5768.3—2009)4.8.4。

43. ×

【解析】应与车距确认标配合使用。《道路交通标志和标线　第 3 部分:道路交通标线》(GB 5768.3—2009)4.10。

44. ×

【解析】标线颜色为黄色。《道路交通标志和标线　第 3 部分:道路交通标线》(GB 5768.3—2009)6.2。

45. ×

【解析】观测角为 1.05°。《道路交通标线质量要求和检测方法》(GB/T 16311—2009)6.6.1。

46. √

【解析】《道路交通标线质量要求和检测方法》(GB/T 16311—2009)5.4.2。

47. ×

【解析】所有种类标线材料,其寿命的理解和判定不应仅仅停留在观察标线的外观保持情况,而是要定期检测标线的逆反射值,根据其检测值做出标线在使用期间是否合格的合理判断。《道路交通标线质量要求和检测方法》(GB/T 16311—2009)5.6.1 规定:正常使用下,白色反光标线的逆反射亮度系数不应低于 $80mcd \cdot m^{-2} \cdot lx^{-1}$。

三、多项选择题

1. ABCD　2. ABCD　3. ABCD　4. ABCD　5. AB
6. ABC　7. ABCD　8. ABCD　9. ABCD　10. ABCD
11. ACD　12. ABC　13. ABC　14. ABC　15. ABCD
16. ABCD　17. AB　18. AB　19. AB　20. ABC

21. AB

22. BD

23. BCD

【解析】《道路交通标志和标线　第3部分:道路交通标线》(GB 5768.3—2009)4.10。

24. ACD

【解析】半圆半径为30cm(圆心至白实线中心)。《道路交通标志和标线　第3部分:道路交通标线》(GB 5768.3—2009)4.10。

25. ABCD

【解析】《道路交通标志和标线　第3部分:道路交通标线》(GB 5768.3—2009)6.1。

26. ABCD

【解析】《道路交通标志和标线　第3部分:道路交通标线》(GB 5768.3—2009)6.2.4。

27. ABCD

【解析】《道路交通标志和标线　第3部分:道路交通标线》(GB 5768.3—2009)6.3.4。

28. ABCD

【解析】《道路交通标志和标线　第3部分:道路交通标线》(GB 5768.3—2009)6.6。

29. ABC

【解析】蓝色 >0.05。《道路交通标线质量要求和检测方法》(GB/T 16311—2009)5.5.2。

30. ABCD

【解析】《道路交通标志和标线　第3部分:道路交通标线》(GB 5768.3—2009)4.4、4.6~4.8。

四、综合题

1.(1)A　(2)ABD　(3)ABCD　(4)ABCD　(5)ABC

【解析】(5)层次已含在分布中。

2.(1)ACD　(2)ABD　(3)AC　(4)B　(5)ABC

【解析】(1)选项B漏掉了《路面防滑涂料》(JT/T 712)。《公路工程质量检验评定标准　第一册　土建工程》(JTG F80/1—2017)11.3.1。

(5)《公路工程质量检验评定标准　第一册　土建工程》(JTG F80/1—2017)11.3.2。

3.(1)B　(2)B　(3)ABCD　(4)C　(5)C

4.(1)BD　(2)AC　(3)AC　(4)ACD　(5)D

5.(1)ABD　(2)C　(3)C　(4)BCD　(5)ABD

【解析】(5)《公路工程质量检验评定标准　第一册　土建工程》(JTG F80/1—2017)11.3.2。

6.(1)ABC　(2)ABD　(3)ABCD　(4)ABCD　(5)A

【解析】(1)~(4)《道路交通标志和标线　第3部分:道路交通标线》(GB 5768.3—2009)3.3~3.6。

(5)《道路交通标志和标线　第3部分:道路交通标线》(GB 5768.3—2009)4.1。

7.(1)ABCD　(2)ABCD　(3)ABCD　(4)ABCD　(5)BCD

【解析】(1)《道路交通标线质量要求和检测方法》(GB/T 16311—2009)4.2。

(2)《道路交通标线质量要求和检测方法》(GB/T 16311—2009)5.3。

(3)、(4)《道路交通标线质量要求和检测方法》(GB/T 16311—2009)5.3.5。

(5)溶剂型涂料标线厚度范围为0.3~0.8mm(湿膜)。《道路交通标线质量要求和检测方法》(GB/T 16311—2009)5.4.1。

第五章

路面标线涂料

复习提示

本章引用的标准有《路面标线涂料》(JT/T 280—2014)、《路面防滑涂料》(JT/T 712—2008)、《路面标线用玻璃珠》(GB/T 24722—2009)。

习　题

一、单项选择题

1. 双组份路面标线涂料是一种(　　)。
   A. 化学反应型路面标线涂料
   B. 生物化学反应型路面标线涂料
   C. 物理反应型路面标线涂料
   D. 原子反应型路面标线涂料
2. 双组份路面标线涂料主剂常温下为(　　)。
   A. 液态　B. 固态粉状　C. 固态颗粒状　D. 悬浮液态
3. 双组份路面标线涂料不粘胎干燥时间小于(　　)。
   A. 20min　B. 25min　C. 30min　D. 35min
4. 双组份路面标线涂料干膜厚度一般控制在(　　)。
   A. 0.4 ~ 2.5mm 之间　B. 0.6 ~ 2.5mm 之间　C. 0.8 ~ 2.5mm 之间　D. 1.0 ~ 2.5mm 之间
5. 水性路面标线涂料(　　)。
   A. 以水为溶剂　B. 以酒精为溶剂　C. 以丙酮为溶剂　D. 以汽油为溶剂
6. 水性路面标线涂料(　　)。
   A. 耐磨和抗滑性能好　B. 重涂施工难度大
   C. 存在严重污染环境的问题　D. 施工效率低
7. 水性路面标线涂料(　　)。

A. 主要采用刷涂方式施工　　B. 主要采用喷涂方式施工
C. 主要采用括涂方式施工　　D. 主要采用振荡涂方式施工

8. 水性路面标线涂料不粘胎干燥时间小于(　　)。
A. 15min　B. 20min　C. 25min　D. 30min

9. 水性路面标线涂料干膜厚度一般控制在(　　)之间。
A. 0.2 ~0.5mm　B. 0.2 ~0.8mm　C. 0.2 ~1.0mm　D. 0.2 ~1.5mm

10. 中折射率玻璃珠,其折射率为(　　)。
A. $1.40 \leqslant RI < 1.90$　B. $1.50 \leqslant RI < 1.90$
C. $1.60 \leqslant RI < 1.90$　D. $1.70 \leqslant RI < 1.90$

11. 低折射率玻璃珠,其折射率为(　　)。
A. $1.20 \leqslant RI < 1.70$　B. $1.30 \leqslant RI < 1.70$
C. $1.40 \leqslant RI < 1.70$　D. $1.50 \leqslant RI < 1.70$

12. 高折射率玻璃珠,其折射率为(　　)。
A. $RI \geqslant 1.60$　B. $RI \geqslant 1.70$　C. $RI \geqslant 1.80$　D. $RI \geqslant 1.90$

13. 3 号玻璃珠最大粒径为(　　)。
A. 700μm　B. 750μm　C. 800μm　D. 850μm

14. 1 号玻璃珠最大粒径为(　　)。
A. 212μm　B. 245μm　C. 289μm　D. 312μm

15. 玻璃珠成圆率不小于(　　)。
A. 70%　B. 75%　C. 80%　D. 85%

16. 粒径在 850 ~600μm 范围内玻璃珠的成圆率不应小于(　　)。
A. 65%　B. 70%　C. 75%　D. 80%

17. 玻璃珠的密度范围应在(　　)之间。
A. 2.0 ~3.9g/cm^3　B. 2.4 ~4.3g/cm^3
C. 2.8 ~4.7g/cm^3　D. 3.2 ~5.1g/cm^3

18. 玻璃珠耐水性要求中,对 1 号和 2 号玻璃珠,中和所用 0.01mol/L 盐酸应在(　　)以下。
A. 5mL　B. 10mL　C. 15mL　D. 20mL

19. 玻璃珠耐水性要求中,对 3 号玻璃珠,中和所用 0.01mol/L 盐酸应在(　　)以下。
A. 5mL　B. 10mL　C. 15mL　D. 20mL

20. 玻璃珠中磁性颗粒的含量不得大于(　　)。
A. 0.1%　B. 0.2%　C. 0.3%　D. 0.5%

21. 成膜物也称为(　　)。
A. 涂层　B. 树脂　C. 涂膜　D. 润湿层

22. 路面标线涂料白色颜料中性能最好的颜料是(　　)。
A. 钛白粉(TiO_2),又称二氧化钛　B. 立德粉($ZnS \cdot BaSO_4$),又名锌钡白
C. 氧化锌(ZnO),又称锌白　D. 氧化钙(CaO),又称钙白

23. 近年来在热熔型路面标线涂料中得到较好应用的黄色颜料是(　　)。

A. 铬黄($PbCrO_4 \cdot xPbSO_4$) B. 镉黄(CdS)
C. 锶镉黄($SrCrO_4$) D. 氧化铁黄($Fe_2O_3 \cdot xH_2O$)

24. 热熔型路面标线涂料中填料占涂料总质量的( )。
A. 40% ~50% B. 50% ~60% C. 60% ~70% D. 70% ~80%

25. 溶剂型路面标线涂料中填料占涂料总质量的( )。
A. 30% ~40% B. 40% ~50% C. 50% ~60% D. 60% ~70%

26. 填料也称( )。
A. 体质颜料 B. 着色颜料 C. 底层颜料 D. 表层颜料

27. 增加涂料流动性的涂料助剂为( )。
A. 分散剂 B. 防沉剂 C. 流平剂 D. 增塑剂

28. 成膜过程为化学变化过程的涂料是( )路面标线涂料。
A. 热熔型 B. 溶剂型 C. 水性 D. 双组份

29. 成膜过程为转变型成膜过程的涂料是( )路面标线涂料。
A. 热熔型 B. 溶剂型 C. 水性 D. 双组份

30. 热熔型路面标线涂料的生产设备主要是( )。
A. 干粉混合机 B. 大型鼓风机 C. 高速分散机 D. 砂磨机

31. 溶剂型路面标线涂料的生产设备主要是( )。
A. 干粉混合机 B. 大型鼓风机 C. 高速分散机 D. 砂磨机

32. 水性路面标线涂料的生产设备主要是( )。
A. 干粉混合机 B. 大型鼓风机 C. 高速分散机 D. 砂磨机

33. 双组份路面标线涂料的主剂为( )。
A. 液态 B. 固态粉末 C. 固态颗粒 D. 固态薄片

34. 溶剂型、双组份、水性涂料产品包装要求是储存在( )。
A. 带盖大开口的塑料或金属容器中
B. 带盖小开口的塑料或金属容器中
C. 内衬密封、塑料袋外加编织袋的双层包装袋中
D. 内衬密封、铝箔袋外加编织袋的双层包装袋中

35. 热熔型涂料产品包装要求是储存在( )。
A. 带盖大开口的塑料或金属容器中
B. 带盖小开口的塑料或金属容器中
C. 内衬密封、塑料袋外加编织袋的双层包装袋中
D. 内衬密封、铝箔袋外加编织袋的双层包装袋中

36. 水性涂料产品存放时温度不得低于( )。
A. -5℃ B. -3℃ C. 0℃ D. 3℃

37. 路面标线用玻璃珠产品包装时,内袋(聚乙烯薄膜)厚度不小于( )。
A. 0.2mm B. 0.3mm C. 0.5mm D. 0.65mm

38. 路面标线用玻璃珠产品包装时每袋净重( )。
A. 10kg ±0.2kg B. 12.5kg ±0.2kg C. 20kg ±0.2kg D. 25kg ±0.2kg

39. 测试遮盖率的仪器是(　　)。

A. 色彩色差计　　B. 色度因数仪　　C. 色品坐标仪　　D. 光谱分析仪

40. 测试耐水性不用的仪器是(　　)。

A. 量杯　　B. 烧杯　　C. 天平　　D. 电子秒表

41. 测试耐碱性不用的仪器是(　　)。

A. 量杯　　B. 烧杯　　C. 天平　　D. 电子秒表

42. 反光型涂料中含玻璃珠含量为(　　)。

A. 10% ~20%　　B. 18% ~25%　　C. 20% ~30%　　D. 25% ~35%

43. 根据《路面标线用玻璃珠》(GB/T 24722—2009),以下不属于路面标线用玻璃珠技术要求的是(　　)。

A. 粒径分布　　B. 色度性能　　C. 耐水性　　D. 折射率

44. 根据《路面标线涂料》(JT/T 280—2004),请指出下列哪个溶剂不属于热熔型涂料玻璃珠含量试验所用的溶剂(　　)。

A. 醋酸乙酯　　B. 二甲苯　　C. 氢氧化钙　　D. 丙酮

45. 折射率为 $1.20 < RI < 1.50$ 的玻璃珠是(　　)。

A. 低折射率玻璃珠　　B. 中折射率玻璃珠

C. 高折射率玻璃珠　　D. 折射率不合格玻璃珠

46. 贝克线用来测试玻璃珠的(　　)。

A. 折射率　　B. 密度　　C. 耐水性　　D. 成圆率

二、判断题

1. 固态的路面标线涂料有热熔型路面标线涂料。(　　)

2. 液态标线涂料有溶剂型标线涂料、水性标线涂料、双组份标线涂料。(　　)

3. 溶剂型路面标线涂料是以有机溶剂为分散介质。(　　)

4. 常温溶剂型路面标线涂料含有大量的易挥发溶剂,严重污染环境。(　　)

5. 常温溶剂型路面标线涂料干膜厚度一般在 0.3 ~0.4mm。(　　)

6. 常温溶剂型路面标线涂料干燥时间小于 15min。(　　)

7. 常温溶剂型路面标线涂料其固体含量多在 60% ~70% 之间。(　　)

8. 加热溶剂型路面标线涂料的涂膜固体含量高到 85% 。(　　)

9. 加热溶剂型路面标线涂料的施工温度在 50 ~80℃之间。(　　)

10. 热熔型标线涂料干燥快、成膜厚、夜间反光好、耐磨性好、耐候性好。(　　)

11. 热熔型路面标线涂料常温下呈固体粉末状态。(　　)

12. 热熔型标线涂料施工时加热至 130 ~180℃,其熔融涂敷于路面,3min 内冷却凝固成固体附着于路面。(　　)

13. 热熔型标线涂料通常使用的热塑性树脂有松香树脂和 C9 石油树脂等。(　　)

14. 双组份路面标线涂料是一种化学反应型路面标线涂料。(　　)

15. 双组份路面标线涂料主剂的成膜物质包括环氧树脂、聚氨酯树脂和 MMA(PMMA)型树脂等几种类型。(　　)

16. 双组份路面标线涂料主剂常温下为固态，通过树脂与相配套的固化剂组成双组份涂料。（ ）

17. 双组份路面标线涂料主要采用喷涂和刮涂两种施工方式。（ ）

18. 双组份路面标线涂料不粘胎干燥时间小于 35min。（ ）

19. 双组份路面标线涂料干膜厚度一般控制在 0.4 ~2.5mm 之间。（ ）

20. 水性路面标线涂料是指以水为溶剂，乳液为主要成膜物质。（ ）

21. 水性路面标线涂料固体含量高、挥发性有机化合物（VOC）含量低、对玻璃珠有很好的附着力、反光效果好、涂膜耐磨和抗滑性能好、重涂简单、施工效率高。（ ）

22. 水性路面标线涂料的施工成本介于溶剂型涂料和热熔型涂料之间。（ ）

23. 水性路面标线涂料主要采用喷涂方式施工。（ ）

24. 水性路面标线涂料不粘胎干燥时间小于 5min。（ ）

25. 水性路面标线涂料干膜厚度一般控制在 0.2 ~0.5mm 之间。（ ）

26. 遮盖力为路面标线涂料所涂覆物体表面不再能透过涂膜而显露出来的能力。（ ）

27. 遮盖率为路面标线涂料在相同条件下，分别涂覆于亮度因数不超过 5% 的黑色底板上和亮度因数不低于 80% 的白色底板上的遮盖力之比。（ ）

28. 遮盖力用亮度因数来描述，遮盖力与亮度因数成反比。（ ）

29. 固体含量为涂料在加热焙烘后剩余物质量与试样质量的比值，以百分数表示。（ ）

30. 面撒玻璃珠为涂料在路面划出标线后，播撒在未干的标线涂料表面的玻璃珠。（ ）

31. 预混玻璃珠为在路面标线涂料划线以前，均匀混合在该涂料中的玻璃珠。（ ）

32. 镀膜玻璃珠是为改善性能在其表面覆盖有特定涂层的玻璃珠。（ ）

33. 玻璃珠可分为面撒玻璃珠和预混玻璃珠两种。（ ）

34. 高折射率玻璃珠其折射率为 $RI \geqslant 1.90$。（ ）

35. 根据玻璃珠表面处理与否，将玻璃珠可分为镀膜玻璃珠和普通玻璃珠。（ ）

36. 外观要求玻璃珠应为无色松散球状，清洁无明显杂物。在显微镜或投影仪下，玻璃珠应为无色透明的球体，光洁圆整，玻璃珠内无明显气泡或杂质。（ ）

37. 有缺陷的玻璃珠如椭圆形珠和杂质等的质量应小于玻璃珠总质量的 20%。（ ）

38. 玻璃珠成圆率不小于 80%。（ ）

39. 玻璃珠的密度应在 2.4 ~4.3g/cm^3 的范围内。（ ）

40. 玻璃珠中磁性颗粒的含量不得大于 0.1%。（ ）

41. 玻璃珠防水涂层试验要求所有玻璃珠应通过漏斗而无停滞现象。（ ）

42. 成膜物也称为树脂。它将涂料中各组分黏结在一起形成整体均一的涂层。（ ）

43. 路面标线涂料成膜物质种类包括：石油树脂、松香树脂、醇酸树脂、改性醇酸树脂、环氧树脂、丙烯酸树脂、聚氨酯树脂、聚酯树脂和酯胶树脂等。（ ）

44. 钛白粉（TiO_2），又称二氧化钛。它是白色颜料中性能最好的颜料。（ ）

45. 热熔型路面标线涂料成分中，主要成膜物为环氧树脂。（ ）

46. 溶剂型、热熔型、双组份、水性四种标线涂料都有普通型和反光型两类产品。（ ）

47. 路面标线涂料按自身属性可分为溶剂型、热熔型、双组份、水性四种。（　　）

三、多项选择题

1. 按涂料自身属性划分，路面标线涂料可分为（　　）路面标线涂料。
   A. 溶剂型　B. 热熔型　C. 水性　D. 双组份
2. 液态的路面标线涂料有（　　）路面标线涂料。
   A. 溶剂型　B. 热熔型　C. 水性　D. 双组份
3. 常温溶剂型路面标线涂料（　　）。
   A. 是一种传统的液态标线涂料　B. 含有大量的易挥发溶剂，严重污染环境
   C. 干膜厚度为 0.6～0.7mm　D. 在我国普遍采用丙烯酸树脂制备
4. 加热溶剂型路面标线涂料的特点为（　　）。
   A. 固体含量高到 85%　B. 施工温度在 50～80℃之间
   C. 施工设备复杂和昂贵　D. 干膜厚度可达到 0.4～0.8mm
5. 热熔型路面标线涂料的优点为（　　）。
   A. 干燥快、成膜厚　B. 夜间反光性好　C. 耐磨性、耐候性好　D. 使用寿命长
6. 热熔型路面标线涂料的特点为（　　）。
   A. 常温下呈固体粉末状态　B. 施工时加热至 180～220℃
   C. 3min 内冷却凝固成固体附着于路面　D. 以热塑性树脂为主要成膜物质
7. 热熔型路面标线涂料通常使用的热塑性树脂有（　　）。
   A. 松香树脂　B. C5 石油树脂　C. C9 石油树脂　D. 氯丁树脂
8. 双组份路面标线涂料的特点为（　　）。
   A. 是一种化学反应型路面标线涂料　B. 由主剂（A 组分）和固化剂（B 组分）组成
   C. 主剂常温下为液态　D. 干膜厚度一般控制在 0.4～1.5mm 之间
9. 双组份路面标线涂料主剂的成膜物质有（　　）。
   A. 环氧树脂　B. 聚氨酯树脂　C. MMA 型树脂　D. PMMA 型树脂
10. 双组份路面标线涂料施工方式主要采用（　　）。
    A. 喷涂　B. 刮涂　C. 振荡涂　D. 加温涂
11. 水性路面标线涂料的主要成分为（　　）。
    A. 以水为溶剂　B. 成膜乳液　C. 颜料　D. 填料和助剂
12. 水性路面标线涂料是一种新型的环保涂料，其优点为（　　）。
    A. 固体含量高、VOC 含量低　B. 对玻璃珠有很好的附着力
    C. 涂膜耐磨和抗滑性能好　D. 重涂简单、施工效率高
13. 水性路面标线涂料的特点为（　　）。
    A. 施工成本介于溶剂型涂料和热熔型涂料之间
    B. 采用喷涂方式施工
    C. 不粘胎干燥时间小于 15min
    D. 干膜厚度一般控制在 0.2～0.5mm 之间
14. 路面标线涂料相关技术要求、质量要求和评定标准的依据为（　　）。

A.《路面标线涂料》(JT/T 280—2004)

B.《路面标线涂料》(JT/T 280—2012)

C.《路面标线用玻璃珠》(GB/T 24722—2000)

D.《路面标线用玻璃珠》(GB/T 24722—2009)

15. 遮盖率(Z)为(　　)。

A. 涂覆于亮度因数不超过5%的黑色底板上的路面标线涂料的遮盖力 C_L

B. 涂覆于亮度因数不低于80%的白色底板上的路面标线涂料的遮盖力 C_H

C. $Z = C_L/C_H$

D. $Z = C_H/C_L$

16. 根据玻璃珠的折射率不同,可将玻璃珠分为(　　)。

A. 低折射率玻璃珠　　B. 中折射率玻璃珠

C. 高折射率玻璃珠　　D. 超高折射率玻璃珠

17. 根据玻璃珠与路面标线涂料的结合方式不同,玻璃珠可分为(　　)。

A. 面撒玻璃珠　　B. 预混玻璃珠　　C. 嵌入玻璃珠　　D. 底层玻璃珠

18. 路面标线涂料的原材料主要包括(　　)。

A. 成膜物　　B. 颜料　　C. 填料　　D. 助剂以及分散介质

19. 标线用玻璃珠的技术要求有(　　)。

A. 外观要求、粒径分布　　B. 成圆率、密度

C. 折射率、耐水性　　D. 磁性颗粒含量和防水涂层要求

20. 玻璃珠成圆率技术要求为(　　)。

A. 玻璃珠成圆率不小于70%

B. 有缺陷的玻璃珠质量应小于玻璃珠总质量的20%

C. 玻璃珠成圆率不小于80%

D. 粒径在850 ~ 600μm范围内玻璃珠的成圆率不应小于70%

21. 玻璃珠的折射率分为(　　)玻璃珠。

A. 低折射率　　B. 中折射率　　C. 高折射率　　D. 超高折射率

22. 玻璃珠耐水性要求为(　　)。

A. 在沸腾的水浴中加热后,玻璃珠表面不应呈现发雾现象

B. 1号和2号玻璃珠,中和所用0.01mol/L盐酸应在10mL以下

C. 2号玻璃珠,中和所用0.01mol/L盐酸应在12mL以下

D. 3号玻璃珠,中和所用0.01mol/L盐酸应在15mL以下

23. 成膜物的特点及作用为(　　)。

A. 也称为树脂

B. 它将涂料中各组分黏结在一起形成整体均一的涂层或涂膜

C. 对底材或底涂层发挥润湿、渗透和相互作用而产生必要的附着力

D. 是涂料的最基本,也是最重要的成分

24. 路面标线涂料的成膜物质种类主要包括(　　)。

A. 石油树脂、松香树脂　　B. 醇酸树脂、丙烯酸树脂

C. 环氧树脂、聚氨酯树脂　　D. 聚酯树脂、酯胶树脂

25. 钛白粉(TiO_2)颜料的特点为(　　)。

A. 白度高,具有高着色力和遮盖力　　B. 耐热,不溶于水和弱酸,微溶于碱

C. 对大气中的氧、硫化氢、氨等稳定　　D. 是白色颜料中性能最好的颜料

26. 常用的白色颜料有(　　)。

A. 钛白粉(TiO_2),又名二氧化钛　　B. 立德粉($ZnS \cdot BaSO_4$),又名锌钡白

C. 氧化锌(ZnO),又称锌白　　D. 氧化钙(CaO),又称钙白

27. 常用的黄色颜料有(　　)。

A. 铬黄($PbCrO_4 \cdot xPbSO_4$)　　B. 镉黄(CdS)

C. 锶镉黄($SrCrO_4$)　　D. 氧化铁黄($Fe_2O_3 \cdot xH_2O$)

28. 常用的红色颜料有(　　)。

A. 钼镉红　　B. 镉红　　C. 钴蓝　　D. 钠红

29. 填料也称体质颜料,在路面标线涂料中填料占较大质量比,如(　　)。

A. 热熔型路面标线涂料中填料占涂料总质量的 50% ~60%

B. 溶剂型路面标线涂料中填料占涂料总质量的 30% ~40%

C. 双组份路面标线涂料中填料占涂料总质量的 80% ~90%

D. 水性路面标线涂料中填料占涂料总质量的 85% ~95%

30. 常用的填料有(　　)。

A. 碳酸铜　　B. 硫酸钡、滑石粉

C. 石英粉、硅灰石　　D. 高岭土

31. 各种典型的涂料助剂有(　　)。

A. 防沉剂、润湿剂、分散剂　　B. 消泡剂、催干剂、流平剂

C. 增塑剂、杀菌防腐剂　　D. 紫外线吸收剂、防结皮剂

32. 2 号玻璃珠宜用作(　　)。

A. 溶剂型标线涂料的预混玻璃珠

B. 热熔型标线涂料的预混玻璃珠

C. 双组份标线涂料的预混玻璃珠

D. 水性标线涂料的预混玻璃珠

33. 根据《路面标线用玻璃珠》(GB/T 24722—2009)规定,2 号玻璃珠径 S 分布及所占质量百分比正确的有(　　)。

A. $S > 600\mu m$,含量为 0%

B. $300\mu m < S \leqslant 600\mu m$,含量为 50%~90%

C. $150\mu m < S \leqslant 300\mu m$,含量为 5%~50%

D. $S \leqslant 150\mu m$,含量为 0%~5%

34. 液态的路面标线涂料类型有(　　)。

A. 溶剂型　　B. 热熔型　　C. 水性　　D. 双组份

35. 1 号玻璃珠粒径 S 分布及所占质量百分比正确的有(　　)。

A. $S < 106\mu m$,含量为 0% ~5%

B. 106 < μm S < 300μm，含量为 10% ~40%

C. 300μm < S < 600μm，含量为 30% ~75%

D. 600μm < S < 850μm，含量为 15% ~30%

四、综合题

1. 试回答突起型热熔型路面标线涂料性能要求的相关问题。

(1)其软化点为(　　)。

A. ≥100℃　　B. ≥120℃　　C. ≥150℃　　D. ≥200℃

(2)其抗压强度(　　)。

A. 23℃ ±1℃时，≥12MPa

B. 23℃ ±1℃时，≥15MPa

C. 50℃ ±2℃时，≥2MPa(压下试块高度的 20%)

D. 50℃ ±2℃时，≥5MPa(压下试块高度的 20%)

(3)涂层低温抗裂性为(　　)。

A. -10℃保持 4h，室温放置 4h 为 1 个循环

B. -20℃保持 8h，室温放置 8h 为 1 个循环

C. 连续做 3 个循环后应无裂纹

D. 连续做 5 个循环后应无裂纹

(4)其流动度为(　　)。

A. 30s ±10s　　B. 35s ±10s　　C. 40s ±10s　　D. 55s ±10s

(5)其加热稳定性为(　　)。

A. 200 ~220℃在搅拌状态下保持 4h　　B. 200 ~220℃在搅拌状态下保持 4h

C. 应无明显泛黄、焦化现象　　D. 应无明显结块等现象

2. 试回答普通型水性路面标线涂料性能要求的问题。

(1)其遮盖率为(　　)。

A. 白色≥90%　　B. 白色≥95%　　C. 黄色≥80%　　D. 黄色≥90%

(2)其耐水性为在水中浸(　　)应无异常。

A. 24h　　B. 36h　　C. 48h　　D. 60h

(3)冻融稳定性为在(　　)。

A. -5℃ ±2℃条件下放置 18h 后，立即置于 23℃ ±2℃条件下放置 6h 为 1 个周期

B. -10℃ ±2℃条件下放置 24h 后，立即置于 23℃ ±2℃条件下放置 8h 为 1 个周期

C. 3 个周期后应无结块、结皮现象，易于搅匀

D. 5 个周期后应无结块、结皮现象，易于搅匀

(4)其早期耐水性为(　　)。

A. 在温度为 20℃ ±2℃、湿度为 85% ±3% 的条件下

B. 在温度为 23℃ ±2℃、湿度为 90% ±3% 的条件下

C. 在温度为 25℃ ±2℃、湿度为 95% ±3% 的条件下

D. 实干时间≤120min

(5)其附着性为(　　)。

A. 划圈法≤2 级　　B. 划圈法≤3 级　　C. 划圈法≤4 级　　D. 划圈法≤5 级

3. 试回答路面标线涂料的成膜机理问题。

(1)路面标线涂料的成膜过程是(　　)。

A. 由固态粉末涂料通过物理或化学交联转变成固态涂膜的过程

B. 由液态水性涂料通过物理或化学交联转变成固态涂膜的过程

C. 由溶剂涂料通过物理或化学交联转变成固态涂膜的过程

D. 由固态颗粒涂料通过物理或化学交联转变成固态涂膜的过程

(2)关于热熔型路面标线涂料的成膜机理,说法正确的有(　　)。

A. 常温下呈固体粉末状态

B. 施工时加热至 180 ~ 220℃,才能使成膜树脂颗粒熔合

C. 树脂分子间相互交错缠绕进而冷却形成连续完整的涂膜

D. 热熔型路面标线涂料的成膜过程是一种物理变化

(3)关于溶剂型路面标线涂料的成膜机理,说法正确的有(　　)。

A. 成膜过程通过涂料中的溶剂挥发来实现的,物理变化,也称非转变型成膜过程

B. 树脂完全溶解在溶剂中形成溶液,高分子树脂分子在溶液中几乎完全伸展

C. 在涂装过程中,随着溶剂的挥发,聚合物浓度不断增大

D. 高分子链间交错缠绕加大,通过分子间的相互作用最终形成连续完整、致密的涂膜

(4)关于水性路面标线涂料的成膜机理,说法正确的有(　　)。

A. 通过涂料中的溶剂(水)挥发来实现的

B. 涂料的成膜物乳液粒子在分散介质水挥发后相互接近、挤压变形等过程聚集起来

C. 最终由乳液颗粒状态的聚集体转变成分子状态的凝聚物而形成连续平整的涂膜

D. 成膜过程发生的都是物理变化,也称非转变型成膜过程

(5)关于双组份路面标线涂料的成膜机理,说法正确的有(　　)。

A. 成膜机理是成膜物——分子量较低的树脂与固化剂发生化学反应

B. 通过缩合、加聚等方式交联成网状大分子结构

C. 成膜过程是一种化学变化过程

D. 成膜过程是一种转变型成膜过程

4. 试回答路面标线涂料遮盖率测试的问题。

(1)试样制作要点有(　　)。

A. 将原样品用 300μm 的漆膜涂布器涂布在遮盖率测试纸上

B. 沿长边方向在中央涂约 200mm × 200mm 的涂膜

C. 使涂面与遮盖率测试纸的白面和黑面成直角相交

D. 相交处在遮盖率测试纸的中间

(2)涂面向上放置(　　)。

A. 12h　　B. 24h　　C. 36h　　D. 48h

(3)然后在涂面上任意取(　　)。

A. 3 点作检测点　　B. 4 点作检测点　　C. 5 点作检测点　　D. 6 点作检测点

(4)测试过程中(　　)。

A. 用 D_{55} 光源

B. 用 45°/0°色度计

C. 测定遮盖率测试纸白面上和黑面上涂膜的亮度因数

D. 取其平均值

(5)计算该涂料遮盖率为(　　)。

A. 遮盖率 $X = B/C$

B. B 表示黑面上涂膜亮度因数平均值

C. C 表示白面上涂膜亮度因数平均值

D. X 表示遮盖率(反射对比率)

5. 试回答各种涂料性能检测的问题。

(1)溶剂型涂料的性能有(　　)。

A. 容器中状态、黏度、密度、施工性能

B. 加热稳定性、涂膜外观、不粘胎干燥时间

C. 遮盖率、色度性能、耐磨性、耐水性

D. 耐碱性、附着性、柔韧性、固体含量

(2)热熔型涂料的性能有(　　)。

A. 密度、软化点、涂膜外观、不粘胎干燥时间

B. 色度性能、抗压强度、耐磨性

C. 耐水性、耐碱性、玻璃珠含量、流动度

D. 涂层低温抗裂性、加热稳定性、人工加速耐候性

(3)双组份涂料的性能有(　　)。

A. 容器中状态、密度、施工性能、涂膜外观

B. 不粘胎干燥时间、色度性能、耐磨性

C. 耐水性、耐碱性、附着性、柔韧性

D. 玻璃珠含量、人工加速耐候性

(4)水性涂料的性能有(　　)。

A. 黏度、密度、施工性能、漆膜外观

B. 不粘胎干燥时间、遮盖率、色度性能

C. 耐磨性、耐水性、耐碱性、冻融稳定性

D. 早期耐水性、附着性、固体含量

(5)四种涂料均有的性能有(　　)。

A. 密度、涂膜外观　　B. 不粘胎干燥时间

C. 色度性能　　D. 耐磨性、耐水性、耐碱性

6. 试回答玻璃珠产品的分类和用途的问题。

(1)根据玻璃珠与路面标线涂料的结合方式不同,玻璃珠可分为(　　)。

A. 面撒玻璃珠　　B. 预混玻璃珠

C. 嵌入玻璃珠　　D. 底层玻璃珠

(2)依玻璃珠的折射率不同分为低中高三种,中折射率玻璃珠其折射率为(　　)。

A. $1.40 \leqslant RI < 1.90$　　B. $1.50 \leqslant RI < 1.90$

C. $1.60 \leqslant RI < 1.90$　　D. $1.70 \leqslant RI < 1.90$

(3)玻璃珠根据粒径分布不同分为三个型号。2 号玻璃珠最大粒径为(　　)。

A. 500μm　　B. 550μm　　C. 600μm　　D. 650μm

(4)2 号玻璃珠宜用作(　　)。

A. 溶剂型标线涂料的预混玻璃珠　　B. 热熔型标线涂料的预混玻璃珠

C. 双组份标线涂料的预混玻璃珠　　D. 水性标线涂料的预混玻璃珠

(5)3 号玻璃珠宜用作(　　)。

A. 溶剂型标线涂料的面撒玻璃珠　　B. 热熔型标线涂料的面撒玻璃珠

C. 双组份标线涂料的面撒玻璃珠　　D. 水性标线涂料的面撒玻璃珠

7. 试回答玻璃珠技术要求的相关问题。

(1)玻璃珠技术要求有(　　)。

A. 外观要求、粒径分布　　B. 成圆率、密度

C. 折射率、耐水性　　D. 磁性颗粒含量、防水涂层要求

(2)外观要求为(　　)。

A. 玻璃珠为无色松散球状

B. 玻璃珠清洁无明显杂物

C. 显微镜或投影仪下,玻璃珠为无色透明的球体,光洁圆整

D. 显微镜或投影仪下,玻璃珠内无明显气泡或杂质

(3)成圆率的技术要求(　　)。

A. 有缺陷的玻璃珠、杂质等的质量应小于玻璃珠总质量的 20%

B. 玻璃珠成圆率不小于 80%

C. 其中粒径在 850 ~ 600μm 范围内玻璃珠的成圆率不应小于 70%

D. 其中粒径在 950 ~ 550μm 范围内玻璃珠的成圆率不应小于 80%

(4)耐水性的技术要求(　　)。

A. 在沸腾的水浴中加热后,玻璃珠表面不应呈现发雾现象

B. 对于 1 号和 2 号玻璃珠,中和所用 0.01mol/L 盐酸应在 10mL 以下

C. 对于 3 号玻璃珠,中和所用 0.01mol/L 盐酸应在 15mL 以下

D. 对于 3 号玻璃珠,中和所用 0.01mol/L 盐酸应在 20mL 以下

(5)磁性颗粒含量的技术要求(　　)。

A. 玻璃珠中磁性颗粒的含量不得大于 0.05%

B. 玻璃珠中磁性颗粒的含量不得大于 0.1%

C. 玻璃珠中磁性颗粒的含量不得大于 0.2%

D. 玻璃珠中磁性颗粒的含量不得大于 0.3%

8. 试回答路面防滑涂料的相关问题。

(1)路面防滑涂料按施工方式分为(　　)。

A. 热熔型　　B. 冷涂型　　C. 溶剂稀释型　　D. 冷冻干燥型

(2)路面防滑涂料按抗滑性分为(　　)。

A. 普通防滑型　B. 中防滑型　C. 高防滑型　D. 加强防滑型

(3)路面防滑涂料通用理化性能有涂膜外观耐水性及(　　)。

A. 耐油性　B. 抗滑值(BPN)

C. 涂层低温抗裂性　D. 人工加速耐候性

(4)热熔型路面防滑涂料特定理化性能要求有(　　)。

A. 不粘胎干燥时间(≤10min)

B. 抗压强度(23℃ ±1℃,≥8MPa)

C. 耐变形性(60℃,50kPa,1h,≥90%)

D. 加热稳定性(200~220℃在搅拌状态下保持4h,应无明显泛黄、焦化、结块等现象)

(5)冷涂型路面防滑涂料特定理化性能要求有(　　)。

A. 基料在容器中的状态　B. 凝胶时间

C. 基料附着性(画圈法)　D. 不粘胎干燥时间

习题参考答案及解析

一、单项选择题

1. A

【解析】双组份涂料由主剂和固化剂组成。主剂为环氧、聚氨酯等树脂。双组份涂料与其他标线涂料最本质的区别在于其为化学反应固化,而非物理固化。

2. A

3. D

4. A

5. A

6. A	7. B	8. A	9. A	10. A
11. D	12. D	13. D	14. A	15. C
16. B	17. B	18. B	19. C	20. A
21. B	22. A	23. B	24. B	25. A
26. A	27. C	28. D	29. D	30. A
31. D	32. C	33. A	34. A	35. C
36. A	37. C	38. D	39. A	40. C

41. C

42. B

【解析】《路面标线涂料》(JT/T 280—2004)4。

43. B

【解析】《路面标线用玻璃珠》(GB/T 24722—2009)4、5。

44. C

【解析】《路面标线涂料》(JT/T 280—2004)6.4.11。

45. D

【解析】《路面标线用玻璃珠》(GB/T 24722—2009)4.1.2

46. A

【解析】《路面标线用玻璃珠》(GB/T 24722—2009)4.1.2。

二、判断题

1. √　2. √　3. √　4. √　5. √

6. √　7. √　8. √　9. √　10. √

11. √

12. ×

【解析】应为 180 ~ 220℃。

13. √

14. √

15. √

16. ×

【解析】应为液态。

17. √

18. √

19. √

20. √

21. √

22. √

23. √

24. ×

【解析】应为 15min。

25. √

26. √

27. √

28. ×

【解析】成正比。

29. √

30. √

31. √　32. √　33. √　34. √　35. √

36. √　37. √　38. √　39. √　40. √

41. √

42. ×

【解析】且对底材润湿、渗透产生附着力。

43. √

44. √

45. ×

【解析】应为热塑性树脂。

46. √

【解析】《路面标线涂料》(JT/T 280—2004)4。

47. √

【解析】《路面标线涂料》(JT/T 280—2004)4。

三、多项选择题

1. ABCD

2. ACD

3. ABD

【解析】应为0.3 ~0.4mm。

4. ABCD

5. ABCD

6. ABCD

7. ABC

8. ABCD

【解析】干膜厚度应控制在0.4 ~2.5mm之间。

9. ABCD

10. AB

11. ABCD	12. ABCD	13. ABCD	14. AD	15. ABC
16. ABC	17. AB	18. ABCD	19. ABD	20. BCD
21. ABC	22. ABD	23. ABCD	24. ABCD	25. ABCD
26. ABC	27. ABD	28. AB	29. AB	30. BCD

31. ABCD

32. BCD

【解析】《路面标线用玻璃珠》(GB/T 24722—2009)4.2.2。

33. ABCD

【解析】《路面标线用玻璃珠》(GB/T 24722—2009)4.1.3。

34. ACD

【解析】《路面标线涂料》(JT/T 280—2004)4。

35. ABCD

【解析】《路面标线涂料》(JT/T 280—2004)4.1.3。

四、综合题

1.(1)A　(2)AC　(3)AC　(4)B　(5)ABCD

2.(1)BC　(2)A　(3)AC　(4)BD　(5)ABCD

3.(1)ABC　(2)ABCD　(3)ABCD　(4)ABCD　(5)ABCD

4.(1)ACD　(2)B　(3)A　(4)BCD　(5)ABCD

【**解析**】(4)应采用 D_{65} 光源。

5.(1)ABCD　(2)ABCD　(3)ABCD　(4)ABC　(5)ABCD

6.(1)AB　(2)A　(3)C　(4)BCD　(5)A

【**解析**】(5)《路面标线用玻璃珠》(GB/T 24722—2009)。

7.(1)ABCD　(2)ABCD　(3)ABC　(4) ABC　(5)B

【**解析**】(5)《路面标线用玻璃珠》(GB/T 24722—2009)。

8.(1)AB　(2)ABC　(3)BCD　(4)ABCD　(5)ABCD

【**解析**】(1)、(2)《路面防滑涂料》(JT/T 712—2008)3.1。
(3)~(5)《路面防滑涂料》(JT/T 712—2008)4.1~4.3。

第六章

防腐粉末涂料及涂层

复习提示

本章引用的标准有《公路用防腐蚀粉末涂料及涂层》(JT/T 600.1～600.4—2004)。

习　题

一、单项选择题

1. 热固性粉末涂料成膜固化过程是(　　)。
   A. 合成树脂在固化剂作用下经烘烤成为不能熔融的质地坚硬的最终产物
   B. 过程可以反复进行多次
   C. 该过程可逆
   D. 粉体成膜过程无交联反应发生
2. 以下哪项不是粉末涂料的优点(　　)。
   A. 无溶剂,减少公害
   B. 调色、换色方便
   C. 粉末涂料损失少,并可回收再利用
   D. 粉末涂料性能优,坚固耐用
3. 钢管、钢板、钢带的热塑性粉末涂料单涂涂层厚度为(　　)。
   A. 0.28～0.70mm　　B. 0.33～0.75mm
   C. 0.38～0.80mm　　D. 0.43～0.85mm
4. 钢管、钢板、钢带的热塑性粉末涂料双涂涂层厚度为(　　)。
   A. 0.15～0.50mm　　B. 0.20～0.55mm
   C. 0.25～0.60mm　　D. 0.30～0.65mm
5. ϕ1.8～4.0mm 钢丝的热塑性粉末涂料单涂涂层厚度为(　　)。
   A. 0.20～0.70mm　　B. 0.25～0.75mm

C. 0.30 ~ 0.80mm　　D. 0.35 ~ 0.85mm

6. ϕ4.0 ~ 5.0mm 钢丝的热塑性粉末涂料双涂涂层厚度为(　　)。

A. 0.10 ~ 0.55mm　　B. 0.15 ~ 0.60mm

C. 0.20 ~ 0.65mm　　D. 0.25 ~ 0.70mm

7. 钢以外其他基材的热塑性粉末涂料单涂涂层厚度为(　　)。

A. 0.28 ~ 0.70mm　　B. 0.33 ~ 0.75mm

C. 0.38 ~ 0.80mm　　D. 0.43 ~ 0.85mm

8. 钢以外其他基材的热塑性粉末涂料双涂涂层厚度为(　　)。

A. 0.15 ~ 0.50mm　　B. 0.20 ~ 0.55mm

C. 0.25 ~ 0.60mm　　D. 0.30 ~ 0.65mm

9. 热固性粉末涂料单涂涂层厚度为(　　)。

A. 0.066 ~ 0.140mm　　B. 0.071 ~ 0.145mm

C. 0.076 ~ 0.150mm　　D. 0.081 ~ 0.155mm

10. 热固性粉末涂料双涂涂层厚度为(　　)。

A. 0.066 ~ 0.110mm　　B. 0.071 ~ 0.115mm

C. 0.076 ~ 0.120mm　　D. 0.081 ~ 0.125mm

11. 热塑性粉末涂料涂层附着性能一般不低于(　　)。

A. 0 级　　B. 1 级　　C. 2 级　　D. 3 级

12. 热固性粉末涂料涂层附着性能不低于(　　)。

A. 0 级　　B. 1 级　　C. 2 级　　D. 3 级

13. 涂层附着性能区分为(　　)。

A. 0 ~ 4 级　　B. 1 ~ 5 级　　C. 0 ~ 5 级　　D. 1 ~ 6 级

14. 涂层测试用测厚仪(磁性、非磁性)的要求为(　　)。

A. 最大测量范围不小于 1200μm,示值误差不大于 ±5μm

B. 最大测量范围不小于 1500μm,示值误差不大于 ±5μm

C. 最大测量范围不小于 1800μm,示值误差不大于 ±5μm

D. 最大测量范围不小于 2000μm,示值误差不大于 ±5μm

二、判断题

1. 粉末涂料是一种含有 100% 固体分,以粉末形态涂装的涂料。　(　　)

2. 粉末涂料不使用溶剂或水作为分散介质,而是借助于空气作为分散介质。　(　　)

3. 粉末涂料依固化成膜过程,可分为热塑性粉末涂料和热固性粉末涂料两大类。(　　)

4. 热塑性粉末涂料随温度升高以致熔融,经冷却后变得坚硬。该过程可逆。　(　　)

5. 热塑性粉末涂料粉体成膜过程无交联反应发生。　(　　)

6. 用作热塑性粉末涂料的合成树脂主要有聚氯乙烯、聚乙烯、聚丙烯、聚酰胺、聚碳酸酯-聚苯乙烯、含氟树脂、热塑性聚酯等。　(　　)

7. 热固性粉末涂料在固化剂作用下经一定温度烘烤成为不能熔融的固体。　(　　)

8. 热固性粉末涂料的固化过程属于交联反应。　(　　)

9. 粉末涂料具有节能、节约资源、低污染和高效能的特点。（　　）
10. 粉末涂料的主要优点有无溶剂、工艺简化、涂料损失少、坚固耐用。（　　）
11. 粉末涂料的缺点有调色困难、不宜涂薄、外观不如液态涂料、烘烤温度高。（　　）
12. 单涂为对基底仅涂装有机防腐蚀涂层的防护类型。（　　）
13. 双涂为基底为钢质,底层经镀锌处理后再涂装有机防腐蚀涂层的防护类型。（　　）
14. 钢管、钢板、钢带热塑性粉末涂料单涂涂层厚度为 0.38 ~0.80mm。（　　）
15. 热固性粉末涂料单涂涂层厚度为 0.076 ~ 0.150mm;双涂涂层厚度为 0.076 ~ 0.120mm。（　　）
16. 热塑性粉末涂料涂层附着性能一般不低于 2 级。（　　）

三、多项选择题

1. 粉末涂料产品依固化成膜过程可分为(　　)。
A. 热塑性粉末涂料　　B. 热黏性粉末涂料
C. 热熔性粉末涂料　　D. 热固性粉末涂料
2. 热塑性粉末涂料是以热塑性合成树脂作为成膜物,它的特性是(　　)。
A. 合成树脂随温度升高而变化,以致熔融
B. 经冷却后变得坚硬
C. 这种过程可以反复进行多次
D. 粉体成膜过程无交联反应发生
3. 热塑性合成树脂的特点是(　　)。
A. 通常分子量较高　　B. 有较好的耐化学性
C. 有较好的柔韧性　　D. 有较好的弯曲性
4. 用作热塑性粉末涂料的合成树脂主要有(　　)。
A. 聚氯乙烯、聚乙烯　　B. 聚丙烯、聚酰胺
C. 聚碳酸酯、聚苯乙烯　　D. 含氟树脂、热塑性聚酯
5. 热固性粉末涂料以热固性合成树脂为成膜物,它的特性是(　　)。
A. 用某些较低聚合度含活性官能团的预聚体树脂
B. 在固化剂存在下经一定温度的烘烤交联反应固化
C. 成为不能溶解或熔融质地坚硬的最终产物
D. 当温度再升高时,产品只能分解不能软化,成膜过程属于化学交联变化
6. 热固性合成树脂主要有(　　)。
A. 聚酯树脂　　B. 环氧树脂
C. 丙烯酸树脂　　D. 聚氨酯树脂
7. 粉末涂料(　　)。
A. 是一种含有 100% 固体分,以粉末形态涂装的涂料
B. 分散介质为丙酮
C. 分散介质为二甲苯
D. 分散介质为空气

8. 粉末涂料的特点为(　　)。

A. 节能、节约资源　　B. 低污染和高效

C. 涂料工业高固体分　　D. 无溶剂

9. 粉末涂料在使用中的主要优点有(　　)。

A. 无溶剂,减少公害　　B. 简化涂装工艺,提高涂装效率

C. 粉末涂料损失少,并可回收再利用　　D. 坚固耐用,可实现 1 次涂装

10. 粉末涂料的主要缺点有(　　)。

A. 调色、换色困难　　B. 不宜涂薄

C. 涂膜外观不如液态涂料　　D. 烘烤温度高

四、综合题

1. 试回答涂层理化性能试验的问题。

(1)涂层理化性能试验项目有(　　)。

A. 涂层厚度、涂层附着性能

B. 涂层耐冲击性、涂层抗弯曲性、涂层耐低温脆化性能

C. 涂层耐化学腐蚀性、涂层耐盐雾性能、涂层耐湿热性能

D. 涂层耐磨性、涂层耐电化学腐蚀性、涂层绝缘性

(2)涂层外观质量等级有(　　)。

A. 变色等级　　B. 粉化等级　　C. 开裂等级　　D. 密度等级

(3)试验环境条件为(　　)。

A. 环境温度:23℃ ±2℃　　B. 相对湿度:50% ±5%

C. 环境照度: >300lx　　D. 大气压强:101.33kPa ±10kPa

(4)试验用试剂有(　　)。

A. NaOH(化学纯)　　B. NaCl(化学纯)

C. H_2SO_4(化学纯)　　D. KCl(化学纯)

(5)试验样品规格为(　　)。

A. A1:涂层厚度 0.30 ~0.80mm、样品尺寸 65mm ×142mm

B. A2:涂层厚度 0.076 ~0.120mm、样品尺寸 65mm ×142mm

C. B1:涂层厚度 0.30 ~0.80mm、样品尺寸 50mm ×100mm

D. B2:涂层厚度 0.076 ~0.120mm、样品尺寸 50mm ×100mm

习题参考答案及解析

一、单项选择题

1. A	2. B	3. C	4. C	5. C
6. B	7. C	8. C	9. C	10. C

11. C　12. A　13. A　14. A

二、判断题

1. √　2. √　3. √　4. √　5. √
6. √　7. √　8. √　9. √　10. √
11. √　12. √　13. √　14. √　15. √
16. √

三、多项选择题

1. AD　2. ABCD　3. ABCD　4. ABCD　5. ABCD
6. ABCD　7. AD　8. ABCD　9. ABCD　10. ABCD

四、综合题

1. (1) ABC　(2) ABC　(3) AB　(4) ABC　(5) ABCD

第七章

公路安全护栏

复习提示

本章引用的标准有《波形梁钢护栏》(GB/T 31439.1、31439.2—2015)、《公路交通安全设施设计细则》(JTG/T D81—2017)、《公路交通安全设施设计规范》(JTG D81—2017)、《公路交通工程钢构件防腐技术条件》(GB/T 18226—2015)。

习　题

一、单项选择题

1. 公路安全护栏是一种(　　)。
   A. 横向吸能结构　　B. 纵向吸能结构
   C. 剪切吸能结构　　D. 转矩吸能结构
2. 公路安全护栏按其在公路中的纵向设置位置,可分为桥梁护栏和(　　)。
   A. 路基护栏　　B. 路侧护栏
   C. 中央分隔带护栏　　D. 刚性护栏
3. 刚性护栏、半刚性护栏和柔性护栏的划分依据为(　　)。
   A. 碰撞后的变形程度　　B. 纵向受力情况
   C. 横向受力情况　　D. 转矩受力情况
4. 路侧的波形梁护栏和混凝土护栏的防护等级为(　　)。
   A. B、A、SB、SA、SS 五级　　B. C、B、A、SB、SA、SS 六级
   C. C、B、A、SB、SA、SS、HB 七级　　D. C、B、A、SB、SA、SS、HB、HA 八级
5. 中央分隔带的波形梁护栏和混凝土护栏的防护等级为(　　)。
   A. Bm、Am、SBm、SAm、SSm 五级　　B. Cm、Bm、Am、SBm、SAm、SSm 六级
   C. Bm、Am、SBm、SAm、SSm、HBm 六级　　D. Bm、Am、SBm、SAm、SSm、HBm、HAm 七级
6. 公路安全护栏碰撞能量的最低值为(　　)。

A. 20kJ　B. 40kJ　C. 60kJ　D. 80kJ

7. 公路安全护栏碰撞能量的最高值为(　　)。

A. 520kJ　B. 640kJ　C. 760kJ　D. 880kJ

8. 所有级别的公路安全护栏设计碰撞角度均为(　　)。

A. 15°　B. 20°　C. 25°　D. 30°

9. 按《公路交通安全设施设计规范》(JTG D81—2017)的规定,事故严重程度分为(　　)。

A. A、B、C 三个等级　B. 高、中、低三个等级

C. A、B、C、D 四个等级　D. 特重、高、中、低四个等级

10. 高速公路和作为干线的一级公路中间必须设置中央分隔带护栏的条件为(　　)。

A. 整体式分隔带宽度≤8m　B. 整体式分隔带宽度≤10m

C. 整体式分隔带宽度≤12m　D. 整体式分隔带宽度≤14m

11. 防护等级二～八级的公路安全护栏碰撞试验时小客车(1.5t)的碰撞速度为(　　)。

A. 80km/h　B. 90km/h　C. 100km/h　D. 120km/h

12. 防护等级八级(HA)的公路安全护栏碰撞试验时大型货车(55t)的碰撞速度为(　　)。

A. 50km/h　B. 65km/h　C. 80km/h　D. 95km/h

13. B 级公路安全护栏重车(10t)的碰撞速度为(　　)。

A. 30km/h　B. 40km/h　C. 50km/h　D. 60km/h

14. 护栏端头和防撞垫的防护等级分为(　　)。

A. TB、TA、TS 三级　B. TC、TB、TA、TS 四级

C. TC、TB、TA、TS、THB 五级　D. TC、TB、TA、TS、THB、THA 六级

15. SB、SBm 级公路安全护栏碰撞能量值为(　　)。

A. 200kJ　B. 240kJ　C. 280kJ　D. 320kJ

16. 碰撞加速度是指碰撞过程中车辆重心处所受的(　　)。

A. 车体纵向冲击加速度 10ms 间隔平均值的最大值

B. 车体横向冲击加速度 10ms 间隔平均值的最大值

C. 车体铅直冲击加速度 10ms 间隔平均值的最大值

D. 车体纵向、横向、铅直合成值冲击加速度 10ms 间隔平均值的最大值

17. 路侧缆索护栏的防护等级分为(　　)。

A. C、B、A 三级　B. C、B、A、S 四级

C. C、B、A、S、HB 五级　D. C、B、A、S、HB、HA 六级

18. HB 级波形梁护栏的托架/防阻块尺寸为(　　)mm。

A. 300×270×35×6　B. 300×200×290×4.5

C. 400×200×290×4.5　D. 400×300×290×4.5

19. 无防阻块只有托架的安全护栏防护等级为(　　)。

A. A　B. Am　C. B　D. SS

20. 立柱尺寸为 ϕ114mm×4.5mm 的安全护栏防护等级为(　　)。

A. A　B. Am　C. B　D. SS

21. 立柱尺寸为 ϕ140mm ×4.5mm 的安全护栏防护等级为(　　)。

A. A、Am　　B. SA、SAm　　C. SB、SBm　　D. SS

22. 防阻块尺寸最小为 196mm ×178mm ×200mm ×4.5mm 的护栏防护等级为(　　)。

A. A　　B. Am　　C. B　　D. SS

23. 无横梁的波形梁护栏的最高防护等级为(　　)。

A. C　　B. B　　C. A　　D. SB

24. 使用二波波形梁板(310mm ×85mm ×3mm)的安全护栏防护等级为(　　)。

A. B　　B. A　　C. Am　　D. SBm

25. 使用大型防阻块(350mm ×200mm ×290mm ×4.5mm)的护栏防护等级为(　　)。

A. SB　　B. SA　　C. SBm　　D. SS

26. 与规格为 196mm × 178mm × 400mm × 4.5mm 的防阻块配套使用的钢管立柱为(　　)。

A. ϕ114mm ×4.5mm　　B. ϕ130mm ×4.5mm

C. ϕ140mm ×3.5mm　　D. ϕ140mm ×4.5mm

27. 与规格为 300mm × 200mm × 290mm × 4.5mm 的防阻块配套使用的钢管立柱为(　　)。

A. ϕ114mm ×4.5mm　　B. ϕ140mm ×4.5mm

C. □130mm ×130mm ×6mm　　D. ϕ100mm ×6mm

28. 与规格为 310mm ×85mm ×3mm 的二波波形梁板配套使用的钢管立柱为(　　)。

A. ϕ114mm ×4.5mm　　B. ϕ140mm ×4.5mm

C. □130mm ×130mm ×6mm　　D. ϕ100mm ×6mm

29. 规格为 400mm ×200mm ×290mm ×4.5mm 的防阻块对应的护栏防护等级为(　　)。

A. SA　　B. SS　　C. HB　　D. HA

30. A、SB、SA、SS、HB 防护等级波形梁护栏的立柱埋深为(　　)。

A. 1150mm　　B. 1400mm　　C. 1650mm　　D. 1900mm

31. 三波形梁板的加工采用连续辊压成型,其加工原材料为(　　)宽的薄钢板。

A. 700mm　　B. 750mm　　C. 800mm　　D. 850mm

32. 波形梁钢护栏安装质量检验评定标准为(　　)。

A.《公路波形梁钢护栏》(JT 281—2015)

B.《公路交通安全设施设计规范》(JTG D81—2017)

C.《波形梁钢护栏》(GB/T 31439—2015)

D.《公路工程质量检验评定标准　第一册　土建工程》(JTG F80/1—2017)

33. 波形梁板的弯曲度每米不得大于(　　)。

A. 1.0mm　　B. 1.5mm　　C. 2.0mm　　D. 2.5mm

34. 波形梁板总弯曲度不得大于波形梁板定尺长度的(　　)。

A. 0.1%　　B. 0.15%　　C. 0.2%　　D. 0.25%

35. 波形梁板端面切口应垂直,其垂直度公差不得超过(　　)。

A. 10′　　B. 20′　　C. 30′　　D. 50′

36. 4320mm 长的波形梁板的长度允许误差为(　　)。

A. ±1mm　　B. ±2mm　　C. ±3mm　　D. ±5mm

37. 波形梁板端部两排螺孔的中心距允许误差为(　　)。

A. ±0.5mm　　B. ±0.8mm　　C. ±1mm　　D. ±1.2mm

38. ϕ114mm 立柱的直径允许误差为(　　)。

A. ±1.04mm　　B. ±1.14mm　　C. ±1.24mm　　D. ±1.34mm

39. 4.5mm 壁厚立柱的壁厚允许误差为(　　)。

A. +0.25mm, -0.15mm　　B. +0.5mm, -0.15mm

C. +0.5mm, -0.25mm　　D. +0.5mm, -0.35mm

40. 端头基底金属厚度为 3mm 或 4mm,其厚度的允许偏差为(　　)。

A. 板厚的负公差为 -0.18mm,正公差为 0.18 ~0.5mm

B. 板厚的负公差为 -0.1mm,正公差为 0.18 ~0.3mm

C. 板厚的负公差为 -0.05mm,正公差为 0.18 ~0.25mm

D. 板厚的负公差为 0mm,正公差为 0.18 ~0.2mm

41. 波形梁板、立柱、端头、防阻块、托架等所用基底金属材质为碳素结构钢,其力学性能及化学成分指标应不低于(　　)牌号钢的要求。

A. Q195　　B. Q215　　C. Q235　　D. Q255

42. 波形梁钢护栏的连接螺栓、螺母等用材为碳素结构钢,其抗拉强度不小于(　　)。

A. 275MPa　　B. 325MPa　　C. 375MPa　　D. 425MPa

43. 公称直径 16mm、8.8S 级高强度拼接螺栓连接副抗拉荷载不小于(　　)。

A. 113kN　　B. 133kN　　C. 153kN　　D. 173kN

44. 波形梁板一般宜采用(　　)。

A. 液压冷弯成型　　B. 冲压成型　　C. 连续辊压成型　　D. 液压热弯成型

45. 护栏的所有构件均应进行金属防腐处理,一般宜采用(　　)。

A. 热浸镀锌　　B. 热浸涂塑　　C. 热浸镀铜　　D. 热浸镀铝

46. 波形梁护栏外观质量允许有不大于公称厚度(　　)的轻微凹坑、凸起、压痕、擦伤。

A. 3%　　B. 5%　　C. 10%　　D. 15%

47. 表面缺陷允许用修磨方法清理,其整形深度不大于公称厚度的(　　)。

A. 3%　　B. 5%　　C. 10%　　D. 15%

48. 紧固件、防阻块、托架三点法试验单面最低锌附着量为(　　)。

A. 225g/m^2　　B. 275g/m^2　　C. 325g/m^2　　D. 375g/m^2

49. 波形梁板、立柱、端头三点法试验单面平均锌附着量为(　　)。

A. 500g/m^2　　B. 550g/m^2　　C. 600g/m^2　　D. 650g/m^2

50. 波形梁板、立柱、端头三点法试验单面最低锌附着量为(　　)。

A. 325g/m^2　　B. 375g/m^2　　C. 425g/m^2　　D. 475g/m^2

51. 紧固件、防阻块、托架三点法试验单面平均锌附着量为(　　)。

A. 300g/m^2　　B. 350g/m^2　　C. 400g/m^2　　D. 450g/m^2

52. 要求热浸镀锌防腐试样经硫酸铜溶液浸蚀(　　)。

A. 3 次不变红　　B. 4 次不变红　　C. 5 次不变红　　D. 6 次不变红

53. 热浸镀锌防腐试样锌层耐中性盐雾试验后，允许出现腐蚀处为(　　)。

A. 基体钢材的切割边缘　　B. 波形梁表面

C. 波形梁背面　　D. 防阻块背面

54. 三波形梁板的弯曲度不得大于(　　)。

A. 0.5mm/m　　B. 1.0mm/m　　C. 1.5mm/m　　D. 2.0mm/m

55. 三波形梁板总弯曲度不得大于其定尺长度的(　　)。

A. 0.05%　　B. 0.10%　　C. 0.15%　　D. 0.20%

56. 两波形梁钢护栏 G-F 钢管立柱尺寸(mm)为(　　)。

A. ϕ114 ×4.5　　B. ϕ130 ×4.5　　C. ϕ140 ×3.5　　D. ϕ140 ×4.5

57. 波形梁 BB03 调节板尺寸(mm)为(　　)。

A. 4320 ×310 ×85 ×3(4)　　B. 3820 ×310 ×85 ×3(4)

C. 3320 ×310 ×85 ×3(4)　　D. 2820 ×310 ×85 ×3(4)

58. 三波形梁板 RTB03-2(钢管立柱或 H 型钢立柱用板)尺寸(mm)为(　　)。

A. 4320 ×506 ×85 ×3(4)　　B. 3320 ×506 ×85 ×3(4)

C. 2320 ×506 ×85 ×3(4)　　D. 1520 ×506 ×85 ×3(4)

59. 波形梁标准板 DB01 尺寸(mm)为(　　)。

A. 4320 ×310 ×85 ×3(4)　　B. 3820 ×310 ×85 ×3(4)

C. 3320 ×310 ×85 ×3(4)　　D. 2820 ×310 ×85 ×3(4)

60. 下列哪个构件不属于高速公路路侧波形梁钢护栏的构件(　　)。

A. 立柱　　B. 连接螺栓　　C. 横隔梁　　D. 托架

二、判断题

1. SB、SBm 级护栏的碰撞设计值是一样的。(　　)

2. 跨越大型饮用水源一级保护区和高速铁路的桥梁以及特大悬索桥、斜拉桥等缆索承重桥梁时护栏防护等级宜采用七(HB)级。(　　)

3. Am 级安全护栏分为分设型和组合型。(　　)

4. B 级安全护栏无防阻块，只有托架。(　　)

5. B 级安全护栏的立柱尺寸最小为 ϕ114mm ×4.5mm。(　　)

6. A、Am 级安全护栏的立柱尺寸最小为 ϕ140mm ×4.5mm。(　　)

7. A 级安全护栏的防阻块尺寸最小为 196mm ×178mm ×200mm ×4.5mm。(　　)

8. Am 级组合型安全护栏无防阻块，只有横隔梁。(　　)

9. 波形梁钢护栏由波形梁板、立柱、端头、紧固件、防阻块等构件组成。(　　)

10. 护栏端头可分为地锚式和圆头式两种。(　　)

11. 我国目前尚没有 HA 级波形梁护栏产品。(　　)

12. 波形梁板可分为圆弧形和折线形两类，其中圆弧形波形梁板还可以分为等截面和变截面两类。波形梁板的尺寸规格应符合《公路波形梁钢护栏》(JT/T 281—2007)中表 1 的规定。(　　)

13. 圆头式端头有 R-160、R-250、R-350(单位为 mm)三种规格。 ( )

14. 规格为 196mm × 178mm × 200mm × 4.5mm 的防阻块用于与 ϕ140mm 钢管立柱配套使用。 ( )

15. 托架的规格为 300mm × 70mm × 4.5mm,用于与 ϕ114mm 钢管立柱配套使用。 ( )

16. 波形梁钢护栏产品的质量要求包括外形尺寸与允许偏差、材料要求、加工要求、外观质量及防腐处理。 ( )

17. 高速公路、一级公路混凝土护栏的最小长度为 50m。 ( )

18. 波形梁板的直线度每米不得大于 2.5mm。 ( )

19. 波形梁板的总直线度不得大于波形梁板定尺长度的 0.15%。 ( )

20. 波形梁板端面切口应垂直,其垂直度公差不得超过 30′。 ( )

21. 4320mm 长的波形梁板的长度允许误差为 ±5mm。 ( )

22. ϕ114mm 立柱的直径允许误差为 ±1.14mm。 ( )

23. 圆头式端头板厚的允许偏差为:负公差为 0mm,正公差为 0.18 ~ 0.22mm。 ( )

24. 波形梁板、立柱、端头、防阻块、托架等所用基底金属材质为碳素结构钢,其力学性能及化学成分指标应不低于 Q235 牌号钢的要求。 ( )

25. 连接螺栓、螺母、垫圈、横梁垫片等所用基底金属材质为碳素结构钢,其抗拉强度不小于 475MPa。 ( )

26. 公称直径 16mm、8.8S 级的高强度拼接螺栓连接副抗拉荷载不小于 133kN。 ( )

27. 波形梁板一般宜采用连续辊压成型。 ( )

28. 变截面波形梁板采用液压冷弯成型时,每块波形梁板应一次压制完成。 ( )

29. 波形梁板上的螺栓孔应定位正确,每一端部的所有拼接螺孔应一次冲孔完成。

( )

30. 安装于曲线半径小于 70m 路段的钢护栏,其波形梁板应根据曲线半径的大小加工成相应的弧线形。 ( )

31. 波形梁钢护栏的冷弯黑色构件表面不得有裂纹、气泡、折叠和端面分层。 ( )

32. 护栏的所有构件均应进行金属防腐处理,一般宜采用热浸镀锌方法。 ( )

33. 当采用热浸镀铝、涂塑方法时,其防腐层应符合 GB/T 18226—2000 的规定。 ( )

34. 波形梁钢护栏表面允许有不大于公称厚度 10% 的轻微凹坑、凸起、压痕、擦伤。

( )

35. 热浸镀锌防腐处理试样经硫酸铜溶液浸蚀 3 次应不变红。 ( )

36. 横隔梁用于连接中央分隔带立柱与两侧的护栏。 ( )

37. 镀锌构件的锌层应与基底金属结合牢固,经锤击试验镀锌层不剥离、不凸起。 ( )

38. 三波形梁护栏产品主要质量评定标准为《公路三波形梁钢护栏》(JT/T 457—2007)。

( )

39. 三波形梁板的弯曲度不得大于 1.5mm/m。 ( )

40. 三波形梁板的总弯曲度不得大于三波形梁板定尺长度的 0.15%。 ( )

41. 三波形梁钢护栏立柱宜采用方管立柱或 H 型钢立柱。 ( )

42. 方管立柱的弯曲度每米不得大于 2mm。 ( )

43. 方管立柱的总弯曲度不得大于立柱定尺长度的0.2%。（　　）

44. 方管立柱的壁厚防腐处理前为4mm。（　　）

45. 方管立柱端面切口应垂直，其垂直度公差不得超过1°。（　　）

46. 三波形梁板两侧螺孔之间中心轴距（D值）的允许偏差为±1mm。（　　）

47. 三波形梁板等构件热浸镀铝所用的铝应为特一级、特二级、一级铝锭。（　　）

48. 护栏板、立柱、垫板、过渡板、端头单面平均铝层质量为120g/m^2。（　　）

49. 波形梁钢护栏连接螺栓须进行螺栓终拧扭矩测试，其允许误差值为±10%。（　　）

50. 路侧混凝土护栏的防护等级为A、SB、SA、SS。（　　）

51. 路侧混凝土护栏的基础处理方式有座椅方式和桩基方式。（　　）

52. 中央分隔带混凝土护栏的防护等级为Am、SBm、SAm。（　　）

53. 三波形梁钢护栏由三波形梁板、过渡板、立柱、防阻块、横隔梁、端头、拼接螺栓、连接螺栓、加强横梁等构件组成。（　　）

54. 三波形梁板、三波形梁背板、过渡板、立柱、防阻块、横隔梁、端头等构件等所用基底金属材料应为碳素结构钢，其力学性能及化学成分指标应不低于Q255牌号钢的要求。

（　　）

55. 在做波形梁钢护栏原材料力学性能试验时，如果钢材试样没有明显的屈服点，应取规定塑性延伸强度$R_{p0.5}$为参考屈服强度，并在试验报告中注明。（　　）

56. 两波形梁钢护栏由波形梁板、端头、拼接螺栓、连接螺栓、防阻块、托架、横隔梁等构件组成。（　　）

57. 公路安全护栏根据碰撞后的变形程度，可分为刚性护栏、半刚性护栏、柔性护栏。

（　　）

58. 加强横梁由横梁、T形立柱、套管组成，用于加强护栏结构的上部，起增强护栏整体防护能力作用。（　　）

三、多项选择题

1. 公路安全护栏是（　　）。

A. 横向吸能结构

B. 通过自体变形吸收碰撞能量

C. 通过车辆爬高吸收碰撞能量

D. 改变车辆行驶方向，阻止车辆越出路外或进入对向车道

2. 公路安全护栏应实现以下功能（　　）。

A. 阻止车辆越出路外或穿越中央分隔带闯入对向车道

B. 防止车辆从护栏板下钻出或将护栏板冲断

C. 能使车辆恢复到正常行驶方向

D. 能诱导驾驶员的视线

3. 护栏端头、防撞垫的防护等级与防护速度对应正确的有（　　）。

A. 一级，60km/h　　B. 二级，80km/h

C. 三级，100km/h　　D. 三级，120km/h

4. 公路安全护栏根据碰撞后的变形程度可分为(　　)和(　　)。

A. 遮挡护栏　B. 刚性护栏　C. 半刚性护栏　D. 柔性护栏

5. 桥梁护栏包括(　　)和(　　)。

A. 纵向有效构件　B. 纵向非有效构件

C. 横向有效构件　D. 横向非有效构件

6. 缆索护栏主要包括(　　)等构件。

A. 端部结构　B. 索体及索端锚具

C. 中间立柱、托架　D. 地下基础

7. 设置于路侧的护栏防护等级分为 B、A 和(　　)。

A. AA　B. SB　C. SA　D. SS

8. 设置于路侧的护栏防护等级分为(　　)。

A. Bm　B. Am　C. SBm　D. SAm

9. 设置于路侧的 B 级护栏碰撞条件(小车)为(　　)。

A. 碰撞速度 100km/h　B. 车辆质量 1.5t

C. 碰撞角度 20°　D. 碰撞加速度≤200m/s^2

10. 设置于路侧的 HA 级护栏整体式大型货车足尺碰撞参数为(　　)。

A. 碰撞速度 65km/h　B. 车辆总质量 55t

C. 碰撞角度 20°　D. 碰撞能量 760kJ

11. 设置于中央分隔带的 HB 级护栏特大型客车的碰撞参数为(　　)。

A. 碰撞速度 80km/h　B. 车辆总质量 20t

C. 碰撞角度 20°　D. 碰撞能量 520kJ

12. 以 10t 重车碰撞速度为 80km/h 为碰撞条件的护栏防护等级有(　　)。

A. SA、SAm　B. SB、SBm　C. A、Am　D. SS

13. 10t 重车作碰撞动力源的护栏防护等级有(　　)。

A. B　B. SB、SBm　C. A、Am　D. SA、SAm

14. 防撞性能相同的护栏防护等级有(　　)。

A. SA 和 SAm　B. SB 和 SBm　C. A 和 Am　D. B 和 SS

15. 桥梁护栏宜采用 HA 级护栏的情况有(　　)。

A. 跨越大型饮用水水源一级保护区　B. 跨越高速公路的桥梁

C. 特大悬索桥　D. 特大斜拉桥

16. Am 级安全护栏具有(　　)。

A. 分设型　B. 散装型　C. 组合型　D. 合装型

17. 立柱尺寸为 ϕ140mm×4.5mm 的护栏防护等级有(　　)。

A. A　B. Am 分设型　C. Am 组合型　D. SBm

18. 无防阻块的护栏防护等级有(　　)。

A. A　B. Am 分设型　C. Am 组合型　D. B

19. 有方形立柱(□130mm×130mm×6mm)的护栏防护等级有(　　)。

A. SB　B. SA　C. SS　D. SBm 和 SAm

20. 既可配方形立柱又可配圆形立柱的护栏防护等级有(　　)。

A. SB　　B. SA　　C. SS　　D. SBm 和 SAm

21. 护栏的防阻块尺寸规格有(　　)。

A. 196mm × 178mm × 200mm × 4.5mm

B. 300mm × 200mm × 290mm × 4.5mm

C. 320mm × 220mm × 290mm × 4.5mm

D. 350mm × 200mm × 290mm × 4.5mm

22. 使用二波波形梁板(310mm × 85mm × 4mm)的护栏防护等级有(　　)。

A. B　　B. A　　C. Am 分设型　　D. Am 组合型

23. 使用三波波形梁板(506mm × 85mm × 4mm)的护栏防护等级有(　　)。

A. SB　　B. SA　　C. SS　　D. HB

24. 使用小型防阻块(196mm × 178mm × 200mm × 4.5mm)的护栏防护等级有(　　)。

A. Am 分设型　　B. Am 组合型　　C. A　　D. SB

25. 使用中型防阻块(300mm × 200mm × 290mm × 4.5mm)的护栏防护等级有(　　)。

A. SB　　B. SA　　C. SBm　　D. SAm

26. 护栏钢管立柱的规格及代号为(　　)。

A. ϕ100mm × 4.5mm, G-R　　B. ϕ114mm × 4.5mm, G-T

C. ϕ140mm × 4.5mm, G-F　　D. ϕ140mm × 4.5mm, G-H

27. 波形梁钢护栏组成构件有(　　)。

A. 波形梁板　　B. 立柱、端头　　C. 紧固件　　D. 防阻块等

28. 圆头式端头的规格和代号有(　　)。

A. R-160, D-Ⅰ　　B. R-250, D-Ⅱ　　C. R-350, D-Ⅲ　　D. R-450, D-Ⅳ

29. 三波波形梁板 506mm × 85mm × 4mm 单独配钢管立柱(□130mm × 130mm × 6mm)对应的防护等级为(　　)。

A. SB　　B. SA　　C. SBm　　D. SAm

30. 波形梁立柱尺寸有(　　)。

A. ϕ114mm × 4.5mm　　B. ϕ140mm × 4.5mm

C. □130mm × 130mm × 6mm　　D. ϕ100mm × 6mm

31. 三波波形梁板(506mm × 85mm × 4mm)配钢管立柱(□130mm × 130mm × 6mm 和 ϕ102mm × 4.5mm)对应的防护等级为(　　)。

A. SB　　B. SA　　C. SAm　　D. SS

32. 规格为 300mm × 200mm × 290mm × 4.5mm 的防阻块对应的防护等级为(　　)。

A. SB　　B. SA　　C. SAm　　D. SBm

33. 三波形梁钢护栏的组成构件有(　　)。

A. 三波形梁板　　B. 立柱、防阻块　　C. 三波形梁垫板　　D. 端头、紧固件

34. 波形梁钢护栏紧固件用于(　　)。

A. 板与板的拼接　　B. 防阻块与立柱的连接

C. 防阻块与板的连接　　D. 端头与板的连接

35. 波形梁钢护栏产品的质量要求包括(　　)。

A. 外形尺寸与允许偏差　　B. 材料要求、加工要求

C. 外观质量　　D. 防腐处理

36. 对波形梁钢护栏立柱外观的要求有(　　)。

A. 不得有明显的扭转

B. 不得焊接加长

C. 端部毛刺应清除

D. 断面形状、尺寸应符合规范要求

37. 波形梁的钢管立柱形位公差应符合(　　)。

A. 立柱弯曲度每米不得大于 1.5mm

B. 总弯曲度不得大于立柱定尺长度的 0.15%

C. 立柱端面切口应垂直,其垂直度公差不得超过 1°

D. 4.5mm 的壁厚误差为正误差不限定,负误差 -0.25mm

38. 波形梁板形位公差应符合(　　)。

A. 波形梁板的弯曲度每米不得大于 1.5mm

B. 总弯曲度不得大于波形梁板定尺长度的 0.15%

C. 波形梁板端面切口应垂直,其垂直度公差不得超过 30′

D. 圆管的圆度应小于 5%

39. 波形梁板截面可分为(　　)。

A. DB 类-1　　B. DB 类-2　　C. BB 类-1　　D. BB 类-2

40. 波形梁钢护栏板外观质量要求有(　　)。

A. 冷弯黑色构件表面应无裂纹、气泡、折叠、夹杂和端面分层等缺陷

B. 表面缺陷可用修磨方法清理,其整形深度不大于公称厚度的 5%

C. 切断面及安装孔应无卷沿、飞边和严重毛刺

D. 镀层表面应光洁、色泽一致

41. 波形梁护栏热浸镀锌的锌锭应为(　　)。

A. Zn99.95　　B. Zn99.99　　C. Zn99.995　　D. Zn99.999

42. 波形梁护栏热浸镀铝的铝锭应为(　　)。

A. Al99.70　　B. Al99.85　　C. Al99.90　　D. Al99.95

43. 缆索护栏主要构件包括(　　)。

A. 端部结构　　B. 索体及索端锚具

C. 中间立柱、托架　　D. 地下基础

44. 两波形梁板截面可分为(　　)。

A. DB01 ~ DB03　　B. DB01 ~ DB05　　C. BB01 ~ BB03　　D. BB01 ~ BB05

45. 三波形梁护栏立柱宜采用(　　)。

A. 钢管立柱　　B. 方管立柱　　C. H 型钢立柱　　D. 槽钢立柱

四、综合题

1. 试回答波形梁护栏的施工工艺问题。

(1) 立柱放样施工要点为(　　)。

A. 依设计文件进行立柱放样,并以桥梁、通道等控制立柱的位置,进行测距定位

B. 立柱放样时可利用调节板调节间距,并利用分配方法处理间距零头数

C. 调查立柱所在处是否存在地下管线等设施

D. 调查立柱所在处构造物顶部埋土深度不足的情况

(2) 立柱安装施工要求为(　　)。

A. 立柱安装应与设计文件相符,并与公路线形相协调

B. 土基中的立柱可采用打入法、挖埋法或钻孔法施工

C. 石方区的立柱,应根据设计文件的要求设置混凝土基础

D. 位于小桥、通道、明涵等混凝土基础中的立柱,可设置在预埋的套筒内

(3) 打入法施工要点为(　　)。

A. 打入过深时不得将立柱部分拔出矫正,必须将其全部拔出,将基础压实后重新打入

B. 立柱高程应符合设计要求,并不得损坏立柱端部

C. 立柱无法打入到要求深度时,严禁将立柱地面以上部分焊割、钻孔

D. 不得使用锯短的立柱

(4) 挖埋施工要点为(　　)。

A. 回填土应采用良好的材料并分层夯实

B. 回填土的压实度不应小于设计值

C. 回填土的压实度高于设计值的 1.2 倍

D. 填石路基中的柱坑,应用粒料回填并夯实

(5) 钻孔法施工要点为(　　)。

A. 立柱定位后应用与路基相同的材料回填并分层夯填密实

B. 在铺有路面的路段设置立柱时,柱坑从路基至面层以下 5cm 处应采用与路基相同的材料回填并分层夯实

C. 余下的部分应采用与路面相同的材料回填并压实

D. 位于混凝土基础中的立柱,可设置在预埋的套筒内,通过灌注砂浆或混凝土固定,或通过地脚螺栓与桥梁护轮带基础相连

2. 试回答波形梁钢护栏工程质量检验评定标准的问题。

(1) 波形梁钢护栏工程质量检验评定基本要求为(　　)。

A. 波形梁钢护栏产品应符合现行《波形梁钢护栏》(GB/T 31439)的规定

B. 护栏立柱、波形梁、防阻块及托架的安装应符合设计和施工的要求

C. 为保证护栏的整体强度,路肩和中央分隔带的土基压实度不应小于设计值的 90%

D. 波形梁护栏的端头处理及与桥梁护栏过渡段的处理应满足设计要求

(2) 波形梁钢护栏工程质量检验评定实测项目有立柱竖直度、立柱埋置深度和(　　)。

A. 波形梁板基底金属厚度、立柱基底金属厚度

B. 横梁中心高度、立柱中距

C. 镀(涂)层厚度

D. 螺栓终拧扭矩

(3)波形梁钢护栏工程质量检验评定实测关键项目有(　　)。

A. 波形梁板基底金属厚度　　B. 立柱基底金属厚度

C. 横梁中心高度　　D. 镀(涂)层厚度

(4)波形梁钢护栏工程质量检验评定检测仪器有(　　)。

A. 千分尺　　B. 涂层测厚仪

C. 垂线、直尺　　D. 扭力扳手

(5)波形梁钢护栏工程质量检验评定外观鉴定项目有(　　)。

A. 护栏各构件表面应无漏镀、露铁、擦痕

B. 护栏线形应无凹凸、起伏现象

C. 梁板搭接正确,垫圈齐备,螺栓紧固,防阻块等安装到位

D. 梁板和立柱不得现场焊割和钻孔,立柱及柱帽安装牢固

3. 试回答混凝土护栏产品检验方法的问题。

(1)混凝土护栏产品的检测主要涉及(　　)。

A. 外观质量　　B. 模板质量　　C. 基层质量　　D. 钢筋质量

(2)外观质量检测要点为(　　)。

A. 主要采用目测与手感相结合的方法

B. 必要时辅以适当的工具,如直尺或卡尺等进行测量

C. 检测时应注意取样的代表性和均匀性

D. 检测结果应能反映混凝土护栏的整体质量

(3)模板质量的检测要点为(　　)。

A. 模板质量使用钢直尺测量

B. 长度、下部宽度的检查点数为 2

C. 上部宽度、中部宽度的检查点数为 2

D. 上部宽度、中部宽度的检查点数为 3

(4)基层质量检测的内容为(　　)。

A. 当量回弹模量　　B. 压实度　　C. 厚度　　D. 平整度

(5)压实度的检测要点为(　　)。

A. 采用环刀测定

B. 采用灌砂法测定时,测试点数为 1,测试范围为 $500m^2$

C. 厚度用直尺测量,测试点数为 1,测试范围为 50m

D. 平整度用 3m 直尺测量,测试点数为 1,测试范围为 50m

4. 试回答混凝土护栏工程质量检验评定标准的问题。

(1)混凝土护栏工程质量检验评定基本要求为(　　)。

A. 混凝土护栏的地基强度应符合设计要求

B. 混凝土护栏块件标准段、混凝土护栏起终点等混凝土护栏块件的几何尺寸应符合

设计要求

C. 预制块件在吊装、运输、安装过程中,不得断裂。混凝土护栏块件之间、护栏与基础之间的连接应符合设计要求

D. 混凝土护栏的埋入深度、配筋方式及数量应符合设计要求

(2)混凝土护栏工程质量检验评定实测项目有(　　)。

A. 护栏断面尺寸、钢筋骨架尺寸　　B. 横向偏位、基础厚度

C. 护栏混凝土强度　　D. 混凝土护栏块件之间的错位

(3)混凝土护栏工程质量检验评定实测关键项目有(　　)。

A. 护栏断面尺寸　　B. 横向偏位

C. 护栏混凝土强度　　D. 混凝土护栏块件之间的错位

(4)混凝土护栏工程质量检验评定检测仪器有(　　)。

A. 钢卷尺　　B. 水平尺

C. 直尺　　D. 200t 材料试验机

(5)混凝土护栏工程质量检验评定外观鉴定的规定有(　　)。

A. 混凝土护栏块件之间的错位不大于 5mm

B. 混凝土护栏表面的蜂窝、麻面、裂缝、脱皮等缺陷面积不超过该面面积的 0.5%,深度不得超过 10mm

C. 混凝土护栏块件的损边、掉角长度每处不得超过 20mm

D. 护栏线形应无凹凸、起伏现象

5. 试回答缆索护栏工程质量检验评定标准的问题。

(1)缆索护栏工程质量检验评定基本要求为(　　)。

A. 缆索护栏产品应符合现行《缆索护栏》(GB/T 985)的规定

B. 缆索长度的几何尺寸应符合设计要求

C. 端部立柱应安装牢固,基础混凝土强度应满足设计要求

D. 护栏的端头处理及护栏过渡段的处理应满足设计要求

(2)缆索护栏工程质量检验评定实测项目有(　　)。

A. 初张力、最下一根缆索的高度　　B. 立柱中距、立柱竖直度

C. 立柱埋置深度、混凝土基础尺寸　　D. 混凝土强度、镀锌层厚度

(3)缆索护栏工程质量检验评定实测关键项目有(　　)。

A. 初张力　　B. 立柱中距　　C. 立柱埋置深度　　D. 混凝土强度

(4)缆索护栏工程质量检验评定检测仪器有(　　)。

A. 钢卷尺　　B. 水平尺　　C. 吊锤　　D. 张力计

(5)缆索护栏工程质量检验评定外观鉴定的规定有(　　)。

A. 护栏各构件表面应无漏镀、露铁、擦痕

B. 护栏基础混凝土表面的蜂窝、麻面、裂缝、脱皮等缺陷面积不超过该面面积的 0.5%

C. 护栏的地基强度应符合设计要求

D. 护栏线形应无凹凸、起伏现象

6. 试回答波形梁护栏技术检验的相关问题。

（1）波形梁钢护栏的型式检验项目有外观质量、外形尺寸、材料要求、防腐层厚度、防腐层附着量及（　　）。

A. 防腐层均匀性　B. 防腐层附着性　C. 耐盐雾性能　D. 耐候性能

（2）波形梁钢护栏的出厂检验项目中必检项目有外观质量、外形尺寸、防腐层厚度及（　　）。

A. 防腐层附着量　B. 防腐层均匀性　C. 防腐层附着性　D. 耐盐雾性能

（3）型式检验的样品应在生产线终端随机抽取（　　）。

A. 3 件　B. 4 件　C. 5 件　D. 6 件

（4）型式检验为每年进行 1 次，如有下列（　　）情况之一时，也应进行型式检验。

A. 正式生产过程中如原材料、半成品、工艺有较大改变，可能影响产品性能时

B. 产品停产后准备恢复生产时

C. 出厂检验结果与上次型式检验有较大差异时

D. 订货方提出型式检验时

（5）型式检验判定规则为（　　）。

A. 如有任一项指标不符合 GB/T 31439.1—2015 的要求，则需重新抽取双倍试样，对该项指标进行复验

B. 复验结果仍然不合格时，则判定该次型式检验为不合格

C. 复验结果仍然不合格（仅一项）时，则需重新抽取 4 倍试样，对该项指标进行再复验

D. 再复验结果仍然不合格时，则判定该次型式检验为不合格

7. 试回答波形梁护栏的相关问题。

（1）三波形梁钢护栏的组成构件有三波形梁板、立柱、过渡板、加强横梁、连接件及（　　）。

A. 波形梁背板　B. 端头　C. 防阻块　D. 横隔梁

（2）三波形梁钢护栏中配方管立柱的板型有（　　）。

A. RTB01-1　B. RTB01-2　C. RTB02-1　D. RTB02-2

（3）三波形梁钢护栏中配钢管立柱或 H 型钢立柱的板型有（　　）。

A. RTB01-1　B. RTB01-2　C. RTB02-1　D. RTB02-2

（4）波形梁护栏的材料要求为（　　）。

A. 波形梁板、立柱、端头、防阻块、托架、横隔梁、加强板等所用基底金属材质应为 Q235 牌号碳素结构钢

B. 连接螺栓、螺母、垫圈、横梁垫片等所用基底金属材质为碳素结构钢，其力学性能的主要考核指标为抗拉强度不小于 355MPa

C. 拼接螺栓连接副应为高强度拼接螺栓，其螺栓、螺母垫圈应选用优质碳素结构钢或合金结构钢

D. 高强度拼接螺栓连接副螺杆公称直径为 16mm，拼接螺栓连接副的整体抗拉荷载不小于 133kN

（5）波形梁护栏的防腐处理要求为（　　）。

A. 护栏的所有构件均应进行防腐处理，其防腐层要求应符合现行 GB/T 18226 的规定

B. 对于圆管立柱产品,其内壁防腐质量要求可略低于外壁防腐质量要求

C. 采用热浸镀锌时,镀层的平均厚度与最小厚度之差应不小于平均厚度的 25%,最大厚度与平均厚度之差应不小于平均厚度的 40%

D. 采用热浸镀锌铝合金时,镀层的平均厚度与最小厚度之差应不小于平均厚度的 20%,最大厚度与平均厚度之差应不小于平均厚度的 30%

8. 请回答公路安全护栏的相关问题。

(1)公路安全护栏的功能有(　　)。

A. 横向吸收碰撞能量　　B. 碰撞缓冲

C. 诱导驾驶员视线　　D. 改变车辆行驶方向

(2)公路安全护栏的防护等级最高级别为(　　)。

A. SA　　B. SS　　C. HB　　D. HA

(3)若波形梁板为热浸镀锌铝合金聚酯复合涂层,其外涂层需进行的试验有(　　)。

A. 耐磨性试验　　B. 均匀性试验　　C. 耐湿热性试验　　D. 抗弯曲性能试验

(4)波形梁外防腐层耐冲击性能试验时,试验方法描述正确的是(　　)。

A. 冲击高度由冲击能量和重锤质量决定

B. 同一试件冲击 3 次

C. 各冲击点与边缘相距不小于 15mm

D. 试样受冲击部分距边缘不小于 10mm

(5)拼接螺栓连接副整体抗拉荷载试验是波形梁钢护栏的重要力学试验项目,其测量不确定度主要来源于(　　)。

A. 试验机力值误差　　B. 拼接螺栓连接副缺陷

C. 试验夹具不完善　　D. 位移传感器误差

9. 试回答波形梁护栏的相关问题。

(1)两波形梁钢护栏的组成构件有两波形梁板、立柱、连接件及(　　)。

A. 波形梁背板　　B. 端头　　C. 防阻块　　D. 横隔梁

(2)两波形梁板可分为等截面和变截面两类,下列型号中变截面梁板为(　　)。

A. DB01　　B. DB02　　C. BB01　　D. BB02

(3)两波形梁板可分为标准板和调节板两类,下列型号为调节板的有(　　)。

A. DB01　　B. DB02　　C. BB01　　D. BB02

(4)波形梁板的允许偏差为(　　)。

A. 板的展开宽度尺寸应满足 481mm ± 1mm

B. 3.0mm 厚和 4.0mm 厚波形梁板,防腐处理后成型护栏板基板的实测最小厚度应分别不小于 2.95mm 和 3.95mm

C. 平均厚度应分别不小于 3.0mm 和 4.0mm

D. θ 应不小于 8°

(5)波形梁护栏的加工要求为(　　)。

A. 波形梁板宜采用连续辊压成型

B. 变截面波形梁板采用液压冷弯成型或模压成型时,每块波形梁板应一次压制完成,

不应分段压制

C. 采用连续辊压成型的等截面波形梁板加工成变截面板时,应采用液压冷弯成型

D. 波形梁板上的螺栓孔应定位准确,每一端部的所有拼接螺孔应分次定位冲孔完成

习题参考答案及解析

一、单项选择题

1. A

2. A

【解析】注意是"按纵向设置位置划分"。

3. A

4. D

【解析】原为 B、A、SB、SA、SS 五级。《公路交通安全设施设计规范》(JTG D81—2017)6.2 和 6.3。

5. D

【解析】原为 Am、SBm、SAm 三级。《公路交通安全设施设计细则》(JTG/T D81—2017)6.2。

6. B

【解析】《公路护栏安全性能评价标准》(JTG B05-1—2013)3.0.1。

7. C

【解析】《公路护栏安全性能评价标准》(JTG B05-1—2013)3.0.1。

8. B

9. B

【解析】《公路交通安全设施设计细则》(JTG/T D81—2017)6.2.2。

10. C

【解析】《公路交通安全设施设计细则》(JTG/T D81—2017)6.2.3。

11. C

【解析】《公路护栏安全性能评价标准》(JTG B05-1—2013)5.3.3。

12. B

【解析】《公路护栏安全性能评价标准》(JTG B05-1—2013)3.0.1。

13. B

14. A

【解析】《公路交通安全设施设计规范》(JTG D81—2017)6.5.2。

15. C

16. D

17. A

【解析】《公路交通安全设施设计细则》(JTG/T D81—2017)6.2.6。

18. C

【解析】《公路交通安全设施设计细则》(JTG/T D81—2017)6.2.7。

19. C

20. C

21. A

22. A

23. C

【解析】《公路交通安全设施设计细则》(JTG/T D81—2017)6.2.7。

24. A

25. D

26. A

【解析】《公路交通安全设施设计细则》(JTG/T D81—2017)6.2.7。

27. C

28. A

29. C

【解析】《公路交通安全设施设计细则》(JTG/T D81—2017)6.2.7。

30. C

【解析】《公路交通安全设施设计细则》(JTG/T D81—2017)6.2.7。

31. B

32. D

【解析】《公路工程质量检验评定标准　第一册　土建工程》(JTG F80/1—2017)。

33. B

【解析】《波形梁钢护栏》(GB/T 31439—2015)。

34. B

【解析】《波形梁钢护栏》(GB/T 31439—2015)。

35. C

36. D	37. C	38. B	39. C	40. D
41. C	42. C	43. B	44. C	45. A
46. C	47. C	48. B	49. C	50. C
51. B	52. C	53. A	54. C	55. C

56. D

【解析】《波形梁钢护栏　第1部分:两波形梁钢护栏》(GB/T 31439.1—2015)3.2.3.1。

57. C

【解析】《波形梁钢护栏　第1部分:两波形梁钢护栏》(GB/T 31439.1—2015)3.2.2。

58. C

【解析】《波形梁钢护栏　第2部分:三波形梁钢护栏》(GB/T 31439.2—2015)3.3.1。

59. A

【解析】《波形梁钢护栏　第1部分:两波形梁钢护栏》(GB/T 31439.1—2015)3.2.2。

60. C

【解析】横隔梁通常用于中央分隔带。

二、判断题

1. √

2. ×

【解析】宜采用八(HA)级。《公路交通安全设施设计规范》(JTG D81—2017)6.3.2。

3. √

4. √

5. √

6. √　　7. √　　8. √　　9. √　　10. √

11. √

【解析】《公路交通安全设施设计细则》(JTG/T D81—2017)6.2.7。

12. √

13. √

14. √

15. √

16. √

17. ×

【解析】最小长度为36m。《公路交通安全设施设计规范》(JTG D81—2017)6.2.21。

18. ×

【解析】应不大于1.5mm。

19. √

20. √

21. √　　22. √　　23. √　　24. √

25. ×

【解析】应不大于375MPa。

26. √　　27. √　　28. √　　29. √　　30. √

31. √　　32. √　　33. √　　34. √

35. ×

【解析】浸蚀5次不变红。

36. √

【解析】《波形梁钢护栏　第2部分:三波形梁钢护栏》(GB/T 31439.2—2015)3.3.6。

37. √

38. ×

【解析】应为《波形梁钢护栏》(GB/T 31439—2015)。

39. √

40. √

41. √

42. √

43. √

44. ×

【解析】应为 6mm。

45. √

46. √

47. ×

【解析】应为 Al 99.70、Al 99.85、Al 99.90 铝锭。《公路交通工程钢构件防腐技术条件》(GB/T 18226—2015)。

48. √

49. √

【解析】《公路工程质量检验评定标准　第一册　土建工程》(JTG F80/1—2017)11.4.2。

50. ×

【解析】应为 A、SB、SA、SS、HB、HA。《公路交通安全设施设计细则》(JTG/T D81—2017)6.2.8。

51. √

52. ×

【解析】应为 Am、SBm、SAm、SSm、HBm、HAm。《公路交通安全设施设计细则》(JTG/T D81—2017)。

53. ×

【解析】漏掉:三波形梁背板。《波形梁钢护栏　第 2 部分:三波形梁钢护栏》(GB/T 31439.2—2015)3.2。

54. ×

【解析】Q235 牌号钢。《波形梁钢护栏　第 2 部分:三波形梁钢护栏》(GB/T 31439.2—2015)4.3.1。

55. ×

【解析】应取规定塑性延伸强度 $R_{p0.2}$ 为参考屈服强度,并在试验报告中注明。

56. ×

【解析】漏掉:立柱。《波形梁钢护栏　第 1 部分:两波形梁钢护栏》(GB/T 31439.1—2015)3.2.1。

57. √

【解析】混凝土护栏为刚性护栏,波形梁钢护栏为半刚性护栏,缆索护栏为柔性护栏。

58. √

【解析】《波形梁钢护栏　第 2 部分:三波形梁钢护栏》(GB/T 31439.2—2015)3.3.10。

三、多项选择题

1. BCD

【解析】纵向吸能结构。

2. ABCD

3. ABC

4. BCD

5. AB

6. ABC

7. BCD

8. BCD

9. ABC

【解析】碰撞加速度不属于碰撞条件。

10. ACD

【解析】整体式大型货车总质量为40t,鞍式大型货车总质量为55t。《公路护栏安全性能评价标准》(JTG B05-01—2013)表3.0.1和表5.3.3。

11. AC

【解析】特大型客车总质量为25t,HB级碰撞能量为640kJ。《公路护栏安全性能评价标准》(JTG B05-01—2013)表3.0.1和表5.3.3。

12. ABD

【解析】A、Am的对应速度为60km/h。

13. ABC

【解析】SA、SAm的碰撞重车质量为14t。

14. ABC

【解析】选项B的碰撞能量值为70kJ,SS的碰撞能量值为520kJ。

15. ACD

【解析】选项B应为跨越高速铁路的桥梁。《公路交通安全设施设计规范》(JTG D81—2017)6.3.2.3。

16. AC　　17. ABC　　18. CD　　19. ABCD　　20. BCD

21. ABD

22. BCD

23. ABCD

【解析】《公路交通安全设施设计细则》(JTG/T D81—2017)6.2.7。

24. AC

25. ABCD

26. BC　　27. ABCD　　28. ABC　　29. AC　　30. ABC

31. BCD　　32. ABCD　　33. ABCD　　34. ABCD　　35. ABCD

36. ABCD

【解析】《波形梁钢护栏　第1部分:两波形梁钢护栏》(GB/T 31439.1—2015)4.2.2.4。

37. ABCD

【解析】《波形梁钢护栏　第1部分:两波形梁钢护栏》(GB/T 31439.1—2015)4.2.2.3。

38. ABC

【解析】《波形梁钢护栏　第1部分:两波形梁钢护栏》(GB/T 31439.1—2015)4.2.1.4。

39. ABCD

【解析】《波形梁钢护栏　第1部分:两波形梁钢护栏》(GB/T 31439.1—2015)4.2。

40. AC

【解析】选项B表面缺陷可用修磨方法清理,其整形深度不大于公称厚度的10%。《波形梁钢护栏　第1部分:两波形梁钢护栏》(GB/T 31439.1—2015)4.1。

41. BC

【解析】《公路交通工程钢构件防腐技术条件》(GB/T 18226—2015)6.1.1。

42. ABC

【解析】《公路交通工程钢构件防腐技术条件》(GB/T 18226—2015)6.2.1。

43. ABC

【解析】通常直接打立柱,无地下基础。

44. BD

【解析】《波形梁钢护栏　第1部分:两波形梁钢护栏》(GB/T 31439.1—2015)3.3.2。

45. ABC

【解析】《波形梁钢护栏　第2部分:三波形梁钢护栏》(GB/T 31439.2—2015)4.2.4。

四、综合题

1.(1)ABCD　(2)ABCD　(3)ABCD　(4)ABD　(5)ABCD

2.(1)ACD　(2)ABD　(3)ABC　(4)ABCD　(5)AB

【解析】(1)《公路工程质量检验评定标准　第一册　土建工程》(JTG F80/1—2017)11.4.1。

(2)镀(涂)层厚度在JTG F80/1—2017中已取消。《公路工程质量检验评定标准　第一册　土建工程》(JTG F80/1—2017)11.4.2。

(3)~(5)《公路工程质量检验评定标准　第一册　土建工程》(JTG F80/1—2017)11.4.2、11.4.3。

3.(1)ABC　(2)ABCD　(3)ABD　(4)ABCD　(5)ABCD

4.(1)BCD　(2)ABCD　(3)C　(4)ABCD　(5)BCD

【解析】(1)地基强度应为地基承载力。《公路工程质量检验评定标准　第一册　土建工程》(JTG F80/1—2017)11.5.1。

(2)~(5)《公路工程质量检验评定标准　第一册　土建工程》(JTG F80/1—2017)11.5.2、11.5.3。

5.(1)CD　(2)ABC　(3)A　(4)ACD　(5)AD

【解析】(1)选项A应为JT/T 985。《公路工程质量检验评定标准　第一册　土建工程》(JTG F80/1—2017)11.6.1。

(2)《公路工程质量检验评定标准　第一册　土建工程》(JTG F80/1—2017)11.6.2。

(3)《公路工程质量检验评定标准　第一册　土建工程》(JTG F80/1—2017)11.5.2。

(4)《公路工程质量检验评定标准　第一册　土建工程》(JTG F80/1—2017)11.6.2。

(5)《公路工程质量检验评定标准　第一册　土建工程》(JTG F80/1—2017)11.6.3。

6.(1)ABC　　(2)BC　　(3)A　　(4)ABC　　(5)AB

【解析】(1)《波形梁钢护栏　第1部分:两波形梁钢护栏》(GB/T 31439.1—2015)6.1.1。

(2)《波形梁钢护栏　第1部分:两波形梁钢护栏》(GB/T 31439.1—2015)6.1.1。

(3)《波形梁钢护栏　第2部分:三波形梁钢护栏》(GB/T 31439.2—2015)6.1.2。

(4)国家质量监督机构提出,型式检验时,如有任一项指标不符合本标准要求,则需重新抽取双倍试样,对该项指标进行复验;复验结果仍然不合格时,则判定该次型式检验为不合格。《波形梁钢护栏　第1部分:两波形梁钢护栏》(GB/T 31439.1—2015)4.3。

(5)选项C和D为多余。《波形梁钢护栏　第1部分:两波形梁钢护栏》(GB/T 31439.1—2015)6.1.4。

7.(1)ABCD　　(2)AC　　(3)BD　　(4)ACD　　(5)ABC

【解析】(1)《波形梁钢护栏　第2部分:三波形梁钢护栏》(GB/T 31439.2—2015)3.2。

(2)《波形梁钢护栏　第1部分:两波形梁钢护栏》(GB/T 31439.1—2015)3.2.2。

(3)《波形梁钢护栏　第2部分:三波形梁钢护栏》(GB/T 31439.2—2015)3.3.1。

(4) 选项B,抗拉强度不小于375MPa。《波形梁钢护栏　第1部分:两波形梁钢护栏》(GB/T 31439.1—2015)4.3。

(5) 选项D应和选项C一样。《波形梁钢护栏　第1部分:两波形梁钢护栏》(GB/T 31439.1—2015)4.5。

8.(1)BCD　　(2)D　　(3)ABCD　　(4)BC　　(5)ACD

【解析】(1)安全护栏是一种纵向吸能结构。

(2)《公路交通安全设施设计规范》(JTG D81—2017)6.3。

(3)《公路交通工程钢构件防腐技术条件》(GB/T 18226—2015)6.3、6.10.3。

(4)冲击能量为9J。《漆膜耐冲击性测定法》(GB/T 1732—1993)。

(5)拼接螺栓连接副缺陷应排除在测量不确定度之外。

9.(1)BCD　　(2)CD　　(3)BD　　(4)ABC　　(5)ABC

【解析】(1)波形梁背板在三波形梁护栏中才用。《波形梁钢护栏　第1部分:两波形梁钢护栏》(GB/T 31439.1—2015)3.2.1。

(2)、(3)《波形梁钢护栏　第1部分:两波形梁钢护栏》(GB/T 31439.1—2015)3.2.2。

(4)θ应不小于10°。《波形梁钢护栏　第1部分:两波形梁钢护栏》(GB/T 31439.1—2015)4.2.1。

(5)拼接螺孔应一次冲孔完成。《波形梁钢护栏　第1部分:两波形梁钢护栏》(GB/T 31439.1—2015)4.4。

第八章

隔离设施

复习提示

本章引用的标准有《隔离栅》(GB/T 26941.1～26941.6—2011)、《公路用复合隔离栅立柱》(JT/T 848—2013)。

习　题

一、单项选择题

1. 隔离栅钢丝镀锌层附着量分级为(　　)。

A. Ⅰ～Ⅱ级　B. Ⅰ～Ⅲ级　C. Ⅰ～Ⅳ级　D. Ⅰ～Ⅴ级

2. 3mm≤t<6mm 钢板单面平均镀锌层附着量为(　　)。

A. 500(单面)g/m^2　B. 600(单面)g/m^2

C. 700(单面)g/m^2　D. 800(单面)g/m^2

3. 1.5mm≤t<3mm 钢板单面平均镀锌层附着量为(　　)。

A. 500(单面)g/m^2　B. 600(单面)g/m^2

C. 700(单面)g/m^2　D. 800(单面)g/m^2

4. t<1.5mm 钢板单面平均镀锌层附着量为(　　)。

A. 295(单面)g/m^2　B. 395(单面)g/m^2

C. 495(单面)g/m^2　D. 595(单面)g/m^2

5. 隔离栅紧固件、连接件单面平均镀锌层附着量为(　　)。

A. 250(单面)g/m^2　B. 350(单面)g/m^2

C. 450(单面)g/m^2　D. 550(单面)g/m^2

6. 2.0mm<ϕ≤2.2mm 隔离栅钢丝Ⅰ级单面平均镀锌层附着量为(　　)。

A. 110g/m^2　B. 230g/m^2　C. 290g/m^2　D. 350g/m^2

7. 2.0mm<ϕ≤2.2mm 隔离栅钢丝Ⅱ级单面平均镀锌层附着量为(　　)。

A. $110g/m^2$　　B. $230g/m^2$　　C. $290g/m^2$　　D. $350g/m^2$

8. $4.0mm < \phi \leq 7.5mm$ 隔离栅钢丝Ⅱ级单面平均镀锌层附着量为(　　)。

A. $110g/m^2$　　B. $230g/m^2$　　C. $290g/m^2$　　D. $350g/m^2$

9. 单涂层涂塑隔离栅构件宜采用(　　)涂塑层。

A. 热塑性　　B. 溶剂性　　C. 挤压性　　D. 成模性

10. 钢管、钢板、钢带、紧固件、连接件涂塑层(聚乙烯、聚氯乙烯)厚度为(　　)。

A. 0.25mm　　B. 0.38mm　　C. 0.50mm　　D. 0.63mm

11. $\phi \leq 1.8mm$ 钢丝的涂塑层(聚乙烯、聚氯乙烯)厚度为(　　)。

A. 0.25mm　　B. 0.38mm　　C. 0.50mm　　D. 0.63mm

12. $4.0mm < \phi \leq 5.0mm$ 钢丝的涂塑层(聚乙烯、聚氯乙烯)厚度为(　　)。

A. 0.25mm　　B. 0.38mm　　C. 0.50mm　　D. 0.63mm

13. 热塑性粉末涂塑层附着性能不低于(　　)。

A. 0 级　　B. 1 级　　C. 2 级　　D. 3 级

14. 涂塑层人工加速老化试验的总辐照能量不小于(　　)。

A. $3.5 \times 10^5 kJ/m^2$　　B. $3.5 \times 10^6 kJ/m^2$

C. $4.5 \times 10^5 kJ/m^2$　　D. $4.5 \times 10^6 kJ/m^2$

15. 双涂层构件第一层(内层)为(　　)。

A. 金属镀层　　B. 聚乙烯　　C. 聚氯乙烯　　D. 环氧树脂

16. 双涂层构件时,钢管、钢板、钢带加工成型后热浸镀锌单面平均锌层质量为(　　)。

A. $120g/m^2$　　B. $150g/m^2$　　C. $270g/m^2$　　D. $350g/m^2$

17. 双涂层构件时,使用连续热镀锌钢板和钢带成型后热浸镀锌双面平均锌层质量为(　　)。

A. $120g/m^2$　　B. $150g/m^2$　　C. $270g/m^2$　　D. $350g/m^2$

18. 双涂层构件时,紧固件、连接件热浸镀锌单面平均锌层质量为(　　)。

A. $120g/m^2$　　B. $150g/m^2$　　C. $270g/m^2$　　D. $350g/m^2$

19. 双涂层构件时,钢管、钢板、钢带加工成型镀锌后涂塑(聚乙烯)层厚度为(　　)。

A. >0.25mm　　B. >0.30mm　　C. >0.35mm　　D. >0.40mm

20. 双涂层构件时,钢管、钢板、钢带加工成型镀锌后涂塑(聚酯)层厚度为(　　)。

A. >0.066mm　　B. >0.071mm　　C. >0.076mm　　D. >0.081mm

21. 双涂层构件时,紧固件、连接件镀锌后涂塑(聚酯)层厚度为(　　)。

A. >0.066mm　　B. >0.071mm　　C. >0.076mm　　D. >0.081mm

22. 试验用高低温湿热试验箱要求为(　　)。

A. 高温上限不低于 100℃

B. 低温下限不高于 -20℃,波动范围 ±1℃

C. 气压 101.33kPa ±2.5%

D. 最大相对湿度不低于 65%,波动范围 ±2.5%

23. KP 型和 BP 型复合隔离栅方形立柱截面尺寸为(　　)。

A. (40~60)mm×(30~50)mm　　B. (50~70)mm×(30~50)mm

C. (60 ~ 80) mm × (40 ~ 60) mm　　D. (70 ~ 90) mm × (50 ~ 70) mm

24. KP 型和 BP 型公路用复合隔离栅立柱使用的主材为(　　)。

A. 玻璃钢　　B. 水泥　　C. 钢柱　　D. 聚乙烯

25. KP 型和 BP 型复合隔离栅圆形立柱直径为(　　)。

A. 30 ~ 50mm　　B. 30 ~ 60mm　　C. 40 ~ 60mm　　D. 40 ~ 70mm

26. TP 型复合隔离栅立柱截面尺寸为(　　)。

A. 长度≥53mm,宽度≥43mm　　B. 长度≥58mm,宽度≥48mm

C. 长度≥63mm,宽度≥53mm　　D. 长度≥68mm,宽度≥58mm

27. 复合隔离栅立柱的长度允许偏差为(　　)。

A. ±5mm　　B. ±10mm　　C. ±15mm　　D. ±20mm

28. 复合隔离栅立柱的截面尺寸允许偏差为(　　)。

A. 0 ~ 3mm　　B. 0 ~ 4mm　　C. 0 ~ 5mm　　D. 0 ~ 8mm

29. 复合隔离栅立柱的弯曲度不大于(　　)。

A. 0.5mm/m　　B. 1mm/m　　C. 1.5mm/m　　D. 2mm/m

30. 复合隔离栅立柱的自然暴晒试验时间为(　　)。

A. 2 年　　B. 3 年　　C. 4 年　　D. 5 年

31. Ww-3.5-75 型片网的网孔尺寸为(　　)。

A. 55mm × 55mm　　B. 65mm × 65mm

C. 75mm × 75mm　　D. 85mm × 85mm

32. Ww-3.5-75 型片网的钢丝直径为(　　)。

A. 2.5mm　　B. 3.0mm　　C. 3.5mm　　D. 4.0mm

33. 隔离栅片网的网面长度 L 和网面宽度 B 分别为(　　)。

A. 1.5 ~ 2.0m, 1.5 ~ 2.0m　　B. 1.7 ~ 2.5m, 1.5 ~ 2.5m

C. 1.9 ~ 3.0m, 1.5 ~ 2.5m　　D. 2.1 ~ 3.5m, 2.0 ~ 3.0m

34. Ww-5.0-200 型片网的网孔尺寸和钢丝直径分别为(　　)。

A. 100mm × 50mm, 3.5mm　　B. 150mm × 50mm, 4mm

C. 200mm × 75mm, 5mm　　D. 220mm × 100mm, 5mm

35. 网型代号 Ww 代表(　　)。

A. 钢板网型　　B. 编织网型　　C. 焊接网型　　D. 刺钢丝型

36. 网型代号 Bw 代表(　　)。

A. 钢板网型　　B. 编织网型　　C. 焊接网型　　D. 刺钢丝型

37. 网型代号 Cw 代表(　　)。

A. 钢板网型　　B. 编织网型　　C. 焊接网型　　D. 刺钢丝型

38. 网型代号 Gw 代表(　　)。

A. 钢板网型　　B. 编织网型　　C. 焊接网型　　D. 刺钢丝型

39. 以下直径的钢丝可作焊接卷网的为(　　)。

A. ϕ2.95mm　　B. ϕ3.5mm　　C. ϕ4.0mm　　D. ϕ5.0mm

40. 焊接网中 $3.00\text{mm} < \phi \leq 6.00\text{mm}$ 钢丝直径的允许偏差为(　　)。

A. ±0.03mm　　B. ±0.05mm　　C. ±0.08mm　　D. ±0.10mm

41. 焊接网中网孔尺寸的允许偏差为网孔尺寸的(　　)。

A. ±1%　　B. ±2%　　C. ±3%　　D. ±4%

42. 各种规格刺钢丝的整股破断拉力不应低于(　　)。

A. 3230N　　B. 3730N　　C. 4230N　　D. 4730N

43. 加强型刺钢丝网股线及刺线须用高强度低合金钢丝,其抗拉强度不低于(　　)。

A. 500~700MPa　　B. 600~800MPa　　C. 700~900MPa　　D. 800~1000MPa

44. 刺钢丝每个结有4个刺,刺形应规整,刺长 L 为(　　)。

A. 12mm±3mm　　B. 14mm±3mm　　C. 16mm±3mm　　D. 18mm±3mm

45. 丝梗宽度的允许偏差应不超过基本尺寸的(　　)。

A. ±3%　　B. ±5%　　C. ±10%　　D. ±15%

46. 钢板网中5.0mm厚钢板厚度允许偏差为(　　)。

A. ±0.22mm　　B. ±0.24mm　　C. ±0.26mm　　D. ±0.28mm

47. 短节距18mm的允许偏差为(　　)。

A. +1.0mm,-1.0mm　　B. +1.1mm,-1.0mm

C. +1.1mm,-1.1mm　　D. +1.0mm,-1.2mm

48. 短节距56mm的允许偏差为(　　)。

A. +2.1mm,-2.1mm　　B. +2.3mm,-2.3mm

C. +2.7mm,-2.0mm　　D. +2.7mm,-2.2mm

49. 有3个平整度要求的网型为(　　)。

A. 焊接网型　　B. 编织网型　　C. 钢板网型　　D. 刺钢丝网型

50. 防落物网距桥面的高度不宜低于(　　)。

A. 1.2m　　B. 1.5m　　C. 1.8m　　D. 2.0m

51. 防落物网的防雷接地电阻应小于(　　)。

A. 1Ω　　B. 4Ω　　C. 10Ω　　D. 30Ω

52. 根据《隔离栅　第1部分:通则》(GB/T 26941.1—2011)规定,隔离栅产品力学试验所用的万能材料试验机等级应不低于(　　)级。

A. 0.5　　B. 1　　C. 2　　D. 3

53. 适用于地形起伏较大区域的隔离栅网型为(　　)。

A. 钢板网型　　B. 编织网型　　C. 焊接片网型　　D. 焊接卷网型

54. 公路跨越铁路时防落物网的网孔规格不宜大于(　　)。

A. 15mm×15mm　　B. 20mm×20mm　　C. 25mm×25mm　　D. 30mm×30mm

二、判断题

1. 路隔离设施按用途不同可分为隔离栅和桥梁护网两类。　　(　　)
2. 隔离栅有钢板网、焊接片网、焊接卷网、编织片网、编织卷网、刺钢丝网等类型。　　(　　)
3. 隔离栅的高度主要以成人高度为参考标准,一般在2.0~2.5m之间。　　(　　)
4. 隔离栅的中心线一般沿公路用地范围界限以内0.2~0.5m设置。　　(　　)

5. 上跨高速公路的桥两侧均应设置桥梁护网，其设置范围为下穿公路宽度并各向路外延长 10m。（　　）

6. 隔离栅选型需综合考虑不利于人为攀越、结构整体的配合要求、网面的强度（绷紧程度）3 个因素。（　　）

7. 隔离栅上下两道刺钢丝的间距不宜大于 250mm，一般以 150～200mm 为宜。（　　）

8. 隔离栅金属网格的网孔尺寸一般不宜大于 200mm×200mm。（　　）

9. 桥梁护网采用的金属网形式与隔离栅相同，其网孔规格不宜大于 50mm×100mm。（　　）

10. 桥梁护网应做防雷接地处理，接地电阻应小于 4Ω。（　　）

11. 所有钢构件应采用热浸镀锌、锌铝合金涂层、浸塑以及双涂层等防腐处理方法。（　　）

12. 当采用其他防腐处理方法时，其防腐性能应不低于热浸镀锌方法的相应要求。（　　）

13. 隔离栅紧固件、连接件单面平均镀锌层附着量为 $350g/m^2$。（　　）

14. 隔离栅钢丝镀锌分两个级别，Ⅰ级适用于重工业、都市或沿海等腐蚀较严重地区，Ⅱ级适用于除重工业、都市或沿海等腐蚀较严重地区以外的一般场所。（　　）

15. $1.0mm < \phi \leq 1.2mm$ 钢丝Ⅰ级单面平均镀锌层附着量为 $150g/m^2$。（　　）

16. $1.0mm < \phi \leq 1.2mm$ 钢丝Ⅱ级单面平均镀锌层附着量为 $180g/m^2$。（　　）

17. 钢管、钢板、钢带、紧固件、连接件的涂塑层厚度均为 0.38mm。（　　）

18. 单涂层构件宜采用热塑性涂塑层。（　　）

19. 钢丝涂塑层厚度为 0.25～0.38mm，钢丝直径越大，其涂塑层越薄。（　　）

20. 涂塑层经耐盐雾腐蚀性能试验后不应出现腐蚀现象。（　　）

21. 涂塑层经过耐冲击性能试验后，除冲击部位外，应无明显裂纹、皱纹及涂塑层脱落现象。（　　）

22. 双涂层构件第一层（内层）为金属镀层，第二层（外层）的非金属涂层可为聚乙烯、聚氯乙烯等热塑性粉末涂层或聚酯等热固性粉末涂层。（　　）

23. 双涂层时，钢管、钢板、钢带加工成型后热浸镀锌平均单面锌层质量为 $390g/m^2$。（　　）

24. 双涂层时，使用连续热镀锌钢板平均双面锌层质量为 $150g/m^2$。（　　）

25. 双涂层时，$\phi \leq 2.0mm$ 钢丝热浸镀锌平均单面锌层质量为 $30g/m^2$。（　　）

26. 双涂层时，$\phi \leq 2.0mm$ 钢丝涂塑层（外层，聚酯）厚度大于 0.076mm（　　）

27. 双涂层时，$3.0mm < \phi \leq 4.0mm$ 钢丝涂塑层（外层，聚酯）厚度大于 0.076mm。（　　）

28. 依据结构材料不同，公路复合隔离栅立柱分为 3 类：TP 型、KP 型和 BP 型。（　　）

29. 公路复合隔离栅立柱长度的允许偏差为 ±10mm。（　　）

30. 公路复合隔离栅立柱弦高的允许偏差为 ±1mm。（　　）

31. 公路复合隔离栅立柱的弯曲度不大于 5mm/m。（　　）

32. 焊接网依据包装方式的不同，可分为片网和卷网。（　　）

33. 依据网孔是否变化，可分为等孔网和变孔网。（　　）

34. Ww-3.5-195 型焊接网的网孔尺寸为 195mm×195mm，其钢丝直径为 3.5mm。（　）

35. Ww-5.0-150 型焊接网的网孔尺寸为 150mm×75mm，其钢丝直径为 5.0mm。（　）

36. 焊接网中的钢丝直径为防腐处理前裸钢丝的直径。（　）

37. 焊接网的网面长度为 1.9～3.0m，网面宽度为 1.5～2.5m。（　）

38. 变孔网中 ϕ2.5mm 钢丝对应的网孔纵向长度为 75mm 和 100mm。（　）

39. 变孔网中网孔横向宽度均为 150mm。（　）

40. 变孔网中 ϕ2.7mm 钢丝对应的网孔纵向长度为 150mm 和 200mm。（　）

41. 对于片网，焊点脱落数应小于焊点总数的 5%。（　）

42. 对于卷网，任一 15m^2 面积网上焊点脱落数应小于其上焊点总数的 4%。（　）

43. 卷网用纵丝应用高强度钢丝，其强度应不低于 650～850MPa。（　）

44. 刺钢丝分为普通型和加强型。（　）

45. 刺钢丝网的主要参数为捻数、刺距、刺长和钢丝直径。（　）

46.《隔离栅》(GB/T 26941—2011)系列标准包括焊接网、钢板网等 6 个部分。（　）

47. 隔离栅由网片、立柱、斜撑、门柱、连接件等组成。（　）

三、多项选择题

1. 隔离设施按用途不同可分为(　　)。

A. 隔离栅　B. 桥梁护网　C. 服务区护网　D. 便道护网

2. 隔离设施按构造形式可分为(　　)。

A. 隔离栅　B. 横常青绿篱　C. 隔离墙　D. 刺钢丝网

3. 隔离栅立柱(含斜撑和门柱)产品可分为(　　)。

A. 直焊缝焊接钢管立柱　B. 冷弯等边槽钢和冷弯内卷边槽钢立柱

C. 方管和矩形管立柱　D. 燕尾立柱和混凝土立柱

4. 依据防腐处理形式的不同，隔离栅产品可分为(　　)。

A. 热浸镀锌隔离栅　B. 锌铝合金涂层隔离栅

C. 浸塑隔离栅　D. 双涂层隔离栅

5. 桥梁护网按网片形式可分为(　　)。

A. 钢板网桥梁护网　B. 编织网桥梁护网

C. 焊接网桥梁护网　D. 实体板桥梁护网

6. 可不设置隔离栅的场所有(　　)。

A. 高速公路、需要控制出入的一级公路的路侧有池塘、湖泊等天然屏障的路段

B. 高速公路、需要控制出入的一级公路的路侧有高度大于 1.5m 的挡土墙或砌石等陡坎的路段

C. 桥梁、隧道等构造物，除桥头、洞口需与路基隔离栅连接以外的路段

D. 尺寸较小、流量不大的涵洞

7. 在实际应用中，隔离栅选型需综合考虑的因素有(　　)。

A. 不利于人为攀越　　B. 结构整体的配合要求

C. 网面的强度(绷紧程度)　　D. 造价及施工难易程度

8. 隔离栅上下两道刺钢丝的间距(　　)。

A. 不宜大于 200mm　　B. 不宜大于 250mm

C. 一般以 150～200mm 为宜　　D. 一般以 200～250mm 为宜

9. 隔离栅活动门的规格大小为(　　)。

A. 单开门设计门宽不应大于 1.2m　　B. 单开门设计门宽不应大于 1.5m

C. 双开门总宽不应超过 2.8m　　D. 双开门总宽不应超过 3.2m

10. 隔离栅产品的主要质量评定标准为(　　)。

A.《隔离栅　第 1 部分:通则》(GB/T 26941.1—2011)、《隔离栅　第 2 部分:立柱、斜撑和门》(GB/T 26941.2—2011)

B.《隔离栅　第 3 部分:焊接网》(GB/T 26941.3—2011)、《隔离栅　第 4 部分:刺钢丝网》(GB/T 26941.4—2011)

C.《隔离栅　第 5 部分:编织网》(GB/T 26941.5—2011)、《隔离栅　第 6 部分:钢板网》(GB/T 26941.6—2011)

D.《公路用复合隔离栅立柱》(JT/T 848—2013)

11. 隔离栅产品组成部件有(　　)。

A. 网片　　B. 立柱、斜撑　　C. 门柱　　D. 连接件

12. 依据隔离栅网片成型工艺的不同,隔离栅网片产品可分为(　　)。

A. 焊接网型　　B. 刺钢丝网型　　C. 编织网型　　D. 钢板网型

13. 对隔离栅网片和螺栓、螺母的一般要求为(　　)。

A. 整张网面平整,无断丝,网孔无明显歪斜

B. 钢丝防腐处理前表面不应有裂纹、斑痕、折叠、竹节,钢丝表面不应有锈蚀

C. 螺栓、螺母和带螺纹构件在热浸镀锌后,应清理螺纹或做离心分离

D. 采用热渗锌代替热浸镀锌防腐处理时,其防腐层质量参照热浸镀锌

14. 对隔离栅立柱的一般要求为(　　)。

A. 钢管防腐处理前不应有裂缝、结疤、折叠、分层和搭焊等缺陷存在

B. 使用连续热镀锌钢板和钢带成型的立柱,应在焊缝处进行补锌或整体表面电泳等防腐处理

C. 型钢防腐处理前表面不应有气泡、裂纹、结疤、折叠、夹杂和端面分层

D. 混凝土立柱表面应密实、平整,无裂缝和翘曲,如有蜂窝、麻面,其面积之和不应超过同侧面积的 10%

15. 所有钢构件均应进行防腐处理,应采用(　　)。

A. 热浸镀锌　　B. 锌铝合金涂层　　C. 浸塑　　D. 双涂层

16. 隔离栅钢丝镀锌分两个级别,如 $1.0\text{mm} < \phi \leq 1.2\text{mm}$ 钢丝单面平均镀锌层附着量为(　　)。

A. Ⅰ级:75g/m^2　　B. Ⅰ级:95g/m^2

C. Ⅱ级:180g/m^2　　D. Ⅱ级:225g/m^2

17. 隔离栅钢丝镀锌分两个级别，如 2.0mm < ϕ ≤ 2.2mm 钢丝单面平均镀锌层附着量为(　　)。

A. Ⅰ级：110g/m^2　　B. Ⅰ级：180g/m^2

C. Ⅱ级：230g/m^2　　D. Ⅱ级：280g/m^2

18. 镀锌层性能评价项目主要有(　　)。

A. 外观质量　　B. 镀锌层均匀性

C. 镀锌层附着性能　　D. 镀锌层耐盐雾腐蚀性能

19. 隔离栅不同部件的涂塑层厚度为(　　)。

A. ϕ ≤ 1.8mm 钢丝：0.30mm

B. 1.8mm < ϕ ≤ 4.0mm 钢丝：0.30mm

C. 4.0mm < ϕ ≤ 5.0mm 钢丝：0.38mm

D. 钢管、钢板、钢带、紧固件、连接件：0.38mm

20. 涂塑层性能评价项目有(　　)。

A. 外观质量、均匀性

B. 附着性能、抗弯曲性能、耐冲击性能

C. 耐盐雾腐蚀性能、耐湿热性能

D. 耐化学药品性能、耐候性能、耐低温脆化性

21. 双涂层构件第一层(内层)为金属镀层，第二层(外层)的非金属涂层可为(　　)。

A. 聚乙烯　　B. 聚氯乙烯　　C. 聚酯树脂　　D. 环氧树脂

22. 双涂层时，钢管、钢板、钢带加工成型后热浸镀锌，其内外层相应规定为(　　)。

A. 平均锌层质量(单面)270g/m^2　　B. 聚乙烯层 > 0.25mm

C. 聚氨酯层 > 0.066mm　　D. 聚酯层 > 0.076mm

23. 双涂层时，使用连续热镀锌钢板和钢带成型热浸镀锌，其内外层相应规定为(　　)。

A. 平均锌层质量(双面)150g/m^2　　B. 聚乙烯层 > 0.25mm

C. 聚氨酯层 > 0.066mm　　D. 聚酯层 > 0.076mm

24. 双涂层时，紧固件、连接件热浸镀锌，其内外层相应规定为(　　)。

A. 平均锌层质量(单面)120g/m^2　　B. 聚乙烯层 > 0.25mm

C. 聚氨酯层 > 0.066mm　　D. 聚酯层 > 0.076mm

25. 双涂层时，3.0mm < ϕ ≤ 4.0mm 钢丝热浸镀锌，其内外层相应规定为(　　)。

A. 平均锌层质量(单面)60g/m^2　　B. 聚乙烯层 > 0.15mm

C. 聚氨酯层 > 0.066mm　　D. 聚酯层 > 0.076mm

26. 双涂层时，ϕ ≤ 2.0mm 钢丝热浸镀锌，其内外层相应规定为(　　)。

A. 平均锌层质量(单面)45g/m^2　　B. 聚乙烯层 > 0.15mm

C. 聚氨酯层 > 0.066mm　　D. 聚酯层 > 0.076mm

27. 双涂层时，4.0mm < ϕ ≤ 5.0mm 钢丝热浸镀锌，其内外层相应规定为(　　)。

A. 平均锌层质量(单面)70g/m^2　　B. 聚乙烯层 > 0.15mm

C. 聚氨酯层 > 0.066mm　　D. 聚酯层 > 0.076mm

28. 双涂层构件试验性能项目有(　　)。

A. 外观质量、镀层均匀性、涂塑层均匀性
B. 镀层附着性能、涂塑层附着性能、涂塑层抗弯曲性能
C. 涂塑层耐冲击性能、涂塑层耐盐雾腐蚀性能、涂塑层耐湿热性能
D. 涂塑层耐化学药品性能、涂塑层耐候性能、涂塑层耐低温脆化性能

29. 双涂层构件试验性能比涂塑层构件试验性能多出的项目为（ ）。
A. 镀层均匀性　　B. 镀层附着性能
C. 涂塑层抗弯曲性能　　D. 涂塑层耐湿热性能

30. 双涂层构件镀层附着性能的技术要求为（ ）。
A. 镀锌构件的锌层应与基底金属结合牢固
B. 经锤击试验后，镀锌层不剥离、不凸起，不应开裂起层到用裸手指能够擦掉的程度
C. 经缠绕试验后，镀锌层不剥离、不凸起，不应开裂起层到用裸手指能够擦掉的程度
D. 经剥离试验后，镀锌层不剥离、不凸起，不应开裂起层到用裸手指能够擦掉的程度

31. 双涂层构件涂塑层附着性能要求为（ ）。
A. 热塑性粉末涂层不低于 2 级　　B. 热塑性粉末涂层不低于 3 级
C. 热固性粉末涂层不低于 0 级　　D. 热固性粉末涂层不低于 1 级

32. 双涂层构件涂塑层耐湿热性能要求划痕部位任何一侧 0.5mm 外（ ）。
A. 涂塑层应无气泡现象　　B. 涂塑层应无剥离现象
C. 涂塑层应生锈等现象　　D. 涂塑层应无电离现象

33. 依据结构材料的不同，公路用复合隔离栅立柱产品分为（ ）。
A. 无外皮包裹的纤维增强水泥复合隔离栅立柱
B. 中空玻璃钢复合隔离栅立柱
C. 玻璃钢填充无机材料复合隔离栅立柱
D. 中空碳纤维复合隔离栅立柱

34. 根据《隔离栅　第 1 部分：通则》（GB/T 26941.1—2011）规定，做镀锌（锌铝合金）层附着量试验（重量法）时，用于清洗试样表面油污所用的有机溶剂有（ ）。
A. 四氯化碳　　B. 苯　　C. 乙醇　　D. 三氯化烯

四、综合题

1. 试回答隔离设施试验条件的相关问题。
（1）除特殊规定外，隔离栅应在如下条件进行试验（ ）。
A. 试验环境温度：23℃ ±5℃　　B. 试验环境温度：25℃ ±5℃
C. 试验环境相对湿度：50% ±10%　　D. 试验环境相对湿度：70% ±10%
（2）试验用固体试剂为（ ）。
A. 六次甲基四胺（化学纯）　　B. 氢氧化钠（化学纯）
C. 硫酸铜（化学纯）　　D. 氯化钠（化学纯）
（3）试验用液体试剂为（ ）。
A. 盐酸（化学纯）　　B. 硫酸（化学纯）
C. 硝酸（化学纯）　　D. 磷酸（化学纯）

(4)外形测试及力学试验主要仪器和设备为(　　)。

A. 万能材料试验机(等级不低于1级)、试验平台(等级不低于1级)

B. 钢构件镀锌层附着性能测定仪(应符合JT/T 684—2007的相关规定)

C. 磁性测厚仪(分辨率不低于1μm)

D. 钢卷尺(等级不低于2级)、其他长度及角度计量器具(等级不低于1级)

(5)自然环境模拟试验主要仪器和设备为(　　)。

A. 高低温湿热试验箱　　B. 人工加速氙弧灯老化试验箱

C. 盐雾试验箱　　D. 臭氧发生器

2. 试回答公路用复合隔离栅立柱物理化学性能试验的问题。

(1)复合隔离栅立柱物理化学性能试验为(　　)。

A. 抗折性能、耐低温坠落性能试验　　B. 抗冻融性能、耐水性能试验

C. 耐化学溶剂性能、耐湿热性能试验　　D. 耐候性能试验

(2)KP、BP、TP型立柱三者均要做的物理化学性能试验为(　　)。

A. 抗折性能试验　B. 耐水性能试验　C. 耐湿热性能试验　D. 耐候性能试验

(3)KP型立柱不要做的物理化学性能试验为(　　)。

A. 抗冻融性能试验　B. 耐水性能试验　C. 耐湿热性能试验　D. 耐候性能试验

(4)TP型立柱不要做的物理化学性能试验为(　　)。

A. 耐水性能试验　　B. 耐化学溶剂性能试验

C. 耐湿热性能试验　　D. 耐候性能试验

(5)耐低温坠落性能后还需做抗折试验的立柱为(　　)。

A. TP型立柱　B. KP型立柱　C. BP型立柱　D. RP型立柱

3. 试回答公路用复合隔离栅立柱所特有物理化学性能试验的相关问题。

(1)耐低温坠落性能试验要点为(　　)。

A. 长度为1800mm的试样放入低温(-20℃±3℃)试验箱中,恒温调节2h

B. 当样品长度不足1800mm时,样品长度截取1200mm,恒温调节2h

C. 样品长度方向垂直于地面2m高度处自由坠落至硬质地面,观察外表面

D. 将坠落后的试样无损伤截成600mm长进行抗折荷载试验,抗折荷载值大于9500N

(2)抗冻融性能试验要点为(　　)。

A. 取三节600mm长的试样,放入-45℃环境箱中冷冻2h

B. 然后取出放入20℃±2℃水中浸泡2h

C. 以上过程循环25次

D. 观察外表面并进行抗折荷载试验

(3)耐化学溶剂性能分为耐汽油、耐酸、耐碱性能。耐汽油性能试验要点为(　　)。

A. 试验溶剂为90号汽油　　B. 常温10~35℃浸泡360h

C. 或加温至80℃±2℃浸泡72h　　D. 观察试样的外观质量

(4)耐酸性能试验要点为(　　)。

A. 试验溶剂为30%的硫酸溶液　　B. 常温10~35℃浸泡360h

C. 或加温至80℃±2℃浸泡72h　　D. 观察试样的外观质量

(5)耐酸性能试验要点为(　　)。

A. 试验溶剂为 10% 的氢氧化钠溶液　　B. 常温 10～35℃浸泡 168h

C. 或加温至 80℃ ±2℃浸泡 24h　　D. 观察试样的外观质量

4. 试回答型式检验的相关问题。

(1)产品经哪种检验合格后才能批量生产(　　)。

A. 型式检验　　B. 出厂检验　　C. 督查检验　　D. 工地检验

(2)型式检验样品抽取地点为(　　)。

A. 生产线中某点　　B. 生产线终端

C. 生产单位的成品库　　D. 工地仓库

(3)常规型式检验的周期为(　　)。

A. 半年　　B. 一年　　C. 两年　　D. 三年

(4)其他应进行型式检验的情况有(　　)。

A. 新设计试制的产品

B. 正式生产过程中,如原材料、工艺有较大改变

C. 国家质量监督机构提出型式检验时

D. 出厂检验结果与上次型式检验有较大差异时

(5)型式检验判定规则是(　　)。

A. 型式检验如有任何一项指标不符合标准要求,需在同批产品中重新抽取单倍试样进行复验

B. 型式检验如有任何一项指标不符合标准要求,需在同批产品中重新抽取双倍试样进行复验

C. 型式检验如有任何一项指标不符合标准要求,需在同批产品中重新抽取三倍试样进行复验

D. 复验结果仍然不合格时,判定该型式检验为不合格,反之判定为合格

5. 试回答 4 种网型的结构尺寸的相关问题。

(1)焊接网分片网(P)和卷网(J),片网的结构尺寸为(　　)。

A. 网面高度　　B. 网面长度

C. 网孔纵向长度　　D. 网孔横向宽度

(2)焊接网卷网(变孔网)的结构尺寸为(　　)。

A. 纵丝及中间横丝直径　　B. 边缘横丝直径

C. 网孔纵向长度　　D. 网孔横向宽度、对应纵向网孔数量

(3)刺钢丝网的结构尺寸为(　　)。

A. 钢丝直径、刺距　　B. 刺长、捻数

C. 刺线缠绕股线圈数、每结刺数　　D. 捆重、每捆接头数

(4)编织网的结构尺寸为(　　)。

A. 钢丝直径、网面长度　　B. 网面宽度

C. 网孔纵向对角线长度　　D. 网孔横向对角线宽度

(5)钢板网的结构尺寸为(　　)。

A. 网面宽度、网面长度　　B. 短节距、长节距

C. 丝梗宽度　　D. 钢板厚度

6. 试回答隔离栅工程质量检验评定标准的相关问题。

(1)隔离栅工程质量检验评定的基本要求为(　　)。

A. 隔离栅产品应符合现行《隔离栅》(JT/T 374)的规定,绿篱隔离栅和防落物网应满足设计要求

B. 立柱混凝土基础满足设计要求;防落物网网孔应均匀,结构牢固,围封严实

C. 各构件的安装应满足设计要求并符合施工技术规范的规定

D. 隔离栅起终点端头围封应满足设计要求

(2)隔离栅工程质量检验评定的实测项目为高度、立柱中距和(　　)。

A. 刺钢丝的中心垂度　　B. 混凝土强度

C. 立柱竖直度　　D. 立柱埋深

(3)隔离栅工程质量检验评定的非关键实测项目为(　　)。

A. 镀(涂)层厚度　　B. 网面平整度

C. 立柱埋深　　D. 混凝土强度

(4)隔离栅工程质量检验评定的实测项目所用仪器为(　　)。

A. 钢卷尺　　B. 直尺、垂线

C. 测厚仪　　D. 200t 材料试验机

(5)《公路工程质量检验评定标准　第一册　土建工程》(JTG F80/1—2017)中去掉的隔离栅工程,其质量检验评定的关键项目为(　　)。

A. 镀(涂)层厚度　　B. 网面平整度

C. 立柱埋深　　D. 混凝土强度

7. 隔离设施包括隔离栅和防落网,请根据有关知识和标准回答以下问题。

(1)高速公路两侧可以不设置隔离栅的路段包括(　　)。

A. 路侧有水面宽度超过 6m 且深度超过 1.5m 的水渠、池塘、湖泊等天然屏障的路段

B. 高度大于 1.5m 的路肩挡土墙或砌石等陡坎填方路段

C. 挖方路基边坡垂直高度超过 20m 且坡度 >70°的路段

D. 桥梁、隧道等构造物,除桥头、洞口需与路基隔离栅连接以外的路段

(2)防落网包括防落物网和防落石网,防落物网应进行防雷接地处理,防雷接地电阻应小于(　　)。

A. 1Ω　　B. 2Ω　　C. 10Ω　　D. 2MΩ

(3)为保证隔离栅功能得到有效发挥,隔离栅网孔规格选取应考虑的因素包括(　　)。

A. 不利于行人和动物攀爬或进入高速公路

B. 结构整体和网面的强度

C. 与公路沿线景观的协调性

D. 性能价格比

(4)根据《隔离栅　第 1 部分:通则》(GB/T 26941.1—2011)规定,隔离栅锌镀层附着量检验所需试剂包括(　　)。

A. 六次甲基四胺(化学纯)　　B. 三氯化锑(化学纯)

C. 硫酸铜(化学纯)　　D. 盐酸(化学纯)

(5)《公路工程质量检验评定标准　第一册　土建工程》(JTG F80/1—2017)规定,防落物网的工程质量检验评定实测项目包括(　　)。

A. 高度　　B. 立柱中距

C. 立柱竖直度　　D. 立柱埋置深度

习题参考答案及解析

一、单项选择题

1. A	2. C	3. A	4. B	5. B
6. A	7. B	8. C	9. A	10. B
11. A	12. B	13. C	14. B	15. A
16. C	17. B	18. A	19. A	20. C
21. C	22. A	23. C	24. A	25. C
26. D	27. B	28. C	29. D	30. D
31. C	32. C	33. C	34. C	35. C
36. D	37. B	38. A	39. A	40. B
41. D	42. C	43. C	44. C	45. C

46. C

47. B

48. D

49. C

50. C

【解析】《公路交通安全设施设计规范》(JTG D81—2017)9.1.2。

51. C

【解析】《公路交通安全设施设计规范》(JTG D81—2017)9.2.1。

52. B

【解析】《隔离栅　第1部分:通则》(GB/T 26941.1—2011)5.3。

53. D

【解析】地形起伏较大区域采用卷网,可较方便与隔离柱连接并施工。

54. B

【解析】《公路交通安全设施设计细则》(JTG/T D81—2017)9.2.3。

二、判断题

1. √

2. √

3. ×

【解析】应为1.5～1.8m。

4. √

5. √

6. √

7. √

8. ×

【解析】应为150mm×150mm。

9. √

10. ×

【解析】应为10Ω。

11. √

12. √

13. √

14. ×

【解析】Ⅱ级适用于重工业、都市或沿海等腐蚀较严重地区。

15. ×

【解析】应为75g/m^2。

16. √

17. √

18. √

19. ×

【解析】钢丝直径越大，其涂塑层越厚。

20. √

21. √

22. √

23. ×

【解析】应为270g/m^2。

24. √

25. √

26. √　27. √　28. √　29. √　30. √

31. ×

【解析】应为2mm/m。

32. √

33. √

34. ×

【解析】网孔尺寸为195mm×65mm。

35. √

36. √	37. √	38. √	39. √	40. √

41. ×

【解析】应为 4%。

42. √

43. √

44. √

45. √

46. √

【解析】《隔离栅》(GB/T 26941.1 ~26941.6—2011)。

47. √

【解析】《隔离栅》(GB/T 26941.1—2011)3.1。

三、多项选择题

1. AB

2. ABD

【解析】刺钢丝网已含在隔离栅内。

3. ABCD

4. ABCD

5. ABCD

6. ABC	7. ABC	8. BC	9. BD	10. ABCD
11. ABCD	12. ABCD	13. ABD	14. ABCD	15. ABCD
16. AC	17. AC	18. ABCD	19. BCD	20. ABCD
21. ABCD	22. ABD	23. ABD	24. ABD	25. ABD
26. ABD	27. ABD	28. ABCD	29. AB	30. ABC

31. AC

32. ABC

33. ABC

34. ABCD

【解析】《隔离栅 第 1 部分:通则》(GB/T 26941.1—2011)附录 C.1.5。

四、综合题

1.(1)AC	(2)ABCD	(3)AB	(4)ABCD	(5)ABC
2.(1)ABCD	(2)A	(3)A	(4)ABCD	(5)A
3.(1)ABCD	(2)ABCD	(3)ABD	(4)ABCD	(5)ABCD
4.(1)A	(2)BC	(3)C	(4)ABCD	(5)ABD
5.(1)ABCD	(2)ABCD	(3)ABCD	(4)ABCD	(5)ABCD

6.(1)BCD　(2)ACD　(3)ABC　(4)AB　(5)ABCD

【解析】(1)选项A中为现行《隔离栅》(GB/T 26941);《公路工程质量检验评定标准　第一册　土建工程》(JTG F80/1—2017)11.10.1。

(2)《公路工程质量检验评定标准　第一册　土建工程》(JTG F80/1—2017)11.10.2。

(3)混凝土强度不属于实测项目。《公路工程质量检验评定标准　第一册　土建工程》(JTG F80/1—2017)11.10.2。

(4)《公路工程质量检验评定标准　第一册　土建工程》(JTG F80/1—2017)11.10.2。

(5)《公路工程质量检验评定标准　第一册　土建工程》(JTG F80/1—2017)。

7.(1)ABCD　(2)C　(3)ABCD　(4)AD　(5)ABCD

【解析】(1)《公路交通安全设施设计规范》(JTG D81—2017)8.2.1。

(2)《公路交通安全设施设计规范》(JTG D81—2017)9.2.1。

(3)《公路交通安全设施设计细则》(JTG/T D81—2017)8.4.2。

(4)《隔离栅　第1部分:通则》(GB/T 26941.1—2011)C.2。

(5)《公路工程质量检验评定标准　第一册　土建工程》(JTG F80/1—2017)11.10.2。

第九章

防 眩 设 施

复习提示

本章引用的标准有《防眩板》(GB/T 24718—2009)。

习　题

一、单项选择题

1. 玻璃钢防眩板的厚度 t 为(　　)。

A. 1.5 ~ 3.0mm　　B. 2.0 ~ 3.5mm　　C. 2.5 ~ 4.0mm　　D. 3.0 ~ 4.5mm

2. 防眩板的固定螺孔直径 ϕ 为(　　)。

A. 5 ~ 7mm　　B. 6 ~ 8mm　　C. 7 ~ 9mm　　D. 8 ~ 10mm

3. 防眩板通用理化性能之一的抗风荷载 F 取值为(　　)。

A. 1547.5N/m^2　　B. 1647.5N/m^2　　C. 1747.5N/m^2　　D. 1847.5N/m^2

4. 防眩板通用理化性能之一的抗变形量 R 取值为(　　)。

A. ≤3mm/m　　B. ≤5mm/m　　C. ≤8mm/m　　D. ≤10mm/m

5. 防眩板通用理化性能之一的抗冲击性能要求冲击试验后,以冲击点为圆心,半径(　　)区域外,试样板体无开裂、剥离等破坏现象。

A. 6mm　　B. 8mm　　C. 10mm　　D. 12mm

6. 玻璃钢防眩板密度的技术要求为(　　)。

A. ≥1.0g/cm^3　　B. ≥1.3g/cm^3　　C. ≥1.5g/cm^3　　D. ≥1.9g/cm^3

7. 玻璃钢防眩板巴柯尔硬度的技术要求为(　　)。

A. ≥20　　B. ≥30　　C. ≥40　　D. ≥50

8. 玻璃钢防眩板氧指数(阻燃性能)的技术要求为(　　)。

A. ≥20%　　B. ≥23%　　C. ≥26%　　D. ≥29%

9. 钢质金属基材防眩板热塑性涂层单涂层厚度为(　　)。

A. 0.18 ~ 0.60mm　　B. 0.28 ~ 0.70mm
C. 0.38 ~ 0.80mm　　D. 0.48 ~ 0.90mm

10. 钢质金属基材防眩板热塑性涂层双涂层厚度为(　　)。
A. 0.15 ~ 0.50mm　　B. 0.25 ~ 0.60mm
C. 0.35 ~ 0.70mm　　D. 0.45 ~ 0.80mm

11. 钢质金属基材防眩板热固性涂层单涂层厚度为(　　)。
A. 0.056 ~ 0.130mm　　B. 0.066 ~ 0.140mm
C. 0.076 ~ 0.150mm　　D. 0.086 ~ 0.160mm

12. 钢质金属基材防眩板热固性涂层双涂层厚度为(　　)。
A. 0.056 ~ 0.100mm　　B. 0.066 ~ 0.110mm
C. 0.076 ~ 0.120mm　　D. 0.086 ~ 0.130mm

13. 钢质金属基材防眩板双涂层基板镀锌层附着量为(　　)。
A. ≥210g/m²　　B. ≥230g/m²　　C. ≥250g/m²　　D. ≥270g/m²

14. 塑料防眩板及玻璃钢防眩板耐溶剂性能试样面积应不小于(　　)。
A. 50cm²　　B. 100cm²　　C. 150cm²　　D. 200cm²

15. 直线路段遮光角 $\beta = \tan^{-1}(b/L)$，式中 b 为(　　)。
A. 防眩板宽度　　B. 防眩板间距
C. 防眩板高度　　D. 防眩板厚度

16. 直线路段遮光角 $\beta = \tan^{-1}(b/L)$，式中 L 为(　　)。
A. 防眩板宽度　　B. 防眩板间距
C. 防眩板高度　　D. 防眩板厚度

17. 平曲线路段遮光角 $\beta_0 = \cos^{-1}\{[(R - B_3)/R]\cos\beta\}$，式中 B_3 为(　　)。
A. 平曲线半径　　B. 直线路段遮光角
C. 防眩板间距　　D. 驾驶员与防眩板横向距离

18. 防眩板纵向直线度不大于(　　)。
A. 1mm/m　　B. 1.5mm/m　　C. 2mm/m　　D. 2.5mm/m

19. 下面哪个参数不是防眩板通用理化性能测试项目(　　)。
A. 抗风荷载　　B. 抗剪性能　　C. 抗变形量　　D. 抗冲击性能

二、判断题

1. 钢质金属防眩板板体厚度的允许偏差为 ±0.3mm。(　　)
2. 防眩板纵向直线度不大于 2mm/m。(　　)
3. 防眩板通用理化性能有抗风荷载、抗变形量和抗冲击性能。(　　)
4. 玻璃钢防眩板的密度要求 ≥1.5g/cm³。(　　)
5. 玻璃钢防眩板的氧指数(阻燃性能)要求 ≥26%。(　　)
6. 防眩板热塑性粉末涂料涂层附着性能一般不低于 2 级。(　　)
7. 防眩板热固性粉末涂料涂层附着性能一般不低于 0 级。(　　)
8. 防眩板热固性涂料单涂涂层厚度为 0.076 ~ 0.150mm。(　　)

9. 防眩板双涂层基板镀锌层附着量≥270g/m^2。（　　）

10. 塑料防眩板生产工艺流程为：原材料采购→原材料检验→粒料配比→成型→修边→成品检验→包装入库。（　　）

11. 玻璃钢防眩板生产工艺流程为：原材料准备及检验→压制→脱模定型→磨边打孔→成品检验→包装入库。（　　）

12. 大型车前照灯高度1.0m，驾驶员视线高度为2.0m。（　　）

13. 大型车前照灯高度0.8m，驾驶员视线高度为1.3m。（　　）

14. 防眩板抗风荷载 F 应不小于抗风荷载常数 C 与防眩板有效承风面积 S 的乘积，C 取值为1847.5N/m^2。（　　）

15. 防眩板的抗变形量 $R<10$mm/m。（　　）

16. 防眩板抗冲击性能试验时，试样平整放置于硬质地面或试验台上，用质量为2kg的钢球从距板面高度1m处自由下落，每件试样冲击点应选择上、中、下3个部位进行冲击试验。（　　）

三、多项选择题

1. 防眩板主要结构尺寸有(　　)。
   A. 高度 H　　B. 宽度 W　　C. 厚度 t　　D. 固定螺孔直径 ϕ

2. 防眩板结构尺寸的公差应符合下列规定(　　)。
   A. 高度 H 的允许偏差为(+0.5mm,0mm)
   B. 宽度 W 的允许偏差为 ±2mm
   C. 厚度 t 的允许偏差为 ±0.3mm
   D. 固定螺孔直径 ϕ 的允许偏差为(+0.5mm,0mm)

3. 防眩板理化性能分为(　　)。
   A. 防眩板通用理化性能　　B. 玻璃钢防眩板理化性能
   C. 塑料防眩板理化性能　　D. 钢质金属基材防眩板理化性能

4. 塑料防眩板耐溶剂性能溶剂为(　　)。
   A. 30%的 H_2S0_4 溶液　　B. 10%的 NaOH 溶液
   C. 90号汽油　　D. 30% $Ca(OH)_2$ 溶液

5. 玻璃钢防眩板的生产工艺要点为(　　)。
   A. 模压料装入模具
   B. 在某一温度和压力下模压料塑化、流动并充满模腔
   C. 模压料发生交联固化反应
   D. 形成三维体型结构而得到预期的制品

6. 防眩板的施工工序是(　　)。
   A. 放样　　B. 支架及防眩板安装
   C. 防眩板线形调整　　D. 防眩板高度和遮光角调整

7. 防眩板的施工要点为(　　)。
   A. 安装过程中所有钢构件应做防腐处理

B. 应满足 GB/T 18226—2000 的规定

C. 防眩板可装在护栏上,也可单独设置

D. 安装的高度和遮光角必须满足标准要求

8. 防眩板放样施工中的质量控制为(　　)。

A. 支架放样应先确定控制点　　B. 确定控制点间距

C. 放样应符合设计要求　　D. 确定预留预埋点并施工

9. 防眩板支架及防眩板安装施工中的质量控制为(　　)。

A. 支架安装间距符合施工图设计

B. 支架安装高度保持一致,线形平顺

C. 防眩板安装高度要符合设计要求

D. 防眩板安装间距要符合设计要求

10. 防眩板抗冲击性能试验要点为(　　)。

A. 试样放置在标准环境条件下调节 24h 后进行试验

B. 试样应平整放置于硬质地面或试验台上

C. 用质量为 1kg 钢球从距板面高度 1m 处自由下落冲击试样

D. 每件试样冲击点应选择上、中、下 3 个部位进行冲击试验,观测试验结果

11. 塑料防眩板耐溶剂性能条件为(　　)。

A. 按照现行 GB/T 11547 的方法进行　　B. 浸泡温度为 23℃ ±2℃

C. 浸泡时间为 168h　　D. 空气湿度为 80% ±5%

12. 塑料防眩板常规耐溶剂性能按照《塑料　耐液体化学试剂性能的测定》(GB/T 11547—2008)的方法进行,浸泡温度为 23℃ ±2℃,浸泡时间为 168h。试验试剂选用以下类型(　　)。

A. 20% 的 H_2SO_4 溶液　　B. 10% 的 NaOH 溶液

C. 20% 的 $Ca(OH)_2$ 溶液　　D. 90 号汽油

13. 防眩板耐低温坠落性能试验的要点为(　　)。

A. 长度为 500mm 试样放置在低温试验箱中

B. 温度降至 -50℃ ±3℃

C. 恒温调节 2h 后取出试样

D. 板面平行于地面由 1m 高度处自由坠落至硬质地面

四、综合题

1. 试回答防眩板抗风荷载试验的问题。

(1)试验设备为(　　)。

A. 电子拉力机　　B. 标准夹具　　C. 滑轮牵引线　　D. 试验台

(2)抗风荷载常数的取值为(　　)。

A. 1247.5N/m²　　B. 1447.5N/m²　　C. 1647.5N/m²　　D. 1847.5N/m²

(3)防眩板的抗风荷载 F 值(C 为抗风荷载常数,S 为该防眩板有效承风面积)(　　)。

A. $F \geqslant CS$　　B. $F < CS$　　C. $F \geqslant C/S$　　D. $F < S/C$

(4)试验准备工作有(　　)。

A. 防眩板底部固定于试验平台

B. 板中部用标准夹具夹持并以夹具中点为牵引点

C. 通过定滑轮、牵引线与力学试验机牵引系统牢固连接

D. 牵引点应与定滑轮下缘在同一直线上,且牵引方向应垂直于防眩板板面

(5)试验过程为(　　)。

A. 以100mm/min的速度牵引

B. 直至板面破裂或已达最大负荷停止试验

C. 其最大牵引力为试样抗风荷载

D. 共做3组,取3次F值的算术平均值为测试结果

2. 试回答防眩设施工程质量检验评定标准的问题。

(1)防眩设施工程质量检验评定基本要求为(　　)。

A. 防眩板产品应符合现行《公路防眩设施技术条件》(JT/T 333)的规定

B. 其他防眩设施应满足设计要求并符合施工技术规范的规定

C. 防眩设施的几何尺寸及遮光角应满足设计要求

D. 防眩设施应安装牢固

(2)防眩设施工程质量检验评定的实测项目有安装高度、竖直度和(　　)。

A. 镀(涂)层厚度　　B. 防眩板宽度

C. 防眩板设置间距　　D. 防眩网网孔尺寸

(3)防眩设施工程质量检验评定的关键实测项目有(　　)。

A. 安装高度　　B. 镀(涂)层厚度

C. 防眩板宽度　　D. 竖直度

(4)防眩设施工程质量检验评定实测项目的使用仪器为(　　)。

A. 钢卷尺、垂线　　B. 涂层测厚仪

C. 直尺、拉线　　D. 水准仪

(5)关于防眩板垂直度的试验方法,正确的说法有(　　)。

A. 用垂线法　　B. 单位为毫米(mm)

C. 每1km测5处　　D. 每1km测10处

3. 防眩设施是设置在公路中央分隔带上,用于消除汽车前照灯夜间眩光影响的公路交通安全设施。请根据现行规范和产品标准及有关知识回答以下问题。

(1)根据《公路交通安全设施设计规范》(JTG D81—2017),防眩设施连续设置时,应符合(　　)。

A. 应避免在两段防眩设施中间留有短距离不设防眩设施的间隙

B. 各结构段应相互独立,每一结构段的长度不宜大于12m

C. 结构形式、设置高度、设置位置发生变化时应设置为渐变过渡段

D. 渐变过渡段长度以50m为宜

(2)根据《公路交通安全设施设计规范》(JTG D81—2017),防眩设施采用部分遮光原理设计时,直线路段遮光角为(　　)。

A. ≥8°　　B. ≥10°　　C. 8°~15°　　D. 10°~15°

(3)根据《防眩板》(GB/T 24718—2009),防眩板按结构可分为(　　)。

A. 中空型　　B. 实体型　　C. 特殊造型　　D. 网状型

(4)关于防眩板抗冲击性能试验,下列说法错误的是(　　)。

A. 将试样放置在标准环境条件下调节2h后进行试验

B. 试样应平整放置于硬质地面或试验台上

C. 用质量为1040g的钢球从距板面高度1m处自由下落冲击试样

D. 每件试样冲击点应选择中部进行冲击试验,保证在冲击的过程中钢球与试样只接触1次

(5)为适应《防眩板》(GB/T 24718—2009)规定的各种高度不同的防眩板抗风荷载试验,安装防眩板的试验台升降调节量至少应为(　　)mm。

A. 150　　B. 100　　C. 90　　D. 120

习题参考答案及解析

一、单项选择题

1. C　　2. D　　3. B　　4. D　　5. A

6. C　　7. C　　8. C　　9. C　　10. B

11. C　　12. C　　13. D　　14. B　　15. A

16. A

17. D

18. C

【解析】《防眩板》(GB/T 24718—2009)4.1.3。

19. B

【解析】《防眩板》(GB/T 24718—2009)4.2。

二、判断题

1. √　　2. √　　3. √　　4. √　　5. √

6. √　　7. √　　8. √　　9. √　　10. √

11. √

12. √

13. √

14. ×

【解析】取值为1647.5N/m^2。《防眩板》(GB/T 24718—2009)4.2。

15. ×

【解析】$R<10$mm/m。《防眩板》(GB/T 24718—2009)4.2。

16. ×

【解析】质量为 1kg 的钢球。《防眩板》(GB/T 24718—2009)5.5.3.3。

三、多项选择题

1. ABD	2. ABCD	3. ABCD	4. ABC	5. ABCD
6. ABCD	7. ABCD	8. ABC	9. ABCD	10. ABCD

11. ABC

12. BD

【解析】30% 的 H_2SO_4 溶液。《防眩板》(GB/T 24718—2009)5.5.4.1。

13. ACD

【解析】温度降至 −40℃ ±3℃。《防眩板》(GB/T 24718—2009)5.5.6。

四、综合题

1.(1)ABCD　(2)C　(3)A　(4)ABCD　(5)ABCD

【解析】(5)《防眩板》(GB/T 24718—2009)。

2.(1)BCD　(2)CD　(3)A　(4)AC　(5)AC

【解析】(1) 选项 A 中应为现行《防眩板》(GB/T 24718);《公路工程质量检验评定标准　第一册　土建工程》(JTG F80/1—2017)11.9.1。

(2) ~ (5)《公路工程质量检验评定标准　第一册　土建工程》(JTG F80/1—2017)11.9.2、11.9.3。

3.(1)ABCD　(2)A　(3)ABC　(4)ACD　(5)A

【解析】(1)《公路交通安全设施设计规范》(JTG D81—2017)10.2.5。

(2)《公路交通安全设施设计规范》(JTG D81—2017)10.1.1。

(3)《防眩板》(GB/T 24718—2009)3.1。

(4)《防眩板》(GB/T 24718—2009)5.3.3.3。

(5)《防眩板》(GB/T 24718—2009)4.1.3。

第十章

突起路标

复习提示

本章引用的标准有《突起路标》(GB/T 24725—2009)、《太阳能突起路标》(GB/T 19813—2005)。

习题

一、单项选择题

1. 突起路标黄色的亮度因数要求(　　)。

A. ≥0.25　　B. ≥0.35　　C. ≥0.45　　D. ≥0.55

2. 观测角 0.2°、水平入射角 0°时，A1 类白色突起路标的发光强度系数最小值为(　　)。

A. 380mcd · lx^{-1}　　B. 480mcd · lx^{-1}

C. 580mcd · lx^{-1}　　D. 680mcd · lx^{-1}

3. 观测角 0.2°、水平入射角 0°时，A2 类白色突起路标的发光强度系数最小值为(　　)。

A. 279mcd · lx^{-1}　　B. 379mcd · lx^{-1}

C. 479mcd · lx^{-1}　　D. 579mcd · lx^{-1}

4. 突起路标白色逆反射器的颜色系数为(　　)。

A. 0.5　　B. 0.6　　C. 0.8　　D. 1

5. 突起路标黄色逆反射器的颜色系数为(　　)。

A. 0.5　　B. 0.6　　C. 0.8　　D. 1

6. 突起路标红色逆反射器的颜色系数为(　　)。

A. 0.1　　B. 0.2　　C. 0.3　　D. 0.5

7. 太阳能突起路标的太阳电池使用寿命应不小于(　　)。

A. 20000h　　B. 30000h　　C. 40000h　　D. 50000h

8. 太阳能突起路标的储能元件在浮充电状态下的循环使用寿命应不小于(　　)。

A. 500 次充放电　　B. 1000 次充放电
C. 1500 次充放电　　D. 2000 次充放电

9. 观测角 0.2°、水平入射角 0°时，Ⅰ类白色太阳能突起路标的发光强度值为(　　)。
A. 450mcd　B. 480mcd　C. 520mcd　D. 550mcd

10. 观测角 0.2°、水平入射角 0°时，Ⅲ类白色太阳能突起路标的发光强度值为(　　)。
A. ≥450mcd　B. ≥480mcd　C. ≥520mcd　D. ≥550mcd

11. 单粒 LED 在额定电流时的发光强度，不论白色、黄色和红色都应不小于(　　)。
A. 5000mcd　B. 1500mcd　C. 2000mcd　D. 2500mcd

12. 在晴朗的夜间太阳能突起路标夜间视认距离为(　　)。
A. 100m　B. 150m　C. 200m　D. 300m

13. 太阳能突起路标的耐压荷载应不小于(　　)。
A. 50kN　B. 100kN　C. 150kN　D. 200kN

14. 突起路标和太阳能突起路标型式检验的周期均为(　　)。
A. 1 年　B. 1.5 年　C. 2 年　D. 3 年

15. 突起路标和太阳能突起路标抽样方法为当批量不大于 10000 只时，随机抽取(　　)。
A. 26 只　B. 36 只　C. 46 只　D. 56 只

16. 突起路标和太阳能突起路标抽样方法为当批量大于 10000 只时，随机抽取(　　)。
A. 40 只　B. 50 只　C. 60 只　D. 70 只

17. 突起路标和太阳能突起路标抽样批的最大值不超过(　　)。
A. 15000 只　B. 20000 只　C. 25000 只　D. 30000 只

18. 根据《突起路标》(GB/T 24725—2009)，由工程塑料或金属等材料基体和定向透镜逆反射器组成的逆反射突起路标类型为(　　)。
A. A3　B. A2　C. A1　D. B

19. 永久突起路标通常在重车使用环境下使用寿命大于(　　)。
A. 半年　B. 1 年　C. 1 年半　D. 2 年

20. 非逆反射型突起路标的类型为(　　)。
A. A1　B. A2　C. A3　D. B 类

二、判断题

1. 突起路标按颜色分为白、黄、红、绿、蓝等类型。(　　)

2. A1 类突起路标由工程塑料或金属等材料基体和微棱镜逆反射器组成。(　　)

3. A2 类突起路标由工程塑料或金属等材料基体和定向透镜逆反射器组成。(　　)

4. A3 类突起路标由钢化玻璃基体和金属反射膜组成，为一体化全向透镜逆反射突起路标。(　　)

5. B 类突起路标一般不含逆反射器，直接由工程塑料、陶瓷或金属材料基体和色表面组成。(　　)

6. 半强角是指发光强度为最大发光强度光轴方向一半时，观测轴与最大发光强度光轴的夹角。(　　)

7. 浮充电为将充电电路和储能元件的供电电路并联接到负载上，充电电路在向负载供电的同时，仍向储能元件充电，只有当充电电路断开时储能元件才向负载供电的一种充电运行方式。（　　）

8. 太阳能突起路标分为带逆反射器的组合式(Z)和不带逆反射器的单一式(D)。（　　）

9. 单一式太阳能突起路标不测逆反射性能。（　　）

10. 组合式太阳能突起路标在测逆反射性能时应关闭主动发光单元。（　　）

11. 安装在弯道、多雾等特殊路段的突起路标应闪烁发光，以便引起驾驶员的注意。（　　）

12. 太阳能突起路标的匹配性能是指太阳电池和储能元件应匹配良好，太阳电池在标准测试条件下放置 24h，储能元件的额定容量应满足突起路标正常发光 72h 的需要。（　　）

13. 耐高温性能试验时，将充满电的太阳能突起路标在 65℃条件下试验 8h，产品应能正常工作，外观应无任何变形损伤。（　　）

14. 每箱突起路标应该附有一张制造标签、一张合格证标签、一份产品使用说明书。（　　）

15. 根据《突起路标》(GB/T 24725—2009)，永久突起路标在长期应用条件下，在重车使用环境中，使用寿命大于 1 年。（　　）

三、多项选择题

1. 构成太阳能突起路标的元器件有（　　）。
A. 壳体、主动发光元件　　B. 太阳电池
C. 储能元件　　D. 控制器件

2. 太阳能突起路标按照使用环境温度条件分为（　　）。
A. A 型常温型，最低使用温度为 -20℃
B. B 型低温型，最低使用温度为 -40℃
C. C 型超低温型，最低使用温度为 -55℃
D. AA 型常温型，最高使用温度为 70℃

3. 太阳能突起路标按照能见度条件分为（　　）。
A. Ⅰ型，适用于无照明的道路　　B. Ⅱ型，适用于有照明的道路
C. Ⅲ型，适用于多雾天气的道路　　D. Ⅳ型，适用于隧道

4. 太阳能突起路标的外形一般为梯形结构，下底边长规格有（　　）。
A. 100mm ±3mm　　B. 125mm ±2mm
C. 150mm ±1mm　　D. 200mm ±1mm

5. 突起路标基体材料有（　　）。
A. 塑料(P)　　B. 金属(M)　　C. 钢化玻璃(T)　　D. 陶瓷(C)

6. 突起路标地面以上有效高度的规格有（　　）。
A. 15mm　　B. 20mm　　C. 25mm　　D. 30mm

7. 突起路标底边有效尺寸的规格有（　　）。
A. 100mm　　B. 125mm　　C. 150mm　　D. 200mm

8. 安装闪烁发光突起路标时,闪烁频率、安装场合应为(　　)。
A. 普通公路和城市道路弯道、多雾等特殊路段选(70~80)次/min
B. 高速公路弯道、多雾等特殊路段选(200~300)次/min
C. 道路直线段多雾等特殊路段选(30±5)次/min,占空比宜为1.5:1
D. 道路直线段多雾等特殊路段选(60±5)次/min,占空比宜为1.5:1

9. 太阳能突起路标耐机械振动性能试验要点为(　　)。
A. 将试样固定于振动台,在振动频率2~150Hz的范围内进行扫频试验
B. 在2~9Hz时按位移控制,位移为3.5mm
C. 在9~150Hz时按加速度控制,加速度为$10m/s^2$
D. 2Hz→9Hz→150Hz→9Hz→2Hz为一个循环,共经历20个循环

10. 太阳能突起路标耐温度交变循环性能试验要点为(　　)。
A. 将充满电的太阳能突起路标在60℃的环境中,保持4h
B. 立即转至-20℃的环境中保持4h
C. 共进行3个循环
D. 产品及其部件应能正常工作,试验后外观应无任何变形、损伤

11. 太阳能突起路标密封性能试验要点为(　　)。
A. 将试样平放入温度50℃±3℃、深度200mm±10mm的水中浸泡15min
B. 将试样取出立即放入5℃±3℃、深度200mm±10mm的水中再浸泡15min
C. 以上A、B为一个循环,上述试验共进行4次循环
D. 试验结束后立即用4倍放大镜进行检查

12. 太阳能突起路标耐磨损性能试验要点为(　　)。
A. 试验前先测样品的发光强度系数和发光强度,并记录
B. 将一直径为25.4mm±5mm的钢纤维棉砂纸固定在水平操作台上
C. 将逆反射片或发光面放置到钢纤维棉砂纸的正上方,出光面向下
D. 在试件上加荷载22kg±0.2kg后摩擦该试件100次,再测试光色指标

13. 突起路标按逆反射器分为(　　)。
A. 微棱镜　　B. 定向透镜　　C. 全向透镜　　D. 荧光透镜

14. 突起路标位于路面以上的高度为(　　)。
A. 车道分界线型突起路标应不大于10mm
B. 车道分界线型突起路标应不大于20mm
C. 边缘线型突起路标应不大于15mm
D. 边缘线型突起路标应不大于25mm

15. 突起路标面向行车方向的坡度为(　　)。
A. A1类突起路标应不大于45°　　B. A2类突起路标应不大于65°
C. A3类突起路标应不大于75°　　D. B类突起路标应不大于75°

四、综合题

1. 试回答突起路标检验项目的问题。

(1)突起路标型式检验项目为(　　)。

A. 外观质量、结构尺寸、色度性能、逆反射性能

B. 整体抗冲击性能、逆反射器抗冲击性能、抗压荷载、纵向弯曲强度

C. 耐磨损性能、耐温度循环性能、碎裂后状态、金属反射膜附着性能

D. 耐盐雾腐蚀性能、耐候性能、标识和包装

(2)突起路标出厂检验必检项目为(　　)。

A. 外观质量、结构尺寸

B. 逆反射性能、抗压荷载

C. 碎裂后状态

D. 标识和包装

(3)突起路标出厂检验不检项目为(　　)。

A. 色度性能

B. 耐候性能

C. 标识和包装

D. 耐磨损性能

(4)突起路标出厂检验选检项目为(　　)。

A. 色度性能、整体抗冲击性能

B. 逆反射器抗冲击性能、纵向弯曲强度

C. 耐磨损性能、耐温度循环性能

D. 金属反射膜附着性能、耐盐雾腐蚀性能

(5)A3 类突起路标才做的检验项目为(　　)。

A. 碎裂后状态

B. 纵向弯曲强度

C. 耐磨损性能

D. 金属反射膜附着性能

2. 试回答太阳能突起路标检验项目的问题。

(1)太阳能突起路标的所有型式检验项目有(　　)。

A. 一般要求、外观质量、外形尺寸、匹配性能、循环耐久性发光器件的性能、整体发光强度

B. 发光器色度性能、发光强度系数、逆反射器的色度性能、闪烁频率、夜间视认距离、耐溶剂性能

C. 密封性能、耐磨损性能、耐冲击性能、抗压荷载、耐低温性能、耐高温性能

D. 耐湿热性能、耐温度交变循环性能、耐机械振动性能、耐循环盐雾性能、耐候性能

(2)太阳能突起路标的出厂检验必检项目为(　　)。

A. 一般要求、外观质量、外形尺寸

B. 匹配性能、整体发光强度、发光器色度性能

C. 发光强度系数、逆反射器的色度性能、闪烁频率

D. 夜间视认距离、密封性能、耐磨损性能

(3)太阳能突起路标的出厂检验不检项目为(　　)。

A. 循环耐久性

B. 耐高温性能

C. 抗压荷载

D. 耐候性能

(4)太阳能突起路标的出厂检验选检项目为(　　)。

A. 夜间视认距离、耐磨损性能

B. 耐冲击性能、抗压荷载

C. 耐低温性能、耐高温性能、耐湿热性能

D. 耐温度交变循环性能、耐机械振动性能、耐循环盐雾性能

(5)太阳能突起路标的验收型检验应按《公路交通安全设施质量检验抽样方法》(　　)相关规定执行。

A. JT 495—2001　　B. JT/T 495—2001

C. JT 495—2014　　D. JT/T 495—2014

3. 试回答突起路标工程质量检验评定标准的问题。

(1)突起路标工程质量检验评定的基本要求为(　　)。

A. 突起路标产品应符合现行《突起路标》(JT/T 390)、《太阳能突起路标》(JT/T 390)的规定

B. 突起路标的布设及颜色应符合现行《道路交通标志和标线》(GB 5768)的规定并满足设计要求

C. 突起路标施工前路面应清洁、干燥,定位准确

D. 突起路标与路面的黏结应牢固

(2)突起路标工程质量检验评定的实测项目为(　　)。

A. 安装角度　　B. 纵向间距

C. 横向偏位　　D. 光度性能

(3)突起路标工程质量检验评定的非关键实测项目为(　　)。

A. 安装角度　　B. 纵向间距

C. 横向偏位　　D. 光度性能

(4)突起路标工程质量检验评定实测项目所用仪器为(　　)。

A. 角尺　　B. 钢卷尺

C. 照度计　　D. D_{65}标准光源

(5)突起路标纵向间距的允许偏差和抽查频率为(　　)。

A. ±35mm,抽查5%　　B. ±50mm,抽查10%

C. ±65mm,抽查15%　　D. ±80mm,抽查20%

4. 突起路标固定于路面上,可独立使用或配合标线使用。请根据有关知识和标准回答问题。

(1)《道路交通标志和标线　第3部分:道路交通标线》(GB 5768.3—2009)规定,突起路标除了可标记车行道分界线、边缘线以外,还可以用来标记(　　)等危险路段。

A. 导流标线　　B. 进出口匝道　　C. 弯道　　D. 路面障碍物

(2)《道路交通标志和标线　第3部分:道路交通标线》(GB 5768.3—2009)规定,突起路标和标线配合使用时,其颜色与标线颜色一致,布设间隔为(　　),也可根据实际情况适当加密。

A. 6~15m　　B. 10~20m　　C. 10~15m　　D. 5~15m

(3)根据《太阳能突起路标》(GB/T 19813—2005)规定,太阳能突起路标一般由壳体、(　　)及控制器件等组成。

A. 主动发光元件　　B. 太阳电池　　C. 储能元件　　D. 铅锌蓄电池

(4)根据《突起路标》(GB/T 24725—2009)规定,突起路标抗压荷载试验方法描述正确的是(　　)。

A. 测试前,将样品置于标准环境条件下调节 8h

B. 在试验机下平台上放置一块比试样顶部受压面稍大、厚度为 9.5mm、邵氏硬度为 60A 的橡胶垫

C. 在试样顶部橡胶垫之上再放一块面积比试样大的、厚度为 13mm 的钢板

D. 调整试样、两块钢板、橡胶垫均在试验机上下压头作用力轴线上,启动试验机,以 2.5mm/min 速率加载,直至试样破坏或发生明显变形(>3.3mm)为止

(5)根据《突起路标》(GB/T 24725—2009)规定,突起路标碎裂后状态技术要求和试验方法描述正确的是(　　)。

A. 碎裂后状态技术要求适用于所有类别的突起路标

B. 试验前不需要对试样进行标准环境条件下的状态调节

C. 将试样放置于试验机上加载(加载速率为 50 ~60kN/min),直至破裂

D. 收集全部碎块放入孔径为 30mm 的标准筛中,均匀摇动 1min,检查筛中残留物形状,用钢直尺测量残留碎块最大尺寸

习题参考答案及解析

一、单项选择题

1. C	2. C	3. A	4. D	5. B
6. B	7. C	8. D	9. B	10. D
11. C	12. B	13. B	14. A	15. A

16. A

17. C

18. B

【解析】《突起路标》(GB/T 24725—2009)4.2.2。

19. B

【解析】《突起路标》(GB/T 24725—2009)3.6。

20. D

【解析】《突起路标》(GB/T 24725—2009)4.1。

二、判断题

1. √	2. √	3. √	4. √	5. √
6. √	7. √	8. √	9. √	10. √

11. √

12. ×

【解析】放置 8h。

13. ×

【解析】85℃条件下。

14. √

【解析】突起路标和太阳能突起路标均有此要求。

15. √

【解析】《突起路标》(GB/T 24725—2009)3.6。

三、多项选择题

1. ABCD　　2. AB　　3. ABC　　4. ABC　　5. ABD

6. BC　　7. ABD　　8. ABC　　9. ABCD　　10. ABCD

11. ABCD

12. ABCD

13. ABC

【解析】《突起路标》(GB/T 24725—2009)4.1.3。

14. BD

【解析】《突起路标》(GB/T 24725—2009)5.2.4。

15. AB

【解析】《突起路标》(GB/T 24725—2009)5.2.5。

四、综合题

1.(1)ABCD　　(2)ABCD　　(3)B　　(4)ABCD　　(5)AD

【解析】(1)以上项目也为出厂检验项目。

2.(1)ABCD　　(2)ABCD　　(3)AD　　(4)ABCD　　(5)D

3.(1)BCD　　(2)ABC　　(3)ABC　　(4)AB　　(5)B

【解析】(1)选项A中应为现行《突起路标》(GB/T 24725)。《公路工程质量检验评定标准　第一册　土建工程》(JTG F80/1—2017)11.7.1。

(2)、(5)《公路工程质量检验评定标准　第一册　土建工程》(JTG F80/1—2017)11.7.2。

(3)光度性能为非实测项目。《公路工程质量检验评定标准　第一册　土建工程》(JTG F80/1—2017)11.7.2。

(4)光度性能不要求实测。

4.(1)ABCD　　(2)A　　(3)ABC　　(4)BCD　　(5)BCD

【解析】(1)《道路交通标志和标线　第3部分:道路交通标线》(GB 5768.3—2009)7.1。

(2)《道路交通标志和标线　第3部分:道路交通标线》(GB 5768.3—2009)7.1.3。

(3)《太阳能突起路标》(GB/T 19813—2005)4.1。

(4)测试前,将样品置于标准环境条件(23℃ ±2℃)下调节4h。《突起路标》(GB/T 24725—2009)6.8。

(5)《突起路标》(GB/T 24725—2009)6.12。

第十一章

轮　廓　标

复习提示

本章引用的标准有《轮廓标》(GB/T 24970—2010)。

习　题

一、单项选择题

1. 附着式圆形轮廓标逆反射材料的圆半径 R 为(　　)。

A. 40mm ±1mm　　B. 45mm ±1mm　　C. 50mm ±1mm　　D. 55mm ±1mm

2. 普通柱式轮廓标的柱体表面平面度不应大于(　　)。

A. 1mm/m　　B. 1.5mm/m　　C. 2mm/m　　D. 3mm/m

3. 普通柱式轮廓标的柱体上部有一圈黑色标记,长为(　　)。

A. 200mm　　B. 250mm　　C. 300mm　　D. 350mm

4. 柱体上部黑色标记的中间应镶嵌的矩形逆反射材料尺寸为(　　)。

A. 130mm×30mm　　B. 150mm×30mm　　C. 180mm×40mm　　D. 200mm×40mm

5. 普通柱式轮廓标用合成树脂类板材的实测厚度应不小于(　　)。

A. 1.5mm　　B. 2.0mm　　C. 2.5mm　　D. 3.0mm

6. 弹性柱式轮廓标柱体的实测厚度应不小于(　　)。

A. 2.5mm　　B. 3.0mm　　C. 3.5mm　　D. 4.0mm

7. 普通柱式轮廓标、弹性柱式轮廓标的纵向抗拉强度均不小于(　　)。

A. 15MPa　　B. 20MPa　　C. 25MPa　　D. 30MPa

8. 附着式轮廓标支架或底板用合成树脂类材料时,其实测厚度应不小于(　　)。

A. 2.0mm　　B. 2.5mm　　C. 3.0mm　　D. 3.5mm

9. 附着式轮廓标用合成树脂类材料做支架或底板时,其抗弯强度应不低于(　　)。

A. 30MPa　　B. 35MPa　　C. 40MPa　　D. 45MPa

10. 附着式轮廓标的铝合金支架、底板最小实测厚度应不小于(　　)。

A. 1.5mm　　B. 2.0mm　　C. 2.5mm　　D. 3.0mm

11. 轮廓标表面色白色的亮度因数为(　　)。

A. ≥0.65　　B. ≥0.70　　C. ≥0.75　　D. ≥0.80

12. 轮廓标表面色黑色的亮度因数为(　　)。

A. ≤0.01　　B. ≤0.02　　C. ≤0.03　　D. ≤0.05

13. 白色逆反射材料的亮度因数为(　　)。

A. ≥0.19　　B. ≥0.23　　C. ≥0.27　　D. ≥0.31

14. 黄色逆反射材料的亮度因数为(　　)。

A. 0.10～0.25　　B. 0.16～0.40

C. 0.20～0.44　　D. 0.25～0.48

15. 轮廓标底板、支架的钢构件热浸镀锌的镀锌层最小厚度应不小于(　　)。

A. 39μm　　B. 50μm　　C. 70μm　　D. 85μm

16. 微棱镜型反射器(白色,观测角0.2°,入射角0°)的发光强度系数为(　　)。

A. 3.65cd · lx^{-1}　　B. 4.65cd · lx^{-1}

C. 5.65cd · lx^{-1}　　D. 6.65cd · lx^{-1}

17. 根据《轮廓标》(GB/G 24970—2010)规定,轮廓标产品有各种形状,请指出以下哪种形状不在标准规定范围内(　　)。

A. 圆形　　B. 梯形　　C. 长方形　　D. 菱形

18. 轮廓标反光膜试样在温度23℃ ±2℃、相对湿度50% ±10%的环境中的状态调节时间为(　　)。

A. 8h　　B. 12h　　C. 16h　　D. 24h

二、判断题

1. 轮廓标可分为埋设于地面上的柱式轮廓标和附着于构造物上的附着式轮廓标。(　　)

2. 柱式轮廓标按其柱体材料的不同特性,又可分为普通柱式轮廓标和弹性柱式轮廓标。(　　)

3. 柱式轮廓标由柱体和逆反射材料组成。(　　)

4. 柱式轮廓标安装时逆反射材料的表面应与道路行车方向平行。(　　)

5. 附着于护栏的附着式轮廓标,由逆反射材料、支架和连接件组成。(　　)

6. 附着式轮廓标在安装中应使逆反射材料表面与道路行车方向保持平行。(　　)

7. 轮廓标柱体经耐盐雾腐蚀试验后不应有变色、扭曲、损伤或被侵蚀的痕迹。(　　)

8. 弹性柱式轮廓标柱体经不小于30次折弯后,不应出现裂缝或折断现象,其顶部任意水平方向的残余偏斜应不大于50mm。(　　)

9. 黑色标记采用涂料喷涂而成,涂料对柱体的附着性能应不低于一级的要求。(　　)

10. 在行车道右侧应安装含白色逆反射材料的轮廓标。(　　)

11. 在行车道左侧或中央分隔带上应安装含白色逆反射材料的轮廓标。(　　)

12. 附着式轮廓标支架或底板材料采用合成树脂类材料、铝合金板或钢板制造。（　）

13. 铝合金板或钢板制造附着式轮廓标的支架或底板最小实测厚度≥1.0mm。（　）

14. 表面色色品坐标的测定条件：D_{65}标准照明体；照明观测条件：45°/0°。（　）

15. 逆反射材料色品坐标的测定条件：标准A光源；照明观测条件：入射角0°，观测角0.2°，视场角0.1°~1°。（　）

16. 轮廓标的测试工作宜在温度23℃±2℃、相对湿度50%±10%的环境中进行。（　）

三、多项选择题

1. 轮廓标按形状可分为（　）轮廓标。
   A. 柱式　B. 梯形　C. 圆形　D. 长方形

2. 轮廓标按颜色可分为（　）轮廓标。
   A. 白色　B. 黄色　C. 红色　D. 绿色

3. 普通柱式轮廓标的形状、尺寸及允差为（　）。
   A. 柱体截面为空心圆角的等腰三角形
   B. 高为120mm±2mm，底边长为100mm±2mm
   C. 柱全长为1250mm±6mm，柱身白色
   D. 柱体上部有250mm长的一圈黑色标记，黑色标记的中间镶嵌有180mm×40mm的矩形逆反射材料

4. 弹性柱式轮廓标的形状、尺寸及允差为（　）。
   A. 柱体的横断面为圆弧形
   B. 圆弧的弦长为110mm±2mm，弦高为16mm
   C. 柱体上部应有250mm长的一条黑色标记
   D. 黑色标记的中间应牢固粘贴180mm×40mm的反光膜

5. 附着于护栏的附着式圆角梯形轮廓标逆反射材料的尺寸为（　）。
   A. 上底为50mm±1mm　B. 下底为120mm±2mm
   C. 高为70mm±1mm　D. 倒圆上底R为6mm，下底R为10mm

6. 轮廓标的外观质量要求为（　）。
   A. 各部分应成型完整
   B. 不应有明显的划伤、裂纹、缺陷或损坏
   C. 金属支架、底板表面不得有砂眼、毛刺、飞边或其他缺陷
   D. 合成树脂类材料外表面不得有毛刺、裂缝、气泡或颜色不均匀等缺陷

7. 测得柱式轮廓标柱体的色品坐标白色（0.310，0.325）和亮度因数（0.8），则（　）。
   A. 柱体色品坐标合格　B. 柱体色品坐标不合格
   C. 亮度因数合格　D. 亮度因数不合格

8. 轮廓标的逆反射材料宜采用（　）。
   A. 反光膜　B. 玻璃珠型反射器
   C. 金属反射器　D. 微棱镜型反射器

9. 轮廓标耐候性能试验要求为(　　)。

A. 连续自然暴露 1 年　　B. 连续自然暴露 2 年

C. 人工气候加速老化试验 1200h　　D. 人工气候加速老化试验 1500h

10. 钢板作支架及底板时的要求为(　　)。

A. 使用 GB/T 709 中规定的牌号　　B. 最小实测厚度应不小于 1.5mm

C. 热浸镀锌层平均厚度≥50μm　　D. 镀锌层最小厚度≥39μm

11. 轮廓标耐候性能试验时间为(　　)。

A. 自然暴露试验:2 年　　B. 自然暴露试验:3 年

C. 人工气候加速老化试验:1200h　　D. 人工气候加速老化试验:1800h

12. 自然暴露试验关于试样的准备要点为(　　)。

A. 尺寸≥150mm×250mm　　B. 安装在高于地面 0.8m 处

C. 面朝正南方　　D. 与水平面呈当地的纬度角或 45°±1°

13. 轮廓标人工气候加速老化试验条件为(　　)。

A. 氙灯作为光源

B. 光谱波长为 290~800nm 时,光线的辐射强度为 $1000W/m^2 \pm 100W/m^2$

C. 光谱波长小于 290nm 时,光线的辐射强度不应大于 $1W/m^2$

D. 箱内黑板温度为 65℃±3℃

14. 轮廓标出厂检验项目有(　　)。

A. 外观质量　　B. 外形尺寸

C. 反射器的发光强度系数　　D. 微棱镜型反射器的密封性能

15. 轮廓标表面色测试要点有(　　)。

A. 按现行 GB/T 3978 的方法　　B. D_{65}标准照明体

C. 45°/0°的照明观测条件　　D. 直读式色差计直接测得色品坐标

16. 根据《轮廓标》(GB/T 24970—2010)规定,轮廓标逆反射材料的逆反射色测试光学条件正确的是(　　)。

A. D_{65}光源　　B. A 光源

C. 观测角 0.2°,入射角 0°　　D. 观测角 0°,入射角 45°

四、综合题

1. 试回答轮廓标逆反射体光度性能的问题。

(1)逆反射体光度性能必测参数有(　　)。

A. 发光强度系数 R　　B. 亮度 I

C. 照度 L　　D. 逆反射系数 R

(2)逆反射体光度性能测量准备要点有(　　)。

A. 暗室中测试、标准 A 光源　　B. 光探测器至试样距离(d)不小于 15m

C. 试样尺寸不小于 150mm×150mm　　D. 保证观测角为 12′~1°或更大

(3)关于 $E_{\perp}$ 值的测取,说法正确的有(　　)。

A. 光探测器放在试样的参考中心位置　　B. 正对着光源

C. 测量出垂直于试样表面的照度值 $E_{\perp}$　　D. 测量出平行于试样表面的照度值 $E_{\perp}$

(4)关于 E_r 值的测取，说法正确的有(　　)。

A. 试样固定在样品架上，移动光探测器使观测角为 12′

B. 光的入射角 $\beta_2(\beta_1=0)$ 分别为 0°、±10°、±20°

C. 测出对应入射角时试样反射光产生的照度值 E_r（观测角为 12′时的 E_{r0}、E_{r10}、E_{r20}）

D. 使观测角为 30′，重复 B、C 得照度值 E_r（观测角为 30′时的 E_{r0}、E_{r10}、E_{r20}）

(5)计算出不同观测角和入射角条件下的发光强度系数 R(　　)。

A. $R=(E_r d^2)/E_{\perp}$　　B. $R=E_r d^2/E_{\perp}$

C. $R=E_{\perp} d^2/E_r$　　D. $R=E_r/E_{\perp} d^2$

2. 试回答轮廓标工程质量检验评定标准的问题。

(1)轮廓标工程质量检验评定的基本要求为(　　)。

A. 轮廓标产品应符合现行《轮廓标》(JT/T 388)的规定

B. 柱式轮廓标的基础混凝土强度、基础尺寸应符合设计要求

C. 轮廓标的布设应符合设计要求并符合施工技术规范的规定

D. 柱式轮廓标安装牢固，色度性能、光度性能应满足设计要求

(2)轮廓标工程质量检验评定的实测项目为(　　)。

A. 安装角度　　B. 反射器中心高度

C. 柱式轮廓标竖直度　　D. 光、色度性能

(3)轮廓标工程质量检验评定的非关键实测项目为(　　)。

A. 安装角度　　B. 反射器中心高度

C. 柱式轮廓标竖直度　　D. 光、色度性能

(4)轮廓标工程质量检验评定实测项目使用设备为(　　)。

A. 卡尺、直尺　　B. 花杆、十字架

C. 卷尺、万能角尺　　D. 照度计、逆反射系数测试仪

(5)反射器中心高度的允许误差和抽查频率为(　　)。

A. ±10mm，抽查 3%　　B. ±20mm，抽查 5%

C. ±30mm，抽查 10%　　D. ±40mm，抽查 15%

3. 试回答轮廓标色度性能测试的问题。

(1)轮廓标色度性能测试的依据为(　　)。

A. 采用 GB/T 3978 规定的照明观测条件　　B. 按 GB/T 3979 规定的方法

C.《轮廓标》(GB/T 24970—2010)　　D. 按 GB/T 3980 规定的方法

(2)色度性能测试环境条件为(　　)。

A. 温度 23℃ ±2℃　　B. 相对湿度 50% ±10%

C. 大气压力 90 ~ 110kPa　　D. 能见度大于 500m

(3)表面色测试仪器、设备及测试条件有(　　)。

A. D_{65} 标准照明体　　B. 45°/0°的照明观测条件

C. 亮度计直接测得色品坐标　　D. 频谱分析仪

(4)亮度因数测取要点有(　　)。

A. 采用 GB/T 3978 规定的照明观测条件　B. 测出试样的光亮度 L_T

C. 测出标准漫反射白板的光亮度 L_L　　D. 亮度因数 $= L_L/L_T$

(5) 逆反射色测取要点有(　　)。

A. 标准 A 光源

B. 45°/0°的照明观测条件

C. 视场角为 0.1°～1°,入射角为 0°,观测角为 0.2°

D. 直读式色差直接测得色品坐标

习题参考答案及解析

一、单项选择题

1. C	2. B	3. B	4. C	5. D
6. D	7. C	8. C	9. C	10. B
11. C	12. C	13. C	14. B	15. A

16. B

【解析】《轮廓标》(GB/T 24970—2010)。

17. D

【解析】《轮廓标》(GB/T 24970—2010)5 和 6。

18. D

【解析】《轮廓标》(GB/T 24970—2010)7.1.6。

二、判断题

1. √

2. √

3. √

4. ×

【解析】应垂直。

5. √

6. ×

7. √

8. ×

【解析】应不大于 70mm。

9. ×

【解析】应不低于二级。

10. √

11. ×

【解析】应为黄色逆反射材料。

12. √

13. ×

【解析】厚度≥2.0mm。

14. √

15. √

16. √

【解析】《轮廓标》(GB/T 24970—2010)7.1.3。

三、多项选择题

1. ABCD　2. AB　3. ABCD　4. ABCD　5. ABCD

6. ABCD

7. AC

【解析】方法1:在《轮廓标》(GB/T 24970—2010)图7中找(0.310,0.325),落在白色区域,则色品坐标合格。

方法2:解析法,查《轮廓标》(GB/T 24970—2010)表1,得P_1(0.350,0.360),P_2(0.300,0.310),P_3(0.290,0.320),P_4(0.340,0.370)。P_1、P_2组成有效区域的下线,其方程为$y=x+0.010$;P_3、P_4组成有效区域的上线,其方程为$y=2.5x-0.405$。将测试值($X_C=0.310$,$Y_C=0.325$)的X_C值代入下线方程,得$Y=0.320<Y_C=0.325$;将测试值($X_C=0.305$,$Y_C=0.335$)的X_C值代入上线方程,得$Y=0.370>Y_C=0.325$,且检测值X_C在表1的x变量的有效取值范围内。所以(0.310,0.325)在白色区域。查表1亮度因数≥0.75,故亮度因数合格。

8. ABD

9. BC

10. ABCD

11. AC

12. ABCD

13. ABCD

14. ABCD

【解析】《轮廓标》(GB/T 24970—2010)8.1.1。

15. BCD

【解析】按现行GB/T 3979的方法。《轮廓标》(GB/T 24970—2010)7.4.1。

16. BC

【解析】《轮廓标》(GB/T 24970—2010)6.3.1。

四、综合题

1.(1)AD　(2)ABCD　(3)ABC　(4)ABCD　(5)AB

【解析】(5)d为试样参考中心与光探测器孔径表面的距离,单位为m。

2.(1)BCD　　(2)ABC　　(3)ABC　　(4)ABC　　(5)B

【解析】(1)选项A中应为现行《轮廓标》(GB/T 24970);《公路工程质量检验评定标准　第一册　土建工程》(JTG F80/1—2017)11.8.1。

(2)、(5)《公路工程质量检验评定标准　第一册　土建工程》(JTG F80/1—2017)11.8.2。

(3)选项D中,光、色度性能不要求实测。《公路工程质量检验评定标准　第一册　土建工程》(JTG F80/1—2017)11.8.2。

(4)光度性能不要求实测,检查出厂或进场检测报告。《公路工程质量检验评定标准　第一册　土建工程》(JTG F80/1—2017)11.8.2。

3.(1)ABC　　(2)AB　　(3)AB　　(4)ABC　　(5)ABC

【解析】(1)《轮廓标》(GB/T 24970—2010)7.4。

(2)按GB/T 3979的方法。《轮廓标》(GB/T 24970—2010)7.1.3。

(3)直读式色差直接测得色品坐标。按GB/T 3979的方法。《轮廓标》(GB/T 24970—2010)7.4。

(4)亮度因数 $=L_T/L_L$。《轮廓标》(GB/T 24970—2010)7.4。

(5)亮度计直接测得色品坐标。《轮廓标》(GB/T 24970—2010)7.4。

第十二章

监 控 设 施

复习提示

本章引用的标准有《公路工程质量检验评定标准 第二册 机电工程》(JTG F80/2—2004)、《环形线圈车辆检测器》(GB/T 26942—2011)、《交通信息采集 微波交通流检测器》(GB/T 20609—2006)、《交通信息采集 视频车辆检测器》(GB/T 24726—2009)、《道路交通气象环境 能见度检测器》(JT/T 714—2008)、《视频交通事件检测器》(GB/T 28789—2012)、《视频光端机》(JT/T 830—2012)、《视频矩阵》(JT/T 897—2014)、《高速公路 LED 可变信息标志》(GB/T 23828—2009)、《高速公路 LED 可变限速标志》(GB/T 23826—2009)、《视频交通事件检测器》(GB/T 28789—2012)、《高速公路监控系统软件测试方法》(JT/T 965.1、965.2—2015)、《公路机电系统设备通用技术要求及检测方法》(JT/T 817—2011)、《高速公路监控设施通信规程》(JT/T 606.1～606.3—2004)、《LED 车道控制标志》(JT/T 597—2004)、《交通警示灯》(GB/T 24965.1～24965.4—2014)、《道路交通信号灯》(GB 14887—2011)、《综合布线系统电气特性通用测试方法》(YD/T 1013—2013)。

习 题

一、单项选择题

1. 当交通检测设备中的环形线圈置于钢筋混凝土上时,线圈距钢筋至少为(　　)。
   A. 50mm　　B. 55mm　　C. 60mm　　D. 65mm
2. 当汽车通过车辆检测器环形线圈时,其电感 L 的变化过程为(　　)。
   A. 增大　　B. 减小　　C. 先增大再减小　　D. 先减小再增大
3. 车辆检测器交通量计数精度允许误差为(　　)。
   A. 不大于 0.5%　　B. 不大于 1%　　C. 不大于 2%　　D. 不大于 3%
4. 环形线圈车辆检测器测速误差为(　　)。
   A. 小于 1%～2%　　B. 小于 2%　　C. 小于 3%　　D. 小于 5%

5. 微波车辆检测器的作用范围为(　　)。

A. 20m　B. 30m　C. 60m　D. 100m

6. 雷达式车辆检测器检测计数误差为(　　)。

A. 1%　B. 2%　C. 3%　D. 5%

7. 雷达式车辆检测器测速误差为(　　)。

A. ±1%　B. ±2%　C. ±3%　D. ±5%

8. 视频车辆检测器的线圈安放在(　　)。

A. 车道上方　B. 车道下方　C. 车道地下　D. 显示屏上

9. 视频车辆检测器检测计数误差为(　　)。

A. 0.1%　B. 0.2%　C. 0.3%　D. 0.5%

10. 视频车辆检测器测速误差为(　　)。

A. ±(1~2)%　B. ±2%　C. ±3%　D. ±5%

11. 某检测仪精度为1%,其量程为10V,该仪器的最大绝对误差是(　　)。

A. ±0.001V　B. ±0.01V　C. ±0.1V　D. 1V

12. 检测仪表的准确度等级共分级(　　)个级别。

A. 3　B. 5　C. 7　D. 9

13. 环形线圈车辆检测器安装到位后的绝缘电阻要求为(　　)。

A. ≥20MΩ　B. ≥30MΩ　C. ≥50MΩ　D. ≥100MΩ

14. 我国公路系统最早使用检测平均车速的仪器为(　　)。

A. 环形线圈和相关软件　B. 视频车辆检测器

C. 微波车辆检测器　D. 红外车辆检测器

15. 检测车辆检测器数据传输性能的仪器为(　　)。

A. 数据传输测试仪　B. 频谱仪

C. 场强仪　D. 信号发生器

16. 环形线圈车辆检测器产品的绝缘电阻要求为(　　)。

A. ≥20MΩ　B. ≥30MΩ　C. ≥50MΩ　D. ≥100MΩ

17. 车辆检测器的接地电阻要求为(　　)。

A. ≤4Ω　B. ≤5Ω　C. ≤8Ω　D. ≤10Ω

18. 光纤护层绝缘电阻的标准值为(　　)。

A. ≥100MΩ·km　B. ≥300MΩ·km

C. ≥500MΩ·km　D. ≥1000MΩ·km

19. 气象检测器实测项目温度误差为(　　)。

A. ±0.5℃　B. ±1℃　C. ±1.5℃　D. ±2℃

20. 光纤护层绝缘电阻测试的仪器为(　　)兆欧表。

A. 300V　B. 500V　C. 1000V　D. 1500V

21. 双翻斗式雨量传感器翻斗翻转一次的降水量为(　　)。

A. 0.01mm　B. 0.1mm　C. 0.2mm　D. 1mm

22. 气象检测器的防雷接地电阻为(　　)。

A. ≤10Ω　　B. ≤5Ω　　C. ≤4Ω　　D. ≤1Ω

23. 公路能见度测试仪的测量范围为(　　)。

A. $0 \sim 0.005m^{-1}$　　B. $0 \sim 0.010m^{-1}$　　C. $0 \sim 0.015m^{-1}$　　D. $0 \sim 0.020m^{-1}$

24. 气象检测器的湿度检测器的测量误差应为(　　)。

A. ±5% R. H　　B. ±3% R. H　　C. ±2% R. H　　D. ±1% R. H

25. 气象检测器的能见度检测器的测量误差应小于(　　)。

A. ±10%　　B. ±8%　　C. ±5%　　D. ±2%

26. 气象检测器的风速检测器的测量误差应小于(　　)。

A. ±10%　　B. ±8%　　C. ±5%　　D. ±2%

27. 下列检测设备中，属于交通信息检测设备的是(　　)。

A. 火灾检测器　　B. 能见度检测器

C. 冰、雪检测器　　D. 视频车辆检测器

28. 气象检测器立柱竖直度偏差要求小于(　　)。

A. 1mm/m　　B. 2mm/m　　C. 3mm/m　　D. 5mm/m

29. 能见度检测器的测量精度为(　　)。

A. $\pm 0.0001m^{-1}$　　B. $\pm 0.0002m^{-1}$　　C. $\pm 0.0003m^{-1}$　　D. $\pm 0.0005m^{-1}$

30. 车辆检测器、气象检测器、可变情报板等外场设备的数据传输性能标准为(　　)。

A. $BER \leqslant 10^{-6}$　　B. $BER \leqslant 10^{-7}$　　C. $BER \leqslant 10^{-8}$　　D. $BER \leqslant 10^{-9}$

31. 车辆检测器、气象检测器、可变情报板、闭路电视系统设备等外场设备的安全保护接地电阻一般要求为(　　)。

A. ≤1Ω　　B. ≤4Ω　　C. ≤10Ω　　D. ≤15Ω

32. 监控室内的温度要求是(　　)。

A. 18 ~28℃　　B. 15 ~28℃　　C. 10 ~15℃　　D. 15 ~30℃

33. 闭路电视传输通道指标中的视频信杂比要求大于(　　)。

A. 36dB(加权)　　B. 56dB(加权)　　C. 76dB(加权)　　D. 96dB(加权)

34. 闭路电视监视系统属于(　　)。

A. 信息采集系统　　B. 信息处理系统

C. 信息提供系统　　D. 信息传输系统

35. 闭路电视监视系统实测项目亮度非线性的标准值为(　　)。

A. ≤1%　　B. ≤2%　　C. ≤3%　　D. ≤5%

36. 闭路电视监视系统的视频电平的标准值为(　　)。

A. 300mV ±30mV　　B. 500mV ±30mV

C. 700mV ±30mV　　D. 900mV ±30mV

37. 闭路电视监视系统实测项目同步脉冲幅度的标准值为(　　)。

A. 100mV ±20mV　　B. 200mV ±20mV

C. 300mV ±20mV　　D. 400mV ±20mV

38. 视频通道传输参数回波 E 的标准值为(　　)。

A. <3% KF　　B. <5% KF　　C. <7% KF　　D. <9% KF

39. 视频通道传输参数色度/亮度时延差的标准值为(　　)。

A. ≤60ns　　B. ≤80ns　　C. ≤100ns　　D. ≤120ns

40. 视频通道传输参数色度/亮度增益不等的标准值为(　　)。

A. ±1%　　B. ±3%　　C. ±5%　　D. ±7%

41. 闭路电视监视系统,如果传输信道存在非线性畸变,在不同亮度电平上的色度信号副载波幅度将受到不同程度的增大或衰减,从而造成色饱和畸变,该参数为(　　)。

A. 微分相位失真　　B. 微分增益失真

C. 动态增益失真　　D. 积分增益失真

42. LED 色度的表征系数为(　　)。

A. 色品坐标　　B. 标准光　　C. 光射仪　　D. 标准色板

43. 色品图中 x 坐标代表(　　)。

A. 红原色的比例　　B. 绿原色的比例

C. 蓝原色的比例　　D. 黄原色的比例

44. 光的三原色为(　　)。

A. 红、绿、黄　　B. 红、绿、蓝

C. 红、黄、蓝　　D. 红、白、蓝

45. 色品图上的蓝原色坐标 Z 为(　　)。

A. 色品图横坐标　　B. 色品图纵坐标

C. 垂直于色品图且通过原点的 Z 轴　　D. Z 可由 $Z=1-X-Y$ 推出

46. 高速公路 LED 可变限速标志在正常工作条件下,整体产品的平均无故障时间(MTBF)不小于(　　)。

A. 1000h　　B. 2000h　　C. 5000h　　D. 10000h

47. 车辆检测器、可变情报板等外场设备的防雷接地电阻一般要求为(　　)。

A. ≤4Ω　　B. ≤8Ω　　C. ≤10Ω　　D. ≤12Ω

48. 能够反映电缆在施工中是否损坏了的电缆外护层指标是(　　)。

A. 误码率　　B. 衰耗　　C. 直流电阻　　D. 绝缘电阻

49. 视频同轴电缆的特性阻抗为(　　)。

A. 75Ω　　B. 55Ω　　C. 25Ω　　D. 100Ω

50. 一般视频同轴电缆的允许传输距离为(　　)。

A. ≤500m　　B. ≤300m　　C. ≤200m　　D. ≤100m

51. 可变限速标志按功能应属于(　　)。

A. 信息采集系统　　B. 信息处理系统

C. 信息提供系统　　D. 通信系统

52. 可变标志的动态视认距离为(　　)。

A. 60km/h,≥300m　　B. 80km/h,≥300m

C. 100km/h,≥250m　　D. 120km/h,≥250m

53. 高速公路 LED 可变限速标志在正常工作条件下,像素的年失控率应不大于(　　)。

A. 0.1‰　　B. 1‰　　C. 2‰　　D. 1%

54. 高速公路 LED 可变限速标志产品的视认角不小于(　　)。

A. 15°　　B. 18°　　C. 20°　　D. 25°

55. 可变标志实测项目显示屏平均亮度为(　　)。

A. ≥5000cd/m^2　　B. ≥6000cd/m^2

C. ≥7000cd/m^2　　D. ≥8000cd/m^2

56. 测量 LED 可变信息标志的绝缘电阻时,应用精度 1.0 级的兆欧表在电源接线端子与机壳之间施加(　　)1min 后读取测量结果。

A. 500V 直流电压　　B. 1000V 直流电压

C. 1000 交流电压　　D. 2500V 交流电压

57. 室内型和安装在机箱内的室外型视频光端机的外壳防护等级应不低于(　　)级。

A. IPX2　　B. IP3X　　C. IP68　　D. IP58

58. 依据《交通信息采集微波交通流检测器》(GB/T 20609—2006),检测断面内车流量的检测精度应不低于(　　)。

A. 80%　　B. 83%　　C. 95%　　D. 99%

59. 环形线圈车辆检测器(安装到位后)平均车速精度允许误差为(　　)。

A. ±(1~2)%　　B. ±2%　　C. ±3%　　D. ±5%

60. 环形线圈车辆检测器(安装到位后)交通量计数精度允许误差为(　　)。

A. ±(1~2)%　　B. ±2%　　C. ±3%　　D. ±5%

61. 环形线圈车辆检测器(安装到位后)的绝缘电阻要求为(　　)。

A. ≥20MΩ　　B. ≥30MΩ　　C. ≥50MΩ　　D. ≥100MΩ

62.《综合布线系统电气特性通用测试方法》(YD/T 1013—2013)适用于 4 对特性阻抗为(　　)的对绞电缆。

A. 25Ω　　B. 50Ω　　C. 75Ω　　D. 100Ω

二、判断题

1. 车辆检测器实测项目中复原功能测试为实际操作,要求先断电,加电后硬件恢复和重新设置时,原存储数据保持不变。(　　)

2. 车辆检测器实测项目中逻辑识别线路功能为模拟状态实测,一辆车作用于两个车道的两个线圈时,要求处理器逻辑正常,输出的检测信息正确。(　　)

3. 环形线圈车辆检测器立柱竖直度要求小于 5mm/m。(　　)

4. 车辆检测器交通量计数精度允许误差 ±2%。(　　)

5. 车流量定义为在规定的单位时间内通过道路某一设定点的车辆数。(　　)

6. 车辆检测器测试的平均速度为某台车走的路程/时间。(　　)

7. 车头时距定义为在同向行驶的车流中,前后相邻的两辆车驶过道路某一断面的时间间隔。(　　)

8. 车辆间距为在同向行驶的前后相邻的两辆车,前面车辆的车尾与后面车辆的车头之间的距离。(　　)

9. 时间占有率为在某一时间间隔内，道路上已知点被车辆占有的时间与该时间间隔之比。 (　　)

10. 气象检测器、可变情报板、闭路电视系统设备等外场设备的防雷接地电阻一般要求为≤15Ω。 (　　)

11. 气象检测器实测项目温度误差为±1℃。 (　　)

12. 气象检测器实测项目湿度误差为±5%R。 (　　)

13. 光亮度检测器属于气象与环境检测器。 (　　)

14. 气象检测器中风速误差要求小于5%。 (　　)

15. 气象检测器的数据传输性能用数据传输测试仪实测，要求为24h观察时间内失步现象不大于1次或BER≤10^{-8}。 (　　)

16. 湿度传感器常用聚合物湿敏电容组成。 (　　)

17. 交通流、气象等检测器属于监控系统中信息提供子系统的一部分。 (　　)

18. 气象检测器不属于交通检测设备。 (　　)

19. 监控室内噪声应控制在80dB(A)以内。 (　　)

20. 闭路电视监视系统前端部分由摄像机(云台、镜头、护罩、解码器、支架)、网络视频监控主机等设备组成。 (　　)

21. 高速公路监控系统所使用的摄像机要特别注意强逆光补偿。 (　　)

22. 测视频电平时，用电视信号发生器发送75%彩条信号，用视频测试仪检测。 (　　)

23. 同步脉冲幅度用电视信号发生器发送75%彩条信号，用视频测试仪检测。 (　　)

24. 回波E的允许值为<5%KF。 (　　)

25. 亮度非线性允许值为≤7%。 (　　)

26. 微分增益用电视信号发生器发送调制五阶梯测试信号，用视频测试仪测。 (　　)

27. 微分相位的允许值为≤10°。 (　　)

28. 闭路电视监视系统属于信息采集系统。 (　　)

29. 视频传输通道实测项目视频信杂比准值为≥56dB(加权)。 (　　)

30. 闭路电视监视系统质量测评的基本方法有主观质量评价和客观质量指标测试两种，两者之间没有必然的对应关系。 (　　)

31. 视频传输通道实测项目视频电平标准值为700mV±30mV。 (　　)

32. 视频传输通道实测项目同步脉冲幅度标准值为300mV±20mV。 (　　)

33. 视频通道传输参数微分增益标准值为≤10%。 (　　)

34. 视频通道传输参数色度/亮度时延差标准值为≤100ns。 (　　)

35. 可变信息情报板属于监控系统中信息采集子系统的一部分。 (　　)

36. 可变信息标志是交通标志的一种。 (　　)

37. LED可变信息标志按用途可分为文字和图形两种。 (　　)

38. 可变情报板上的控制计算机一般为单片式微机。 (　　)

39. 可变限速标志按功能应属于信息提供系统。 (　　)

40. 可变标志实测项目显示屏平均亮度为≥8000cd/m^2。 (　　)

41. 多模光纤接头衰耗应小于0.2dB。 (　　)

42. 光电缆的绝缘电阻随长度的增加而变小。（　　）

43. 同轴电缆、光缆的弯曲半径应大于缆线外径的15倍。（　　）

44. 电缆芯线绕接时只能用手钳。（　　）

45. 监控中心的主要作用是信号采集、处理、决策和下达控制指令、监视执行效果。（　　）

46. 根据监控系统的功能要求，监控中心主要硬件设备应包括综合控制台、显示设备和计算机系统。（　　）

47. 监控室内湿度要求是30%～70%。（　　）

48. 按照用户对数据传输速率的不同需求和不同应用场合，将对称布线分类为：C级（3类电缆布线，最高工作频率16MHz）、D级（5/5e类电缆，100MHz）、E级（6类电缆，250MHz）、EA级（6A类电缆，500MHz）、F级（7类电缆，600MHz）、7A级（7A类电缆，1000MHz）6个级别。（　　）

49. 可变限速标志发光单元（红、黄色）色度坐标的判定应符合现行JT/T 431的规定。（　　）

50. 视频光端机主要由视频发送侧的输入接门电路、视频编码器、复用器、光发送机和视频接收侧的输出接口电路、视频解码器、解复用器、光接收机等组成。（　　）

51. 视频光端机应采取必要的防雷电和过电流保护措施，采用的接口、元器件和防护措施应符合有关标准的要求。（　　）

52. 视频光端机色度/亮度增益差要求≤5%。（　　）

53. 视频光端机色度/亮度时延差要求≤30ns。（　　）

54. 视频光端机微分增益要求≤10%。（　　）

55. 视频光端机微分相位要求≤15°。（　　）

56. 视频光端机幅频特性频率响应为32.2～38MHz范围内（5.8MHz带宽内）±2dB。（　　）

57. 视频光端机视频信杂比（加权）≥56dB。（　　）

58. 测量视频传输性能的幅频特性时，发现视频通道增益在10.9MHz频率处比基准频率处降低了5dB，则其特性不满足规范要求。（　　）

59. 监控电视视频通道传输参数色度/亮度时延差标准值为≤100ns，如太大会使彩色套色不准，在水平方向上出现彩色镶边。（　　）

60. 光缆布线信道分为OF-300、OF-500和OF-2000三个等级，各等级支持的应用长度应分别不小于300m、500m及2000m。（　　）

61. 网络对称布线的测试参数有网线接线图、布线长度、衰减、近端串扰、环路阻抗、远方近端串扰衰耗、相邻线对综合串扰、远端串扰与衰减比、近端串扰与衰减比、综合远端串扰比、回波衰耗、传输时延、传输回波比，共13项。（　　）

62. 环形线圈电感量用凯文电桥实测。（　　）

63. 近端串音衰减比是指来自同一信道内主串线对的近端串音衰减与被串线对的插入损耗之间的差值，单位为dB。（　　）

64. 链路为两个布线系统接口间的传输途径，包括两端的连接。（　　）

65. FA级布线使用7A类电缆及同类别组件(连接硬件、接插软线和跳线)进行安装,最高工作频率为1000MHz。(　　)

三、多项选择题

1. 检测误差按表现形式分为(　　)。
A. 系统误差　B. 环境误差　C. 粗大误差　D. 随机误差
2. 道路车辆检测器主要可以检测(　　)。
A. 交通流　B. 车速　C. 车高　D. 道路占有率
3. 车辆检测器安装质量检验项目主要包括(　　)。
A. 交通量计数精度　B. 传输性能
C. 视认距离　D. 安装位置与安装质量
4. 微波车辆检测器发射的收敛型微波频率为(　　)。
A. 10.525GHz　B. 24.20GHz
C. 32.20GHz　D. 50.20GHz
5. 视频车辆检测器所利用的技术主要为(　　)。
A. 视频技术　B. 计算机精密算法
C. 视频应用软件　D. 拓扑技术
6. 对环形线圈测试的主要技术指标包括(　　)。
A. 线圈的截面积　B. 线圈的 Q 值
C. 线圈对地绝缘电阻　D. 线圈的电感量
7. 常用于交通流状态检测的传感器有(　　)。
A. 微波　B. 红外　C. 环形线圈　D. 视频
8. 车辆检测的方法有(　　)。
A. 磁性检测　B. 超声检测　C. 电磁波检测　D. 热检测
9. 环形线圈车辆检测器用于交通量的检测,其优点主要有灵敏度高及(　　)。
A. 安装方便　B. 功能全面　C. 性能稳定　D. 数据准确
10. 环形线圈检测器的主要技术指标包括(　　)。
A. 计数精度不小于98%
B. 工作频率在10~150kHz可调
C. 灵敏度(每通道至少有7级灵敏度选择)
D. 测速精度不小于98%
11. 气象检测器施工质量检查项目主要包括(　　)。
A. 数据传输性能　B. 温度误差　C. 视认距离　D. 湿度误差
12. 监控系统的环境检测设备有(　　)等。
A. 车辆检测器　B. 一氧化碳检测器　C. 能见度检测器　D. 可变情报板
13. 道路环境检测的项目有(　　)。
A. 路面湿度　B. 能见度　C. 相对湿度　D. 路面冰冻
14. 环境检测器所采集的环境信息包括(　　)。

A. 风力　　B. 路面状况
C. 隧道内的噪声　　D. 有害气体浓度

15. 常用雨量检测器的形式有(　　)。
A. 单翻斗式　B. 双翻斗式　C. 多翻斗式　D. 电刻度式

16. 对降水的测量通常包括(　　)。
A. 降水量　B. 降水强度　C. 降水类型　D. 降水频率

17. 温度检测器通常为(　　)。
A. 铂电阻　B. 热电偶　C. 铜银合金　D. 铬电阻

18. 幅频特性测试所需用的仪器为(　　)。
A. 电视信号发生器　　B. 视频测试仪
C. 传输特性测试仪　　D. 示波器

19. 闭路监视电视图像质量的主观评分可包括以下几种(　　)。
A. 有可觉察的杂波(4 分)　　B. 有杂波,勉强能看(3 分)
C. 杂波较严重,有些讨厌(2 分)　　D. 杂波严重,无法观看(1 分)

20. 闭路电视监控系统的技术指标主要有(　　)。
A. 传输通道指标　　B. 亮度非线性指标
C. 监视器画面指标　　D. 脉冲干扰指标

21. 闭路电视监控系统的监视器画面指标有脉冲干扰和(　　)。
A. 视频信杂比　　B. 随机信噪比
C. 电源干扰　　D. 单频干扰

22. 广场摄像机一般采用快速球形摄像机,其主要优点有(　　)。
A. 安装简单、维护方便　　B. 移动速度快
C. 自动聚焦　　D. 可实现 360°旋转

23. 电视的制式有(　　)。
A. PAL　B. NTSC　C. SECAM　D. SENTSCC

24. 摄像机保护罩内配加热器的作用为(　　)。
A. 保持工作温度　B. 去湿　C. 防止镜头起雾　D. 防止滋生细菌

25. 可变信息标志系统显示设备有(　　)。
A. 字幕卷帘式　B. 发光二极管矩阵　C. 磁翻板式　D. 光纤式

26. LED 可变限速板应具备的功能有显示内容和(　　)。
A. 手动功能　B. 自动功能　C. 自检功能　D. 调光功能

27. 大屏幕投影系统的关键实测项目有(　　)。
A. 亮度(白色平衡时亮度≥150cd/m^2)　　B. 亮度不均匀度(不大于 10%)
C. 窗口缩放　　D. 多视窗显示

28. LED 要经受的环境试验主要有(　　)。
A. 耐温度交变试验　　B. 耐机械振动试验
C. 耐盐雾腐蚀试验　　D. 耐候性能试验

29. 高速公路可变信息标志主要有(　　)。

A. 可变情报板　　B. 可变限速板
C. 车道控制标志板　　D. 费额显示板

30. 光缆的组成部分为(　　)。
A. 缆芯　　B. 加强元件　　C. 护层　　D. 包层

31. 管道敷缆的施工方法有(　　)。
A. 钻孔灌注法　　B. 预制拼接法　　C. 气吹法　　D. 牵引法

32. 目前光纤通信常用的波长为(　　)。
A. 850nm　　B. 1310nm　　C. 1490nm　　D. 1550nm

33. 光电缆线路敷设的基本要求包括(　　)。
A. 监控系统各种光、电缆规格及使用的保护管道符合设计要求;人(手)孔及管道设置安装齐全、合格,防水措施良好
B. 塑料通信管道敷设与安装符合规范要求;光、电缆接续及占用管道孔正确,密封防水措施符合规范要求
C. 光、电缆成端及进室的措施得当,符合规范要求;直埋电缆符合相关施工规范要求
D. 隐蔽工程验收记录、分项工程自检和通电调试记录、有效的光电缆及接续附件的检验合格报告或证书等资料齐全

34. 电缆及其附件到达现场后,应检查电缆型号和(　　)。
A. 规格　　B. 尺寸　　C. 长度　　D. 外观

35. 光缆及光缆线路在施工过程中现场测试主要有(　　)。
A. 单盘光缆衰耗测试　　B. 光缆线路段或中继段的总衰耗测试
C. 光纤接头衰耗测试　　D. 设备维护测试

36. 工程质量检验评定时,监控系统光缆实测项目包括(　　)。
A. 光纤护层绝缘电阻($\geq$1000MΩ·km)　　B. 单模光纤接头损耗($\leq$0.1dB)
C. 多模光纤接头损耗($\leq$0.2dB)　　D. 低速误码率(BER$\leq 10^{-8}$)

37. 监控中心计算机系统的硬件包括(　　)。
A. 系统主机　　B. 交通监控计算机
C. 可变信息显示控制计算机　　D. 通信监控计算机

38. 检验评定时,监控中心设备的外观鉴定包括(　　)。
A. 控制台上设备布局合理,安装稳固、横竖端正,符合设计和人机工学的要求,接线端子和接插座标识清楚
B. CCTV 监视器布局合理,屏幕拼接完整,无明显歪斜,安装稳固、横竖端正,符合设计和人机工学的要求,接线端子和接插座标识清楚
C. 控制台、CCTV 电视墙内以及各设备之间布线整齐、美观,编号标识清楚;信号线和动力线及其接头插座区分明确,预留长度适当
D. 电力配电柜、信号配线架内布线整齐、美观;绑扎牢固,成端符合规范要求;编号标识清楚,预留长度适当

39. 监控中心的接地有(　　)。
A. 工作接地($\leq$4Ω)　　B. 安全接地($\leq$4Ω)

C. 防雷接地（≤10Ω）　　D. 联合接地（≤1Ω）

40. 交通监控分中心的功能是（　　）。

A. 信息收集功能　　B. 信息分析处理功能

C. 宏观协调控制功能　　D. 交通控制功能

41. 视频光端机接口要求为（　　）。

A. 输入接口宜采用阻抗 75Ω 的 BNC 型模拟复合视频输入接口

B. 输出接口宜采用阻抗 75Ω 的 BNC 型模拟复合视频输出接口

C. 光纤连接器宜选择 FC/PC 型

D. 光纤连接器宜选择 FC/APC 型

42. 视频光端机光发送模块和光接收模块的选择条件为（　　）。

A. 传输光纤类型　　B. 视频传输通道数量

C. 传输距离　　D. 传输码速率

43. 依据《视频光端机》（JT/T 830—2012），以下关于视频传输性能技术要求和检测方法正确的是（　　）。

A. 视频电平的技术要求是 700mV ±20mV

B. 视频信杂比应为加权计算值

C. 主观评价项目可采用级损伤制评定，各项的评分结果应不低于 3 分

D. 微分增益和微分相位用阶梯波叠加副载波信号测试

44. 单模光纤的标称工作波长为（　　）。

A. 850nm　　B. 1300nm

C. 1310nm　　D. 1550nm

45. 对称布线信道测试参数有（　　）。

A. 回波衰耗　　B. 插入损耗

C. 近端串音衰减　　D. 近端串音衰减比功率和

四、综合题

1. 回答环形线圈车辆检测器的技术要求的相关问题。

（1）环形线圈车辆检测器的主要评定标准为《环形线圈车辆检测器》（　　）。

A. GB/T 26942—2007　　B. GB/T 26942—2011

C. GB 26942—2007　　D. GB 26942—2011

（2）环形线圈车辆检测器结构技术要求有（　　）。

A. 产品结构应简单、牢靠

B. 安装连接件应有足够强度

C. 满足使用要求

D. 活动零件应灵活，无卡滞、明显变形、凹凸不平等缺陷

（3）环形线圈车辆检测器外观质量技术要求有（　　）。

A. 外壳上不应有凹坑、划伤、变形和裂缝

B. 涂层应平整、均匀、颜色一致，无起泡和龟裂等缺陷

C. 满足使用要求

D. 机身上的铭牌、标志、文字符号等应清晰、牢固、端正、不易脱落

(4)环形线圈车辆检测器功能技术要求有(　　)。

A. 交通信息采集功能和自检功能

B. 逻辑识别线路功能和本地操作与维护功能

C. 灵敏度调整功能

D. 数据通信接口使用 11 针 RS485 阴性插座

(5)环形线圈车辆检测器性能技术要求有(　　)。

A. 车速相对误差小于 3%

B. 车流量相对误差不大于 2%

C. 输入端通过 20kΩ 以上的外部电阻接到地,检测器应能正常工作

D. 感应线圈的电感在 50 ~ 700μH 之间时,检测器应能正常工作

2. 回答环形线圈车辆检测器试验的相关问题。

(1)环形线圈车辆检测器一般应在下列条件下进行试验(　　)。

A. 环境温度:15 ~ 35℃　　B. 相对湿度:25% ~ 75%

C. 大气压力:86 ~ 106kPa　　D. 常态人工加速老化条件下

(2)关于环形线圈车辆检测器测试结果的处理,说法正确的有(　　)。

A. 一般对可重复的客观测试项目进行 3 次测试,取算术平均值作为测试结果

B. 给出测试结果的测量不确定度

C. 主观测试项目,测试人员应不少于 2 人

D. 测试结果分为合格、不合格两级

(3)环形线圈车辆检测器车速相对误差试验仪器为(　　)。

A. 雷达测速仪　　B. 可见光视频测速仪

C. 红外视频测速仪　　D. 环形线圈车辆检测器

(4)车速相对误差试验的小型客车数据如下,则每次试验的相对误差分别为(　　)%。

标称速度(km/h)	60	60	80	80	100	100	110	110	120	120
车检器测速(km/h)	64	65.5	85	87	106	105	118	120	128	125
雷达测速(km/h)	61	62	82	81	100	102	111	113	121	120

A. 10 次试验的相对误差分别为

1	2	3	4	5	6	7	8	9	10
3.0	3.5	3.0	6.0	6.0	3.0	7.0	7.0	7.0	5.0

B. 10 次试验的相对误差分别为

1	2	3	4	5	6	7	8	9	10
4.0	5.5	5.0	7.0	6.0	5.0	8.0	10.0	8.0	5.0

C. 10 次试验的相对误差分别为

1	2	3	4	5	6	7	8	9	10
4.9	5.6	3.7	7.4	6.0	2.9	6.3	6.2	5.8	4.2

D. 10 次试验的相对误差分别为

1	2	3	4	5	6	7	8	9	10
4.7	5.3	3.5	6.9	5.7	2.9	5.9	5.8	5.5	4.0

(5)依据以上数据判断该环形线圈车辆检测器车速相对误差值(　　)。

A. 合格　　B. 不合格

C. 取样数量不够　　D. 取样数量足够

3. 视频传输通道主要指标问答(一)。

(1)关于视频电平对图像质量的影响,说法正确的有(　　)。

A. 标准值为 700mV ±30mV

B. 此值偏高导致显示器亮度高,整个画面对比度减少,画面灰白,清晰度降低

C. 此值偏低导致显示器亮度低,整个画面偏暗缺少层次,彩色色度降低,不清晰

D. 在通道输入端用标准信号发生器发送 75% 彩条信号,输出端用视频测试仪测量

(2)关于同步脉冲幅度对图像质量的影响,说法正确的有(　　)。

A. 标准值为 300mV ±20mV

B. 此值偏高画面有雾状感,清晰度不高

C. 此值偏低正常情况可突出图像细节,但对夜色画面会因图像偏暗而缺少层次并使彩色失真

D. 在通道输入端用标准信号发生器发送 75% 彩条信号,输出端用视频测试仪测量

(3)关于回波对图像质量的影响,说法正确的有(　　)。

A. 标准值 <7% KF

B. 回波值表征系统的幅频、相频失真,该值的绝对值越小越好

C. 此值偏大容易导致图像出现多重轮廓、重影、图像细节和边缘轮廓不清

D. 在通道输入端用标准信号发生器发送 2T 信号,输出端用视频测试仪测量

(4)关于亮度非线性对图像质量的影响,说法正确的有(　　)。

A. 标准值≤5%

B. 其绝对值越小越好

C. 该值偏大会使图像失去灰度,层次减少,分辨率降低,产生色饱和失真

D. 在通道输入端用标准信号发生器发送 2T 信号,输出端用视频测试仪测量

(5)关于色度/亮度增益值对图像质量的影响,说法正确的有(　　)。

A. 标准值为 ±5%

B. 数值过大引起图像饱和度失真

C. 此值为负值时图像色彩变淡;此值为正值时图像色彩过浓,轮廓不分明

D. 在通道输入端用标准信号发生器发送 2T 信号,输出端用视频测试仪测量

4. 视频传输通道主要指标问答(二)。

(1)关于色度/亮度时延差对图像质量的影响,说法正确的有(　　)。

A. 标准值≤100ns

B. 此值反映系统群延时频率特性不平坦，中频滤波器带宽不够

C. 此值偏大导致色度信号与亮度信号不能同时到达显示端，出现彩色套色不准，在水平方向出现彩色镶边

D. 在通道输入端用标准信号发生器发送 2T 信号，输出端用视频测试仪测量

(2)关于微分增益对图像质量的影响，说法正确的有(　　)。

A. 标准值≤10%

B. 此值反映不同亮度电平下的色度幅度变化，绝对值越小越好

C. 此值偏大影响彩色效果，色彩依背景明暗不同而产生浓淡变化

D. 在通道输入端用标准信号发生器发送调制的五阶梯信号，输出端用视频测试仪测量

(3)关于微分相位对图像质量的影响，说法正确的有(　　)。

A. 标准值≤10°

B. 此值反映图像亮度信号幅度变化引起色度信号相位的失真，绝对值越小越好

C. 此值偏大影响彩色效果，色彩依背景明暗不同而产生偏色

D. 在通道输入端用标准信号发生器发送调制的五阶梯信号，输出端用视频测试仪测量

(4)关于幅频特性对图像质量的影响，说法正确的有(　　)。

A. 标准值在 5.8MHz 带宽内为 ±2dB

B. 该参数是评价一个系统在指定带宽内对不同频率信号的响应能力，理想情况为 5.8MHz带宽内频带为一矩形

C. 当高频段衰减偏大时，图像边缘不清晰

D. 在通道输入端用标准信号发生器发送 $\sin x/x$ 信号，输出端用视频测试仪测量

(5)关于视频信杂比对图像质量的影响，说法正确的有(　　)。

A. 标准值≥56dB

B. 指亮度信号幅度的标称值与随机杂波幅度有效值之比，此值越大越好

C. 此值偏低图像会出现雪花点状干扰，彩色闪烁会更明显

D. 在通道输入端用标准信号发生器发送多波群信号，输出端用视频测试仪测量

5. 请回答 JTG F80/2—2004 中闭路电视监视系统的施工质量要求及检验评定标准的相关问题。

(1)对闭路电视监视系统的基本要求为(　　)。

A. 闭路电视监视系统的设备及配件数量、型号规格符合要求，部件完整

B. 外场摄像机基础安装位置正确，立柱安装竖直、牢固，摄像机(云台)安装方位、高度符合设计要求，控制机箱外部完整，门锁开闭灵活

C. 防雷部件安装到位，连接措施符合规范要求

D. 电源、控制线路以及视频传输线路按规范要求连接到位，闭路电视系统的所有设备处于正常工作状态

(2)基本要求中对资料要求为(　　)。

A. 隐蔽工程验收记录资料齐全

B. 分项工程自检资料齐全

C. 设备调试记录资料齐全

D. 有效的设备检验合格报告或证书等资料齐全

(3)视频传输通道实测项目的关键项目有视频电平和(　　)。

A. 同步脉冲幅度(300mV ±20mV)

B. 回波 E(<7% KF)

C. 幅频特性(6MHz 带宽内 ±2dB)

D. 视频信杂比[≥56dB(加权)]

(4)视频传输通道实测项目的非关键项目有微分增益和(　　)。

A. 亮度非线性(≤5%)

B. 色度/亮度增益不等(±5%)

C. 色度/亮度时延差(≤100ns)

D. 微分相位(≤10°)

(5)监视器画面指标(均为 Δ 项)有(　　)。

A. 随机信噪比(雪花干扰)(黑白≥37dB,彩色≥36dB)

B. 单频干扰(网纹)(黑白≥40dB,彩色≥37dB)

C. 电源干扰(黑白滚道)(黑白≥40dB,彩色≥37dB)

D. 脉冲干扰(跳动)(黑白≥37dB,彩色≥31dB)

6. 请回答视频光端机视频传输通道主要指标相关问题。

(1)关于视频电平,说法正确的有(　　)。

A. 光端机视频电平为 700mV ±10mV

B. 视频电平为 700mV ±20mV

C. 视频电平为 700mV ±30mV

D. 在光端机输入端用标准信号发生器发送 75% 彩条信号,输出端用视频测试仪测量

(2)关于光端机同步脉冲幅度,说法正确的有(　　)。

A. 标准值为 300mV ±10mV

B. 标准值为 300mV ±20mV

C. 此值偏低正常情况可突出图像细节,但对夜色画面会因图像偏暗而缺少层次并使彩色失真

D. 在通道输入端用标准信号发生器发送 100% 彩条信号,输出端用视频测试仪测量

(3)关于光端机回波(k 系数),说法正确的有(　　)。

A. ≤3%

B. ≤5%

C. ≤7%

D. 在通道输入端用标准信号发生器发送 2T 信号,输出端用视频测试仪测量

(4)关于光端机亮度非线性对图像质量的影响,说法正确的有(　　)。

A. ≤3%

B. ≤5%

C. ≤7%

D. 在通道输入端用标准信号发生器发送 2T 信号,输出端用视频测试仪测量

(5)关于光端机色度/亮度增益值对图像质量的影响,说法正确的有(　　)。

A. ≤3%

B. ≤5%

C. ≤7%

D. 在通道输入端用标准信号发生器发送 2T 信号，输出端用视频测试仪测量

7. 环形线圈车辆检测器是通过感应线圈电感量变化来检测车辆的一种车辆检测器。请依据《环形线圈车辆检测器》(GB/T 26942—2011)回答以下问题。

(1)环形线圈车辆检测器可检测的车辆参数有(　　)。

A. 交通量　　B. 瞬时车速　　C. 时间占有率　　D. 车辆高度

(2)依据 GB/T 26942—2011，环形线圈车辆检测器功能要求包括(　　)。

A. 自检功能　　B. 逻辑识别线路功能

C. 本地操作与维护功能　　D. 灵敏度调整功能

(3)依据 GB/T 26942—2011，有关电气安全性能的技术要求和试验方法，描述正确的是(　　)。

A. 绝缘电阻用精度 1.0 级、1500V 的兆欧表在电源接线端子与机壳之间测量

B. 产品应设安全保护接地端子，接地端子与机壳(包括带电部件的金属外壳)连接可靠，接地端子与机壳的连接电阻应小于 0.1Ω

C. 电气强度用精度 1.0 级的耐电压测试仪在接线端子与机壳之间测量

D. 产品应采取防雨、防尘措施，外壳的防护等级应不低于 GB/T 4208—2017 规定的 IP55

(4)依据 GB/T 26942—2011 进行环境适应性能试验时，需要在试验过程中对样品通电试验的是(　　)。

A. 耐低温性能试验　　B. 耐高温性能试验

C. 耐湿热性能试验　　D. 耐机械振动性能试验

(5)某检测中心对某高速公路一台环形线圈车辆检测器的车流量相对误差指标进行实测，实测数据为：人工计数为 100 辆，环形线圈车辆检测器的输出数据为 96 辆，则该环形车辆检测器车流量相对误差及结果为(　　)。

A. 4%　　B. 合格　　C. -4.0%　　D. 不合格

习题参考答案及解析

一、单项选择题

1. A

【解析】主要为减小钢筋对线圈磁场的影响。

2. D

【解析】《环形线圈车辆检测器》(GB/T 26942—2011)3.1。

3. C

【解析】《环形线圈车辆检测器》(GB/T 26942—2011)5.4.2。

4. C

【解析】《环形线圈车辆检测器》(GB/T 26942—2011)5.4.1。

5. C

【解析】公路使用的微波车辆检测器的作用范围一般为60m。

6. B

7. C

8. D

【解析】利用软件在显示屏上对应的车道位置放置虚拟的线圈。

9. D

【解析】由于是借助图像分析,计数误差比其他车辆检测器小很多。

10. D

11. C

【解析】绝对误差是精度和量程的乘积。

12. C

【解析】准确度等级分为七级:0.1、0.2、0.5、1.0、1.5、2.5及5.0。

13. C

【解析】用500V一级兆欧表测试。《公路工程质量检验评定标准　第二册　机电工程》(JTG F80/2—2004)2.1.2。

14. A

【解析】环形线圈检测仪是我国公路系统使用最早和使用最多的测速设备。

15. A

【解析】数据传输测试仪测试的数据传输参数有误码测试、帧结构分析、时隙分析、信令测试、PCM仿真环路时延、倒换时延、输出波形、输出抖动、信号电平等。

16. D

【解析】安装到位后,其绝缘电阻要求≥50MΩ,用500V一级兆欧表测试。《环形线圈车辆检测器》(GB/T 26942—2011)5.5.1。

17. A

【解析】用接地电阻仪测试。

18. D

19. B

20. C

21. B

【解析】该仪器的读数精度为0.1mm。

22. A

【解析】一般设备的防雷接地电阻规定为≤10Ω。

23. C

24. A

25. A

26. C

27. D

【解析】选项 A 属于消防检测设备,选项 B、C 属于气象检测设备。

28. D

29. B

30. C

【解析】《公路工程质量检验评定标准　第二册　机电工程》(JTG F80/2—2004) 2.1.2。

31. B

32. A

33. B

【解析】闭路电视传输通道指标中的视频信杂比越大越好,大于 56dB(加权)时,噪声信号对图像的影响才可忽略。

34. A

【解析】其不是信息处理系统,又不是信息提供系统,也不是信息传输系统(有传输系统只传本系统的视频信号不传别的系统的信号),所以选 A。

35. D

36. C　　37. C　　38. C　　39. C　　40. C

41. B

【解析】微分增益是不同亮度电平下的色度幅度变化,亦指由于图像亮度信号幅度变化引起色度信号幅度的失真。标准值为≤10%,此值偏大时,会产生不同亮度背景下的色饱和度失真,如鲜红衣服在明暗不同的背景下颜色的浓淡变化很大。

42. A

【解析】每种确定的颜色都在色品坐标图上有对应的坐标位置。

43. A

44. B

45. D

46. D

47. C

48. D

【解析】损坏了电缆外护层后绝缘电阻会下降较多。

49. A

【解析】视频同轴电缆特性阻抗一般为 50Ω 和 75Ω,此处选 A。

50. C

【解析】超过 200m 衰减大,需加放大器。

51. C

【解析】可变限速标志向驾驶员提供速度限制信息。

52. D

53. B
54. A
55. D
56. A

【解析】《公路机电系统设备通用技术要求及检测方法》(JT/T 817—2011)5.11.1。

57. B

【解析】《视频光端机》(JT/T 830—2012)4.7.2。

58. C

【解析】《交通信息采集微波交通流检测器》(GB/T 20609—2006)4.1.2.2。

59. D

【解析】《公路工程质量检验评定标准　第二册　机电工程》(JTG F80/2—2004)2.1.2。

60. B

【解析】《公路工程质量检验评定标准　第二册　机电工程》(JTG F80/2—2004)2.1.2。

61. C

【解析】《公路工程质量检验评定标准　第二册　机电工程》(JTG F80/2—2004)2.1.2。

62. D

【解析】《综合布线系统电气特性通用测试方法》(YD/T 1013—2013)1。

二、判断题

1. √
2. √
3. ×

【解析】环形线圈车辆检测器设有立柱。

4. √
5. √
6. ×

【解析】车辆检测器测试的平均速度为单位时间内通过道路上某一设定点全部车辆瞬时速度的算术平均值。

7. √
8. √
9. √
10. ×

【解析】JTG F80/2—2004 中防雷接地电阻要求为≤10Ω。

11. √
12. √

13. √

【解析】气象是更大更广的室外环境。

14. √

15. √

16. √

【解析】湿敏聚合物是电容器中的介质,其介电系数与空气湿度相关,且线性度较好。

17. ×

【解析】属于信息采集子系统。

18. ×

【解析】气象检测器属于气象检测设备。

19 ×

【解析】监控室内噪声应控制在70dB(A)以内。

20. √

【解析】中端为传输通道,末端为电视墙。

21. √

【解析】特别是日光有可能照到镜头的情况。

22. √

【解析】标准值为700mV ±30mV,若不发送75%彩条信号而用100%彩条信号,所测电平值在1000mV左右,可能导致误判。

23. √

24. ×

【解析】标准值为 <7% KF。

25. ×

【解析】标准值为 <5%。

26. √

27. √

28. √

【解析】闭路电视监视系统将外界的图像声音信息摄取给监控中心。

29. √

30. ×

【解析】两者之间是有关联的,一般说来,客观质量指标测试参数都好,主观评价也好;而主观评价好,不一定客观质量指标测试参数都好,因为有些参数问题凭肉眼观察有局限性,而且主观评价者的专业知识和经验差别甚大。

31. √

32. √

33. √

34. √

35. ×

【解析】属于信息发布子系统。

36. √

37. √

38. √

【解析】一般为工业级单片式微机,可靠性较高。

39. √

【解析】可变限速标志向驾驶员提供限制速度的信息。

40. √

41. √

42. √

【解析】光电缆越长,并联的电阻越多,电阻值越小。

43. √

【解析】小于15倍有可能损伤线芯。

44. ×

【解析】绕接电缆芯线必须使用绕线枪,不得以手钳代替。

45. √

【解析】监控中心是高速公路的控制枢纽。

46. √

【解析】电视墙、大屏投影、地图板等都是显示设备。

47. √

【解析】湿度过高对电子设备不利。

48. √

【解析】《综合布线系统电气特性通用测试方法》(YD/T 1013—2013)4。

49. ×

【解析】应符合现行JT/T 432的规定。《公路工程质量检验评定标准 第二册 机电工程》(JTG F80/2—2004)2.4.2。

50. √

【解析】《视频光端机》(JT/T 830—2012)3.1。

51. ×

【解析】应为过电压保护。《视频光端机》(JT/T 830—2012)4.3.3。

52. √

【解析】《视频光端机》(JT/T 830—2012)4.6.1。

53. ×

【解析】时延差要求≤50ns。《视频光端机》(JT/T 830—2012)4.6.1。

54. √

【解析】《视频光端机》(JT/T 830—2012)4.6.1。

55. ×

【解析】相位要求≤10°。《视频光端机》(JT/T 830—2012)4.6.1。

56. √

【解析】幅频特性频率响应图如下。《视频光端机》(JT/T 830—2012)4.6.1。

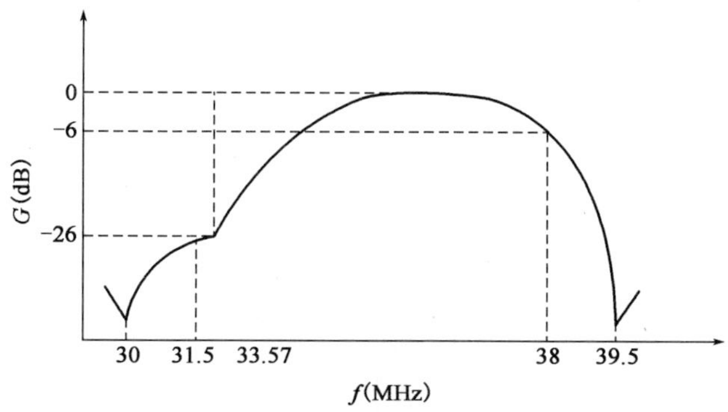

幅频特性频率响应图

57. √

【解析】《视频光端机》(JT/T 830—2012)4.6.1。

58. √

【解析】视频通道传输性能的幅频特性理想为31.5~38MHz的带通滤波器(参见56题图),在10.9MHz频率处比基准频率处只降低了5dB(衰减太小),则其特性不满足规范要求。

59. √

【解析】色度信号与亮度信号时间不同步,水平方向上出现彩色镶边。

60. √

【解析】《综合布线系统电气特性通用测试方法》(YD/T 1013—2013)4。

61. ×

【解析】缺"线对间传输时延差"。《公路工程质量检验评定标准 第二册 机电工程》(JTG F80/2—2004)2.9.2。

62. ×

【解析】凯文电桥为直流电桥,只能测电阻,要用交流电桥才能测电感量。

63. √

【解析】《综合布线系统电气特性通用测试方法》(YD/T 1013—2013)4。

64. √

【解析】《综合布线系统电气特性通用测试方法》(YD/T 1013—2013)3.1.31。

65. ×

【解析】FA级布线使用7A类电缆及同类别组件。《综合布线系统电气特性通用测试方法》(YD/T 1013—2013)4.1.6。

三、多项选择题

1. ACD

【解析】按表现形式分。

2. ABD

【解析】只能检测车行驶方向的参数。

3. ABD

【解析】视认距离属于可变标志系统检验项目。

4. AB

5. ABC

【解析】拓扑技术用于网络。

6. ABCD

7. ABCD

【解析】以上4种车辆检测器均为公路常用。

8. ABCD

【解析】选项A、C利用车辆钢铁的高导磁性,选项B利用多普勒效应,选项D利用汽车温度比周围高。

9. BCD

【解析】所以环形线圈车辆检测器是监控系统使用最早、最广的车辆检测器。

10. ACD

11. ABD

12. BC

【解析】选项A和D属于监控系统,但不属于环境检测设备。

13. AD

【解析】道路环境检测由路面状态检测器完成。

14. ABCD

15. ABC

16. ABC

17. AB

【解析】选项C、D两种合金不用作测温。

18. AB

【解析】选项A、B为必用;选项C为测网络传输,在此从来不用,不选;选项D偶尔使用,也不选。

19. ABCD

【解析】主观评分要求5人以上参评,不小于4分为合格。

20. AC

【解析】选项B已含在选项A中,选项D也含在选项C中。

21. BCD

22. ABCD

【解析】此外,球机耐候性好,可全天候工作。

23. ABC

24. ABC

25. ABCD

26. ABCD

27. ACD

【解析】亮度不均匀度为非关键项目。

28. ABCD

【解析】这是一般户外机电产品必过之关。

29. ABCD

【解析】注意，选项 D 提供收费额度可变信息，但其又属于收费系统，选与否？如题目冠以“监控系统”，则选项 D 不选为妙；而此题冠以“高速公路”，则选之才对。

30. ABC

【解析】护层可能有几层，加强元件也可能有几种，如钢芯、铠装等，无包层一说。

31. CD

【解析】选项 A、B 为引进的土建术语。

32. ABCD

【解析】4 种都是光纤通信常用的波长，这也是光纤的 4 个低损耗窗口。

33. ABCD

34. AC

【解析】尺寸和外观不开盘不便检查。

35. ABC

【解析】施工前应抽样测几盘光缆，如抽测情况好，可不必每盘都测；否则每盘都要测。选项 B、C 为熔纤完成后测试。从光缆到工地、敷缆、熔纤到光链路建成环环都要检测，才能保证质量。设备维护测试不在施工过程中进行。

36. ABCD

37. ABCD

【解析】系统主机负责网络操作、系统进程的管理和运行。主机常作为系统数据库服务器，存储监控系统的数据，大型通用软件有时也存储于此，供各客户机调用。

交通监控计算机监视各路段外场监控站设备的运行，收集和处理车辆、交通环境和隧道的监测数据，运行各种优化控制模型，发出控制指令和数据越限报警，生成和打印各种报表。

可变信息显示控制计算机：接收主机数据，根据控制指令，编辑需要显示的图文，并向现场发出执行指令。

通信控制计算机：与路段现场监控站的通信控制单元连接，监视各条传输信道的工作状态，并做出越限报警。

38. ABCD

39. ABCD

40. ABD

【解析】宏观协调控制是交通管理部门的职责。

41. ABCD

【解析】《视频光端机》(JT/T 830—2012)4.4。

42. ABCD

【解析】《视频光端机》(JT/T 830—2012)4.5。

43. ABD

【解析】主观评价项目可采用级损伤制评定,各项的评分结果应不低于4分。《视频光端机》(JT/T 830—2012)4.6.1、5.5.2。

44. CD

【解析】《综合布线系统电气特性通用测试方法》(YD/T 1013—2013)4.1.6。

45. BCD

【解析】选项A为回波损耗。《综合布线系统电气特性通用测试方法》(YD/T 1013—2013)6。

四、综合题

1.(1)B　(2)ABCD　(3)ABD　(4)ABC　(5)ABCD

【解析】(4)数据通信接口使用9针RS232C阴性插座和RJ-45以太网接口。

(5)《环形线圈车辆检测器》(GB/T 26942—2011)。注意,此处车速相对误差小于3%,而《公路工程质量检验评定标准　第二册　机电工程》(JTG F80/2—2004)规定为±5%(km/h)。

2.(1)ABC　(2)ABD　(3)A　(4)C　(5)C

【解析】(1)除耐候性能测试外,其他试验无人工加速老化条件。

(2)主观测试项目,测试人员应不少于3人。

(4)《环形线圈车辆检测器》(GB/T 26942—2011)。

$$V_{ri} = \frac{|v_i - v_{i0}|}{v_{i0}} \times 100\%$$

式中:V_{ri}——每辆车的车速相对误差;

v_i——每辆车瞬时车速的检测器测量值(km/h);

v_{i0}——每辆车瞬时车速的雷达测速仪测量值(km/h)。

(5)《环形线圈车辆检测器》(GB/T 26942—2011)。取样数量应为50辆车次才够,上例仅10个取样数,故不能判定合格与否。

3.(1)ABCD　(2)ABCD　(3)ABCD　(4)ABCD　(5)ABCD

4.(1)ABCD　(2)ABCD　(3)ABCD　(4)ABCD　(5)ABCD

5.(1)ABCD　(2)ABCD　(3)ABCD　(4)ABCD　(5)ABCD

6.(1)BD　(2)AC　(3)AD　(4)BD　(5)BD

【解析】(1)、(3)~(5)《视频光端机》(JT/T 830—2012)4.6.1。

(2)标准信号发生器发送100%彩条信号。《视频光端机》(JT/T 830—2012)4.6.1。

7.(1)ABC　(2)ABCD　(3)BCD　(4)BCD　(5)AD

【解析】(1)《环形线圈车辆检测器》(GB/T 26942—2011)5.3.1。

(2)《环形线圈车辆检测器》(GB/T 26942—2011)5.3。

(3)《环形线圈车辆检测器》(GB/T 26942—2011)5.5、6.7。

(4)《环形线圈车辆检测器》(GB/T 26942—2011)5.7。

(5)《环形线圈车辆检测器》(GB/T 26942—2011)6.6.2.4。

第十三章

通信设施

复习提示

本章引用的标准有《公路地下通信管道　高密度聚乙烯硅芯塑料管》(JT/T 496—2018)、《高密度聚乙烯硅芯管》(GB/T 24456—2009)、《地下通信管道用塑料管　第1部分:总则》(YD/T 841.1—2016)、《地下通信管道用塑料管　第3部分:双壁波纹管》(YD/T 841.3—2016)、《公路用玻璃纤维增强塑料产品　第3部分:管道》(GB/T 24721.3—2009)、《公路用玻璃纤维增强塑料产品　第2部分:管箱》(GB/T 24721.2—2009)、《塑料试样状态调节和试验的标准环境》(GB/T 2918—1998)、《公路工程质量检验评定标准　第二册　机电工程》(JTG F80/2—2004)、《信息安全技术　路由器安全技术要求》(GB/T 18018—2007)、《以太网交换机技术要求》(YD/T 1099—2013);参考书有《光同步数字传输系统测试》(邓忠礼、赵晖,人民邮电出版社,2001)、《光纤光缆工程测试》(胡志先、刘泽恒,人民邮电出版社,2001)。

习　题

一、单项选择题

1. 玻璃纤维增强塑料产品耐自然暴露性能试验后其弯曲强度性能保留率不小于试验前的(　　)。

A. 60%　　B. 75%　　C. 80%　　D. 85%

2. 玻璃钢管道的管刚度试样最小长度为(　　)。

A. 300mm　　B. 350mm　　C. 400mm　　D. 450mm

3. 玻璃纤维增强塑料管箱宽度 W、高度 H 允许偏差均为(　　)。

A. ±2mm　　B. ±3mm　　C. ±4mm　　D. ±5mm

4. 玻璃纤维增强塑料管箱长度 L 允许偏差为(　　)。

A. +12mm,-0mm　　B. +3mm,-0mm

C. +5mm,-0mm　　D. +10mm,-0mm

5. 玻璃纤维增强塑料管箱厚度 t 允许偏差为(　　)。

A. ±0.05mm　　B. ±0.1mm　　C. ±0.2mm　　D. ±0.3mm

6. 玻璃纤维增强塑料普通管箱(Ⅰ类)的长度 L 均为(　　)。

A. 2000mm　　B. 3000mm　　C. 4000mm　　D. 6000mm

7. 玻璃纤维增强塑料接头管箱(Ⅱ类)的长度 L 均为(　　)。

A. 2000mm　　B. 3000mm　　C. 4000mm　　D. 6000mm

8. 玻璃纤维增强塑料管箱的厚度 t 均为(　　)。

A. 3mm　　B. 4mm　　C. 5mm　　D. 6mm

9. 玻璃纤维增强塑料管箱的拉伸(管箱长度方向)强度为(　　)。

A. ≥100MPa　　B. ≥130MPa　　C. ≥160MPa　　D. ≥190MPa

10. 玻璃纤维增强塑料管箱的拉伸(管箱宽度方向)强度为(　　)。

A. ≥76MPa　　B. ≥86MPa　　C. ≥96MPa　　D. ≥106MPa

11. 玻璃纤维增强塑料管箱的压缩强度为(　　)。

A. ≥100MPa　　B. ≥130MPa　　C. ≥160MPa　　D. ≥190MPa

12. 玻璃纤维增强塑料管箱的弯曲(管箱长度方向)强度为(　　)。

A. ≥130MPa　　B. ≥150MPa　　C. ≥170MPa　　D. ≥190MPa

13. 玻璃纤维增强塑料管箱的弯曲(管箱宽度方向)强度为(　　)。

A. ≥102MPa　　B. ≥132MPa　　C. ≥162MPa　　D. ≥192MPa

14. 梅花管的管接头(套筒)长度不小于(　　)。

A. 100mm　　B. 150mm　　C. 200mm　　D. 250mm

15. 梅花管的内孔尺寸允许偏差均为(　　)。

A. ±0.1mm　　B. ±0.2mm　　C. ±0.3mm　　D. ±0.5mm

16. 梅花管的长度均为(　　)。

A. 2000mm　　B. 3000mm　　C. 4000mm　　D. 6000mm

17. 梅花管的内外壁厚的偏差宜为(　　)。

A. 0 ~ +0.1mm　　B. 0 ~ +0.2mm　　C. 0 ~ +0.4mm　　D. 0 ~ +0.5mm

18. 梅花管的长度允许偏差为(　　)。

A. 0 ~ +10mm　　B. 0 ~ +20mm　　C. 0 ~ +30mm　　D. 0 ~ +40mm

19. 梅花管的硬直管同方向弯曲度应不大于(　　)。

A. 0.5%　　B. 1%　　C. 1.5%　　D. 2%

20. 公称外径 100mm 的双壁波纹管的层压壁厚为(　　)。

A. 0.5mm　　B. 0.6mm　　C. 0.8mm　　D. 1.0mm

21. 公称外径 100mm 的双壁波纹管的公称外径允许误差为(　　)。

A. +0.2mm, -0.4mm　　B. +0.4mm, -0.6mm

C. +0.6mm, -0.8mm　　D. +0.8mm, -1.0mm

22. 公称外径 100mm 的双壁波纹管的接合长度为(　　)。

A. 20mm　　B. 30mm　　C. 40mm　　D. 50mm

23. 公称外径 100mm 的双壁波纹管的内层壁厚为(　　)。

A. 0.5mm　　B. 0.6mm　　C. 0.8mm　　D. 1.0mm

24. 公称外径 200mm 的双壁波纹管的层压壁厚为(　　)。

A. 0.8mm　　B. 1.0mm　　C. 1.2mm　　D. 1.4mm

25. 公称外径 200mm 的双壁波纹管的公称外径允许误差为(　　)。

A. +0.4mm, -0.6mm　　B. +0.4mm, -0.8mm

C. +0.6mm, -1.0mm　　D. +0.6mm, -1.2mm

26. 公称外径 200mm 的双壁波纹管的接合长度为(　　)。

A. 20mm　　B. 30mm　　C. 40mm　　D. 50mm

27. 公称外径 200mm 的双壁波纹管的内层壁厚为(　　)。

A. 0.8mm　　B. 0.9mm　　C. 1.0mm　　D. 1.1mm

28. 双壁波纹管标称外径≤110mm,其落锤冲击试验的落锤质量和冲击高度为(　　)。

A. 0.5kg,1600mm　　B. 0.8kg,1800mm

C. 1.0kg,2000mm　　D. 1.6kg,2000mm

29. 160mm < 标称外径≤200mm 双壁波纹管,其落锤冲击试验的落锤质量为(　　)。

A. 0.5kg　　B. 0.8kg　　C. 1.0kg　　D. 1.6kg

30. 双壁波纹管落锤冲击试验温度条件为(　　)。

A. 0℃　　B. 10℃　　C. 23℃　　D. 25℃

31. 生产硅芯管的主料应使用符合 GB/T 11115—2009 规定的高密度(　　)。

A. 聚乙烯挤出级树脂　　B. 聚氯乙烯挤出级树脂

C. 聚丙烯挤出级树脂　　D. 聚氯丙烯挤出级树脂

32. ϕ32/26 规格硅芯管的壁厚及允差分别为(　　)。

A. 2.0mm,(+0.25, -0.20)　　B. 2.5mm,(+0.30, -0.20)

C. 2.7mm,(+0.30, -0.20)　　D. 3.0mm,(+0.35, -0.25)

33. ϕ63/54 规格硅芯管的壁厚及允差分别为(　　)。

A. 3.5mm,(+0.30, -0.25)　　B. 4.0mm,(+0.30, -0.25)

C. 4.5mm,(+0.40, -0.30)　　D. 5.0mm,(+0.40, -0.30)

34. 硅芯管外壁识别用色谱颜色有(　　)。

A. 9 色　　B. 10 色　　C. 11 色　　D. 12 色

35. 硅芯管静态内壁摩擦系数为(　　)。

A. ≤0.15　　B. ≤0.20　　C. ≤0.25　　D. ≤0.30

36. 硅芯管动态内壁摩擦系数为(　　)。

A. ≤0.15　　B. ≤0.20　　C. ≤0.25　　D. ≤0.30

37. 硅芯管的纵向收缩率应(　　)。

A. ≤1.0%　　B. ≤2.0%　　C. ≤3.0%　　D. ≤4.0%

38. 钢网玻璃钢管箱的氧指数应大于(　　)。

A. 22%　　B. 24%　　C. 26%　　D. 28%

39. 聚氨酯复合电缆桥架的负载能力不小于(　　)。

A. 10kPa　　B. 15kPa　　C. 20kPa　　D. 30kPa

40. 硅芯管的拉伸屈服强度应(　　)。

A. ≥18MPa　　B. ≥21MPa　　C. ≥24MPa　　D. ≥27MPa

41. 硅芯管的外壁硬度应(　　)。

A. ≥59HD　　B. ≥62HD　　C. ≥65HD　　D. ≥68HD

42. ϕ50/41 规格硅芯管的环刚度应(　　)。

A. ≥40kN/m^2　　B. ≥45kN/m^2　　C. ≥50kN/m^2　　D. ≥55kN/m^2

43. 硅芯管的脆化温度为(　　)。

A. －60℃　　B. －65℃　　C. －70℃　　D. －75℃

44. 根据《公路地下通信管道　高密度聚乙烯硅芯塑料管》(JT/T 496—2018),硅芯管耐落锤冲击性能试验是在高度 2m 处,用总质量 15.3kg 的落锤冲击(　　)个试样。

A. 3　　B. 5　　C. 10　　D. 20

45. 各种交通控制信息快速、及时传递的基本保障是(　　)。

A. 路由器　　B. 业务电话　　C. 紧急电话　　D. 通信系统

46. 下列属于支撑网的为(　　)。

A. 互联网　　B. 移动网　　C. 局域网　　D. 网络管理网

47. 高速公路通信系统的主要通信方式为(　　)。

A. 有线通信　　B. 无线通信　　C. 移动通信　　D. 可视电话

48. 高速公路数字通信网中传输和交换信息的核心设备是(　　)。

A. 计算机　　B. 数字交换设备　　C. 编码器　　D. 路由器

49. 对信号进行传输的是(　　)。

A. 信元　　B. 信道　　C. 信宿　　D. 信源

50. 对信号进行解码的是(　　)。

A. 发信机　　B. 收信机　　C. 信源　　D. 信元

51. 对信号进行编码的是(　　)。

A. 发信机　　B. 收信机　　C. 信源　　D. 信元

52. 将模拟信号变成离散信号的环节是(　　)。

A. 采集　　B. 变换　　C. 抽样　　D. 量化

53. 半双工信道适应领域是(　　)。

A. 电视　　B. 广播　　C. 对讲机　　D. 移动电话

54. 全双工信道适应领域是(　　)。

A. 电视　　B. 广播　　C. 对讲机　　D. 移动电话

55. 串行通信适于(　　)传输。

A. 100m 内　　B. 500m 内　　C. 1000m 内　　D. 长距离传输

56. 对频率上限为 f_{max} 的模拟信号取样时,要求取样频率为(　　)。

A. $1.2f_{max}$　　B. $1.5f_{max}$　　C. $2f_{max}$　　D. f_{max}

57. 8 位量化等级为(　　)。

A. 64　　B. 128　　C. 256　　D. 512

58. 通信中会引起成群差错的噪声为(　　)。

A. 热噪声　B. 冷噪声　C. 冲击噪声　D. 电磁噪声

59. 基带传输是指（　　）。

A. 按照数字信号原有的波形在信道上直接传输

B. 按照数字信号的基波在信道上直接传输

C. 按照数字信号的奇次谐波在信道上直接传输

D. 按照数字信号的偶次谐波在信道上直接传输

60. 基带传输时，对数字信号编码含直流分量的编码名称为（　　）。

A. ASCII 编码　B. 非归零码 NRZ

C. 曼彻斯特编码　D. 差分曼彻斯特编码

61. 通信中会引起某个码元出错，而与前后码元无关的噪声为（　　）。

A. 热噪声　B. 冷噪声　C. 冲击噪声　D. 电磁噪声

62. 我国新建的交通通信专网传输制式大多采用（　　）。

A. PDH　B. SDH　C. PCM　D. ATK

63. 同步数字体系结构（SDH）中 SDH 协议栈分层结构从下往上依次为（　　）。

A. 光层、线路层、段层、通道层　B. 光层、段层、线路层、通道层

C. 光层、线路层、通道层、段层　D. 光层、段层、通道层、线路层

64. SDH 同步数字传输系统中 STM-Ⅰ等级代表的传输速率为（　　）。

A. 155.080Mbps　B. 155.520Mbps

C. 622.080Mbps　D. 622.520Mbps

65. 通信系统的同步数字传输统称为（　　）。

A. PDH　B. SDH　C. PCM　D. SPDH

66. ATM 信元的组成字节数为（　　）。

A. 35　B. 43　C. 53　D. 63

67. PCM 中的取样周期为（　　）。

A. 1/1000s　B. 1/2000s　C. 1/4000s　D. 1/8000s

68. PCM 时隙为（　　）。

A. 3.9μs　B. 7.8μs　C. 15.6μs　D. 31.2μs

69. SDH 的矩形块状帧结构的规模为（　　）。

A. $9,261 \times N$　B. $9,270 \times N$　C. $9,300 \times N$　D. $9,600 \times N$

70. SDH 的净负荷矩阵开始的第一行第一列起始位置为（　　）。

A. $1,9 \times N$　B. $1,10 \times N$

C. $1,9 \times (N+1)$　D. $1,270 \times N$

71. SDH 的段开销的列数为（　　）。

A. $(1 \sim 9) \times N$　B. $(1 \sim 10) \times N$

C. $(1 \sim 12) \times N$　D. $(1 \sim 15) \times N$

72. SDH 的再生段开销的起止行、列序号为（　　）。

A. $1 \sim 3, (1 \sim 9) \times N$　B. $1 \sim 5, (1 \sim 10) \times N$

C. $7 \sim 3, (1 \sim 12) \times N$　D. $5 \sim 9, (1 \sim 15) \times N$

73. SDH 的复用段开销的起止行、列序号为(　　)。

A. 1 ~ 3,(1 ~ 9) × N　　B. 1 ~ 5,(1 ~ 10) × N

C. 7 ~ 3,(1 ~ 12) × N　　D. 5 ~ 9,(1 ~ 9) × N

74. SDH 规定的组成映射方式有(　　)。

A. 5 种　　B. 8 种　　C. 12 种　　D. 16 种

75. SDH 光纤传送网是一个灵活的、兼容的、高可靠性的、可以实行集中智能化管理的网络。SDH 的本质是(　　)。

A. 采用标准的光接口　　B. 一种新设备同步复用设备

C. 一种新的大容量高速光纤传输系统　　D. 一种新的网络技术同步传输体系

76. 在我国采用的 SDH 复用结构中,如果按 2.048M/s 信号直接映射入 VC-12 的方式,一个 VC-4 中最多可以传送 2.048Mb/s 信号的路数为(　　)。

A. 30　　B. 32　　C. 63　　D. 64

77. 在 1000BASE-T 网络中,系统传输占用的电缆对数为(　　)。

A. 1 对　　B. 2 对　　C. 3 对　　D. 4 对

78. 10BASE-T 网络代号中,BASE 代表的意义是(　　)。

A. 信号传输速率　　B. 双绞线传输介质

C. 基带传输　　D. 基波传输

79. 以下不属于网络传输性能的考核技术指标的是(　　)。

A. 误码特性　　B. 抖动性能　　C. 漂移性能　　D. 传输速率

80. 高速公路通信系统基本的主干线传输方式应优先选择(　　)。

A. 光纤通信　　B. 微波通信　　C. 卫星通信　　D. 数字通信

81. 公路光纤数字通信网大多采用(　　)自愈网。

A. 方形　　B. 圆形　　C. 环形　　D. 四边形

82. 通信单模光纤接头损耗平均值为(　　)。

A. ≤0.1dB　　B. ≤0.15dB　　C. ≤0.2dB　　D. ≤0.25dB

83. 通信多模光纤接头损耗平均值为(　　)。

A. ≤0.1dB　　B. ≤0.15dB　　C. ≤0.2dB　　D. ≤0.25dB

84. 光纤接头损耗平均值意为(　　)。

A. 多个接头的接头损耗平均值

B. 单个接头连续重复测试的接头损耗平均值

C. 单个接头隔天测试 3 次的接头损耗平均值

D. 单个接头分别从 A 端和 B 端测试的接头损耗平均值

85. 光分波器和光合波器在光纤通信的光电器件中属于(　　)。

A. 光发送器件　　B. 光波系统互联器件

C. 光接收器件　　D. 光电集成器件

86. 当光功率以 dBm 表示时,光接收机动态范围可表示为(　　)。

A. $P_{max} < P_R$　　B. $P_{max} - P_R$

C. $P_{max} > P_R$　　D. $P_{max} = P_R$

注：P_{max}为以 dBm 表示时不误码条件下能收的最大信号平均功率，P_R为以 dBm 表示时接收器的接收灵敏度。

87. 光纤数字传输系统 2M 电口的比特误差比率 BER 标准值为(　　)。

A. $\leqslant 1\times10^{-9}$　　B. $\leqslant 1\times10^{-10}$

C. $\leqslant 1\times10^{-11}$　　D. $\leqslant 1\times10^{-12}$

88. 光纤数字传输系统 2M 电口的误差秒比率 ESR 标准值为(　　)。

A. $\leqslant 1.1\times10^{-5}$　　B. $\leqslant 1.1\times10^{-6}$

C. $\leqslant 1.1\times10^{-7}$　　D. $\leqslant 1.1\times10^{-8}$

89. 光纤数字传输系统 2M 电口的严重误码秒比特 SESR 标准值为(　　)。

A. $\leqslant 5.5\times10^{-5}$　　B. $\leqslant 5.5\times10^{-6}$

C. $\leqslant 5.5\times10^{-7}$　　D. $\leqslant 5.5\times10^{-8}$

90. 光纤数字传输系统 2M 电口的背景块误码比 BBER 标准值为(　　)。

A. $\leqslant 5.5\times10^{-5}$　　B. $\leqslant 5.5\times10^{-6}$

C. $\leqslant 5.5\times10^{-7}$　　D. $\leqslant 5.5\times10^{-8}$

91. JTG F80/2—2004 中，数字程控交换系统工作电压的规定值应为(　　)。

A. 40V　　B. －57～40V　　C. 57V　　D. －57～－40V

92. 通信管道一般沿高速公路(　　)埋设。

A. 公路边坡　　B. 排水沟外侧　　C. 中央分隔带　　D. 路肩

93. 通信管道的最小埋深(管顶到地面)一般为(　　)。

A. ＞50cm　　B. ＞80cm　　C. ＞100cm　　D. ＞150cm

94. 通信光缆护层绝缘电阻要求(　　)。

A. ≥50MΩ·km　　B. ≥100MΩ·km

C. ≥500MΩ·km　　D. ≥1000MΩ·km

95. 音频电缆绝缘电阻要求(　　)。

A. ≥50MΩ·km　　B. ≥100MΩ·km

C. ≥500MΩ·km　　D. ≥1000MΩ·km

96. 信号电缆绝缘电阻要求(　　)。

A. ≥50MΩ·km　　B. ≥100MΩ·km

C. ≥500MΩ·km　　D. ≥1000MΩ·km

97. 信号电缆直流电阻要求(　　)。

A. ≤5Ω/km　　B. ≤10Ω/km　　C. ≤12.5Ω/km　　D. ≤23.5Ω/km

98. 频带传输就是将基带信息进行(　　)的传输过程。

A. 滤波　　B. 采样　　C. 数字化　　D. 载波调制和解调

二、判断题

1. 公路通信管道是用来保护光电缆线路的管道。　　(　　)

2. 公路通信管道主要有水泥管、塑料管以及钢管。　　(　　)

3. 公路通信塑料管主要有高密度聚乙烯硅芯塑料管、双壁波纹管、公路用玻璃纤维增强塑

料管道、公路用玻璃纤维增强塑料管箱。（　）

4. 玻璃钢管道按成型工艺分为卷制成型管道、缠绕成型管道、其他成型管道。（　）

5. 玻璃钢管道规格有 90mm × 5mm、100mm × 5mm、125mm × 5mm、150mm × 8mm、175mm × 8mm 等。（　）

6. 光、电缆横穿路基时应加钢管保护，钢管的型号规格和防腐措施应符合设计要求。（　）

7. 光、电缆在过桥梁或其他构造物时采用的管箱、引上和引下工程采用的保护管应符合设计要求。（　）

8. 管道基础及包封用原材料、型号、规格及数量应符合相关的国家和行业标准。（　）

9. 主管道管孔试通试验可查随工验收记录或采用吹气法试通。（　）

10. 管道地基工程质量检验评定实测时，应查隐蔽工程验收记录，必要时剖开复测。（　）

11. 双壁波纹管：内壁为实心、外壁为中空波纹复合成型的单孔塑料管。（　）

12. 硅芯管是由高密度聚乙烯（HDPE）外壁、外层色条和永久性固体硅质内润滑层组成的单孔塑料管。（　）

13. 梅花管：横截面为若干个正六边形结构组成的多孔塑料管。（　）

14. 栅格管：横截面为若干个正方形结构组成的多孔矩形塑料管。（　）

15. 蜂窝管：横截面为若干个实心圆环结构组成的多孔塑料管。（　）

16. 地下通信管道用塑料管按成型外观划分为硬直管、硬弯管、可挠管。（　）

17. 梅花管的有效孔数有 4 孔、5 孔、6 孔 3 种。（　）

18. 管材可以按环刚度分为：SN2、SN4、SN6.3、SN8、SN12.5、SN16。（　）

19. 双壁波纹管公称外径系列为 100mm、110mm、125mm、140mm、160mm、200mm。（　）

20. 双壁波纹管最小内径系列为 86mm、90mm、105mm、118mm、134mm、167mm。（　）

21. 双壁波纹管硬直管同方向弯曲度应不大于 5%，管材不允许有 S 形弯曲。（　）

22. 双壁波纹管管材有效长度一般为 4m，其他长度由供需双方协商确定。（　）

23. 双壁波纹管落锤冲击试验要求试样 9/10 不破裂。（　）

24. 聚氯乙烯双壁波纹管扁平试验垂直方向外径形变量达到 25% 时，立即卸荷，试样应无破裂。（　）

25. 聚乙烯双壁波纹管扁平试验垂直方向外径形变量达到 40% 时，立即卸荷，试样应无破裂。（　）

26. 双壁波纹管要求复原率 ≥90%，且试样不破裂、不分层。（　）

27. 双壁波纹管静摩擦系数要求 ≤0.55。（　）

28. 硅芯管色条颜色为蓝、橙、荧光橙、绿、棕、灰、白、红、黑、黄、荧光黄、紫、粉红、青绿。（　）

29. 硅芯管规格有 ϕ32/26、ϕ34/28、ϕ40/33、ϕ46/38、ϕ50/41、ϕ63/54。（　）

30. ϕ32/26 硅芯管冷弯曲半径为 300mm。（　）

31. 每盘硅芯管出厂长度可由供需双方商定，盘中接头不应大于 2 个。（　）

32. ϕ34/28 硅芯管环刚度 ≥50kN/m^2。（　）

33. ϕ63/54 硅芯管最大牵引负荷≥12000N。（　）

34. ϕ32/26 硅芯管最大牵引负荷≥8000N。（　）

35. 硅芯管耐落锤冲击性能分常温(23℃)和低温(-25℃)两种试验。（　）

36. 硅芯管耐落锤冲击性能常温(23℃)试验时,用15.3kg的重锤(高度2m)冲击10个试样,单个试样不破裂或裂纹宽度不大于0.8mm视为通过,通过试样数应不少于9个。（　）

37. 硅芯管耐落锤冲击性能低温(-20℃)试验时,用15.3kg的重锤(高度2m)冲击10个试样,无开裂现象试样数应不少于9个。（　）

38. 硅芯管耐落锤冲击性能试验共需重锤冲击10个试样。（　）

39. 根据《高密度聚乙烯硅芯管》(GB/T 24456—2009)规定,硅芯管外壁硬度测试方法是用邵氏硬度计测试3次,取平均值为测量结果。（　）

40. 生产硅芯管的主料应使用符合GB/T 11115—2009规定的高密度聚乙烯挤出级树脂,其熔体流动速率MFR(190/2.16)为0.1~1.0g/10min。（　）

41. 高速公路通信系统业务网的业务主要包括电话联络、监控、收费数据及图像传输、办公自动化等。（　）

42. 我国高速公路通信系统大多采用专用数据通信网。（　）

43. 硅芯塑料管道敷设完后,应利用气吹法做管孔试通试验。（　）

44. ATM的传输中当只有一个通道有信号时,该通道占用全部时隙。（　）

45. 量化脉冲调制是一个模拟信号变成数字信号的过程。（　）

46. 数据电路就是数据链路。（　）

47. 传输链路是网络节点的连接媒介及信号的传输通道。（　）

48. 终端设备是通信网中的终点。（　）

49. 时分多路复用多用于数字通信。（　）

50. 频分多路复用多用于模拟通信。（　）

51. 音频电路和低速数据电路用PCM话路特性仪测试。（　）

52. 热噪声可引起某个码元出错。（　）

53. 冲击噪声可引起某个码元出错。（　）

54. 差错控制方式基本上分为两类,一类称为"反馈纠错",另一类称为"前向纠错"。在这两类基础上又派生出一种称为"混合纠错"。（　）

55. 无线电广播和电视广播是单工传送的例子。（　）

56. 航空和航海无线电台以及对讲机等都是半双工通信方式。（　）

57. 移动电话是全双工通信方式。（　）

58. 并行通信时数据的各个位同时传送,可以字或字节为单位同时并行进行。（　）

59. 串行通信时数据是一位一位顺序传送的。（　）

60. 基带传输按照数字信号原有的波形在信道上直接传输。（　）

61. 频带传输是一种采用调制、解调技术的传输形式。（　）

62. 通信网的基本构成要素是终端设备、传输链路、转接交换设备及接入部分。（　）

63. 美国的DSL标准是将24个以PCM编码的话音信号复接在一起,加上帧定位比特组成1544kb/s的二进制码流进行传输的技术标准。（　）

64. 欧洲的 E1 标准是将 30 路以 PCM 编码的话音信号复用在一起,加上帧定位码组和用于传送信令的通道,组成 2048kb/s 码流的帧结构。 ( )

65. PDH 是将 1544kb/s 和 2048kb/s 两个 PCM 系统兼容。 ( )

66. SDH 继承和更新了 PDH。 ( )

67. 目前,SDH 应用于公路系统通信的标准速率通常为 STM-64。 ( )

68. SDH 的帧结构在光纤中成链状结构。 ( )

69. SDH 的帧结构以字节为单位进行传输。 ( )

70. SDH 的段开销包括再生段开销、管理段开销和复用段开销。 ( )

71. 在 SDH 设备产品中,与数字传输有关的接口分为电接口和光接口两类。 ( )

72. SDH 统一规范了标准光接口,允许不同厂家的设备在光路互通。 ( )

73. SDH 统一规范了数字传输体制的世界标准,使 1.5Mb/s 和 2Mb/s 两大数字体系在 STM-1 等级以上获得了统一。 ( )

74. SDH 采用了同步复用方式和灵活的复用映射结构。 ( )

75. SDH 加强了软件对网络的配置和控制。 ( )

76. SDH 具有完全的后向兼容性和前向兼容性。 ( )

77. 管道地基施工质量是否符合设计要求,实测时查隐蔽工程验收记录,必要时剖开复测。 ( )

78. 光纤通信系统一般由电端机、光端机、光纤传输组成。 ( )

79. 光纤数字传输系统中系统设备安装连接的可靠性是指设备机身与地面基础连接牢固端正。 ( )

80. 单模光缆较多模光缆性能优越,因此,通信光缆一般选用单模光缆。 ( )

81. 平均发送光功率是指在正常工作条件下,光端机光源尾纤输出的平均光功率,也称入纤平均光功率。 ( )

82. 光接收灵敏度是指在给定的误码率(10^{-10})的条件下,光接收机所能接收的最小平均功率。 ( )

83. 光纤接头损耗可通过光纤熔接机上的监测表测得。 ( )

84. 光纤的传输方式只有单模传输和多模传输两种。 ( )

85. 光纤通信中,光发送端机是把光信号换成电信号,光接收端机则是把电信号转换成光线号。 ( )

86. 光纤传输对外界无干扰,也不接受外界干扰,保密性很好。 ( )

87. 单模光纤接头损耗平均值≤0.2dB。 ( )

88. 光纤接续点接头损耗值只需要用后向散射法(COTR)在一个方向上测试即可得出。 ( )

89. 多模光纤接头损耗平均值≤0.2dB。 ( )

90. 光接收灵敏度用光功率计和误码仪检测。 ( )

91. 光纤数字传输系统 2M 支路口漂移指标用 PDH/SDH 通信性能分析仪检测。 ( )

92. 光纤数字传输系统 2M 支路口漂移指标标准值为 MTIE≤18μs(24h)和 40h 滑动不应大于 1 次。 ( )

93. 光纤数字传输系统2M支路口漂移指标检测应在传输链路最长或定时链路经过网元最多、通过不同步边界的2M链路上测试。（　　）

94. 光纤数字传输系统2M电口误码指标比特误差比率 $BER \leq 1 \times 10^{-11}$。（　　）

95. 光纤数字传输系统2M电口误差秒比率 $ESR \leq 1.1 \times 10^{-5}$。（　　）

96. 光纤数字传输系统2M电口严重误码秒比特 $SESR \leq 5.5 \times 10^{-7}$。（　　）

97. 光纤数字传输系统2M电口背景块误码比 $BBER \leq 5.5 \times 10^{-8}$。（　　）

98. 音频电路和低速数据电路测试项目有通路电平、衰减频率失真、增益变化、信道噪声、总失真、路基串话等指标。（　　）

99. 音频电路和低速数据电路测试项目用PCM话路特性仪测试。（　　）

100. 光纤数字传输系统输出抖动用PDH/SDH通信性能分析仪检测。（　　）

101. 光纤数字传输系统输入抖动容限用PDH/SDH通信性能分析仪检测。（　　）

102. 光纤数字传输系统应具有自动保护倒换功能，即工作环路故障或大误码时，自动倒换到备用线路。（　　）

103. 光纤数字传输系统应具有电接口复帧丢失（LOM）告警功能。（　　）

104. 光纤数字传输系统应具有信号大误码（$BER > 1 \times 10^{-3}$）告警功能。（　　）

105. 光电缆的绝缘电阻的单位是MΩ/km。（　　）

106. 程控交换系统的检验测试应在工艺和软件程序调试检查合格的基础上进行。（　　）

107. 转换交换设备的基本功能是完成接入交换节点链路的汇集、转换、接续和分配。（　　）

108. 对程控数据交换系统进行接通率测试时，用模拟呼叫接入器程控交换机，运行指标应达到99.96%。（　　）

109. SDH传输系统是在准同步数字系列（PDH）系统的基础上发展起来的，是一种将复接、线路传输及交换功能融为一体，并由统一网管系统操作的综合信息传送网络。（　　）

110. 光纤是各向同性物质。（　　）

111. 光口的光接收灵敏度应小于同一光口的接收光功率。（　　）

三、多项选择题

1. 通信管道的作用为（　　）。

A. 保证光（电）缆的安全可靠　　B. 确保光（电）缆的传输性能稳定

C. 延长光（电）缆的寿命　　D. 降低光（电）缆维护工作量

2. 通信管道穿越道路时应采用（　　）。

A. 镀锌钢管　　B. 玻璃钢管　　C. 塑料软管　　D. 塑料水管

3. 通信管道穿越桥梁中墩时用（　　）。

A. 预埋镀锌钢管穿越中墩

B. 用HDPE（高密度聚乙烯）管紧贴中墩壁绕过中墩，并加5cm厚混凝土包封

C. 缆线紧贴中墩壁绕过中墩，并加10cm厚混凝土包封

D. 预埋PVC（聚氯乙烯）管穿越桥梁中墩

4. 通信管道穿越电力管线采用(　　)。
A. 镀锌钢管　B. 玻璃钢管　C. PVC 管　D. 硅芯管

5. 通信管道的试验分类为(　　)。
A. 物理材料试验　B. 化学试验
C. 耐候性能试验　D. 人工老化试验

6. 公路常用通信管道的类型按位置划分为(　　)。
A. 干线通信管道　B. 分歧通信管道
C. 钢管通信管道　D. 硅芯管通信管道

7. BD90 ×5 ×4000 玻璃纤维增强塑料管的结构尺寸为(　　)。
A. 内径 90mm　B. 壁厚 5mm
C. 承插端内径 110mm　D. 管长 4000mm

8. BD150 ×8 ×6000 玻璃纤维增强塑料管的结构尺寸为(　　)。
A. 内径 150mm　B. 壁厚 8mm
C. 承插端内径 176mm　D. 管长 6000mm

9. 玻璃纤维增强塑料管的增强材料为(　　)。
A. 无碱玻璃纤维织物　B. 无碱玻璃纤维纱制品
C. 中碱玻璃纤维织物　D. 中碱玻璃纤维纱制品

10. 玻璃纤维增强塑料管结构尺寸的测试工具有(　　)。
A. 分度值 0.02mm 的游标卡尺　B. 分度值 0.01mm 的千分尺
C. 分度值 0.5mm 的钢卷尺　D. 分度值 0.5mm 的直尺

11. 普通型(Ⅰ类)BX250 ×150 ×5-Ⅰ玻璃纤维增强塑料管箱的结构尺寸为(　　)。
A. 长度 4000mm　B. 宽度 250mm　C. 高度 150mm　D. 壁厚 5mm

12. 普通型(Ⅰ类)BX340 ×230 ×5-Ⅰ玻璃纤维增强塑料管箱的结构尺寸为(　　)。
A. 长度 4000mm　B. 宽度 340mm　C. 高度 230mm　D. 壁厚 5mm

13. 接头型(Ⅱ类)BX310 ×190 ×5-Ⅱ玻璃纤维增强塑料管箱的结构尺寸为(　　)。
A. 长度 2000mm　B. 宽度 310mm　C. 高度 190mm　D. 壁厚 5mm

14. 接头型(Ⅱ类)BX370 ×240 ×5-Ⅱ玻璃纤维增强塑料管箱的结构尺寸为(　　)。
A. 长度 2000mm　B. 宽度 370mm　C. 高度 240mm　D. 壁厚 5mm

15. 多孔管标注为内孔尺寸 × 孔数,其中(　　)。
A. 梅花管的内孔尺寸为内径
B. 栅格管的内孔尺寸为内孔边长
C. 蜂窝管的内孔尺寸为正六边形两平行边的距离
D. 孔数用阿拉伯数字表示

16. 某地下通信管道用塑料管标注 SN6.3SYBYDN/OD110,其代表(　　)。
A. 环刚度等级为 SN6.3　B. 公称外径为 110mm
C. 聚乙烯硬直　D. 双壁波纹管

17. 计米标志误差测试要点为(　　)。
A. 用精度为 1mm 的钢卷尺

B. 测量管材表面计米标志1000mm长度的实际值 L

C. $\Delta L = L - 1000$

D. 计米误差为 $(\Delta L/1000) \times 100\%$

18. 平均外径测试要点为(　　)。

A. 用精度为0.02mm的游标卡尺

B. 取3个试样测量每试样同一截面相互垂直的两外径

C. 以两外径的算术平均值为管材的平均外径

D. 用测量结果计算外径偏差,取3个试样测量值中与标称值偏差最大的为测量结果

19. 扁平试验测试要点为(　　)。

A. 从3根管材上各取1根200mm±5mm管段为试样

B. 试样两端应垂直切平

C. 试验速度为10mm/min±2mm/min

D. 试样垂直方向外径变形量达规定值时立即卸荷

20. 塑料管环刚度测试要点为(　　)。

A. 从3根管材上各取1根200mm±5mm管段为试样

B. 试样两端应垂直切平

C. 试样垂直方向的外径变形量 Y_i 为原内径 d_i 的5%时,记录试样所受的负荷 F_i

D. 试样的环刚度 $S = (0.0186 + 0.025 \times Y_i/d_i) \times F_i/(Y_i \times L)$ (kN/m^2)

21. 双壁波纹管的连接方式有(　　)。

A. 承插式连接　　B. 套筒连接

C. 哈夫外固连接　　D. 胶粘连接

22. 硅芯管按结构划分为(　　)。

A. 内壁、外壁均平滑的实壁硅芯管(S)

B. 外壁光滑、内壁纵向带肋的硅芯管(R1)

C. 外壁带肋、内壁光滑的带肋硅芯管(R2)

D. 外壁、内壁均带肋的带肋硅芯管(R3)

23. 彩条硅芯管的色条一般沿硅芯管外壁均布4组,下列描述正确的是(　　)。

A. 每组1~2条　　B. 同组色条宽度2mm±0.5mm

C. 间距2.0mm±0.5mm　　D. 厚度0.1~0.3mm

24. 硅芯管复原率试验要点为(　　)。

A. 垂直方向加压至外径变形量为原外径的50%

B. 立即卸荷

C. 试样不破裂、不分层

D. 10min外径能自然恢复到原来的85%以上

25. 关于硅芯管尺寸测量的量具,说法正确的是(　　)。

A. 按GB/T 8806—2008的规定

B. 长度用分度值为1mm的卷尺测量

C. 外径用分度值为0.02mm的游标卡尺测量

D. 壁厚宜用分度值为0.01mm的壁厚千分尺测量

26. 关于钢网玻璃钢管箱的偏差,说法正确的是(　　)。

A. 长度 L 允许偏差为 ±5mm　　B. 宽度 W 允许偏差为 ±2mm

C. 高度 H 允许偏差为 ±1.5mm　　D. 厚度 t 允许偏差为 ±0.5mm

27. 钢网玻璃钢管箱的力学性能参数有拉伸强度、弯曲强度、冲击强度和(　　)。

A. 密度　　B. 巴柯尔硬度

C. 负荷变形温度　　D. 管箱内壁静摩擦系数

28. 聚氨酯复合电缆桥架的力学性能参数有:纵向拉伸强度(≥560kPa)、纵向弯曲强度(≥720kPa)、冲击强度(≥200kJ/m^2)和(　　)。

A. 密度(≥1.9g/cm^3)　　B. 巴柯尔硬度(≥200kJ/m^2)

C. 负荷变形温度(≥150℃)　　D. 管箱内壁静摩擦系数(≥0.3)

29. 聚氨酯复合电缆桥架规定的出厂检验项目有(　　)。

A. 外观　　B. 规格尺寸　　C. 整体负载　　D. 氧指数

30. 通信系统的系统功能为(　　)。

A. 完成各单位点对点的语音、传真、图像和数据的传输

B. 实现管理中心和下属各单位一点对多点的同时通信

C. 与上级业务管理部门和外界社会的通信

D. 系统自检功能

31. 高速公路通信的特点有(　　)。

A. 专用性强　　B. 传输的信号种类繁多

C. 通信方式繁多　　D. 可靠性要求高

32. 公路数据通信网具有的特点为(　　)。

A. 面向终端通信网　　B. 专用数据通信网

C. 环形链路　　D. 数据通信网上的局域计算机网

33. 组建公路专用通信系统的线材有(　　)。

A. 单模光纤　　B. 无屏双绞线

C. 50Ω 同轴电缆　　D. 75Ω 同轴电缆

34. 高速公路通信系统传进网包括(　　)。

A. 图像传进系统　　B. SDH 干线传输系统

C. 计算机网络系统　　D. 用户接入系统

35. 在现代通信网中,支撑网是使业务网正常运行,增强网络功能,提供全网络服务质量以满足用户要求的网络。支撑网包括(　　)。

A. 信令网　　B. 传输网　　C. 同步网　　D. 管理网

36. 机电工程检验评定时,应提供的光电缆资料有(　　)。

A. 出厂时及施工前光、电缆单盘测试记录

B. 施工后所有线对的连通性测试记录

C. 管道及电缆接续等隐蔽工程验收记录和分项工程自检和通电调试记录

D. 有效的光电缆、保护管(箱)及接续附件的检验合格报告或证书等

37. 按拓扑结构划分，通信网可分为(　　)。

A. 星形网　B. 环形网　C. 总线网　D. 树型网

38. 通信网的基本构成要素为(　　)。

A. 终端设备　B. 传输链路　C. 转接交换设备　D. 接入部分

39. 通信网现代化的三大标志是(　　)。

A. 自动化　B. 程序化　C. 数字化　D. 网络管理

40. 通信网的网管功能分为(　　)。

A. 配置管理　B. 性能管理

C. 计费管理　D. 故障与安全管理

41. 信号沿链路传输损失的能量称衰减。造成衰减的原因有(　　)。

A. 集肤效应　B. 绝缘损耗

C. 阻抗不匹配　D. 接触电阻

42. 通信设施安装质量检测的主要检测项目是(　　)。

A. 供电系统　B. 接地电阻

C. 绝缘性能　D. 通信传输质量

43. 通信网的质量要求主要有(　　)。

A. 信号传输的透明性　B. 传输质量的一致性

C. 网络可靠性　D. 临近信道抗干扰能力

44. 高速公路通信系统由下面几部分组成(　　)。

A. 综合业务交换系统　B. 通信传输系统

C. 内部对讲系统　D. 亭内紧急报警系统

45. 通信网接通的任意性与快速性是指网内的一个用户应能快速地接通网内任一其他用户。影响接通的任意性与快速性的主要因素有(　　)。

A. 通信网的拓扑结构　B. 通信网的网络资源

C. 通信网传输质量的一致性　D. 通信网的可靠性

46. 高速公路通信系统包括(　　)。

A. 紧急电话系统　B. 视频图像传输系统

C. 电子收费系统　D. 数据通信系统

47. 高速公路通信系统数据传输业务主要有(　　)。

A. 交通流数据传输　B. 收费系统数据传输

C. 监控系统数据传输　D. 管理部门报文传送

48. 数字通信的数字系列实际上指的是传输制式，它包括(　　)。

A. 准同步数字系列 PDH　B. 同步数字系列 SDH

C. 异步数字系列 ATM　D. 脉冲编码调制 PCM

49. ATM 信元的信头所带信息为(　　)。

A. 路径　B. 地址　C. 正文　D. 正文附件

50. SDH 映射方法有(　　)。

A. 异步映射　B. 比特异步映射

C. 比特同步映射　　D. 字节同步映射

51. SDH 的工作模式有(　　)。

A. 浮动 VC 模式　　B. 锁定 TU 模式

C. 浮动 TU 模式　　D. 锁定 VC 模式

52. SDH 电接口测试内容主要有(　　)。

A. 误码指标(2M 电口)　　B. 电接口允许比特容差

C. 输入抖动容限　　D. 失真度

53. 与 SDH 同步数字体系相比,PDH 准同步数字体系具有的主要优点有(　　)。

A. 采用了世界统一的数字信号速率和帧结构标准

B. 简化了分插/复用过程和设备

C. 具有丰富的开销比特,强大的网络管理功能

D. 频带利用率高

54. 将离散信号变成数字信号的步骤是(　　)。

A. 取样　　B. 量化　　C. 编码　　D. 转换

55. 信息的传输环节有(　　)。

A. 信号　　B. 发信机　　C. 收信机　　D. 信道

56. 信号的传输环节有(　　)。

A. 发信机　　B. 信源　　C. 信道　　D. 解调器

57. 基本链路由下列材料连接组成(　　)。

A. 不超过 90m 的(水平敷设)8 芯双绞线缆

B. 一端为工作区信息插座

C. 另一端为楼层配线架跳线板插座

D. 连接两端接插件的两根各 2m 长的测试仪器自带的检测线

58. 通信中的噪声可分为(　　)。

A. 热噪声　　B. 冷噪声　　C. 冲击噪声　　D. 电磁噪声

59. 通信中差错控制的基本方式有(　　)。

A. 反馈纠错　　B. 前向纠错　　C. 混合纠错　　D. 后向纠错

60. 单工信道适应领域是(　　)。

A. 电视　　B. 广播　　C. 对讲机　　D. 移动电话

61. 一般并行传输的位数有(　　)。

A. 4 位　　B. 8 位　　C. 16 位　　D. 64 位

62. 一般串行传输的标准波特率有(　　)。

A. 100bps　　B. 600bps　　C. 9600bps　　D. 19200bps

63. 数据基带传输常用的编码方式是(　　)。

A. 非归零码 NRZ　　B. 曼彻斯特　　C. 差分曼彻斯特　　D. ASCII

64. 频带传输常用的方法为是(　　)。

A. 频率调制　　B. 振幅调制　　C. 相位调制　　D. 随机调制

65. 音频电路和低速数据电路测试的内容主要有(　　)。

A. 通路电平　　B. 衰减频率失真
C. 载波相位失真　　D. 增益变化

66. 音频电路和低速数据电路测试的内容主要有(　　)。
A. 信道噪声　　B. 总失真
C. 路基串话　　D. 电源干扰

67. 数据信号在信道中传输时,衡量传输损耗的指标有(　　)。
A. 衰减　　B. 有限带宽　　C. 误码率　　D. 延迟失真

68. 通信系统的中继器可分为(　　)。
A. 模拟中继　　B. 数字中继　　C. 信号中继　　D. 编码中继

69. 中继段光纤总衰耗可以采用的测量仪器有(　　)。
A. 光万用表　　B. 光源和光功率计　　C. 光功率计　　D. 光衰减器

70. 综合布线连接方式的允许极限长度为(　　)。
A. 信道方式 <100m　　B. 通道链路方式 <96m
C. 基本链路方式 <94m　　D. 永久链路方式 <90m

71. 错误的网线连接有(　　)。
A. 线对交叉或交叉线对　　B. 反向线对
C. 短路或开路　　D. 串绕线对

72. 信号沿链路传输损失的能量称衰减。造成衰减的原因有(　　)。
A. 集肤效应　　B. 绝缘损耗　　C. 阻抗不匹配　　D. 接触电阻

73. 光纤的分类方式有(　　)。
A. 按光纤的材料分类　　B. 按折射率剖面分类
C. 按传输的模式分类　　D. 按传输的速度分类

74. 光接口测试内容主要有(　　)。
A. 系统接收光功率　　B. 平均发送光功率
C. 光接收机灵敏度　　D. 消光比

75. 在光缆通信工程质量控制中,属于本机测试的项目有(　　)。
A. 发送光功率　　B. 通电试验　　C. 接收灵敏度　　D. 误码测试

76. 属于光纤通信传输系统的装置有(　　)。
A. 光接收端机　　B. 光发送端机　　C. 光缆　　D. 显示器

77. 光纤通信系统的质量指标主要有(　　)。
A. 误码率　　B. 抖动　　C. 漂移特性　　D. 可靠性

78. 公路光纤通信主要设备有(　　)。
A. 光发射端机　　B. 光接收端机　　C. 光中继器　　D. 光解码器

79. 光纤特性测试内容一般包括(　　)。
A. 光纤线路衰减　　B. 光纤后向散射信号曲线
C. 多模光纤带宽　　D. 单模光纤色散

80. 光纤连接通常有两种方式,即永久性连接和可插上拆下的活动连接。影响光纤接续损耗的原因主要有(　　)。

A. 纤芯包层界面不光滑平整　　B. 光纤的结构参数失配
C. 光纤的相对位置　　D. 光纤的端面状态

81. 在光纤传输系统中,属于对光缆的技术要求的指标有(　　)。
A. 传输性能　　B. 机械性能　　C. 温度性能　　D. 稳定性能

82. 光纤数字通信的特点是(　　)。
A. 容量大,频带宽,传输速率高　　B. 损耗低
C. 可靠性高　　D. 抗干扰性强,保密性好

83. 光纤通信所采用的光纤有(　　)。
A. 单模　　B. 双模　　C. 多模　　D. 混合模

84. 光纤数字通信的特点是(　　)。
A. 信号载体是波长为 0.8 ~1.6μm 的单色近红外光
B. 信号载体是波长为 0.8 ~1.6μm 的单色近紫外光
C. 信号传输介质是以石英为原料的光导细纤维
D. 信号传输介质是以石墨为原料的光导细纤维

85. 以下关于并行通信与串行通信描述正确的是(　　)。
A. 并行通信是把一个字符的各数位用几条线同时进行传输
B. 串行通信是把数据一位一位地依次传输,每一位数据占据一个固定的时间长度
C. 并行通信比串行通信所用电缆多
D. RS23 接口为常见的并行通信接口

86. 系统接收光功率指标是否符合要求,通常与(　　)参数有直接关系。
A. 接收器的接收灵敏度　　B. 光缆富余度
C. 设备富余度　　D. 系统输入抖动容限

四、综合题

1. 试回答玻璃纤维增强管箱的检验问题。

(1)玻璃纤维增强管箱的型式检验项目有(　　)。
A. 外观质量、结构尺寸、拉伸强度、压缩强度、弯曲强度、冲击强度
B. 密度、巴柯尔硬度、负荷变形温度、管箱内壁静摩擦系数、氧指数
C. 耐水性能、耐化学介质性能、耐湿热性能
D. 耐低温冲击性能、耐人工加速老化试验、自然暴露试验

(2)玻璃纤维增强管箱的出厂检验项目有(　　)。
A. 外观质量、结构尺寸　　B. 巴柯尔硬度数
C. 管箱内壁静摩擦系数　　D. 产品的标志、包装

(3)玻璃纤维增强管箱试样的特殊规定有(　　)。
A. 试样应从成型后的管箱箱体的 3 个侧面和管箱箱盖截取
B. 拉伸、弯曲强度试样应在管箱长度与宽度方向分别截取相同数量的试样
C. 每项性能试验的每组试样最少数量为 5 件
D. 弯曲强度试样在进行型式检验时长度方向和宽度方向均应不少于 8 组 40 件

(4)关于玻璃纤维增强管箱宽度 W 测试结果处理,说法正确的有(　　)。

A. 用分度值 0.5mm 的钢板尺或钢卷尺

B. 在管箱体的上、中、下 3 个部位共量取 6 个测量值

C. 去掉最大最小值后取算术平均值作为测量结果

D. 取算术平均值作为测量结果

(5)关于玻璃纤维增强管箱厚度 t 测试结果处理,说法正确的有(　　)。

A. 用分度值 0.02mm 的千分尺

B. 在盖板、箱体的 3 个面各量取 3 个测量值

C. 在盖板、箱体的 3 个面各量取 6 个测量值

D. 取算术平均值作为测量结果

2. 试回答高密度聚乙烯硅芯管型式检验的问题。

(1)硅芯管型式检验项目有(　　)。

A. 外观、规格尺寸、外壁硬度、内壁摩擦系数、拉伸屈服强度、断裂伸长率、环刚度

B. 最大牵引负荷、热弯曲性能、复原率、耐落锤冲击性能、耐水压密封性能

C. 抗裂强度、与管接头的连接力、纵向收缩率、耐环境应力开裂、脆化温度

D. 熔体流动速率、耐热应力开裂、工频击穿强度、耐化学介质腐蚀、耐碳氢化合物性能

(2)除特殊规定外,硅芯管状态调节和试验标准环境为(　　)。

A. 23℃ ±2℃　　B. 25℃ ±2℃

C. 试样进行状态调节 24h 后试验　　D. 试样进行状态调节 48h 后试验

(3)检验仪器准确度等级为(　　)。

A. 万能材料试验机不低于 1 级　　B. 钢卷尺不低于 2 级

C. 其他长度量具不低于 1 级　　D. 其他长度量具不低于 0.5 级

(4)硅芯管型式检验的正常周期为(　　)。

A. 1 年　　B. 2 年　　C. 3 年　　D. 5 年

(5)硅芯管物理化学性能检验复检判定规则为(　　)。

A. 型式检验时任一项指标不合格,则需重新抽取双倍试样对该项指标复检

B. 型式检验时任一项指标不合格,则需重新抽取 3 倍试样对该项指标复检

C. 复验结果合格,判该型式检验为合格

D. 复验结果不合格,判该型式检验为不合格

3. 试回答通信管道工程质量检验评定标准的问题。

(1)通信管道工程质量检验评定的基本要求为(　　)。

A. 通信管道、人(手)孔圈等器材的数量、规格、敷设与安装符合规范设计要求

B. 管道基础及包封用原材料、型号、规格及数量应符合国家和行业标准的相关规定

C. 通信管道横穿路基时应加钢管保护,钢管的型号规格和防腐措施应符合设计要求

D. 在过桥梁或其他构造物时采用的管箱、引上和引下工程采用的保护管应符合设计要求

(2)通信管道工程质量检验评定的实测项目有(　　)。

A. 管道、地基、管道敷设、回土夯实

B. 人(手)孔、管道掩埋人(手)孔的位置

C. 分歧形式及内部尺寸、通信管道的横向位置

D. 主管道管孔试通试验、硅芯塑料管孔试通试验

(3)通信管道工程质量检验评定的关键实测项目有(　　)。

A. 管道敷设　　B. 回土夯实

C. 主管道管孔试通试验　　D. 硅芯塑料管孔试通试验

(4)通信管道工程质量检验评定的实测方法有(　　)。

A. 用量具实测

B. 查隐蔽工程验收或随工验收记录,必要时剖开复测

C. 拉棒法实测

D. 气吹法实测

(5)关于通信管道工程质量检验评定的外观鉴定,说法正确的有(　　)。

A. 人(手)孔位置准确,防水措施良好,人(手)孔内无积水,高程符合设计要求

B. 管线在过桥梁或其他构造物时采用的保护管安装牢固、排列整齐有序

C. 保护管与接驳的保护管过渡圆滑、密封良好,预埋件安装牢固

D. 以上任一项不符合要求时,该项减 0.1 ~1 分

4. 试回答高密度聚乙烯硅芯管型式检验的问题。

(1)JT/T 496—2018 中,硅芯管理化性能检验项目有(　　)。

A. 外壁硬度、内壁摩擦系数、拉伸屈服强度、断裂伸长率、环刚度、最大牵引负荷

B. 热弯曲性能、复原率、耐落锤冲击性能、耐水压密封性能、与管接头的连接力

C. 抗裂强度、纵向收缩率、耐环境应力开裂、脆化温度、熔体流动速率

D. 耐热应力开裂、工频击穿强度、耐化学介质腐蚀、耐碳氢化合物性能

(2)JT/T 496—2018 中,生产前要检测的理化性能指标有(　　)。

A. 熔体流动速率　　B. 耐热应力开裂

C. 工频击穿强度　　D. 耐化学介质腐蚀

(3)JT/T 496—2018 中,作为电力保护管要检测的理化性能指标有(　　)。

A. 熔体流动速率　　B. 耐热应力开裂

C. 工频击穿强度　　D. 耐化学介质腐蚀

(4)JT/T 496—2018 中,现场有强烈酸碱盐环境要检测的理化性能指标有(　　)。

A. 耐热应力开裂　　B. 熔体流动速率

C. 耐化学介质腐蚀　　D. 耐碳氢化合物性能

(5)GB/T 24456—2009 比 JT/T 496—2018 少的理化性能检验项目有脆化温度、与管接头的连接力、抗裂强度、熔体流动速率和(　　)。

A. 复原率　　B. 热弯曲性能

C. 工频击穿强度　　D. 耐化学介质腐蚀

5. 以 SDH 中的基本模块信号 STM-1 为例,回答下列问题。

(1)段开销包括(　　)。

A. 再生段开销　　B. 管理段开销

C. 复用段开销　　D. 结束段开销

(2)每帧中 STM-1 净负荷为(　　)字节。

A. 9×290　　B. 8×290　　C. 9×270　　D. 9×261

(3)STM-1 每帧所占的帧长为(　　)μs。

A. 2.5　　B. 12.5　　C. 25　　D. 125

(4)STM-16 的速率为(　　)。

A. 516Mbps　　B. 1244.16Mbps　　C. 2488.32Mbps　　D. 4976Mbps

(5)SDH 主要特征有(　　)。

A. 统一规范了标准光接口

B. 统一规范了数字传输体制的世界标准

C. 采用了同步复用方式和灵活的复用映射结构

D. SDH 具有完全的后向兼容性和前向兼容性,能容纳像 ATM 信元等各种新业务信号

6. 回答下列光纤数字传输系统实测项目的问题。

(1)光接口实测的关键项目有(　　)。

A. 系统接收光功率,用光功率计测试

B. 平均发送光功率,用光功率计测试

C. 光接收灵敏度,用光功率计和误码仪测试

D. 激光器自动关断功能,无光输入信号时应能自动关断,测试备用板的发光口

(2)2M 电接口误码指标为实测的关键项目,检测仪器用误码仪,误码指标为(　　)。

A. $BER=1\times10^{-11}$　　B. $ESR=1.1\times10^{-5}$

C. $SESR=5.5\times10^{-7}$　　D. $BBER=5.5\times10^{-8}$

(3)系统功能实测关键项目有(　　)。

A. 安全管理功能:未经授权不能进入网管系统,并对试图接入的申请进行监控

B. 自动保护倒换功能:工作环路故障或大误码时,自动倒换到备用线路

C. 远端接入功能:能通过网管将远端模块添加或删除

D. 配置功能:能对网元部件进行增加或删除配置,并以图形方式显示当前配置

(4)告警功能实测关键项目有(　　)。

A. 信号丢失告警　　B. 电源中断告警

C. 帧失步告警　　D. AIS 告警

(5)告警功能实测非关键项目有(　　)。

A. 远端接收误码告警　　B. 电接口复帧丢失告警

C. 信号大误码($BER>1\times10^{-3}$)告警　　D. 环境检测告警

7. 回答下列光纤数字传输系统的问题。

(1)基带传输的特点为(　　)。

A. 把二进制信号中能量最集中的基本频率带(含直流)(简称基带信号)直接在信道中传输

B. 该信号不经过调制和解调过程,但一般会编码

C. 整个信道只传输一种信号

D. 该种传输信道利用率低

(2)频带传输的特点为(　　)。

A. 是将基带信号进行载波、调制和解调的传输过程

B. 频带传输适于计算机远距离通信

C. 一个信道可同时传输多路频带不同的信号

D. 传输过程中将基带信号进行调制和解调的装置称为调制解调器(Modem)

(3)光纤数字传输系统由(　　)组成。

A. 光发射机　　B. 光接收机

C. 中继器、光纤连接器　　D. 光纤

(4)光发射机(光源)的特点为(　　)。

A. 由光源、驱动器和调制器组成

B. 用电信号对光源发出的光波进行调制,使其成为已调光波

C. 已调光波再取样离散、解调、编码

D. 光信号耦合到光纤进行传输

(5)光接收机(光检测器)的特点为(　　)。

A. 是实现光/电转换的设备

B. 由光检测器、解调器、放大器组成

C. 将光纤传输来的光信号经光检测器接收、解调、放大成为电信号

D. 上述电信号再经 D/A 转换供终端设备调用

8. 回答公路光纤数字传输系统工程安装质量及检验评定标准相关问题。

(1)检验评定基本要求为(　　)。

A. 光纤数字传输系统通信机房应整洁,通风、照明良好

B. 光纤数字传输系统所有设备(包括机架、槽道、列柜及成端用光电缆)的配置、数量、型号规格符合设计要求,部件完整

C. 通信机房的防雷、水暖、供电、通信电源、空调通风、照明等辅助设施安装调试完毕并通过相关专业的验收

D. 光纤数字传输系统所有设备安装调试完毕,系统处于正常运转工作状态

(2)资料验收包括(　　)。

A. 隐蔽工程验收记录　　B. 分项工程自检记录

C. 设备及系统联调记录　　D. 有效的设备检验合格报告或证书

(3)资料不全时减分情况包括(　　)。

A. 分项工程的施工资料和图表残缺,缺乏最基本的数据,不予检验与评定

B. 分项工程的施工资料和图表残缺,或有伪造涂改者,不予检验与评定

C. 资料不全者应予减分,视情况每款减 1 ~ 3 分

D. 资料不全者应予减分,视情况每款减 0.5 ~ 1 分

(4)外观鉴定条款有(　　)。

A. 槽道、机架(包括子架、DDF、ODF)及设备布局合理、安装稳固;机架横竖端正、排列整齐;拼装螺丝紧固、余留长度一致

B. 设备安装后表面光泽一致，无划伤、无刻痕、无剥落、无锈蚀；部件标识正确、清楚

C. 电缆及光纤连接线路由位置正确，布放整齐，符合施工工艺要求

D. 光纤连接线在槽道内保护措施得当；分线正确、编扎排列整洁、工艺符合要求；在光配线架上路由走向正确、标识清楚、布放工艺符合要求

(5)外观鉴定条款还有(　　)。

A. 数字配线架上跳线的规格程式符合要求，路由走向正确、标识清楚、布放工艺符合规范要求

B. 同轴电缆的成端余留长度统一，芯线焊接及端头处理得当、符合工艺要求

C. 数字配线架、光纤配线架内布线整齐、美观；绑扎牢固，成端符合规范要求

D. 编号标识清楚；设备连接用连接线、跳线(纤)符合设计要求，长度规整统一，标识清楚

9. 回答通信电源系统工程安装质量及检验评定标准相关问题。

(1)检验评定基本要求为(　　)。

A. 通信电源设备数量、型号符合设计要求，部件及配件完整

B. 所有设备安装到位并已连通，处于正常工作状态

C. 配电、换流设备都做了可靠的接地连接

D. 蓄电池的连接条、螺栓、螺母做了防腐处理，并且连接可靠

(2)关键实测项目有(　　)。

A. 开关电源的主输出电压(−40 ~ −57V)

B. 电源系统报警功能

C. 不间断电源

D. 远端维护管理功能

(3)开关电源输出杂音(杂波表实测)为(　　)。

A. 电话衡重杂音(≤2mV)

B. 峰值杂音(0 ~ 300Hz)(≤100mV)

C. 宽频杂音(3.4 ~ 150kHz)(≤100mV)

D. 宽频杂音(0.15 ~ 30MHz)(≤30mV)

(4)非关键实测项目有(　　)。

A. 通信电源系统防雷

B. 通信电源的接地

C. 设备安装的水平度

D. 设备安装的垂直度

(5)检验评定中外观鉴定的内容有(　　)。

A. 配电屏、设备、列架布局合理、安装稳固、横竖端正、排列整齐。设备安装后表面光泽一致，无划伤、无刻痕、无剥落、无锈蚀；部件标识正确、清楚

B. 电源输出配线路由位置正确，布放整齐，符合施工工艺要求

C. 设备内布线整齐、美观、绑扎牢固，接线端头焊(压)接牢固、平滑；编号标识清楚，预留长度适当

D. 设备抗震加固措施符合设计要求

10. 下图为开关电源输出杂音测试图。试根据《公路工程质量检验评定标准　第二册　机电工程》(JTG F80/2—2004)回答相关问题。

(1)开关电源输出杂音测试图中，D 和 B 分别代表(　　)。

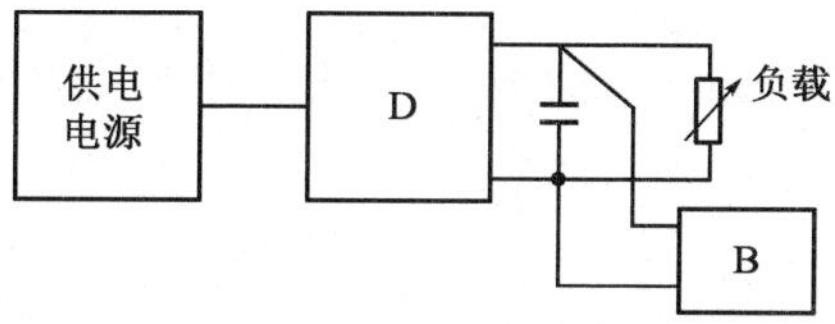

A. D代表受试设备　　B. D代表杂波计或杂波表

C. B代表受试设备　　D. B代表杂波计或杂波表

(2)开关电源所属的分项工程实测项目为(　　)。

A. 通信管道与光电缆线路　　B. 光纤数字传输系统

C. 数字程控交换系统　　D. 通信电源

(3)检测图中的电容应选择(　　)。

A. 0.1μF电解电容器　　B. 1μF电解电容器

C. 0.1μF直流无极性电容器　　D. 1μF直流无极性电容器

(4)依据JTG F80/2—2004,电话衡重杂音实测值要求(　　)。

A. ≤2mV　　B. ≤5mV　　C. ≥2mV　　D. ≥5mV

(5)除了电话衡重杂音外,开关电源还需测试的输出杂音有(　　)。

A. 峰值杂音　　B. 窄频杂音　　C. 变频杂音　　D. 宽频杂音

习题参考答案及解析

一、单项选择题

1. A　　2. A　　3. D　　4. D　　5. C

6. C　　7. A　　8. C　　9. C　　10. C

11. B　　12. C　　13. A　　14. C　　15. D

16. D　　17. C　　18. C　　19. D　　20. D

21. B　　22. B　　23. C　　24. D　　25. D

26. D　　27. D　　28. A　　29. D　　30. A

31. A

32. B

【解析】《公路地下通信管道　高密度聚乙烯硅芯塑料管》(JT/T 496—2018)4.2.1。

33. D

【解析】《公路地下通信管道　高密度聚乙烯硅芯塑料管》(JT/T 496—2018)4.2.1。

34. D

【解析】《公路地下通信管道　高密度聚乙烯硅芯塑料管》(JT/T 496—2018)4.1.3。

35. C

【解析】《公路地下通信管道　高密度聚乙烯硅芯塑料管》(JT/T 496—2018)4.3.1。

36. A

【解析】《公路地下通信管道　高密度聚乙烯硅芯塑料管》(JT/T 496—2018)4.3.1。

37. C

38. C

【解析】《公路用钢网复合型玻璃纤维增强塑料管箱》(JT/T 800—2011)4.2.2。

39. C

【解析】《公路用聚氨酯复合电缆桥架》(JT/T 1034—2016)4.3.2。

40. B

【解析】《公路地下通信管道　高密度聚乙烯硅芯塑料管》(JT/T 496—2018)4.3.1。

41. A

【解析】《公路地下通信管道　高密度聚乙烯硅芯塑料管》(JT/T 496—2018)4.3.1。

42. A

【解析】《公路地下通信管道　高密度聚乙烯硅芯塑料管》(JT/T 496—2018)4.3.1。

43. D

【解析】《公路地下通信管道　高密度聚乙烯硅芯塑料管》(JT/T 496—2018)4.3.1。

44. D

【解析】硅芯管耐落锤冲击性能试验含常温和低温两个耐落锤冲击性能试验,每个试验10个试件,故硅芯管耐落锤冲击性能试验总试件数应为20个。

45. D

【解析】通信系统可称为高速公路内的信息高速公路。

46. D

【解析】支撑网,现代网络运行的支撑系统。一个完整的网络除有以传递通信业务为主的业务网之外,还需有若干个用来保障业务网正常运行、增强网络功能、提高网路服务质量的支撑网路。

47. A

【解析】从网络运行的经济性、稳定性、可靠性等因素考虑,用有线通信网络为佳。

48. B

【解析】只有数字交换设备才能和高速网络相匹配。

49. B

【解析】信道是信源与信宿的通道。

50. B

【解析】收信机将收到的信号解码还原成信息传给信宿。

51. A

【解析】发信机将信源产生的信息编码后变成信号,通过信道发给收信机。

52. C

【解析】由抽样AD转换器完成。

53. C

【解析】信道中不能“会车”。

54. D

【解析】信道中能“会车”。

55. D

【解析】长距离通信很难用并行(多根线同时传输)通信。

56. C

【解析】奈奎斯特抽样定理:若频带宽度有限,要从抽样信号中无失真地恢复原信号,抽样频率应大于2倍信号最高频率。

57. C

【解析】8位量化等级即为$2^8=256$。

58. C

【解析】噪声可分为热噪声和冲击噪声,热噪声引起的差错只会使某个码元出错,而与前后码元无关。冲击噪声引起的差错是成群的,其差错持续时间称为突发差错的长度。

59. A

【解析】基带传输是按照数字信号原有的波形(以脉冲形式)在信道上直接传输,它要求信道具有较宽的通频带。基带传输不需要调制、解调,设备花费少,适用于小范围数据传输。

60. B

【解析】基带传输时,通常对数字信号进行一定的编码,数据编码常用3种方法:非归零码NRZ、曼彻斯特编码和差分曼彻斯特编码。后两种编码不含直流分量,应用较广泛。

61. A

【解析】同第58题。

62. B

【解析】SDH也称同步数字体系,是一整套传送网的国际标准。

63. B

【解析】便于和别的网络层次对应。

64. B

【解析】同步数字体系信号最重要的基本模块信号是STM-1,其速率是155.520Mb/s,更高等级的STM-N信号是将基本模块信号STM-1按同步复用,经字节间插后的结果,其中N是正整数。目前SDH只能支持一定的N值,即N只能为1、4、16、64和256。

65. B

【解析】同步数字体系SDH。

66. C

【解析】ATM异步传输方式。一个ATM的信元长为53个字节,其中前5个字节称作“信头”,后面48个字节称作“信息域”。信头中含有关路径、地址和一些其他的控制信息,而信息域中是要传输信息的正文。

67. D

【解析】采样周期$T=1/8000=125\mu s$。

68. A

【解析】每个周期有32路信号轮流传输,每路信号所占时间(时隙)为$125/32=3.9\mu s$。

69. B

【解析】记住 STM-1 的帧结构，如下图所示。

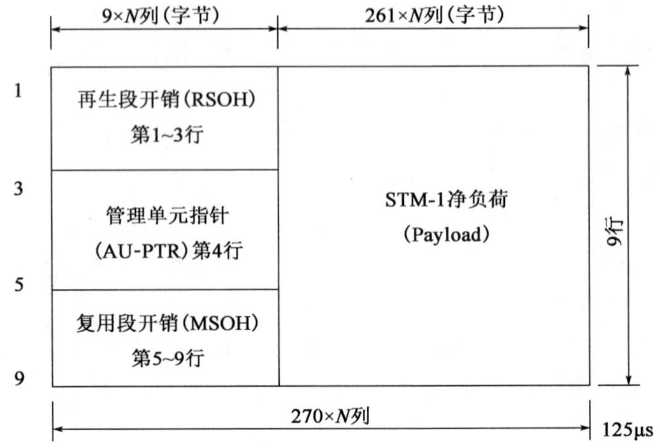

SDH 帧结构

70. B

【解析】STM-1 时为第 1 行第 10 列；STM-N 时为第 1 行第 10N 列。

71. A

【解析】见第 69 题图。

72. A

【解析】见第 69 题图。

73. D

【解析】见第 69 题图。

74. A

【解析】异步映射(正码速调整、正/零/负码速调整)，同步映射(比特同步、字节同步)浮动模式，锁定模式。

75. D

【解析】其本质就是同步数字体系。

76. C

【解析】映射过程→C-12→VC-12→TU-12→TUG-2→TUG-3→V-C-4，传送路数 $=3\times7\times3=63$(STM-1 状态，在高位时再乘以 N)。

77. D

【解析】4 位并行。

78. C

【解析】10BASE-T 是一种网络标准，10Mb/s 速度。基带传输是按照数字信号原有的波形(以脉冲形式)在信道上直接传输，它要求信道具有较宽的通频带。

79. D

【解析】误码特性、抖动性能、漂移性能和可靠性也称为光纤通信系统质量指标。

80. A

【解析】光纤通信容量大、传输距离远；无中继传输距离可达上百公里；信号干扰小、保密性好；抗电磁干扰、传输质量佳；尺寸小、质量轻，便于铺设和运输；材料来源丰富，节约铜；无辐射，难于窃听；适应性强，寿命长。几乎全球的主干线传输方式都选光纤通信。

81. C

【解析】提高可靠性。

82. A

83. C

84. D

【解析】光纤在两个方向的传输损耗是不完全一样的。从 A 方向测 1 ~ n 个值，又从 B 方向测 1 ~ n 个值，某一次接头损耗平均值为 $\alpha_i = | \alpha_{IA} + \alpha_{IB} | /2$；每根光纤的接头损耗平均值为 $\alpha = \sum \alpha_i / n$。

85. B

【解析】二者都无源，光合波器将不同波长的光信号合并后由一根光纤传输；分波器将一根光纤传输来的不同波长的复合光信号按不同波长分开，二者既不是光发送器件又不是光接收器件，更和光电集成器件搭不上界，属于互连器件。

86. B

【解析】光接收机动态范围 $D = 10\lg P_1 / P_R = 10\lg P_1 - 10\lg P_R$。当光功率以 dB 表示时，有 $D' = P_1 - P_R$(dB)。

87. C

88. A

89. C

90. D

91. D

【解析】电池正极接地，电池负极对地电压。

92. C

【解析】埋设在中央分隔带不另占地皮，前期施工方便。

93. B

94. D

95. D

96. C

97. D

98. D

【解析】频带传输就是将多个基带信息进行不同频率的载波调制后，同时在一个信道中传输，在各接收端再进行相应解调，解调后获得对应的基带信号，从而实现多个信号在同一信通中同时传输。

二、判断题

1. √

2. √

3. √

【解析】这几种管道均有相应的国家标准。

4. √

5. √

6. √

7. √

8. √

9. ×

【解析】应采用拉棒法。

10. √

11. √

12. √

13. ×

【解析】应为实心圆环结构。

14. √

15. ×

【解析】应为正六边形结构。

16. √

17. √

18. √

19. √

20. ×

【解析】最小平均内径。

21. ×

【解析】应为2%。

22. ×

【解析】应为6m。

23. √

24. √

25. √

26. √

27. ×

【解析】≤0.35。

28. ×

【解析】无荧光橙、荧光黄。《高密度聚乙烯硅芯管》(GB/T 24456—2009)5.1.2.2。

29. √

30. √

31. ×

【解析】不应有接头。

32. √

【解析】《公路地下通信管道　高密度聚乙烯硅芯塑料管》(JT/T 496—2018)4.3.1。

33. √

【解析】《公路地下通信管道　高密度聚乙烯硅芯塑料管》(JT/T 496—2018)4.3.1。

34. ×

【解析】≥5000N。《公路地下通信管道　高密度聚乙烯硅芯塑料管》(JT/T 496—2018)4.3.1。

35. ×

【解析】低温(−20℃)。《公路地下通信管道　高密度聚乙烯硅芯塑料管》(JT/T 496—2018)4.3.1。

36. √

【解析】《公路地下通信管道　高密度聚乙烯硅芯塑料管》(JT/T 496—2018)4.3.1。

37. √

【解析】《公路地下通信管道　高密度聚乙烯硅芯塑料管》(JT/T 496—2018)4.3.1。

38. ×

【解析】因有常温(23℃)和低温(−20℃)两种试验,共需重锤冲击20个试样。《公路地下通信管道　高密度聚乙烯硅芯塑料管》(JT/T 496—2018)。

39. ×

【解析】用邵氏硬度计测试5次,取平均值为测量结果。《高密度聚乙烯硅芯管》(GB/T 24456—2009)6.5.1。

40. √

【解析】《高密度聚乙烯硅芯管》(GB/T 24456—2009)4。

41. ×

【解析】高速公路通信系统均采用专用数据通信网,而非对外的业务网。

42. √

【解析】架专网一次性投入较大,但运行费用较低,且专网专用,稳定、可靠、安全。

43. √

【解析】此项为关键实测项目。

44. √

【解析】一个ATM信元长53个字节,前5个字节称作“信头”,后48个字节称作“信息域”。ATM使用串行传输,即逐个字节传输。传输完53个字节(一个信元)后可以暂停,实际是逐个信元断续传输。ATM同样也采用时分复接技术,也将传输时间分成若干个细小的时隙。当传输多个通道的数据时,不像SDH那样每个通道的传输轮换关系严格死板,ATM处理较灵活。

45. √

【解析】量化脉冲调制就是把一个时间连续、取值连续的模拟信号变换成时间离散、取值离散的数字信号后在数字信道中传输。

46. ×

【解析】数据电路是指物理层中光缆、电缆和设备的电气连接；而数据通信是在机-机之间进行的数据交换，因此必须对传输过程按一定的规程进行控制，以便使双方能协调可靠地工作。所以数据电路加上传输控制规程就是数据链路。

47. √

【解析】每一个工作站、服务器、终端设备、网络设备，即拥有自己唯一网络地址的设备都是网络节点。整个网络由许多的网络节点组成，它们都以传输链路为连接媒介。

48. ×

【解析】终端设备是通信网中信息传输的终点或源点，而不是网的终点。

49. √

【解析】利用时分多路复用技术，一个信道同时传输多路数据。

50. √

【解析】利用多种频率载波（频分），一根导线同时传输多路信号。

51. √

【解析】测试通路电平、衰减频率失真、增益变化、信道噪声、总失真等指标。

52. √

【解析】噪声可分为热噪声和冲击噪声，热噪声引起的差错只会使某个码元出错，而与前后码元无关。

53. ×

【解析】噪声可分为热噪声和冲击噪声，热噪声引起的差错只会使某个码元出错，而与前后码元无关。冲击噪声引起的差错是成群的，其差错持续时间称为突发差错的长度。

54. √

【解析】反馈纠错：是在发信端采用某种能发现一定程度传输差错的简单编码方法对所传信息进行编码，一旦检测出有错码时，即向发信端发出询问的信号，要求重发；前向纠错：是发信端采用某种在解码时能纠正一定程度传输差错的较复杂的编码方法，使接收端在收到信码中不仅能发现错码，还能够纠正错码；混合纠错：少量纠错在接收端自动纠正，差错较严重，超出自行纠正能力时，就向发信端发出询问信号，要求重发。“混合纠错”是“前向纠错”及“反馈纠错”两种方式的混合。

55. √

【解析】在单工信道上信息只能在一个方向传送。发送方不能接收，接收方不能发送。信道的全部带宽都用于发送方到接收方的数据传送。

56. √

【解析】通信的双方都可交替发送或接收信息，但不能同时发送和接收。在一段时间内，信道的全部带宽用于一个方向上传送信息。

57. √

【解析】可同时进行双向信息传送的通信方式。这不仅要求通信双方都有发送和接收设备，而且要求信道具有能双向传输的双倍带宽，所以全双工通信设备最昂贵。

58. √

【解析】并行通信时数据的每个数位有一条专用通道进行传输。并行通信速度快，但用的通信线多（一般用 8 位、16 位、32 位或 64 位，则对应的通信线为 8 根、16 根、32 根或 64 根），成本高，故不宜进行远距离通信。

59. √

【解析】串行传送的速度低，但传送的距离可以很长，因此串行适用于长距离传输。串行通信中，传输速率用每秒钟传送的位数（位/秒）来表示，称之为波特率（bps）。常用的标准波特率有 300、600、1200、2400、4800、9600 和 19200bps 等。

60. √

【解析】它要求信道具有较宽的通频带。基带传输不需要调制、解调，设备花费少，适用于较小范围的数据传输。

61. √

【解析】发送端采用调制手段，将代表数据的二进制"1"和"0"变换成具有一定频带范围的模拟信号，以适应在模拟信道上传输；接收端通过解调手段进行相反变换，把模拟的调制信号复原为"1"或"0"。常用的调制方法有频率调制、振幅调制和相位调制。具有调制、解调功能的装置称为调制解调器，即 Modem。

62. √

【解析】终端设备是通信网中的源点和终点，它除对应于信源和信宿之外，还包括一部分变换和反变换装置。传输链路是网络节点的连接媒介，是信息和信号的传输通路。

63. √

【解析】1965 年美国制定了称为 DSI 的标准。

64. √

【解析】1968 年欧洲提出了技术标准 E1。

65. √

【解析】将路数不相同的 PCM 系统兼容在一起使用并逐级复用的通信标准称为 PDH。PDH 体系中既有 1544kb/s 系列又有 2048kb/s 系列。这两个系列在编码律、帧结构、复用体系等方面都是完全不一样的，在采用两种不同体系的国家之间互通时，引起了许多接口转换、信号适配上的麻烦。

66. √

【解析】同步数字体系（SDH）是一整套传送网的国际标准，也是一种复用方法，还是一个组网原则。

67. √

【解析】21 世纪初，公路通信用 STM-1，传输速率为 155.520Mb/s（0.15Gb/s），目前所用 STM-64 传输速率达 9953.28Mb/s（10Gb/s）。

68. √

【解析】SDH 以字节（每字节 8 比特）为单位进行传输，所以它的帧结构是以字节为基础的矩形块状帧结构，由 $270 \times N$ 列和 9 行的矩形字节组成。其在光纤上传输是成链传输，在光发端经并/串转换成链状结构进行传输，而在光收端经串/并转换还原成矩形块进行处理。

69. √

【**解析**】见第 68 题。

70. √

【**解析**】横向第(1 ~9) ×N 列,纵向第 1 ~3 行(再生段开销)和第 5 ~9 行(复用段开销)分配给段开销。段开销丰富便于利用软件进行控制和管理 SDH 设备。

71. √

【**解析**】光传输是中间传输过程,最后还要还原成电信号,数字传输系统接口只要两类。

72. √

73. √

74. √

75. √

76. √

77. √

【**解析**】管道地基施工质量不符合设计要求迟早会出问题。

78. √

【**解析**】电端机输入电信号,输出光信号(电转光),接光纤传输,接收端光端机输入为光信号、输出为电信号(光转电),将电信号传输给相关设备。

79. ×

【**解析**】设备机身与地面基础连接牢固端正只是一个方面,此外接地连接、光电信号连接、配线架连接、电源连接等都必须可靠。

80. √

【**解析**】特别是远距离传输(数百公里)单模光缆更显优越。

81. √

82. √

【**解析**】该指标表示 SDH 网元光接收机接收微弱信号的能力。

83. ×

【**解析**】光纤熔接机上一般配置接头光纤成像系统放大光纤尺寸便于对接,同时用光学的方法检查接头处的对接情况,对接头状态进行简单的判断并对接头损耗做出粗略估计,而不是实际测量接头的损耗。

84. √

【**解析**】光纤分单模和多模两种。

85. ×

【**解析**】光发送端机是把电信号换成光信号,光接收端机则是把光信号转换成电线号。

86. √

【**解析**】光纤抗干扰性和保密性好。

87. ×

【**解析**】单模光纤接头损耗平均值≤0.1dB。

88. ×

【解析】光纤是各向异性物质,测试应在两个方向测后取平均值。JTG F80/2—2004 中规定,单模光纤接头损耗平均值≤0.1dB,平均值不是所有接头的平均值,是同一个接头从两个方向测试的平均值。

89. √

90. √

91. √	92. √	93. √	94. √	95. √
96. √	97. √	98. √	99. √	100. √

101. √

102. √

103. √

104. √

105. ×

【解析】应为 MΩ · km。

106. √

【解析】此时才具备检测条件。

107. √

【解析】交换机的定义。

108. √

109. √

【解析】SDH 的定义。

110. ×

【解析】光纤是各向异性物质,从两个不同方向测试值是有差异的。

111. √

【解析】光口的光接收灵敏度应小于同一光口的接收光功率才会使光端机正常工作,否则传输信号会出现错误。

三、多项选择题

1. ACD

【解析】传输性能稳定由传输设备和光电缆本身特性所决定。

2. AB

【解析】管道埋深应不小于 0.8m。

3. AB

【解析】选项 A、B 方案牢固可靠;选项 C 未加套管;选项 D 公路室外管线不用 PVC 管作套管。

4. AB

【解析】管道间垂直距离大于或等于 30cm。

5. ABC

【**解析**】耐候性能试验含人工老化试验和自然暴晒试验。

6. AB

【**解析**】此处是按位置划分。

7. ABCD

8. ABCD

9. ABCD

10. ABC

11. ABCD	12. ABCD	13. ABCD	14. ABCD	15. ABCD
16. ABCD	17. ABCD	18. ABCD	19. ABCD	20. ABCD
21. ABC	22. ABCD	23. ABCD	24. ABC	25. ABCD

26. AB

【**解析**】高度和宽度允许偏差都是 ±2mm，厚度 t 允许偏差为（+0.3mm，-0mm）。见《公路用钢网复合型玻璃纤维增强塑料管箱》(JT/T 800—2011)3.2.2。

27. ABCD

【**解析**】《公路用钢网复合型玻璃纤维增强塑料管箱》(JT/T 800—2011)4.2.1。

28. ABC

【**解析**】《公路用聚氨酯复合电缆桥架》(JT/T 1034—2016)4.3.1。

29. ABC

【**解析**】《公路用聚氨酯复合电缆桥架》(JT/T 1034—2016)6.2。

30. ABCD

【**解析**】简言之有传输语音、传真、图像、数据和系统状态自动测试功能。

31. ABCD

【**解析**】特别是可靠性要求高。

32. ABCD

【**解析**】该路段所有语音、传真、图像、数据等就靠这一个网。

33. ABC

【**解析**】选项 A、B 一般都较熟悉，会选；50Ω 同轴电缆主要用于基带信号传输，传输带宽为 1～20MHz，总线型以太网就是使用 50Ω 同轴电缆，在以太网中，50Ω 细同轴电缆的最大传输距离为 185m，粗同轴电缆可达 1000m。75Ω 同轴电缆常用于 CATV 网，故称为 CATV 电缆，传输带宽可达 1GHz，目前常用 CATV 电缆的传输带宽为 750MHz。故选项 D 不选。

34. BD

【**解析**】选项 A 是监控或收费系统的，选项 D 是电信或铁通的。

35. ACD

【**解析**】信令网是公共信道信令系统传送信令的专用数据支撑网；同步网为电信网内电信设备时钟(或载波)提供同步控制信号，使其工作速率同步；管理网专门负责管理。此处只有传输网是负责业务的。

36. ABCD

37. ABC

【解析】树型结构是总线型结构的扩展,它是在总线网上加上分支形成的,其传输介质可有多条分支,但不形成闭合回路。

38. ABC

【解析】选项 D 接入部分是多余的。

39. ACD

【解析】通信网不是按程序而是按 SDH 规则和协议。选项 D 网络管理容易落选,注意此处隐含支撑网,而支撑网是通信现代化的显著标志。

40. ABCD

【解析】选项 A 管资源;选项 B 管服务;选项 C 管收费;选项 D 管安全可靠。

41. ABCD

42. ABCD

【解析】均为"△"关键项目。

43. ABC

【解析】选项 D 的层次低了,不是对网而言。选项 B 已经包含了选项 D。

44. AB

【解析】选项 C、D 属于收费系统。

45. ABD

【解析】与选项 C 无多大关系。

46. ABD

【解析】选项 C 为收费系统,不属于通信系统。

47. BCD

【解析】监控系统数据传输一般用自己的专网。

48. ABCD

【解析】主流为 SDH。

49. AB

【解析】一个 ATM 的信元长为 53 个字节,其中前 5 个字节称作"信头",后 48 个字节称作"信息域"。信头中含有路径、地址和其他的控制信息,而信息域中是要传输信息的正文。

50. ACD

【解析】异步映射:对映射信号有无帧结构无限制,也不要求其与网络同步,仅利用正码速调整;比特同步映射:对映射信号结构无任何限制,但要求其与网络同步,从而无须进行码速调整即可使信号适配装入 VC;字节同步映射:要求映射信号具有帧结构,并与网络同步,无须进行任何速率调整即可将信息字节装入 VC 内规定位置。比特异步映射是生造的。

51. AB

【解析】浮动 VC 模式是指 VC 净负荷在 TU 内的位置不固定,并由 TUPTR 指示其起点位置的一种工作模式。锁定 TU 模式是一种信息净负荷与网络同步并处于 TU 帧内固定位置,因此无须采用 TUPTR 的工作模式。无选项 C、D 两种模式。

52. ABC

53. ABC

【解析】补上这一条:SDH 具有完全的后向兼容性和前向兼容性。

54. BC

【解析】离散信号,就是已经取样了。

55. BCD

【解析】信号是用来发、收、传的。

56. ACD

【解析】传输环节不包括信源。

57. ABCD

【解析】选项 D 易漏掉。

58. AC

【解析】噪声可分为热噪声和冲击噪声,热噪声引起的差错只会使某个码元出错,而与前后码元无关。冲击噪声引起的差错是成群的,其差错持续时间称为突发差错的长度。

59. ABC

【解析】反馈纠错可用于双向数据通信,前向纠错则用于单向数字信号的传输,例如广播数字电视系统靠发送每行和每帧的同步头信号纠错。

60. AB

【解析】选项 C 为半双工,选项 D 为全双工。

61. BCD

【解析】4 位基本不用。

62. BCD

【解析】最低为 300bps。

63. ABC

【解析】ASCII 是一套单字节计算机编码系统。它主要用于显示现代英语和其他西欧语言,并等同于国际标准 ISO/IEC646。基带传输不用其编码。

64. ABC

【解析】选项 A、B、C 分别为调频、调幅、调相,选项 D 是生造的。

65. ABD

【解析】音频和低速数据电路没有选项 C。

66. ABC

67. ACD

【解析】选项 A 好理解,肯定选;选项 B 有限带宽不是传输损耗的指标,是信道的频率特性指标,不选;选项 C、D 误码和延迟失真也会使传输损耗增大。

68. AB

【解析】只有模拟和数字两大类。

69. AB

【解析】光万用表自带光源。光功率计、光衰减器检测不了光纤总衰耗。

70. ACD

【解析】通道链路方式就是信道方式。

71. ABCD

72. ABCD

73. ABC

【解析】选项 D 传输的速度仍是 3×10^8m/s。

74. ABC

75. ACD

【解析】通电试验不是测试,而是通电试运行。

76. ABC

【解析】选项 D 和光路不搭界。

77. ABC

【解析】可靠性一般对具体设备而言。

78. ABC

【解析】一般数百公里以上才用光中继器。

79. ABCD

【解析】光纤特性测试由一般厂家或试验室做。

80. BCD

【解析】主要与光纤材质、熔纤时两纤轴心偏差和端面形状有关,与包层界面无关。

81. ABCD

【解析】此为综合性能。

82. ABCD

【解析】在目前是最佳选择。

83. AC

【解析】单模和多模主要是纤芯的大小等区别。

84. AC

【解析】0.8~1.6μm 为红外光,紫外光波长短多了;石墨不可能做光纤。

85. ABCD

【解析】依据并行通信与串行通信定义。

86. ABC

【解析】《公路工程质量检验评定标准　第二册　机电工程》(JTG F80/2—2004)3.3.2。

四、综合题

1.(1)ABCD　(2)ABCD　(3)ABCD　(4)ABD　(5)ABD

2.(1)ACD　(2)AC　(3)ABC　(4)A　(5)ACD

【解析】(2)“热弯曲性能”应为“冷弯曲半径”。《公路地下通信管道　高密度聚乙烯硅芯塑料管》(JT/T 496—2018)4.3.1。

3.(1)ABCD　(2)ABCD　(3)CD　(4)ABCD　(5)ABCD

4.(1)ABCD　(2)A　(3)BC　(4)C　(5)BCD

【解析】(1)～(4)《公路地下通信管道　高密度聚乙烯硅芯塑料管》(JT/T 496—2018)4.3.1。

(5)GB/T 24456—2009 中 5.3 和 JT/T 496—2018 中 4.3.1。

5.(1)ABC　(2)D　(3)D　(4)C　(5)ABCD

【解析】(1)～(3)详见如下 SDH 帧结构图。

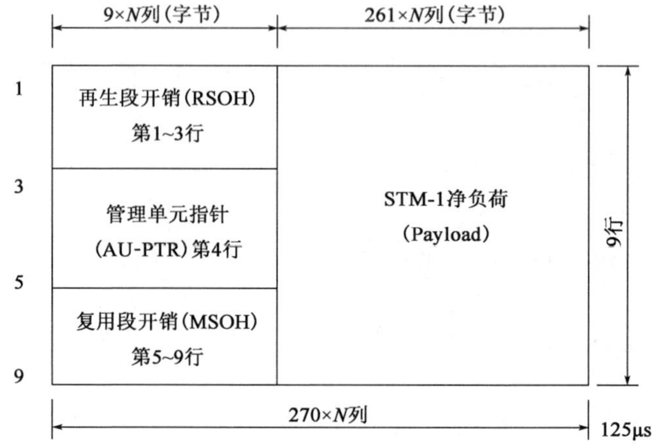

SDH 帧结构

(4)$Mbps_{(ST-16)} = 16 \times Mbps_{(STM-1)} = 16 \times 8000$(STM－1 每秒帧数)$\times 270 \times 9 \times 8$(每字节比特数)＝2488.32Mbit。

6.(1)ABCD　(2)ABCD　(3)ABC　(4)ABCD　(5)ABCD

【解析】(3)配置功能不属于关键项目。

7.(1)ABCD　(2)ABCD　(3)ABCD　(4)ABD　(5)ABC

【解析】(4)选项 C 多余。

(5)选项 D 多余。

8.(1)ABCD　(2)ABCD　(3)ABC　(4)ABCD　(5)ABCD

9.(1)ABCD　(2)ABD　(3)ABCD　(4)ABCD　(5)ABCD

【解析】(2)不间断电源不属于关键实测项目。

10.(1)AD　(2)D　(3)C　(4)A　(5)AD

【解析】(1)选项 D 显然为开关电源对负载供电,而和负载并联的为测试仪器。

(2)《公路工程质量检验评定标准　第二册　机电工程》(JTG F80/2—2004)3.6。

(3)依检测图规定。

(4)、(5)《公路工程质量检验评定标准　第二册　机电工程》(JTG F80/2—2004)3.6.2。

第十四章

收费设施

复习提示

本章引用的标准有《公路工程质量检验评定标准　第二册　机电工程》(JTG F80/2—2004)、《收费用电动栏杆》(GB/T 24973—2010)、《汽车号牌视频自动识别系统》(JT/T 604—2011)、《车辆分离光栅》(GB/T 24966—2010)、《公路收费亭》(GB/T 24719—2009)、《公路收费车道控制机》(GB/T 24968—2010)、《收费专用键盘》(GB/T 24724—2009)、《公路收费用票据打印机》(GB/T 24723—2009)、《公路收费用费额显示器》(GB/T 27879—2011)、《收费公路联网收费系统软件测试方法》(JT/T 966.1、966.2—2015)、《道路车辆智能监测记录系统通用技术条件》(GA/T 497—2016)、《道路交通安全违法行为图像取证技术规范》(GA/T 832—2014)、《机动车号牌图像自动识别技术规范》(GA/T 833—2016)。

习　题

一、单项选择题

1. 交通部《高速公路联网收费暂行技术要求》施行日期为(　　)。

A. 2000 年 5 月 1 日　　B. 2000 年 10 月 1 日

C. 2001 年 5 月 1 日　　D. 2002 年 10 月 1 日

2. 构成高速公路收费系统的基本系统是(　　)。

A. 省收费结算中心计算机系统

B. 收费站计算机系统

C. 收费站电视系统

D. 收费站业务电话系统

3. 依据《收费用电动栏杆》(GB/T 24973—2010),下列不属于电动栏杆技术要求的是(　　)。

A. 防撞要求　　B. 起落时间　　C. 自检功能　　D. 预警功能

4. 收费系统一般采用(　　)收费管理模式。

A. 二级　B. 三级　C. 四级　D. 五级

5. 从收费效率和车辆缴费延误的角度考虑,最合适的收费制式是(　　)。

A. 均一式　B. 开放式　C. 封闭式　D. 半封闭

6. 我国现行的停车收费系统分为(　　)。

A. 2 级　B. 3 级　C. 4 级　D. 5 级

7. 高速公路收费系统一般检测流程是(　　)。

A. 收费车道、收费站、收费分中心　B. 收费车道、收费分中心、收费站

C. 收费站、收费分中心、收费车道　D. 收费站、收费车道、收费分中心

8. 路段收费分中心计算机系统的功能为(　　)。

A. 收集各收费站上传的收费信息,并将信息汇总后反馈给收费站

B. 接受省收费结算中心转发的各种命令(如时钟、费率等),并下发给各收费站

C. 减少高速公路收费的环节和维护保养费用

D. 对监控系统数据进行汇总、整理、统计等

9. 从收费作弊的可能性出发,为防止收费员利用车型作弊,此时应选择的收费制式为(　　)。

A. 均一式　B. 开放式　C. 封闭式　D. ETC

10. 操作简单,收费车道配备设备少,但易造成排队交通拥挤的支付通行费方式是(　　)。

A. 现金　B. 预付款　C. 后付款　D. 银行转账

11. 开放式收费的最大优点是(　　)。

A. 收费合理,无漏收多收　B. 收费过程与历史信息无关,用户缴费方便

C. 收费管理简单,用户缴费相对方便　D. 调节车流,改善交通拥挤状况

12. 收费系统的最小基本单位是(　　)。

A. 收费车道　B. 收费站　C. 收费管理中心　D. 收费广场

13. 收费电动栏杆臂应贴敷的反光膜为(　　)。

A. 红白相间　B. 黄黑相间　C. 蓝白相间　D. 红黄相间

14. 电动栏杆工作电源:单相交流频率为 50Hz ±4%,电压为(　　)。

A. 220V +10%　B. 110V +10%　C. 380V +10%　D. UPS

15. 在检测过程中发现,自动栏杆线圈能检测到车辆通过,但是栏杆没有落下,可能存在的问题是(　　)。

A. 自动栏杆控制电平过低　B. 自动栏杆控制信号不能反馈

C. 栏杆没有加电　D. 栏杆自动锁定

16. 电动栏杆起落总时间要求为(　　)。

A. 4.0 ~ 5.0s　B. 1.4 ~ 3.0s　C. < 1.4s　D. ≤4.0s

17. 电动栏杆强电端子对机壳绝缘电阻为(　　)。

A. ≥30MΩ　B. ≥50Ω　C. ≥60MΩ　D. ≥80MΩ

18. 电动栏杆起落总时间规定为≤4.0s,实测方法为(　　)。

A. 秒表测 10 次,取平均值　　B. 秒表测 20 次,取平均值

C. 秒表测 50 次,取平均值　　D. 秒表测 100 次,取平均值

19. 车道控制器安全接地电阻为(　　)。

A. ≤1Ω　　B. ≤4Ω　　C. ≤8Ω　　D. ≤10Ω

20. 入口车道每辆小客车平均处理时间为(　　)。

A. ≤4s　　B. ≤8s　　C. ≤10s　　D. ≤14s

21. 车道车辆检测器计数精度偏差为(　　)。

A. ≤0.1%　　B. ≤0.15%　　C. ≤0.2%　　D. ≤0.5%

22. 车道车辆检测器计数精度偏差为≤0.1%,实测方法为人工记数核对,要大于(　　)。

A. 100 辆　　B. 300 辆　　C. 500 辆　　D. 1000 辆

23. 低速动态称重系统的速度为(　　)。

A. 5km/h 以下　　B. 10km/h 以下　　C. 15km/h 以下　　D. 20km/h 以下

24. 低速动态称重系统称量精度一般为(　　)。

A. 0.5% ~1%　　B. 1% ~3%　　C. 3% ~5%　　D. 5% ~10%

25. 汽车号牌视频自动识别系统能适应检测的车辆速度值为(　　)。

A. 0 ~50km/h　　B. 0 ~80km/h　　C. 0 ~120km/h　　D. 0 ~150km/h

26. 汽车号牌视频自动识别系统输出的数字图片格式为(　　)。

A. BMP　　B. JPG　　C. PCX　　D. PNG

27. 收费亭防雷接地电阻应(　　)。

A. ≤1Ω　　B. ≤4Ω　　C. ≤10Ω　　D. ≤30Ω

28. 收费天棚信号灯的色度和亮度应符合现行(　　)。

A. GB 14885　　B. GB 14886　　C. GB 14887　　D. GB 14888

29. 收费天棚信号灯的色度测量仪器为(　　)。

A. 亮度计　　B. 色度计　　C. 色品坐标计　　D. 分光计

30. 测量环形线圈电感量的仪器为(　　)。

A. 惠斯顿电桥　　B. 凯文电桥　　C. 交流电桥　　D. 法拉第电桥

31. 收费读写卡设备的响应时间以及对异常卡的处理实测次数为(　　)。

A. 20 次　　B. 40 次　　C. 60 次　　D. 100 次

32. 实测过程为任意流程时关闭车道控制器(车道计算机)电源,要求车道工作状态正常,加电后数据无丢失。该测试为(　　)。

A. 断电数据完整性测试　　B. 突发事件测试

C. 断网测试　　D. 误码测试

33. 出口车道每辆小客车平均处理时间为(　　)。

A. ≤4s　　B. ≤8s　　C. ≤10s　　D. ≤14s

34. 不属于收费系统测试的内容是(　　)。

A. 数据处理统计报表及打印记录测试　　B. 紧急电话系统测试

C. 告警及寻常处理功能测试　　D. 安全性及保密性测试

35. 收费站及收费中心的联合接地电阻值应为(　　)。

A. ≤1Ω　　B. ≤2Ω　　C. ≤4Ω　　D. ≤10Ω

36. 在联网收费系统中,收费车道计算机系统应具有独立工作和降级使用功能,并且收费数据至少能保存(　　)。

A. 30d 以上　　B. 40d 以上　　C. 7d 以上　　D. 60d 以上

37. 收费系统中,属于一次性使用的通行券是(　　)。

A. 磁卡　　B. 接触式 IC 卡　　C. 纸质通行券　　D. 非接触式 IC 卡

38. 目前我国高速公路收费系统主要使用的通行券为(　　)。

A. 纸质磁性券　　B. 纸质二维条形码券

C. 非接触 IC 卡　　D. 磁卡

39. 票据打印机打印头寿命应大于(　　)。

A. 1 亿字符　　B. 2 亿字符　　C. 3 亿字符　　D. 4 亿字符

40. 非接触式 IC 卡与读写器(读写线圈)之间的距离为(　　)。

A. ≤3cm　　B. ≤5cm　　C. ≤10cm　　D. ≤20cm

41. 发卡设备可靠性测试时,连续读写的测试卡张数为(　　)。

A. 100　　B. 200　　C. 500　　D. 1000

42. ETC 系统中具有读写功能的设备为(　　)。

A. 车载电子标签　　B. 路侧无线读写器

C. 车道控制计算机　　D. 车辆检测器

43. ETC 系统中与车载单元 OBU 通信完成收费交易的是(　　)。

A. 车道天线　　B. 路测设备控制

C. 车道控制器　　D. 路侧单元 RSU

44. ETC 系统收费方式的优越性和先进性十分突出,故适用于(　　)。

A. 所有的路网　　B. 交通量大的高速路网

C. 城市交通主干线　　D. 高等级公路

45. 电子标签具有微波通信功能和(　　)。

A. 信息存储功能　　B. 参数管理功能

C. 数据传输管理功能　　D. 系统初始化功能

46. 脚踏报警所属的系统是(　　)。

A. 入口车道设备　　B. 出口车道设备

C. 紧急电话系统　　D. 内部有线对讲系统

47. 内部有线对讲机的错误功能是(　　)。

A. 主机全呼分机　　B. 主机单呼分机

C. 分机呼叫主机　　D. 分机呼叫分机

48. 云台水平转动角规定值为(　　)。

A. ≥180°　　B. ≥270°　　C. ≥350°　　D. ≥360°

49. 云台垂直转动角规定值为(　　)。

A. 上仰≥10°,下俯≥70°　　B. 上仰≥15°,下俯≥80°

C. 上仰≥15°,下俯≥90°　　D. 上仰≥30°,下俯≥90°

50. 收费视频监视系统主要单体设备包括(　　)。

A. 雨刷　　B. 视频切换控制矩阵

C. 计算机　　D. 交换机

51. IC 卡机单次发卡或收卡操作时间应小于(　　)。

A. 1s　　B. 2s　　C. 3s　　D. 4s

52. 使用声级计测试 IC 卡机噪声时,在设备高度正前方共四个方向各测试一次,取算术平均值,声级计离卡机距离为(　　)。

A. 0.5m　　B. 1m　　C. 1.5m　　D. 2m

53. 费额显示器视认性能为观察者(矫正视力 5.0 以上)视认角不小于 30°,静态视认距离不小于(　　)。

A. 10m　　B. 20m　　C. 30m　　D. 40m

54. 对于具有语音附加功能的费额显示器,在设备正前方 1m、离地高 1.2m 处接收的等效连续声级值(可调)为(　　)。

A. 60 ~ 75dB(A)　　B. 70 ~ 85dB(A)

C. 80 ~ 95dB(A)　　D. 90 ~ 105dB(A)

55. 称重设备安装调试完成后,其相关检定机构为(　　)。

A. 监理机构　　B. 监督机构　　C. 检测检定机构　　D. 计量检定机构

56. 称重检测设备总重误差为(　　)。

A. ≤ ±1.0%　　B. ≤ ±1.5%　　C. ≤ ±2.0%　　D. ≤ ±2.5%

57. 称重检测设备的安全过载是(　　)。

A. ≥125% F.S.　　B. ≥130% F.S.　　C. ≥135% F.S.　　D. ≥140% F.S.

58. 称重检测设备的工作温度范围为(　　)。

A. -30 ~ +60℃　　B. -25 ~ +65℃　　C. -20 ~ +70℃　　D. -15 ~ +75℃

59. 称重检测设备工作相对湿度范围是(　　)。

A. 0 ~ 80%　　B. 0 ~ 85%　　C. 0 ~ 90%　　D. 0 ~ 95%

60. 称重检测设备传感器的防护等级为(　　)。

A. IP45　　B. IP56　　C. IP67　　D. IP68

二、判断题

1. 狭义收费系统由收费人员、收费车道、收费站、收费中心等构成。(　　)

2. 收费系统一般采用三级收费管理模式。(　　)

3. 均一制收费适合于里程长、出入口少的收费道路。(　　)

4. 与均一式收费方式相比,开放式收费方式有不存在漏收、按车型车种收费、收费相对合理的优点。(　　)

5. 开放式收费按车型一次性收费,不需要通行券,车道设备配置重点放在识别车型和准确收费上。(　　)

6. 封闭式收费系统中,磁卡是用于记录进出口信息的唯一凭证。(　　)

7. 根据收费制式不同,收费介质分为均一式和开放式收费系统两种。(　　)

8. 动态称重系统是对运动中的车辆进行称重，按称重车辆的速度可分为高速（120km/h）、中速（50km/h 以下）和低速（15km/h 以下）3 类。（　）

9. 全自动收费方式就是不停车的收费方式，它是计算机技术、电子技术及激光应用技术等发展的产物。（　）

10. 电子不停车收费方式（ETC）具有很多的优点，因此我国高速公路主要应采用这种收费方式。（　）

11. 电子收费过程的主要特征是交费效率高。（　）

12. 收费方式的自动化程度主要表现在电子收费方面。（　）

13. ETC 收费系统中，OBU 初始化设备与 OBU 微波通信接口的无线链路频率为 5.8GHz。（　）

14. 属于收费车道设备安装检查项目的有车道控制机、自动栏杆、控制台等。（　）

15. 环形线圈电感量用凯文电桥实测。（　）

16. 密钥就是打开收费现金密码箱密码和钥匙的简称。（　）

17. 收费广场各车道宜采用集中供电方式。（　）

18. 收费系统中读卡机、车道控制器、票据打印机和自动栏杆属于收费设备。（　）

19. 车道控制器应安放在收费亭的工业控制计算机上。（　）

20. 汽车号牌视频自动识别系统（单场）分辨率不小于 768×288 像素。（　）

21. 汽车号牌视频自动识别系统的彩色不小于 16 位。（　）

22. 汽车号牌视频自动识别系统的识别率不小于 97%，识别分析的平均总耗时（自触发信号发出开始到系统给出车辆号牌识别结论为止）不大于 800ms。（　）

23. 断电数据完整性测试为任意流程时关闭车道控制器电源，加电后车道工作状态正常，数据无丢失。（　）

24. 收费亭防雷接地电阻为≤10Ω。（　）

25. 收费天棚信号灯的色度和亮度应符合现行 GB 14887 的规定，用色度/亮度计实测。（　）

26. 手动栏杆与天棚信号灯的互锁关系为只有手动栏杆打开时，天棚信号灯才由红色变为绿色。（　）

27. 电动栏杆起落总时间规定为≤4.0s，实测方法为用秒表测 10 次，取平均时间。（　）

28. 车道车辆检测器计数精度偏差规定为≤0.1%，实测方法为人工记数核对，要大于 1000 辆，或借助录像带核对历史记录。（　）

29. 入口车道与出口车道的设备完全相同。（　）

30. 收费键盘就是普通计算机通用键盘。（　）

31. 出口车道实测项目主要是电动栏杆起落时间、车辆检测器计数精度。（　）

32. 入口车道实测项目为 33 个，出口车道实测项目为 40 个。（　）

33. 收费站联合接地电阻为≤4Ω。（　）

34. 对收费站进行检验时包括对自动栏杆的验收。（　）

35. 图像稽查功能指可通过实际操作检测稽查所有出入口车道“有问题”的车辆图像。 ( )

36. 站级收费系统是一个小的独立中心,当与上级通信故障或上级计算机出现故障时,应能全部代替上级计算机的功能。 ( )

37. 用于评价收费系统行为特征的指标仅有系统的技术性能这一个指标。 ( )

38. 数据完整性测试是指系统崩溃或电源故障,重新启动时,系统能自动引导至正常工作状态,不丢失任何历史数据。 ( )

39. 收费站报警录像功能指用于报警时显示报警图像的显示器具有报警显示功能,值班员通过键盘控制切换控制器切换该路报警视频信号进行录像,或自动进行切换。 ( )

40. 断网测试为断开车道控制器与收费站的通信链路,车道工作状态正常、数据无丢失并保存于车道控制器中,网络恢复后车道控制器将未传的数据补传给收费站计算机。 ( )

41. 双机热备份功能是当主机宕机时,从机能够自动接管,保证业务的连续性和正确性,且切换时间符合要求。 ( )

42. 数据库系统软件采用较多的有 Oracle Workgroup 和 Sybase 公司的数据库平台。 ( )

43. 收费系统网络安全,就是指网络病毒侵害。 ( )

44. 发卡设备可靠性测试为连续读写 500 张测试卡,读发卡设备无卡滞,用计算机软件核对应无错误。 ( )

45. 有线对讲系统中,主机可与任一分机通话,但各分机之间通常不能直接通话。 ( )

46. 收费闭路电视监视系统是收费系统不可缺少的重要组成部分。收费车道监视的目的是防止驾驶员冲卡逃费以及收费员利用减免费车辆和车型类别进行作弊。 ( )

47. 收费车道中的监控设备是保证收费过程按照程序正常进行的设施。 ( )

48. 省域联网收费系统总体框架结构由省收费结算中心、路段收费中心、收费站三级组成。 ( )

49. 联网收费系统总体框架结构一般由收费结算中心和联网收费区域内各路段的收费系统两部分组成。 ( )

50. 费额显示器的通信方式为异步、半双工,通信速率 200 ~ 19200bit/s。 ( )

51. 入口称重检测设施精度稳定性为设备标定周期≥6 个月。 ( )

52. 入口称重检测设施称重控制器机柜要求为采用野外机柜,单层机箱密封设计,并有独立的温控系统。 ( )

53. 入口称重检测设施称重控制器工作温度范围为 -30 ~ +70℃,寒区使用时应具备耐低温性能。 ( )

54. 入口称重检测设施称重控制器平均故障间隔时间≥20000h。 ( )

55. 入口称重检测设施称重控制器通信接口为 RS232、RS485、以太网接口等多种实时传输接口。 ( )

56. 入口称重检测设施称重控制器防护等级为 IP66。 ( )

57. 入口称重检测设施称重控制器应满足《电子称重仪表》(GB/T 7724—2008)的要求。 ( )

三、多项选择题

1. 机电工程中,对收费系统的要求有(　　)。

A. 通行费征收率高　　B. 对公路畅通的影响小

C. 数据管理效率高　　D. 设备可靠性高

2. 高速公路收费设施通常包含(　　)。

A. 路侧紧急电话系统　　B. 闭路电视监视系统

C. 供配电系统　　D. 内部有线对讲系统

3. 我国收费道路的收费制式有(　　)。

A. 开放式收费　　B. 均一制收费

C. 封闭式收费　　D. 混合式收费

4. 2013 年 6 月 1 日实施的有关电子收费车道系统的国家标准有(　　)。

A.《电子收费　车道系统技术要求》(GB/T 28967—2012)

B.《电子收费　车道配套设施技术要求》(GB/T 28968—2012)

C.《电子收费　车载单元初始化设备》(GB/T 28969—2012)

D.《收费用电动栏杆》(GB/T 24973—2010)

5.《电子收费　车载单元初始化设备》(GB/T 28969—2012)规定了公路电子收费系统中基于专用短程通信(DSRC)的车载单元初始化设备的应用总则和(　　)。

A. 设备技术要求　　B. 检验规则

C. 应用交易流程　　D. 试验方法

6. 开放式收费系统,车道设备配置重点应放在(　　)。

A. 读写信息　　B. 识别车型　　C. 数据采集　　D. 准确收费

7. 收费系统的环形线圈车辆检测器在收费车道中主要作用是(　　)。

A. 检测车速　　B. 检测车辆通过　　C. 检测车辆存在　　D. 检测占有率

8. 入口车道主要设备有(　　)。

A. 车道控制器　　B. 读写卡机　　C. 费额显示器　　D. 收费终端

9. 出口车道主要设备有(　　)。

A. 车道控制器　　B. 读写卡机　　C. 费额显示器　　D. 收费终端

10. 车道控制器检测的主要内容为(　　)。

A. 主频　　B. 内存　　C. 硬盘　　D. 接口

11. 车道收费设备很多,其中主要的设备有(　　)。

A. 车道控制器　　B. 收费员终端　　C. 栏杆　　D. 车辆检测器

12. 在封闭式收费系统中,收费车道处理机的主要功能是(　　)。

A. 数据上传　　B. 上传参数表

C. 外围设备状态测试　　D. 图像抓拍

13. 收费车道安装手动栏杆,栏杆和车道信号灯二者的动作必须联动,即(　　)。

A. 栏杆开启时红灯亮　　B. 栏杆关闭时红灯亮

C. 栏杆开启时绿灯亮　　D. 栏杆关闭时绿灯亮

14. 入口车道设备实测项目包括(　　)。

A. 天棚信号灯　　B. 收费金额显示

C. 环形线圈电感量　　D. 自动栏杆

15. 下列检查项目中,属于收费设施入口车道功能测试的项目有(　　)。

A. 车道信号灯　　B. 自动栏杆动作

C. 脚踏报警　　D. 每辆车平均处理时间

16. 收费车道设备实测项目有(　　)。

A. 闪光报警器　　B. 天棚信号灯

C. 断网测试　　D. 专用键盘

17. 黄色闪光报警灯工作时(闪光)的状况为(　　)。

A. 车辆违章　　B. 车辆冲关

C. 设备报警　　D. 电源电压不正常

18. 收费专用键盘一般分为(　　)。

A. 操作区　　B. 功能键区　　C. 数字键区　　D. 字母键区

19. 收费员终端显示器的主要技术指标是(　　)。

A. 分辨率　　B. 对比度　　C. 使用寿命　　D. 抗干扰性

20. 收费系统亭内设备包括(　　)等。

A. 费额显示器　　B. 车道控制机

C. IC 卡读写器　　D. 内部对讲机

21. 收费系统测试的主要内容涉及(　　)。

A. 安全性及保密性测试　　B. 闭路电视监视功能测试

C. 告警及异常处理功能测试　　D. 数据处理统计报表打印记录测试

22. 下列属于收费车道设备实测项目的有(　　)。

A. 打印机　　B. 车道控制机

C. 天棚信号灯　　D. 车道通行信号灯

23. 收费设备按功能可分为(　　)。

A. 收费　　B. 车型识别　　C. 监控　　D. 报警

24. 出口车道设备用实际操作方法检测的项目有(　　)。

A. 脚踏报警　　B. 出口正常处理流程

C. 换卡车处理流程　　D. 入出口车型不符处理流程

25. 高速公路半自动收费系统的主要特征是(　　)。

A. 人工收费　　B. 车型识别

C. 车检器计数　　D. 计算机管理

26. 半自动收费系统收费站主要设备包括(　　)。

A. 收费管理计算机及终端设备　　B. 通信设备

C. 收费站监控设备　　D. UPS 电源系统

27. 下列检查项目中,属于收费站功能实测项目的有(　　)。

A. 对车道的实时监控功能　　B. 费率表的设置与变更功能

C. 查原始数据功能　　D. 与车道数据通信功能

28. 收费站级计算机系统主要功能有(　　)。

A. 数据处理功能　　B. 车道监视功能

C. 时钟发布功能　　D. 数据后备及恢复功能

29. 收费站计算机系统的硬件有(　　)。

A. 收费管理控制计算机　　B. 收费服务器

C. 各收费工作站　　D. 网络设备及其他辅助设备

30. 属于收费站计算机系统的有(　　)。

A. 收费站计算机　　B. 打印机　　C. 光刻录机　　D. 通信设备

31. 收费系统软件特性表现为(　　)。

A. 准确性　　B. 安全可靠性　　C. 不确定性　　D. 可扩充性

32. 收费站计算机系统的主要功能有(　　)。

A. 数据查询　　B. 信息上传　　C. 数据备份　　D. 收费监视

33. 收费分中心主要设备有(　　)。

A. 服务器　　B. 管理计算机　　C. 通信计算机　　D. 打印机

34. 收费站与收费分中心通信的主要环节有(　　)。

A. 路由器　　B. 交换机　　C. 单模光缆　　D. UTP 线缆

35. 站级、分中心级计算机系统配置的软件有(　　)。

A. 数据库管理系统　　B. 网络管理软件

C. 杀病毒软件　　D. WINDOWS7

36. 站级、分中心级计算机配置的系统软件有(　　)。

A. 数据库管理系统　　B. 网络管理软件

C. 杀病毒软件　　D. WINDOWS7

37. 下列各检查项目中,属于收费分中心功能测试的项目有(　　)。

A. 与各收费站的数据传输功能　　B. 与监控分中心计算机通信功能

C. 图像稽查功能　　D. 数据备份与恢复功能

38. 公路收费系统计算机软件按功能划分为(　　)。

A. 平台软件　　B. 网络及通信软件

C. 应用软件　　D. 道路交通分析软件

39. IC 卡编码系统的检测主要有(　　)。

A. 发卡设备安全性测试　　B. 发卡设备可靠性测试

C. 兼容性测试　　D. 防冲突

40. 关于费额显示器的 LED 显示面板发光亮度要求,描述正确的是(　　)。

A. 发光亮度不小于 $1500cd/m^2$

B. 发光时环境照度变化应介于 ±10% 之间

C. 光探头采集范围不少于 16 个相邻像素

D. 彩色分析仪误差应小于 3%

41. 费额显示器为(　　)。

A. 9 针 RS-232C 阴性插座　　B. 25 针 RS-232C 阴性插座

C. 4 针 RS-485 阳性插座　　D. 8 针 RS-485 阳性插座

42. 费额显示器的 LED 显示面板发光亮度现场测试要点有(　　)。

A. 费额显示器不通电情况下,用彩色分析仪测量显示面的背景亮度 L_N

B. 费额显示器通电并正常工作情况下,用彩色分析仪测量显示面的亮度 L_Y

C. 费额显示面板发光亮度 $L = L_N - L_Y$

D. 费额显示面板发光亮度 $L = L_Y - L_N$

43. 称重设备安装调试完成后,应由相关计量检定机构试验检测和检定(校准)合格后,方可投入使用,其检定规程为(　　)。

A.《动态公路车辆自动衡器》(JJG 907)

B.《动态公路车辆自动衡器》(JJG 956)

C.《汽车轴重动态检测仪》[JJG(交通)005]

D.《汽车轴重动态检测仪》[JJG(交通)010]

44. 称重设备轮轴识别设备检测宽度为(　　)。

A. 普通车道≥1200mm　　B. 普通车道≥1500mm

C. 超宽车道≥1600mm　　D. 超宽车道≥2000mm

45. 称重设备车牌识别及抓拍设备识别性能指标要求有(　　)。

A. 日间号牌号码识别准确率应不小于 95%,夜间号牌号码识别准确率应不小于 90%

B. 日间号牌颜色识别准确率应不小于 90%,夜间号牌颜色识别准确率应不小于 80%

C. 号牌种类识别准确率应不小于 95%

D. 未悬挂号牌的识别率应不小于 80%

四、综合题

1. 回答出口车道的实测项目的相关问题。

(1)电气安全方面的关键实测项目为(　　)。

A. 设备强电端子对机壳绝缘电阻(≥50MΩ)

B. 车道控制器安全接地电阻(≤4Ω)

C. 电动栏杆机安全接地电阻(≤4Ω)

D. 收费亭防雷接地电阻(≤10Ω)

(2)有关信号灯的实测项目为(　　)。

A. 收费天棚信号灯的色度和亮度

B. 收费车道内通行信号灯的色度和亮度

C. 车道信号灯动作响应

D. 手动栏杆与天棚信号灯的互锁功能

(3)有关电动栏杆和车道参数的实测项目和测试方法为(　　)。

A. 电动栏杆起落总时间(≤4.0s),用秒表,测 10 次,取平均值

B. △电动栏杆动作响应(按规定流程动作,具有防砸车和水平回转功能),实际操作

C. △车道车辆检测器计数精度偏差(≤0.1%),人工记数核对,大于 1000 辆

D. 环形线圈电感量(符合设计要求),用电感测量仪器实测

(4)收费设备的实测项目为(　　)。

A. 读写卡设备响应时间及对异常卡的处理

B. 专用键盘

C. △费额显示器

D. △收据打印机

(5)收费站通信网络的实测项目有(　　)。

A. △断网测试(断开车道控制器与光纤的连接)

B. △断电数据完整性测试

C. △断网测试(断开车道控制器与收费站的通信链路)

D. △误码测试

2. 回答收费中心设备及软件检测的相关问题。

(1)收费中心设备及软件检测的基本要求为(　　)。

A. 收费中心设备数量、型号符合要求,部件完整

B. 设备安装到位并已连通,处于正常工作状态,并进行了严格测试和联调

C. 分项工程自检和系统联调记录等资料齐全

D. 设备及附(备)件清单、有效的设备检验合格报告或证书等资料齐全

(2)电气安全方面的关键实测项目及技术指标为(　　)。

A. 设备强电端子对机壳绝缘电阻(≥50MΩ)

B. 控制柜安全接地电阻(≤4Ω)

C. 收费中心联合接地电阻(≤4Ω)

D. 机柜防雷接地电阻(≤10Ω)

(3)与收费数据处理有关的功能实测项目和技术指标有(　　)。

A. △与收费站的数据传输功能　　B. △费率表、车型分类参数的设置与变更

C. 数据完整性测试　　D. 通行费拆分

(4)与图像有关的实测项目和技术指标有(　　)。

A. △图像稽查功能

B. △对各站及车道 CCTV 图像切换及控制功能

C. 与监控中心计算机通信功能

D. △报警录像功能

(5)其他实测项目和技术指标有(　　)。

A. △系统时间设定功能　　B. △报表统计管理及打印功能

C. 双机热备份功能　　D. 通行卡管理功能

3. 回答 IC 卡编码系统检测相关问题。

(1)IC 卡编码系统检测的基本要求为(　　)。

A. IC 卡编码系统的设备数量、型号符合要求,部件完整

B. 设备安装到位并已连通,处于正常工作状态

C. 分项工程自检和设备调试记录等资料齐全

D. 设备及附(备)件清单、有效的设备检验合格报告或证书等资料齐全

(2)与系统安全可靠兼容特性的有关实测项目有(　　)。

A. 发卡设备安全性测试　　B. 发卡设备可靠性测试

C. 兼容性测试　　D. 机柜防雷接地电阻(≤10Ω)

(3)涉及 IC 卡制作的实测项目和要求有(　　)。

A. 发放身份 IC 卡(可制作不同类型的身份卡)

B. 发放公务 IC 卡(可制作公务卡)

C. 发放预付 IC 卡(可制作预付卡)

D. 发放通行 IC 卡(可制作通行卡)

(4)本系统其他实测项目有(　　)。

A. 卡处理时间(≤300ms)　　B. 预付卡业务查询、统计与打印

C. △防冲突(同时正确识别两张卡)　　D. △丢卡、坏卡处理流程

(5)外观鉴定条件为(　　)。

A. 设备安装后,外观无划伤、刻痕以及防护层剥落等缺陷

B. 设备安装稳定,机箱内布线整齐美观、固定可靠、标识清楚

C. 收发卡箱边角圆滑、携带方便

D. 设备之间连线接插头等部件要求连接可靠、紧密、到位准确、布线整齐、余留规整、标识清楚;固定螺钉等要求紧固,无松动

4. 回答内部有线对讲及紧急报警系统检测相关问题。

(1)内部有线对讲及紧急报警系统检测的基本要求为(　　)。

A. 内部有线对讲及紧急报警系统的设备数量、型号符合要求,部件完整

B. 设备安装到位并已连通,处于正常工作状态

C. 分项工程自检和设备调试记录等资料齐全

D. 设备及附(备)件清单、有效的设备检验合格报告或证书等资料齐全

(2)涉及呼叫功能的有关实测项目和要求有(　　)。

A. △主机全呼分机　　B. △主机单呼某个分机

C. △分机呼叫主机　　D. 分机呼叫分机

(3)涉及通话声音质量的实测项目和要求有(　　)。

A. △分机之间的串音　　B. 扬声器音量调节(可调)

C. 话音质量　　D. 音质变化

(4)本系统与报警功能有关的实测项目及要求有(　　)。

A. △手动/脚踏报警功能

B. 报警器故障监测功能

C. 报警器向 CCTV 系统提供报警输出信号

D. 报警器自检功能

(5)外观鉴定条件为(　　)。

A. 主、分机安装位置正确、方便使用。设备安装后,外观无划伤、刻痕以及防护层剥落等缺陷

B. 主分机之间布线整齐美观、固定可靠、标识清楚

C. 过墙、板、地下通道处有保护套管，并留有适当余量

D. 设备之间连线接插头等部件连接可靠、紧密、到位准确；布线整齐、余留规整、标识清楚

5. 入口称重检测设施(设备)作为控制违法超限超载车辆进入高速公路的基础设施，具备对通过的车辆进行称量、识别分离、检测轴及轴组、车辆通过时间等信息自动采集，并形成完整的称重检测信息的功能。试回答入口称重检测设施相关问题。

(1)入口称重检测设施(设备)一般构成部分有称重设备、轮轴识别设备、车牌识别及抓拍设备和(　　)。

A. 视频监控设备　　B. 电子显示屏

C. 轮廓检测设备　　D. 安全引导设施

(2)称重检测设施中的称重设备安装调试完成后，其检定(校准)单位为(　　)。

A. 监理单位　　B. 监督单位

C. 有相关资质的检测机构　　D. 相关计量检定机构

(3)称重设备主要功能要求有(　　)。

A. 自动检测出车辆总重等信息

B. 对车辆进行准确、有效的自动分离

C. 本地存储 3 个月的数据

D. 具有开放、通用数据传输接口和传输协议

(4)称重检测设备主要性能指标要求有(　　)。

A. 总重误差：≤ ±2.5%　　B. 安全过载：≥125% F. S.

C. 温度范围：-20 ~ +70℃　　D. 传感器防护等级：IP68

(5)轮轴识别设备主要性能指标要求有(　　)。

A. 检测宽度：普通车道≥1200mm，超宽车道≥1600mm

B. 识别准确率：≥98%

C. 温度范围：-20 ~ +70℃；相对湿度范围：0 ~95%

D. 防护等级：IP68

6. ETC 门架系统是在高速公路沿线断面建设的，具备通行费分段计费、车牌图像识别等功能的专用系统及配套设施。请回答 ETC 门架系统相关问题。

(1)ETC 门架系统应进行型式检验的设备有 RSU(路侧单元)、PCI 密码卡、PSAM(消费安全访问模块)、OBU(车载单元)、OBU 初始化设备、车牌图像识别设备、高清摄像机、补光灯和(　　)。

A. OBE-SAM(车载设备安全访问模块)　　B. CPC 卡(复合通行卡)

C. CPU 用户卡　　D. IC 卡读写器

(2)ETC 门架系统关键设备包括 RSU(路侧单元)、PCI 密码卡和(　　)。

A. PSAM(消费安全访问模块)　　B. 车牌图像识别设备

C. 高清摄像机　　D. 补光灯

(3)RSU 型式检验主要包括物理层、协议符合性、互操作性、环境、条件测试，具体项目主

要包括载波频率、调制系数、占用带宽、杂散发射、位速率、唤醒信号、前导码、接收灵敏度、同信道干扰抑制比、接收带宽、工作温度、协议符合性、互操作性、并发通信、功耗和(　　)。

A. 频率容差　　B. 等效全向辐射功率

C. 邻道泄漏功率比　　D. 邻信道干扰抑制比

(4)PCI 密码卡型式检验主要内容包括物理特性、基本功能、稳定性、环境条件、应用测试和(　　)。

A. 化学特性　　B. 电特性　　C. 通信协议　　D. 基本安全性能

(5)车牌图像识别设备型式检验内容主要包括车牌图像识别功能、输出图片类型、图像颜色、分辨率、号牌种类、图片编码格式、传输接口、补光灯控制、支持工作状态应答、车辆捕获率、抓拍图像及车牌识别时间、车身颜色、外观和结构、绝缘电阻、电气强度、安全接地、电源适应性、防水与防尘、功耗、耐低温性能、耐高温性能、耐湿热性能、耐机械振动性能、粉尘试验、耐盐雾腐蚀性能、静电放电抗干扰性能、电快速瞬变脉冲抗扰度、扫描及曝光方式和(　　)。

A. 触发方式　　B. 车牌图像识别准确率

C. 远程校时　　D. 车辆品牌

习题参考答案及解析

一、单项选择题

1. B

2. B

【解析】收费站计算机系统是构成一条高速公路收费系统的基本系统。

3. D

【解析】《收费用电动栏杆》(GB/T 24973—2010)5。

4. B

5. A

【解析】选项 A 在每一个入口的匝道处收费,管进不管出,最切题意。

6. B

【解析】收费系统一般由收费车道系统、收费站管理系统和收费中心管理系统三级构成。

7. A

【解析】选项 A 从下往上一级一级条理清楚;或是从上往下也行,但选项 B 是底层到顶层至中层;选项 C 是中层到顶层至底层;选项 D 是中层至底层至顶层,有点上蹿下跳的味道。

8. B

【解析】选项 A 前半句对,后半句不对;选项 C、D 与题无关,故选 B。

9. D

【解析】选项 A 为进口收钱不管出;B 为出口收钱不管入;选项 A、B 均无出入口车型比对,方便作弊。选项 C 入口发卡是一方,出口收费是另一方,加上有出入口车辆图像比对系统，作弊的可能性大大减小，但也难杜绝，如发卡方与收费方联合作弊等。ETC（Electronic Toll Collection）不停车收费系统是通过安装在车辆挡风玻璃上的车载电子标签与在收费站ETC车道上的微波天线之间的微波专用短程通信，利用计算机联网技术与银行进行后台结算处理，从而杜绝收费员利用车型作弊。

10. A

【解析】选项B、C只计数、不付款，不易造成排队堵塞交通拥挤；选项D不现实。

11. B

【解析】选项A此种收费在两收费站之间近道远道一个价，并不太合理；选项D不成立，加收费站后会增加交通拥挤；比较选项B、C有点拿不准，结合开放式收费的特点，出口收钱不管入口情况，也就是收费过程与历史信息无关，选B无疑。

12. A

【解析】收费车道是收费系统的基础设施单元。

13. A

【解析】贴敷红白相间的反光膜。

14. A

【解析】如无特殊要求，单相交流负荷均用220V。

15. A

【解析】自动栏杆线圈能检测到车辆通过，B排除；自动栏杆的自然状态（无电时）是落杆状，选项C和D也排除。

16. D	17. B	18. A	19. B	20. B
21. A	22. D	23. C	24. C	25. C
26. B	27. C	28. C	29. B	30. C

31. B

32. A

33. D

34. B

【解析】选项B属于通信系统。

35. C

36. B

37. C

【解析】选项C一般用于高等级公路。

38. C

【解析】非接触IC卡比其他卡更优越。

39. C

40. C

41. C

42. B

43. D

【解析】路侧单元 RSU 由车道天线、路测设备控制器和车道控制器组成，主要功能是与车载单元 OBU 通信完成收费交易。

44. B

【解析】虽然 ETC 系统收费方式的优越性和先进性十分突出，但建设费用高，要求管理人员的技术水平高，且需向结算中心缴纳一定比例的服务费，故只适用于交通量大的路网。

45. A

【解析】参数管理功能、数据传输管理功能和系统初始化功能均是 ETC 车道系统的功能。

46. D

47. D

48. C

49. C

50. B

【解析】选项 A 雨刷是附着品，选项 C、D 和视频监视系统不太搭界，故选 B。

51. C

【解析】《封闭式收费用非接触式 IC 卡收发卡机》(GB/T 31440—2015)5.4.1。

52. B

【解析】《封闭式收费用非接触式 IC 卡收发卡机》(GB/T 31440—2015)6.4.6。

53. C

【解析】《公路收费用费额显示器》(GB/T 27879—2011)5.6.2。

54. B

【解析】《公路收费用费额显示器》(GB/T 27879—2011)5.6.3。

55. D

【解析】《交通工程》2020 年版 P553。

56. D

【解析】《交通工程》2020 年版 P553。

57. A

【解析】《交通工程》2020 年版 P553。

58. C

【解析】《交通工程》2020 年版 P553。

59. D

【解析】《交通工程》2020 年版 P553。

60. D

【解析】《交通工程》2020 年版 P553。

二、判断题

1. ×

【解析】收费人员不属于收费系统。

2. √

3. ×

【解析】均一制收费适合于里程短、出入口多而密、交通量很大而收费广场受限制、车辆之间行驶里程差距不大的场合。

4. ×

【解析】均一式是全线按统一费额的收费制式(在每个入口收费,出口不管);开发式将全线划分成若干路段,各路段内按统一费额的收费制式(也称为按路段均等收费制,其特点是进口不管,出口收钱)。两种方案除一个在入口收费、一个在出口收费外,在不存在漏收、按车型车种收费、收费相对合理方面,开放式并不比均一式优越。

5. √

【解析】不管车从何处入,只管出口按车型一次性收费是开放式收费的特征。

6. ×

【解析】用于记录进出口信息的还有纸卷、磁票、非接触式智能卡等,且磁卡目前用得很少。

7. ×

【解析】收费介质即通行券、纸卷、磁票、非接触式智能卡等。

8. √

9. ×

【解析】全自动收费方式是指收费过程全部由机器实施,按收费设备可分为机械式和电子式;按收费过程可分为停车式、不停车式;按通行券形式有微波识别的车载单元(ETC 通行券)、有视频识别的条码等;可见不停车的收费方式是全自动收费方式的一种。

10. ×

【解析】ETC 投资较大,同时需要和银行联合,再加上人们的消费习惯等因素,目前我国高速公路采用这种收费方式的比例不到 30%。

11. ×

【解析】电子收费过程的主要特征是不停车、无人工操作、无现金交易。

12. ×

【解析】收费方式的自动化程度主要表现在车型自动分类、无人收费、收费数据自动管理等方面。

13. √

14. ×

【解析】控制台属于收费站内设备,而不属于收费车道设备。

15. ×

【解析】凯文电桥为直流电桥,只能测电阻;要用交流电桥才能测电感量。

16. ×

【解析】在密码学中,密钥是指某个用来加密或解密用的信息。

17. ×

【解析】各车道分散供电可提高用电可靠性。

18. √

【解析】严格讲属于车道收费设备。

19. ×

【解析】工业控制计算机是安放在车道控制器内的。

20. √

21. √　　22. √　　23. √　　24. √　　25. √

26. √

27. √

28. √

29. ×

【解析】对照《公路工程质量检验评定标准　第二册　机电工程》(JTG F80/2—2004)的4.1和4.2就清楚了。

30. ×

【解析】专用键盘。

31. ×

【解析】主要是各种设备的安全防护,其次是电动栏杆起落时间、车辆检测器计数精度。

32. √

33. √

34. ×

【解析】自动栏杆不属于收费站内设备。

35. √

36. ×

【解析】当与上级通信故障或上级计算机出现故障时,站级收费系统维持本级和下级系统(车道计算机)的正常运行,并将相关数据存储好,一旦和上级计算机链接,则迅速将要上传的和要接收的数据及时处理。

37. ×

【解析】还有通行费征收率等经济指标和交通畅通等交通指标等。

38. √

39. √

【解析】报警录像功能为收费站关键实测项目。

40. √

41. √

42. √

【解析】这两个平台都在高速公路使用。

43. ×

【解析】网络安全是指网络系统的硬件、软件及系统中的数据受到保护,不因偶然的或者恶意的原因而遭到破坏、更改、泄露,系统可以连续可靠正常地运行,网络服务不被中断。网络病毒侵害只是网络安全的一个方面。

44. √

45. √

46. √

【解析】主要利用车道摄像机和亭内摄像机监视和抓拍，而且出口时的车辆照和入口时的车辆照还要进行比对。

47. √

【解析】因为监控设备记录了收费时收费者、交费者及车辆运动的全过程。

48. √

【解析】《联网收费一般规定》(交公路发〔2000〕463 号)。

49. √

【解析】《高速公路联网收费暂行技术要求》(交公路发〔2000〕463 号)。

50. √

【解析】《公路收费用费额显示器》(GB/T 27879—2011)5.9。

51. √

【解析】《交通工程》2020 年版 P553。

52. ×

【解析】双层机箱密封设计。《交通工程》2020 年版 P553。

53. ×

【解析】-20 ~ +70℃。《交通工程》2020 年版 P553。

54. √

【解析】《交通工程》2020 年版 P553。

55. √

【解析】《交通工程》2020 年版 P553。

56. ×

【解析】IP65。《交通工程》2020 年版 P553。

57. √

【解析】《交通工程》2020 年版 P553。

三、多项选择题

1. ABCD

【解析】4 个选项都很切题意。选项 A:该收的钱尽量收 100%；选项 B:收费往往影响畅通，要求对畅通影响小；选项 C:账一定要记好保管好；选项 D:设备完好，更利于收钱和记账。

2. BD

【解析】选项 A 属于通信设施；选项 B、D 属于收费设施；选项 C 属于低压配电设施。

3. ABCD

【解析】选项 A、B、C 一般都知道。混合式收费制式指开放式与封闭式结合的收费制式，简称混合式。

4. ABC

5. AC

6. BD

7. BC

【解析】主要作用是为车道控制器(电动栏杆)提供车辆通过和车辆存在的信息,车道控制器根据其信息做出抬杆、落杆的指令。

8. ABD

【解析】入口车道不收费,无选项 C。

9. ABCD

【解析】出口车道应有费额显示器。

10. ABCD

11. ABCD

【解析】这是最基本的配置,缺一不可。

12. ACD

【解析】车道不生成参数表。

13. BC

【解析】红灯亮车道封闭,绿灯亮车道开通。灯的颜色转换是由手动栏杆状态控制的。

14. ACD

【解析】入口车道无费额显示器,其余都选。

15. ABD

【解析】出口车道才有脚踏报警,且是关键实测项目。

16. ABCD

【解析】断网测试实际是测车道控制器(车道计算机)最重要的功能。

17. AB

【解析】黄闪灯是与感应线圈、自动栏杆抬杆动作相联锁的。

18. ABC

【解析】收费专用键盘无字母键区。

19. ABCD

【解析】除此之外还有色彩、功耗等指标。

20. BCD

【解析】费额显示器不在亭内,而在车道上。

21. ABCD

22. ABCD

23. ABCD

【解析】选项 D 容易漏选,为脚踏报警开关,以防抢劫或其他突发情况。

24. ABCD

25. ABCD

26. ABCD

【解析】半自动收费系统指由人工进行收费操作,计算机系统对车道设备进行控制,并对收费数据进行自动统计管理的收费方式。

27. ACD

【解析】费率表的设置与变更功能是收费中心的实测项目。

28. ABD

【解析】无选项 C 时钟发布功能。

29. ABCD

【解析】选项 A:收费系统的核心;选项 B:数据库;选项 C:收费系统的二级计算机;选项 D:数据传输系统。4 个选项全选。

30. ABCD

【解析】选项 A:计算机,必选;选项 B:生成纸质报表的工具,要选;选项 C:存储数据设备,要选;选项 D:传输设备,要选。

31. ABD

【解析】收费系统总的原则是精准、安全及不断完善,显然选项 C 不可取。

32. ABCD

【解析】《高速公路联网收费暂行技术要求》(交公路发〔2000〕463 号)。

33. ABCD

34. ABCD

【解析】4 个选项全选。要完成通信还需光端机。

35. ABCD

36. AD

【解析】数据库管理系统是系统软件。

37. ABC

【解析】选项 D 属于收费站实测项目。

38. ABC

【解析】道路交通分析软件在监控计算机系统中。

39. ABCD

40. ABC

【解析】彩色分析仪误差应小于 5%。《公路收费用费额显示器》(GB/T 27879—2011) 5.6.1。

41. ABC

【解析】无 8 针 RS-485 阳性插座。《公路收费用费额显示器》(GB/T 27879—2011)5.9。

42. ABD

【解析】《公路收费用费额显示器》(GB/T 27879—2011)6.5。

43. AC

【解析】《交通工程》2020 年版 P553。

44. AC

【解析】《交通工程》2020 年版 P553。

45. ABCD

【解析】《机动车号牌图像自动识别技术规范》(GA/T 833—2016)4.2.2.5。

四、综合题

1.(1)ABCD　(2)ABCD　(3)ABCD　(4)ABCD　(5)ABC

【解析】(5)误码测试属于光纤数字传输系统关键实测项目。

2.(1)ABCD　(2)AC　(3)ABCD　(4)ABC　(5)ABCD

【解析】(4)△报警录像功能为收费站实测项目。

3.(1)ABCD　(2)ABC　(3)ABCD　(4)ABC　(5)ABCD

【解析】(2)机柜防雷接地电阻(≤10Ω)不是本系统实测项目。

(4)选项 D 为出口车道实测项目。

4.(1)ABCD　(2)ABC　(3)ABC　(4)ABCD　(5)ABCD

【解析】(2)分机不能呼叫分机。

5.(1)ABCD　(2)D　(3)ABD　(4)ABC　(5)ABCD

【解析】(1)《交通工程》2020 年版 P552。

(2)《交通工程》2020 年版 P553。

(3)本地存储一个月的数据。《交通工程》2020 年版 P553。

(4)IP65。《交通工程》2020 年版 P553。

(5)《交通工程》2020 年版 P553。

6.(1)ABCD　(2)D　(3)BCD　(4)ABCD　(5)ABCD

【解析】(1)《交通工程》2020 年版 P583。

(2)《交通工程》2020 年版 P583 ~ 587。

(3)频率容限。本地存储一个月的数据。《交通工程》2020 年版 P583。

(4)IP65。《交通工程》2020 年版 P584。

(5)《交通工程》2020 年版 P584。

第十五章

低压配电设施

复习提示

本章引用的标准有《公路工程质量检验评定标准　第二册　机电工程》(JTG F80/2—2004)、《公路沿线设施太阳能供电系统通用技术规范》(GB/T 24716—2009)。

习　题

一、单项选择题

1. 电力系统正常运行时频率偏差为 ±0.2Hz,当系统容量较小时偏差可放宽到(　　)。

A. ±0.25Hz　　B. ±0.3Hz　　C. ±0.4Hz　　D. 0.5Hz

2. 电力系统公共连接点正常电压不平衡度为 2%,短时不超过(　　)。

A. 2.5%　　B. 3%　　C. 4%　　D. 5%

3. 220V 单相供电电压为标称电压的(　　)。

A. +7%,-10%　　B. ±7%　　C. ±10%　　D. ±5

4. 公路机电系统产品的电压适应性为(　　)。

A. 交流 220×(1±5%)V　　B. 交流 220×(1±10%)V

C. 交流 220×(1±15%)V　　D. 交流 220×(1±20%)V

5. 位于变配电所正常供电区域内,当大部分设备为中小容量且无特殊要求时宜采用(　　)。

A. 链式配电　　B. 放射式配电　　C. 树干式配电　　D. 均可

6. 配电线路应装设短路保护、接地故障保护和(　　)。

A. 机械性保护　　B. 接零保护　　C. 过负载保护　　D. 均可

7. 严禁用作隔离开关的电器有(　　)。

A. 断路器　　B. 熔断器　　C. 隔离插头　　D. 电子开关

8. 剩余电流保护器(漏电保护器)的动作电流值达到或超过给定电流值时,将自动(　　)。

A. 重合闸　　B. 切断电源　　C. 合上电源　　D. 给出报警信号

9. 标志断路器开合短路故障能力的数据是(　　)。

A. 额定短路开合电流的峰值　　B. 最大单相短路电流

C. 断路电压　　D. 最大运行负荷电流

10. 公路沿线建筑物和设施一般属于(　　)。

A. 一类防雷　　B. 二类防雷　　C. 三类防雷　　D. 四类防雷

11. 某10kV架空线,输电线路长9.71km,导线电阻为0.103Ω/km,该线路输送的有功功率为300kW,负载的平均功率因数为0.88,该线路的功率损耗为(　　)。

A. 11.62kW　　B. 1.162kW　　C. 0.116kW　　D. 3kW

12. 一台容量为20kVA的照明变压器,它的电压为6600V/220V,它能正常供给$\cos\varphi=0.6$、电压为220V、功率40W的日光灯(　　)。

A. 500盏　　B. 300盏　　C. 200盏　　D. 800盏

13. 发电机组控制柜绝缘电阻要求(　　)。

A. ≥2MΩ　　B. ≥10MΩ　　C. ≥50MΩ　　D. ≥100MΩ

14. 单台不间断电源(UPS)给计算机系统(总功率$\sum P_{Ni}$)供电,其输出功率应大于(　　)。

A. $\sum P_{Ni}$　　B. $1.3\sum P_{Ni}$　　C. $1.5\sum P_{Ni}$　　D. $2\sum P_{Ni}$

15. 蓄电池充电装置的直流输出电压一般应(　　)。

A. 等于额定电压　　B. 小于额定电压

C. 高于额定电压5%　　D. 无严格要求

16. 公路交通机电系统与电子信息设施的供电电源一般取自就近的公用电网,其电压通常为(　　)。

A. 10kV/6kV　　B. 15kV/10kV　　C. 20kV/15kV　　D. 30kV/20kV

17. 公路沿线站点的供电负荷级别通常为(　　)。

A. 特级　　B. 一级　　C. 二级　　D. 三级

18. 公路机电系统产品的电压适应性为(　　)。

A. 交流220×(1±5%)V　　B. 交流220×(1±10%)V

C. 交流220×(1±15%)V　　D. 交流220×(1±20%)V

二、判断题

1. 电力系统即为电力网。(　　)

2. 公路供电电源一般取自就近的10kV/6kV公用电网。(　　)

3. 公路变配电设计一般按三级用户配置。(　　)

4. 高速公路设备配电箱中通常使用带漏电保护的自动开关。(　　)

5. 隔离开关的主要作用是断开负荷电路。(　　)

6. 配电系统的安全接地电阻要求≤4Ω。(　　)

7. 配电系统的联合接地电阻要求≤1Ω。(　　)

8. 配电箱安全接地电阻应≤8Ω。(　　)

9. 三相四线制的工作接地是为了保证各相电压平衡。（　　）

10. 配电装置主要包括控制电路、保护电路、计测电路三部分。（　　）

11. 公路用户与公用电网的界面为低压配电柜配电回路断路器出线端。（　　）

12. 高速公路配电系统的后备电源为蓄电池、备用发电机和不间断电源（UPS）。（　　）

13. 备用发电机组控制柜安装后要求其绝缘电阻≥2MΩ。（　　）

14. 柴油发电机组性能分为 G1、G2、G3、G4 共 4 个等级，高速公路应选择 G2 级以上的自动化柴油发电机组。（　　）

15. 为保证电源中断时公路重要设备能正常工作，备用电源一般配柴油发电机组。（　　）

16. 快速启动柴油发电机组，适用于停电时间允许 15s 以上的场合。（　　）

17. 静止型 UPS 适用于允许停电时间为毫秒级且容量不大的重要交流负荷。（　　）

18. 电缆直接埋地敷设时，沿同一路径敷设的电缆数量不宜超过 10 根。（　　）

19. 一级负荷的用电单位难以从地区电力网取得两个电源，而有可能从邻近单位取得第二电源时，宜从该单位取得第二电源。（　　）

20. 在 TT 或 TN-S 系统中，N 线上必须装设保护电器。（　　）

21. 公路沿线用电设施的特点是：容量一般比较大，用电点分散，距离供电点较远，配电系统的技术可靠性与经济可行性矛盾突出。（　　）

22. 收费广场各车道宜采用集中供电方式。（　　）

三、多项选择题

1. 电能的质量指标有（　　）。

A. 电压　　B. 频率　　C. 可靠性　　D. 功率

2. 电压质量主要性能指标有（　　）。

A. 电压偏差　　B. 电压波动

C. 电压闪变　　D. 电压不对称（不平衡）

3. 某单相交流电路的负载为 2.2kW，若要测量其电流，则可用（　　）。

A. 万用表　　B. 钳形电流表

C. 交流电流表　　D. 直流电流表

4. 高速公路交通管理系统对电源系统的基本要求是（　　）。

A. 可靠　　B. 安全　　C. 稳定　　D. 高效率

5. 高速公路供配电的方式主要有（　　）。

A. 就近取电　　B. 集中供电

C. 分散供电　　D. 自备柴油发电机组

6. 公路沿线用电设施的特点为（　　）。

A. 容量不大　　B. 距供电点较远

C. 用电点分散　　D. 绝大部分为单相

7. 高速公路供配电系统的组成部分有（　　）。

A. 交流供配电系统　　B. 备用电源

C. 稳压设备　　D. 接地保护系统

8. 高速公路电源系统组成主要有(　　)。

A. 交流供电系统　　B. 直流供电系统

C. 接地系统　　D. 自备大型发电机

9. 低压电气设备常用的接地保护措施有(　　)。

A. 保护接地　　B. 保护接零　　C. 漏电保护　　D. 工作接地

10. 电力接地系统的接地引线应避免(　　)。

A. 机械损伤　　B. 日晒　　C. 化学腐蚀　　D. 水浸

11. 机电设备的接地方式有(　　)。

A. 浮地　　B. 单点接地　　C. 多点接地　　D. 安全接地

12. 在电源系统的接地系统中,交流接地形式主要包括(　　)。

A. 工作接地　　B. 保护接地　　C. 防震接地　　D. 防雷接地

13. 低压配电系统按保护接地的形式可分为(　　)。

A. TN 系统　　B. TT 系统　　C. IT 系统　　D. TNT

14. 公路交流供电系统设备主要包括(　　)。

A. 变压器　　B. 配电屏

C. 柴油发电机　　D. 交流自动切换设备

15. 自备发电机组的检测包括(　　)。

A. 启动及启动时间　　B. 发电机组容量测试

C. 发电机组相序　　D. 输出电压稳定性

16. 公路机电系统的应急电源主要有(　　)。

A. 蓄电池装置　　B. UPS　　C. 柴油发电机　　D. 市电

17. 高速公路上照明和其他电力设备共用一台变压器的条件为(　　)。

A. 采用 220V/380V 的 TN 系统接地形式

B. 采用 220V/380V 的 TT 系统接地形式

C. 采用 220V/380V 的 IT 系统接地形式

D. 不存在较大功率的冲击性负荷

18. 高速公路电力线路的结构有(　　)。

A. 地面线路　　B. 架空线路　　C. 地埋电缆线路　　D. 光缆线路

19. 下面叙述不正确的有(　　)。

A. 高速公路收费、监控和通信系统建设时,应采用集中供电

B. 三相供电时,零线上应装熔断器

C. 交通工程及沿线设施的强电线路必须与弱电线路分别敷设

D. 不同回路可以同管敷设

20. 公路低压配电系统的构成设施主要有隔离电器、配电电缆、设备侧配电柜(箱)、开关电器和(　　)。

A. 保护电器　　B. 接地装置

C. 有功电容补偿　　D. 故障保护与应急电源

21. 公路低压配电系统常用接线方式主要有(　　)。

A. 放射式　B. 环网式　C. 树干式　D. 链式

22. 常见的带电导体送电形式有单相二线制、两相三线制和(　　)。

A. 单相三线制　B. 三相三线制

C. 三相四线制　D. 三相五线制

四、综合题

1. 试回答中心(站)内低压配电设备检测主要技术指标相关问题。

(1)基本要求有(　　)。

A. 电源设备数量、型号规格符合设计要求,设备、列架排列整齐、有序,标志清楚、牢固

B. 所有电缆接头按规范进行开剥、焊接、镀锡、绑扎、密封和热塑封合防潮处理

C. 电源室等通过安全、消防验收,通过了通电测试,工作、安全、防雷等接地连接可靠

D. 隐蔽等工程验收记录、设备及附(备)件清单、有效的设备检验合格证书等资料齐全

(2)室内设备、列架的绝缘电阻的测量仪器为(　　)。

A. 300V 兆欧表　B. 500V 兆欧表

C. 300 型交流电桥　D. 500 型交流电桥

(3)发电机组供电切换对机电系统影响的检查方法为(　　)。

A. 机组并网测试　B. 机组容量测试

C. 实际操作　D. 查有效的历史记录

(4)电源室接地装置的技术要求为(　　)。

A. 接地体的材质和尺寸符合设计要求

B. 安装位置及埋深符合设计要求

C. 接地体引入线与接地体的连接以及防腐处理等符合设计要求

D. 应通过有资质部门的检测

(5)发电机组的实测项目有(　　)。

A. 发电机组控制柜接地电阻和绝缘电阻测试

B. 发电机组启动及启动时间、相序、容量测试

C. 发电机组输出电压稳定性及机组供电切换对机电系统的影响测试

D. 发电机组和电网并网测试

2. 配置合理的公路低压配电系统是满足公路专用电气负荷安全与电能质量的基础条件之一。请回答以下有关供配电系统原理和试验检测的问题。

(1)某配电箱内由直流供电电源和 3 个负载组成,其等效的电路如下图所示,供电电源输出电流为 7A,3 个负载分别可等效为 4Ω、2Ω、1Ω 的电阻,则图示支路电流 i 等于(　　)。

A. 1A　B. 2A　C. 5A　D. 7A

(2)公路低压配电系统常用接线方式主要有(　　)。

A. 放射式　B. 树干式　C. 链式　D. 联网式

(3)不间断电源一般组成部件有整流器蓄电池和(　　)。

A. 逆变器　B. 静态开关　C. 动态开关　D. 控制系统

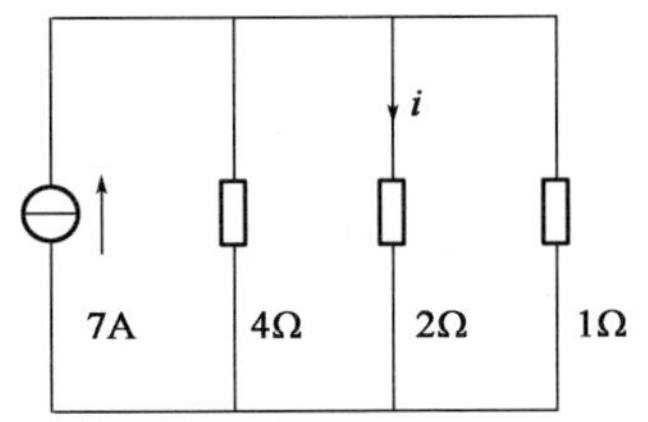

(4)国内常用蓄电池计算方法有(　　)。

A. 容量换算法　　B. 电压换算法

C. 电流换算法　　D. 阶梯负荷法

(5)外场设备电力电缆实测项目中相符的有(　　)。

A. 分线箱安全接地电阻≤1Ω　　B. 配电箱安全接地电阻≤4Ω

C. 配电线对输电箱绝缘电阻≥10MΩ　　D. 相线对绝缘护套绝缘电阻≥2MΩ

习题参考答案及解析

一、单项选择题

1. D

2. C

3. A

4. C

5. C

【解析】供电可靠性与布线经济性统筹考虑,故选 C。

6. C

【解析】此处只能选一项,最重要的是选项 C。

7. D

8. B

【解析】剩余电流保护器利用到达给定电流值 15 ~ 100mA 时切断电源,起保护作用。

9. A

【解析】短路电流用峰值比较方便,而选项 B、C、D 均指有效值,故选 A。

10. C

【解析】一般工业民用建筑属于三类防雷。

11. B

【解析】$I_{\rm P}=\dfrac{P}{3U_{\rm P}\cos\varphi}$,$p_1=3I_{\rm p}^2R=\dfrac{P^2}{U_1^2\cos^2\varphi}R=\dfrac{300^2}{10^2\times0.88^2}\times0.103\times9.71=1162({\rm W})$。

12. B

【解析】$\cos\varphi=0.6$、电压为 220V、功率 40W 的日光灯每灯所消耗的视在功率为 $S=P/$

$\cos\varphi = 40/0.6 = 66.67$(VA);20kVA 变压器可带日光灯数 $M = 20\text{kVA}/66.67\text{VA} = 300$(盏)。

13. A

14. B

15. C

【解析】一般充电电压为电瓶电压的 1.05~1.1 倍。

16. A

【解析】供电电源一般取自就近的 10kV/6kV 公用电网。

17. D

【解析】国家将供电负荷分为三级,一级为停电将造成重大政治影响或造成严重经济损失的负荷,公路供电负荷通常为三级。

18. C

【解析】《公路机电系统设备通用技术要求及检测方法》(JT/T 817—2011)4.8.5。

二、判断题

1. ×

【解析】电力系统含发电厂、电力网和用户。电力网是电力系统的一部分。

2. √

【解析】农网的电压。

3. √

【解析】一般工业民用建筑属于三级负荷。

4. √

【解析】可有效保证操作人员的安全。

5. ×

【解析】隔离开关主要起直观的隔离作用,是不能接通或断开负荷电路的。

6. √

7. √

8. ×

【解析】配电箱安全接地电阻应≤4Ω。

9. √

【解析】工作接地主要指变压器中性点或中性线(N 线)接地。三相四线供电系统中,若中性线断开了,将产生中性点位移,此时各相电压变化很大,三相电压严重不对称有可能损坏设备。中性点重复接地可有效限制中性点位移,保证各相电压平衡。

10. √

【解析】控制电路对各供电回路进行分合控制;保护电路对配电系统进行安全保护和设备保护;计测电路对用电量进行计量,对电压电流和 $\cos\varphi$ 电量进行测量等。

11. √

【解析】惯例。

12. √

【解析】不要漏掉蓄电池,它既是通信系统的工作电源,又是其备用电源。

13. √

14. √

【解析】主要考虑自动启动等功能。

15. √

【解析】柴油发电机组相当于高速公路第二电源。

16. √

17. √

18. ×

【解析】电缆直接埋地敷设时,沿同一路径敷设的电缆数量不宜超过8根。

19. √

【解析】一级负荷要求双电源。

20. ×

【解析】一级负荷的双电源均应来自电网。

21. ×

【解析】公路沿线用电设施的容量一般不大,如气象检测器、车辆检测器等仅有十余瓦功率。

22. ×

【解析】各车道分散供电可提高用电可靠性。

三、多项选择题

1. ABC

【解析】功率不属于电能的质量指标,而是电能的计量指标。

2. ABCD

3. BC

【解析】万用表一般无交流电流挡,即使有,所测电流也很小(1A左右),题中的负载电流大于10A,万用表不能测;直流电流表也不能测。

4. ABCD

【解析】高速公路供电既需要可靠安全,也需要高质量高效率。

5. ABCD

【解析】选项A、B、D好理解,选项C分散供电主要指气象检测器、车辆检测器等外场设备的供电。

6. ABCD

7. ABCD

【解析】选项A为外电源,一般为10kV高压引入,通过变压器降压为220V/380V供电;选项B一般为小型柴油发电机组(容量数十千伏安);选项C为机房提供高质量电压;选项D为保护系统。

8. ABC

【解析】选项B主要指通信系统的直流供电系统；高速公路电源系统不需要大型发电机。

9. ABC

【解析】工作接地不属于接地保护措施。

10. AC

【解析】日晒水浸对电力接地系统的接地引线（一般为4×40镀锌扁钢）无影响。

11. ABC

【解析】此处的接地是指接地体与接地引线的实际连接方式，按方式分类。而选项D是按接地的功能来分的，所以不选。

12. ABD

【解析】防震接地是凑数的。

13. ABC

【解析】选项D是生造的。

14. ABCD

【解析】4个选项是交流供电系统最主要的设备，缺一不可。

15. ABCD

16. ABCD

17. ABD

18. BC

【解析】地面线路极不安全，是不允许的；光缆不能输送大功率电能。

19. ABD

【解析】选项A：高速公路收费、监控和通信系统建设时，不可能集中供电，外场设备的施工等往往借助车载发电机；选项B：三相供电时，零线上严禁装熔断器；选项D：不同回路不能同管敷设。

20. ABD

【解析】选项C为无功电容补偿。

21. ACD

【解析】环网是网络用网。

22. BCD

【解析】带电导体是指正常通过工作电流的导体，包括相线和中性线（N线及PEN线），但不包括PE线。

四、综合题

1.（1）ABCD　（2）B　（3）CD　（4）ABC　（5）ABC

2.（1）B　（2）ABC　（3）ABD　（4）ABCD　（5）BCD

【解析】（1）4Ω和1Ω的并联等效电阻为$R_D=(R_1\times R_2)/(R_1+R_2)=(4\times1)/(4+1)=4/5(\Omega)$，由分流公式得2Ω电阻的支路电流$i=(R_D\times I)/(R_D+R)=(4/5\times7)/(4/5+2)=2(A)$。

(2)联网式为凑数的。

(3)无动态开关。

(4)容量换算法也称电压换算法,电流换算法也称阶梯负荷法。

(5)《公路工程质量检验评定标准　第二册　机电工程》(JTG F80/2—2004)5.2.2。

第十六章

照明设施

复习提示

本章引用的标准有《公路工程质量检验评定标准　第二册　机电工程》(JTG F80/2—2004)、《升降式高杆照明装置》(GB/T 26943—2011)、《公路照明技术条件》(GB/T 24969—2010)、《公路 LED 照明灯具》(JT/T 939.1、939.2、939.5—2014)、《照明测量方法》(GB/T 5700—2008)。

习　题

一、单项选择题

1. 公路照明灯的工作电压范围和照度调试范围为(　　)。

A. 150 ~ 250V,0 ~ 100lx　　B. 150 ~ 280V,0 ~ 100lx

C. 185 ~ 250V,0 ~ 50lx　　D. 185 ~ 250V,0 ~ 100lx

2. 道路照明设计中,如路面照度均匀度不满足规定要求时,应采取的措施为(　　)。

A. 适当降低灯杆高度　　B. 适当缩小杆距

C. 加大光源功率　　D. 改用截光型灯具

3.《公路照明技术条件》现行有效的版本是《公路照明技术条件》(　　)。

A. JT/T 367—2008　　B. JT/T 367—2011

C. GB/T 24969—2010　　D. GB/T 24969—2013

4. 高速公路路段照明应采用的光源为(　　)。

A. 高压钠灯　　B. 荧光高压汞灯　　C. 低压钠灯　　D. 荧光低压汞灯

5. 收费亭、监控中心等场所在选择灯具的时候,其显色性(Ra)应为(　　)。

A. Ra≥80　　B. Ra≥40　　C. Ra≥60　　D. 不用考虑其显色性

6. 灯杆的接地电阻为(　　)。

A. ≤1Ω　　B. ≤4Ω　　C. ≤8Ω　　D. ≤10Ω

7. 升降式高杆灯安装完成后，使用经纬仪对灯杆杆梢做垂直度检验，其合格指标为垂直度偏差小于灯杆高度的（　　）。

A. 0.1%　　B. 0.2%　　C. 0.3%　　D. 0.5%

8. 升降式高杆灯升降应具备电动、手动两种功能。电动升降时，灯盘的升降速度不宜超过（　　）。

A. 1 ~ 2m/min　　B. 2 ~ 3m/min　　C. 2 ~ 6m/min　　D. 5 ~ 10m/min

9. 杆上安装路灯时，悬挑伸延长度一般不宜超过灯杆高度的（　　）。

A. 1/3　　B. 1/4　　C. 1/5　　D. 1/6

10. 升降式高杆照明装置升降系统采用单根钢丝绳时，其绳的设计安全系数不小于（　　）。

A. 4　　B. 6　　C. 8　　D. 10

11. 升降式高杆灯测试防腐涂层厚度时，用测厚仪在被测件的两端及中间各随机抽取（　　）。

A. 3 处共计 9 点，测量取平均值为结果

B. 3 处共计 15 点，测量取平均值为结果

C. 6 处共计 18 点，测量取平均值为结果

D. 6 处共计 36 点，测量取平均值为结果

12. 灯杆直立安装完成后，应用经纬仪对灯杆垂直度进行检验，其垂直度为（　　）。

A. ≤3mm/m　　B. ≤4mm/m　　C. ≤5mm/m　　D. ≤6mm/m

13. 公路照明的维护系数通常取（　　）。

A. 0.60　　B. 0.65　　C. 0.70　　D. 0.75

14. 依据《公路照明技术条件》（GB/T 24969—2010），常规路段照明宜采用（　　）。

A. 低压钠灯　　B. 高压钠灯　　C. 白炽灯　　D. 氙弧灯

15. 照明装置在使用一定周期后，在规定表面上的平均照度或平均亮度与该装置在相同条件下新装时在规定表面上所得到的平均照度或平均亮度之比，称为（　　）。

A. 平均亮度　　B. 亮度总均匀度　　C. 维持值　　D. 维护系数

16. 车流密度较大、视距条件较差、公路自身条件复杂的照明路段适用的照明级别为（　　）。

A. 一级　　B. 二级　　C. 三级　　D. 四级

二、判断题

1. 公路照明应满足亮度、照度、眩光限制和诱导性 4 项主要指标。（　　）

2. 失能眩光是眩光源发出的光线在眼内的散射而导致视功能下降。（　　）

3. 影响人眼睛对眩光感觉强弱的因素是光源的强度。（　　）

4. 宜在气体放电灯的配电线路或灯具内设置补偿电容，使功率因数大于 0.9。（　　）

5. 气体放电灯的频闪效应对视觉有影响的场所，采用电感镇流器时，相邻灯具应分接在不同相序，以降低频闪深度。（　　）

6. 公路照明灯杆的布置形式一般分为单侧布置、双侧交错布置、双侧对称布置和中心对称

布置 4 种。（　　）

7. 阈值增量指眩光源引起失能眩光的度量。表示为存在眩光源时，为了达到看清物体的目的，在物体及背景之间的亮度对比所需要增加的百分比。（　　）

8. 公路一级和二级照明的眩光限制阈值增量 TI(%)均为 10。（　　）

9. 公路一级和二级照明的环境比(SR)均为 0.5。（　　）

10. 环境比定义为车道外缘带状区域(一般为 5m 宽)的平均照度与相邻的车道内缘带状区域(一般为 5m 宽)的平均照度之比。（　　）

11. 公路照明质量宜优先符合亮度要求。（　　）

12. 光通量是指光源在单位时间内向周围空间辐射出能引起光感的电磁能量。（　　）

13. 对平曲线半径小于 1000m 的曲线路段，照明灯具的布设间距与直线路段相同。（　　）

14. 气体放电灯线路的功率因数应大于 0.85。（　　）

15. 公路照明质量宜优先符合亮度要求。（　　）

16. 路面亮度总均匀度为路面上最小亮度与平均亮度的比值。（　　）

17. 路面亮度纵向均匀度为车道中心线上路面最小亮度与平均亮度的比值。（　　）

18. 路面照度总均匀度为路面上最小照度与平均照度的比值。（　　）

19. 为避免眩光，与灯具向下垂直轴夹角在 80°和 90°的观察方向上的光强应分别不大于 30cd/1000lm 和 10cd/1000lm。（　　）

三、多项选择题

1. 收费天棚下方地面可根据辨色要求选择显色指数 Ra 为(　　)。

A. 80　　B. 60　　C. 40　　D. 20

2. 公路照明应采用的灯具类型为(　　)。

A. 截光型　　B. 半截光型　　C. 非截光型　　D. 装饰型

3. 电光源的主要特性有(　　)。

A. 额定功率　　B. 亮度　　C. 光通量　　D. 平均寿命

4. 照明器沿车道布置形式的依据除了要考虑路面平均照度均匀度和眩光抑制等技术指标外，还要考虑(　　)。

A. 诱导性良好　　B. 发光效率高　　C. 节能　　D. 安装尺寸

5. 照明设施实测项目中要测试照度及均匀度的场所有路段直线段、路段弯道段和(　　)。

A. 大桥桥梁段　　B. 立交桥面段　　C. 收费广场　　D. 收费天棚

6. 在照明系统中，灯具的安全性能包括(　　)。

A. 耐热性能　　B. 机械性能　　C. 电性能　　D. 防尘防水

7. 在质量检验评定中，照明设施安装的实测项目包括(　　)。

A. 高杆灯灯盘升降功能测试

B. 亮度传感器与照明器的联动功能

C. 自动手动方式控制全部或部分光源开闭

D. 定时控制功能

8. 机电工程照明设施主要检测项目有(　　)。

A. 防腐性能　　B. 外观质量

C. 设备及使用性能参数　　D. 设备几何尺寸

9. 升降式高杆灯的配电箱、升降系统等电工电子产品部件的环境适应性能试验有(　　)。

A. 耐低温性能:在 -20℃(-40℃、-55℃)条件下试验8h,应工作正常

B. 耐高温性能:在 +55℃(+50℃、+45℃)条件下试验8h,应工作正常

C. 耐湿热性能:在温度 +40℃,相对湿度(98±2)%条件下试验48h,应工作正常

D. 耐盐雾腐蚀性能:构件经168h盐雾试验后,应无明显锈蚀现象,金属构件应无红色锈点,电气部件应工作正常

10. 照明设施灯杆的实测项目有(　　)。

A. 灯杆基础尺寸　　B. 灯杆壁厚　　C. 灯杆垂直度　　D. 平面位置偏差

11. 在现场进行照明测量时,现场的照明光源宜满足的要求有(　　)。

A. 白炽灯和卤钨灯累计燃点时间在50h以上

B. 气体放电灯类光源累计燃点时间在100h以上

B. 照明测量前白炽灯和卤钨灯应燃点15min

D. 照明测量前气体放电灯类光源应燃点40min

12. 公路照明光源的选择要求为(　　)。

A. 光源的选择应综合考虑光效、使用寿命和显色性等因素

B. 常规路段照明宜采用高压钠灯,不应采用白炽灯

C. 对显色性有较高要求的设施及场所可采用一般显色指数较高的光源

D. 可采用能够符合公路照明要求的新型光源,如LED光源、无极灯等

四、综合题

1. 某段沥青路面高速公路刚刚竣工验收,需测定照明参数,回答以下问题。

(1)测试平均照度最小维持值时,维护系数应取(　　)。

A. 0.6　　B. 0.65　　C. 0.7　　D. 0.8

(2)若路面平均亮度最小维持值为2.0cd/m^2,则平均亮度检测值为(　　)cd/m^2。

A. 2.5　　B. 2.86　　C. 3.1　　D. 3.3

(3)若路面平均照度最小维持值为30lx,则平均照度检测值为(　　)lx。

A. 37.5　　B. 40　　C. 42.8　　D. 46.2

(4)该路段应选用灯具类型为(　　)。

A. 截光型　　B. 半截光型

C. 非截光型　　D. 漫反射型

(5)该路段应采用的光源为(　　)。

A. 高压钠灯　　B. 荧光高压汞灯　　C. 低压钠灯　　D. 荧光低压汞灯

2. 某路段照度测试现场如下图,测试数据如下表所示。

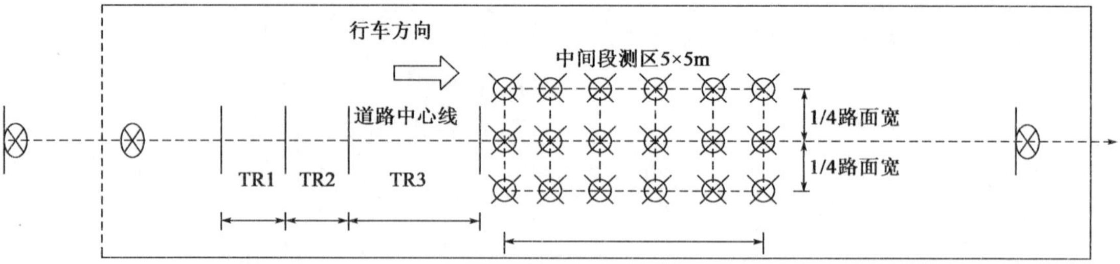

现场测试数据(单位:lx)

37.8	39.4	32.5	40.2	40.6	40.7
49.4	54.2	50.4	47.8	54.5	54.5
28.9	30.0	38.9	52.3	37.6	31.7

(1)路面平均照度为(　　)。

A. 38.8lx　　B. 39.9lx　　C. 42.3lx　　D. 44.1lx

(2)路面照度均匀度为(　　)。

A. 0.66　　B. 0.68　　C. 0.72　　D. 0.74

(3)路面照度纵向均匀度为(　　)。

A. 0.73　　B. 0.8　　C. 0.88　　D. 0.92

(4)该路面照度平均值为(　　)。

A. 合格　　B. 公路一级照明标准

C. 不合格　　D. 公路二级照明标准

(5)简述照度的测量方法(　　)。

A. 在被测试路面上设定测点

B. 测量时将照度计感光面平行于被测面

C. 测量时将照度计感光面垂直于被测面

D. 测时避免人或物遮挡照度计的光线

3. 按《照明测量方法》(GB/T 5700—2008),回答照明测量仪器相关问题。

(1)照度计的要求为(　　)。

A. 不低于一级,道路和广场照明的照度测量分辨力应小于0.1lx

B. 相对示值误差绝对值:≤±4%

C. 换挡误差绝对值:≤±1%

D. 非线性误差绝对值:≤±3%

(2)亮度计的要求为(　　)。

A. 不低于一级的亮度计

B. 在道路照明测量中只要求测量平均亮度时,可采用积分亮度计;除测量平均亮度外,还要求得出亮度总均匀度和亮度纵向均匀度时,宜采用带望远镜头的光亮度计,其在垂直方向的视角应小于或等于2′,在水平方向的视角应为2′~20′

C. 相对示值误差绝对值:≤±5%(0.02)

D. 非线性误差绝对值：≤ ±1.0%

(3)光谱辐射计的要求为(　　)。

A. 现场测量色温、显色指数和色度参数

B. 波长范围为380~780nm，测光重复性应在1%以内，波长示值绝对误差≤ ±5.0nm

C. 光谱带宽<8nm，光谱测量间隔<5nm

D. A光源的色品坐标测量误差：$|\Delta x| \leq 0.0015$，$|\Delta y| \leq 0.0015$

(4)功率计的要求为(　　)。

A. 精度不低于1.5级　　B. 数字功率计

C. 有谐波测量功能　　D. 非线性误差绝对值：≤ ±1.0%

(5)电压表、电流表的要求为(　　)。

A. 精度不低于1.5级　　B. 检定应符合现行JJG 34的规定

C. 有谐波测量功能　　D. 非线性误差绝对值：≤ ±1.0%

习题参考答案及解析

一、单项选择题

1. C

【解析】电压的变化范围为220×(1±15%)V即187~253V，一级路面维持照度值为30lx，新灯时照度为30/0.7=42.9lx；综合二者选C。

2. B

【解析】照度均匀度为路面最小照度和平均照度之比，适当缩小杆距可提高路面最小照度。

3. C

4. A

5. A

6. D　　7. C　　8. C　　9. B　　10. C

11. C

【解析】每一测区3个测点。

12. C

13. C

【解析】《公路照明技术条件》(GB/T 24969—2010)5.3.2。

14. B

【解析】《公路照明技术条件》(GB/T 24969—2010)6.1.2。

15. D

【解析】《公路照明技术条件》(GB/T 24969—2010)3.8。

16. A

【解析】《公路照明技术条件》(GB/T 24969—2010)5.2。

二、判断题

1. √

2. √

【解析】被观察物在视网膜聚焦成像，其视感与景物的亮度成正比。与此同时，从一眩光源发出的光，只要接近直接视场，也会有部分光在眼内散射，对已聚焦的景象就好像蒙上一层明亮的帷幕，遮蔽和削弱视神经对景象的识别。

3. ×

【解析】人眼睛对眩光感觉强弱不仅与光源的发光强度有关，还与光源背景亮度、视野内光束发散度的分布、光源表面的大小及光源与人眼的水平夹角有关。

4. √

5. √

6. √　　7. √　　8. √　　9. √　　10. √

11. √

【解析】相同的照度在不同路面亮度是不一样的，如 30lx 的照度在沥青路面产生的亮度为 2.0cd，而在混凝土路面产生的亮度为 2.6cd。所以亮度要求宜优先符合。

12. √

【解析】能引起人眼光感的光波长在 380～760nm 之间。光源在单位时间内向周围空间辐射出且能引起光感的电磁能量用光通量来描述，其单位为流明(lm)。

13. ×

14. √

15 √

【解析】《公路照明技术条件》(GB/T 24969—2010)5.3.2。

16. √

【解析】《公路照明技术条件》(GB/T 24969—2010)3.3。

17. ×

【解析】车道中心线上路面最小亮度与最大亮度的比值。《公路照明技术条件》(GB/T 24969—2010)3.4。

18. √

【解析】《公路照明技术条件》(GB/T 24969—2010)3.5。

19. √

【解析】《公路照明技术条件》(GB/T 24969—2010)5.3.3。

三、多项选择题

1. BCD

2. AB

3. ABCD

【解析】4个特性在电光源选型时必用。

4. ABC

【解析】选项A:采用截光型或半截光型灯具,实现好的诱导性及防眩光;选项B:选高压钠灯,光效高,相应也节能;选项D:安装尺寸不是主要因素。

5. BC

6. ABCD

7. ABCD

8. ABCD

9. ABCD

10. ABCD

【解析】注意选项D变了个说法,在JTG F80/2—2004的6.0中为"灯杆横纵向偏差"。

11. ABCD

【解析】《照明测量方法》(GB/T 5700—2008)4.2.1、4.2.2。

12. ABCD

【解析】《公路照明技术条件》(GB/T 24969—2010)6.1。

四、综合题

1.(1)C (2)B (3)B (4)AB (5)A

2.(1)C (2)B (3)C (4)AB (5)ABD

【解析】(1)$E_{av}=\sum E/18=761.4/18=42.3(lx)$。

(2) $U_0=E_{min}/E_{av}=28.9/42.3=0.68$。

(3) $U_{中}=E_{中min}/E_{中max}=47.8/54.5=0.88$。

3.(1)ABC (2)ABCD (3)ACD (4)ABC (5)AB

【解析】(1)非线性误差绝对值:≤±1%。《照明测量方法》(GB/T 5700—2008)5.1。

(2)《照明测量方法》(GB/T 5700—2008)5.2。

(3)波长示值绝对误差:≤±2.0nm。《照明测量方法》(GB/T 5700—2008)5.3。

(4)《照明测量方法》(GB/T 5700—2008)5.4。

(5)《照明测量方法》(GB/T 5700—2008)5.5。

第十七章

隧道机电设施

复习提示

本章引用的标准有《公路工程质量检验评定标准　第二册　机电工程》(JTG F80/2—2004)、《高速公路隧道监控系统模式》(GB/T 18567—2010)、《隧道环境检测设备》(GB/T 26944.1～26944.4—2011)、《公路隧道发光型诱导设施》(JT/T 820—2011)、《公路隧道火灾报警系统技术条件》(JT/T 610—2004)、《公路隧道照明设计细则》(JTG/T D70/2-01—2014)、《公路隧道通风设计细则》(JTG/T D70/2-02—2014)、《隧道可编程控制器》(JT/T 608—2004)。

习　题

一、单项选择题

1. 在高速公路长隧道和长度大于2000m的其他隧道中应设置(　　)。

A. 消火栓系统　　B. 避灾引导灯
C. 紧急照明系统　　D. 机械通风

2. 公路隧道按长度分类正确的是(　　)。

A. 特长隧道:大于5000m　　B. 长隧道:5000～2000m
C. 中隧道:2000～500m　　D. 短隧道:不超过500m

3. 隧道机电分部工程包含的分项工程有(　　)。

A. 10个　　B. 11个　　C. 12个　　D. 14个

4. 检验环境检测设备的数据传输性能,应采用(　　)。

A. 接地电阻测量仪　　B. 500V兆欧表
C. 经纬仪　　D. 数据传输测试仪

5. 隧道环境检测项目主要有CO检测、能见度检测和(　　)。

A. 气象检测　　B. 车辆检测器

C. 风机运转噪声检测　　D. 风向风速检测

6. 隧道CO检测器测量范围为10～50mg/m^3时，基本误差为(　　)。

A. ±1mg/m^3　　B. ±2mg/m^3　　C. ±3mg/m^3　　D. ±5mg/m^3

7. 隧道能见度检测器测量范围为(　　)。

A. 0～0.01m^{-1}　　B. 0～0.012m^{-1}

C. 0～0.015m^{-1}　　D. 0～0.02m^{-1}

8. 采用纵向通风的隧道，隧道内换气风速不应低于(　　)。

A. 2.5m/s　　B. 3m/s　　C. 5m/s　　D. 无严格要求

9. 隧道诱导设施的位置和高度偏差测量用(　　)。

A. 水准仪　　B. 经纬仪　　C. 平板仪　　D. 应变仪

10. 隧道报警与诱导设施数据传输性能要求24h观察时间内(　　)。

A. BER≤10^{-6}　　B. BER≤10^{-7}

C. BER≤10^{-8}　　D. BER≤10^{-9}

11. 隧道诱导设施的色度应符合现行(　　)的规定。

A. GB 14880　　B. GB 14885　　C. GB 14887　　D. GB 14889

12. 隧道警报器音量要求为(　　)。

A. 66～70dB(A)　　B. 76～90dB(A)

C. 96～120dB(A)　　D. 116～140dB(A)

13. 隧道内摄像机多用(　　)。

A. 电动变焦镜头　　B. 低照度镜头

C. 自动光圈电动变焦镜头　　D. 均可

14. 为了消除隧道的黑洞或黑框现象，必须在隧道入口使路面(　　)。

A. 亮度达到必要的水平　　B. 照度达到必要的水平

C. 必须消除眩光　　D. 光强达到必要的水平

15. 应设置洞内照明的隧道长度为(　　)。

A. 超过50m　　B. 超过100m　　C. 超过200m　　D. 超过500m

16. 夜间出入口不设加强照明，洞外应设路灯照明，其亮度(　　)。

A. 不低于洞内基本亮度的1/2　　B. 与洞内基本亮度相同

C. 大于洞内基本亮度的1/2　　D. 不低于洞内基本亮度的1/10

17. 隧道灯具的常用布置方式有(　　)。

A. 相对、交错　　B. 交错、中间　　C. 相对、中间　　D. 均可

18. 入口段的基本照明控制分(　　)。

A. 2级控制　　B. 4级控制　　C. 5级控制　　D. 6级控制

19. 入口段的照明可分为基本照明和(　　)。

A. 加强照明　　B. 重点照明

C. 晴天补偿照明　　D. 夜间补偿照明

20. 隧道启用应急照明时，洞内路面亮度应不小于中间段亮度的(　　)。

A. 30%和0.5cd/m^2　　B. 20%和0.3cd/m^2

C. 10% 和 0.2cd/m^2　　D. 5% 和 0.1cd/m^2

21. 高速公路隧道应设置不间断照明供电系统。长度大于 1000m 的其他隧道应设置应急照明系统，并保证照明中断时间不超过（　　）。

A. 0.3s　　B. 0.4s　　C. 0.5s　　D. 0.6s

22. 隧道灯具的防雷接地电阻为（　　）。

A. ≤1Ω　　B. ≤4Ω　　C. ≤8Ω　　D. ≤10Ω

23. 隧道内灯具的安装偏差应符合设计要求，无要求时（　　）。

A. 纵向≤30mm，横向≤20mm，高度≤10mm

B. 纵向≤20mm，横向≤30mm，高度≤10mm

C. 纵向≤30mm，横向≤20mm，高度≤20mm

D. 纵向≤20mm，横向≤30mm，高度≤20mm

24. 双车道双向交通流量≥1300 辆/h 时，隧道的路面亮度总均匀度 U_0 为（　　）。

A. 0.3　　B. 0.4　　C. 0.5　　D. 0.6

25. 隧道照明系统的路面亮度及亮度均匀度检测，工程上通常不直接测亮度，而是通过测别的参数换算得到，而直接测试的参数为（　　）。

A. 亮度　　B. 光通量　　C. 照度　　D. 眩光度

26. 人车混合通行的隧道，其中间段亮度不得低于（　　）。

A. 1.0cd/m^2　　B. 1.5cd/m^2

C. 2.0cd/m^2　　D. 2.5cd/m^2

27. 隧道中采用显色指数 33 < Ra < 60、相关色温 2000 ~ 3000K 的钠光源时，车速 60km/h ≤ v < 90km/h 时的烟尘设计浓度上限为（　　）。

A. 0.0055m^{-1}　　B. 0.0060m^{-1}　　C. 0.0065m^{-1}　　D. 0.0070m^{-1}

28. 检验环境检测设备的误码率应采用（　　）。

A. 接地电阻测量仪　　B. 500V 兆欧表

C. 经纬仪　　D. 数据传输测试仪

29. 平均亮度与平均照度间的换算系数宜实测确定；无实测条件时，黑色沥青路面可取 15 lx/(cd · m^{-2})，水泥混凝土路面可取（　　）lx/(cd · m^{-2})。

A. 5　　B. 10　　C. 15　　D. 20

30. 能见度检测器测量范围是（　　）。

A. 0 ~ 0.0015m^{-1}　　B. 0 ~ 0.005m^{-1}

C. 0 ~ 0.0095m^{-1}　　D. 0 ~ 0.015m^{-1}

31. 能见度检测器测量精度是（　　）。

A. ±0.0001m^{-1}　　B. ±0.0002m^{-1}

C. ±0.0003m^{-1}　　D. ±0.0005m^{-1}

32. 风速风向检测器测量范围是（　　）。

A. 0.1 ~ 25m/s　　B. 0.2 ~ 30m/s

C. 0.3 ~ 35m/s　　D. 0.5 ~ 40m/s

二、判断题

1. 隧道环境传感器与风机、照明、消防、报警、诱导、可变标志、控制计算机有联动功能。（　）

2. 隧道能见度检测器应至少保存最近 24h 的每半小时能见度数据。（　）

3. 数据传输性能为 24h 观察时间内失步现象不大于 1 次。（　）

4. 隧道诱导设施的色度应符合现行 GB 14887 的要求。（　）

5. 隧道警报器音量为 96～120dB(A)。（　）

6. 隧道射流风机的轴线应垂直于隧道的轴线。（　）

7. 夜晚出口段的照明亮度应随离出口距离逐渐变暗。（　）

8. 隧道应急供电系统的容量应和正常供电系统的容量一样大。（　）

9. 白天车辆驶出隧道时，亮度的突变使视觉产生黑洞效应。（　）

10. 隧道内应设应急照明，其亮度不低于基本亮度的 1/10。（　）

11. 隧道灯具闪烁效应的频率低于 2.5Hz 或高于 15Hz 时可不计。（　）

12. 隧道照明控制没有必要根据洞外亮度的变化进行控制。（　）

13. 人车混合通行的隧道中，中间段亮度不得低于 2.5cd/m^2。（　）

14. 中间段照明与洞外亮度有关。（　）

15. 入口段照明可分基本照明和加强照明。（　）

16. 隧道通风机械可采用射流风机、轴流风机和静电吸尘装置。（　）

17. 隧道通风一般用轴流风机。（　）

18. 公路隧道灯具防护等级不应低于 IP55。（　）

19. 公路隧道照明灯具效率不低于 70%。（　）

20. 公路隧道通风与照明设计应主要考虑隧道宽度。（　）

21. 隧道双路供电照明系统，主供电路停电时，应手动切换到备用供电线路上。（　）

22. 隧道本地控制器加电或系统重启动后需手动运行原预设控制方案。（　）

23. 隧道内用的可变标志主要是车道信号灯和车辆诱导信号灯。（　）

24. 隧道通风设施关键实测项目有净空高度、绝缘电阻、接地电阻和风机运转时隧道断面平均风速。（　）

25. 隧道照明设备实测项目有设备的安全保护、路面照度、照明灯具的控制方式与相应功能验证。（　）

26. 当隧道烟雾浓度达到 0.012m^{-1}时，应考虑采取交通管制措施。（　）

27. 隧道环境检测器应具有数字信号输出和模拟信号输出功能。其中模拟信号应采用 4～20mA的隔离输出，数字输出信号应符合相应标准要求。（　）

28. 隧道环境检测设备的外壳防护等级按 GB/T 4208—2017 的规定应不低于 IP65 级。（　）

29. 能见度检测器的测量范围和精度指标可使用经国家计量部门考核认证单位检定或校准的精度等级高于能见度检测器精度指标的标准样片或标准检测设备进行试验。（　）

30. 风速检测器测量范围及精度的标定可在风洞中分别对以下风速值进行测试，分别为

1m/s、5m/s、10m/s、15m/s、20m/s，测试结果应满足 GB/T 26944.4—2011 的规定。（　　）

31. 接近段是指隧道入口外一个停车视距长度段。（　　）

32. 洞外亮度是指距洞口一个停车视距处离路面 1.5m 高，正对洞口方向 30°视场范围内环境的平均亮度。（　　）

33. 单向交通隧道照明可划分为入口段照明、过渡段照明、中间段照明、出口段照明、洞外引道照明设施。（　　）

34. 气体放电灯的功率因数一般为 0.4～0.6，实施电容补偿或配用电子镇流器予以提高。《公路隧道照明设计细则》(JTG/T D70/2-01—2014)要求补偿至 0.85。（　　）

35. 当两座隧道间的行驶时间按设计速度计算小于 15s，且通过前一座隧道的行驶时间大于 30s 时，后续隧道入口段亮度应进行折减。（　　）

三、多项选择题

1. 隧道中的问题主要有(　　)。

A. 空气污染严重　　B. 环境照度低
C. 视距小　　D. 交通空间受限

2. 隧道环境检测传感器主要类别有(　　)。

A. 一氧化碳传感器　　B. 烟雾检测器
C. 照度传感器　　D. 风向风速传感器

3. 隧道通风量的计算应考虑(　　)。

A. 一氧化碳浓度　　B. 烟雾浓度
C. 行人呼吸量　　D. 车流量

4. 隧道通风控制系统的组成部件有监控中心、计算机、风机控制柜、区域控制器和(　　)。

A. 光亮度检测器　　B. 一氧化碳检测器
C. 能见度检测器　　D. 风向风速检测器

5. 隧道交通监控设备包括(　　)。

A. 车辆检测器　　B. 通风机
C. 闭路电视　　D. 车道控制信号灯

6. 长隧道需要一个完整的安全保障系统，其子系统包括(　　)。

A. 通风　　B. 照明　　C. 消防　　D. 监控

7. 平均亮度与平均照度的换算关系一般可按(　　)。

A. 沥青路面 12～18lx/(cd·m^{-2})　　B. 沥青路面 15～22lx/(cd·m^{-2})
C. 混凝土路面 6～10lx/(cd·m^{-2})　　D. 混凝土路面 10～13lx/(cd·m^{-2})

8. 隧道照明主要组成有(　　)。

A. 入口段照明　　B. 基本段照明
C. 出口段照明　　D. 接近段减光措施

9. 隧道通风方式的选择应考虑(　　)。

A. 隧道长度　　B. 交通条件　　C. 气象　　D. 季节变化

10. 隧道射流风机的选择要求是(　　)。

A. 具有消音装置的公路隧道专用射流风机

B. 双向隧道时,要求其逆转反向风量大于正转风量的70%

C. 当隧道内发生火灾时,在环境温度为250℃情况下能正常可靠运转60min

D. 风机防护等级不低于IP55

11. 隧道照明划分的功能区段有(　　)。

A. 洞外段　　B. 适应段和过渡段

C. 引入段　　D. 基本段和出口段

12. 隧道的通风构造物有(　　)。

A. 风门　　B. 风桥　　C. 风道　　D. 风井

13. 公路隧道通风与照明设计应考虑的因素有(　　)。

A. 设计交通量　　B. 计算行车速度

C. 隧道断面与平纵线形　　D. 隧道长度

14. 隧道内的射流风机控制有(　　)。

A. 机体控制　　B. 本地控制

C. 监控中心控制　　D. 红外线遥控控制

15. 隧道交通监控中心为交通控制提供控制手段的设备有(　　)。

A. 隧道交通信号灯　　B. 车道控制信号灯

C. 可变信息板　　D. 紧急广播系统

16. 能见度检测器的测量范围和精度指标用标准样片测试时,其标称值分别为(　　)。

A. 0　　B. $0.0015m^{-1}$

C. $0.0050m^{-1}$　　D. $0.0075m^{-1}$

17. 隧道设计小时交通量系数依经验为(　　)。

A. 大山区可取20%　　B. 山岭重丘区可取12%

C. 原微丘区可取10%　　D. 城镇附近可取9%

四、综合题

1. 回答隧道报警与诱导设施的问题。

(1)隧道报警与诱导设施的组成主要有隧道紧急电话、可变限速标志、可变信息标志和(　　)。

A. 火灾手动报警器　　B. 车道指示器

C. 主动发光隧道诱导标　　D. 紧急疏散照明灯

(2)隧道报警与诱导设施检验评定的基本要求有(　　)。

A. 报警与诱导设施的数量、型号规格符合设计要求,部件完整

B. 报警与诱导设施的安装位置正确,符合要求

C. 按规范要求连接报警与诱导设施的保护线、信号线、电力线,排列规整、无交叉拧绞,经过通电测试,工作状态正常

D. 隐蔽工程验收记录、分项工程自检和设备调试记录、安装和非安装设备及附(备)

件清单、有效的设备检验合格报告或证书等资料齐全

(3)隧道报警与诱导设施检验评定的关键实测项目有绝缘电阻、安全保护接地电阻和(　　)。

A. 报警信号输出　　B. 数据传输性能

C. 警报器音量　　D. 报警按钮与警报器的联动功能

(4)隧道报警与诱导设施检验评定的其他实测项目有警报器的位置、高度偏差和(　　)。

A. 报警按钮的位置和高度偏差　　B. 诱导设施的位置和高度偏差

C. 诱导设施的色度　　D. 诱导设施的亮度

(5)隧道报警与诱导设施检验评定的外观鉴定标准为(　　)。

A. 警报器和诱导设施控制箱安装稳固、位置正确,表面光泽一致,无划伤、无刻痕、无剥落、无锈蚀;控制箱柜门开关灵活,出线孔分列明确,密封措施得当,机箱内无积水、无霉变、无明显尘土,表面无锈蚀

B. 控制箱内电力线、信号线、接地线分列明确,布线整齐、美观、绑扎牢固,接线端头焊(压)接牢固、平滑;编号标识清楚,预留长度适当、规整

C. 控制箱至警报器和诱导设施的电力线、信号线、接地线端头制作规范;按设计要求采取线缆保护措施,布线排列整齐美观、安装牢固、标识清楚

D. 警报器和诱导设施的布设位置正确、排列整齐美观、安装牢固、标识清楚;警报器和诱导设施表面光泽一致,无划伤、无刻痕、无剥落、无锈蚀

2. 回答隧道环境检测设备技术要求的问题。

(1)隧道环境检测设备主要质量评定标准是(　　)。

A.《隧道环境检测设备　第1部分:通则》(GB/T 26944.1—2011)

B.《隧道环境检测设备　第2部分:一氧化碳检测器》(GB/T 26944.2—2011)

C.《隧道环境检测设备　第3部分:能见度检测器》(GB/T 26944.3—2011)

D.《隧道环境检测设备　第4部分:风速风向检测器》(GB/T 26944.4—2011)

(2)隧道环境检测设备的适用环境条件为(　　)。

A. 相对湿度:不大于98%

B. 环境温度:A级:-5~+55℃;B级:-20~+55℃;C级:-40~+50℃;D级:-55~+45℃

C. 风速:0~10m/s

D. 气压:760mmHg

(3)隧道环境检测设备材料和外观要求为(　　)。

A. 隧道环境检测设备应构件完整、装配牢固、结构稳定,边角过渡圆滑,无飞边、无毛刺,开关按键操作应灵活、可靠

B. 隧道环境检测设备的外壳应经密封防水处理

C. 外壳及连接件的防护层色泽应均匀,无划伤、无裂痕、无基体裸露等缺陷,其理化性能指标应符合相关标准的要求

D. 壳内元器件安装应牢固端正、位置正确、部件齐全;出线孔开口合适、切口整齐,出线管与壳体连接密封良好;内部接线整齐,符合工艺和视觉美学要求

(4)隧道环境检测设备的功能要求有(　　)。

A. 实时检测功能　　B. 报警值设定功能

C. 数据通信功能　　D. 信号输出功能

(5)隧道环境检测设备的供电要求与安全要求有(　　)。

A. 设备电源输入端子与外壳的绝缘电阻应不小于 100MΩ;设备电源输入端子与外壳之间施加频率 50Hz、有效值 1500V 正弦交流电压,历时 1min,应无闪络或击穿现象

B. 隧道环境检测设备接地端子与外壳的接触电阻应小于 0.1Ω

C. 交流 220 ×(1 ±15%)V,频率 50 ×(1 ±4%)Hz,应可靠工作

D. 隧道环境检测设备宜采取必要的过电压保护措施

3. 回答隧道环境检测设备检验评定的问题。

(1)隧道环境检测设备检验评定的基本要求有(　　)。

A. 环境检测器及其配置的 CO 传感器、烟雾传感器、照度传感器、风向风速传感器的数量、型号规格符合要求,部件完整

B. 环境检测器及其配置的传感器安装位置正确,符合要求

C. 按规范要求连接环境检测器及其传感器的保护线、信号线、电力线,排列规整、无交叉拧绞,经过通电测试,处于正常工作状态

D. 隐蔽工程验收记录、分项工程自检和设备调试记录、安装和非安装设备及附(备)件清单、有效的设备检验合格报告或证书等资料齐全

(2)环境检测器的灵敏度实测项目有(　　)。

A. CO 传感器灵敏度　　B. △烟雾传感器灵敏度

C. △照度传感器灵敏度　　D. 风速传感器灵敏度

(3)环境检测器的精度偏差实测项目有 CO 传感器精度偏差和(　　)。

A. 烟雾传感器精度偏差　　B. 照度传感器精度偏差

C. 风速传感器精度偏差　　D. 风向传感器精度偏差

(4)环境检测器的其他实测项目有△传感器安装位置偏差、△绝缘电阻、△安全保护接地电阻、防雷接地电阻和(　　)。

A. △数据传输性能,用数据传输测试仪测试,要求 24h 观察时间内失步现象不大于 1 次或 BER 小于 10^{-8}

B. △数据采样周期,实际操作测试

C. 信号输出方式,用示波器和数据传输分析仪测试

D. 与风机、照明、消防、报警、诱导、可变标志、控制计算机的联动功能,模拟或实际操作测试

(5)隧道环境检测设备检验评定的外观鉴定条件有(　　)。

A. 环境检测器控制箱安装稳固、位置正确,表面光泽一致,无划伤、无刻痕、无剥落、无锈蚀;控制箱门开关灵活、出线孔分列明确、密封措施得当,机箱内无积水、无霉变、无明显尘土,表面无锈蚀

B. 控制箱内电力线、信号线、接地线分列明确,布线整齐、美观、绑扎牢固,接线端头焊(压)接牢固、平滑;编号标识清楚,预留长度适当、规整;控制箱至传感器的电力线、

信号线、接地线端头制作规范;按设计要求采取了线缆保护措施,布线排列整齐美观、安装牢固、标识清楚

C. 传感器的布设位置正确、排列整齐美观、安装牢固、标识清楚;传感器表面光泽一致,无划伤、无刻痕、无剥落、无锈蚀

D. 以上任一项不符合要求时,该项减0.1~1分

4. 回答隧道通风设备质量检验评定的问题。

(1)隧道通风设备质量检验评定的基本要求有(　　)。

A. 通风设备及缆线的数量、型号规格、程式符合设计要求,部件及配件完整

B. 通风设备安装牢固、方位正确;通风设备安装支架的结构尺寸、预埋件、安装方位、安装间距等符合设计要求,并附抗拔力的检验报告

C. 按规范要求连接通风设备的保护线、信号线、电力线,排列规整、无交叉拧绞,经过通电测试,工作状态正常

D. 隐蔽工程验收记录、分项工程自检和设备调试记录、安装和非安装设备及附(备)件清单、有效的设备检验合格报告或证书等资料齐全

(2)隧道通风设备质量检验评定的关键实测项目有绝缘电阻和(　　)。

A. 净空高度　　B. 控制柜安全保护接地电阻

C. 防雷接地电阻　　D. 风机运转时隧道断面平均风速

(3)隧道通风设备质量检验评定涉及风机的非关键实测项目有(　　)。

A. 安装误差　　B. 风机全速运转时隧道噪声

C. 方向可控性　　D. 风速可控性

(4)属于控制系统的实测项目有(　　)。

A. 响应时间　　B. 运行方式

C. 本地控制模式　　D. 远程控制模式

(5)隧道通风设备质量检验评定的外观鉴定条件有(　　)。

A. 通风设备安装稳固、位置正确

B. 通风设备的电力线、信号线、接地线端头制作规范;按设计要求采取线缆保护措施,布线排列整齐美观、安装固定、标识清楚

C. 设备表面光泽一致,无划伤、无刻痕、无剥落、无锈蚀

D. 控制柜内布线整齐、美观、绑扎牢固,接线端头焊(压)接牢固、平滑;编号标识清楚,预留长度适当;柜门开关灵活,出线孔密封措施得当,机箱内无积水、无霉变、无明显尘土,表面无锈蚀

5. 回答隧道照明基本要求的问题。

(1)现行的隧道照明的规范为(　　)。

A.《公路隧道通风照明设计规范》(GB 026.1—1999)

B.《公路隧道通风照明设计规范》(GB 026.1—2010)

C.《公路隧道照明设计细则》(JTG/T D70/2-01—2014)

D.《公路隧道照明设计细则》(JTG/T D70/2-01—2010)

(2)公路隧道应设置照明的长度为(　　)。

A. 大于 100m　　B. 大于 200m　　C. 大于 300m　　D. 大于 500m

(3)照明设计应综合考虑的因素有土建结构设计和(　　)。

A. 环境条件　　B. 交通状况　　C. 供电条件　　D. 运营管理方式

(4)照明设计路面亮度总均匀度(U_0)为(　　)。

A. 双车道单向交通 $N \geqslant 2400/h$,双车道双向交通 $N \geqslant 1300/h$ 时,$U_0 \geqslant 0.3$

B. 双车道单向交通 $N \geqslant 2400/h$,双车道双向交通 $N \geqslant 1300/h$ 时,$U_0 \geqslant 0.4$

C. 双车道单向交通 $N \geqslant 700/h$,双车道双向交通 $N \geqslant 360/h$ 时,$U_0 \geqslant 0.2$

D. 双车道单向交通 $N \geqslant 700/h$,双车道双向交通 $N \geqslant 360/h$ 时,$U_0 \geqslant 0.3$

(5)照明设计路面亮度纵向均匀度(U_1)为(　　)。

A. 双车道单向交通 $N \geqslant 2400/h$,双车道双向交通 $N \geqslant 1300/h$ 时,$U_1 \geqslant 0.4 \sim 0.5$

B. 双车道单向交通 $N \geqslant 2400/h$,双车道双向交通 $N \geqslant 1300/h$ 时,$U_1 \geqslant 0.6 \sim 0.7$

C. 双车道单向交通 $N \geqslant 2400/h$,双车道双向交通 $N \geqslant 1300/h$ 时,$U_1 \geqslant 0.3$

D. 双车道单向交通 $N \geqslant 2400/h$,双车道双向交通 $N \geqslant 1300/h$ 时,$U_1 \geqslant 0.5$

6. 回答隧道消防设施检验评定方面的问题。

(1)隧道消防设施检验评定的基本要求有(　　)。

A. 消防设施的火灾探测器、消防控制器、火灾报警器、消火栓、灭火器、加压设施、供水设施及消防专用连接线缆、管道、配(附)件等器材的产品质量符合国家或行业标准,其数量、型号规格符合设计要求,部件完整

B. 消防设施的安装支架、预埋锚固件、预埋管线、在隧道内安装孔位、安装间距等符合设计要求;明装的线缆、管道保护措施符合设计要求

C. 所有安装设施安装到位、方位正确、不侵入公路建筑限界,设备标识清楚;按规范要求连接消防设施的保护线、信号线、电力线,线缆排列规整、无交叉拧绞,标识完整、清楚,消防系统经过通电测试、联调,工作状态正常

D. 隐蔽工程验收记录、分项工程自检和设备调试记录、安装和非安装设备及附(备)件清单、有效的设备检验合格报告或证书等资料齐全

(2)隧道消防设施检验评定实测项目中关于安装位置的实测项目有火灾探测器安装位置和(　　)。

A. 消防控制器安装位置　　B. 灭火器安装位置

C. 火灾报警器、消火栓安装位置　　D. 消防控制器安装位置

(3)隧道消防设施检验评定有关设备电气安全的实测项目有(　　)。

A. △控制器安全保护接地电阻($\leqslant 4\Omega$)

B. △防雷接地电阻($\leqslant 10\Omega$)

C. 绝缘电阻(强电端子对机壳$\geqslant 50M\Omega$)

D. 联合接地电阻($\leqslant 1\Omega$)

(4)隧道消防设施检验评定的实测项目还有加压设施气压、供水设施水压、其他灭火器材的功能和(　　)。

A. △火灾探测器灵敏度(可靠探测火灾,不漏报、不误报,并将探测数据传送到火灾控制器和上端计算机)

B. △火灾报警器灵敏度（按下报警器时，触发警报器，并把信号传送到火灾控制器和上端计算机）

C. △消火栓的功能（打开阀门后在规定的时间内达到规定的射程）

D. 火灾探测器与自动灭火设施的联合测试（按设计要求）

（5）隧道消防设施检验评定外观鉴定的条件有（　　）。

A. 消防设施安装稳固、位置正确，与隧道协调、美观

B. 消防设施的电力线、信号线、接地线端头制作规范；按设计要求采取了线缆保护措施，布线排列整齐美观、安装固定、标识清楚

C. 设备表面光泽一致，无划伤、无刻痕、无剥落、无锈蚀

D. 控制箱内布线整齐、美观、绑扎牢固，接线端头焊（压）接牢固、平滑并进行了热塑封合；编号标识清楚，预留长度适当；箱门开关灵活，出线孔密封措施得当，机箱内无积水、无霉变、无明显尘土，表面无锈蚀

7. 按照《公路隧道照明设计细则》（JTG/T D70/2-01—2014），试回答隧道照明各段配光的相关问题。

（1）入口段宜划分为（　　）。

A. 入口照明 1 段 TH_1　　B. 入口照明 2 段 TH_2

C. 入口照明 3 段 TH_3　　D. 入口照明 4 段 TH_4

（2）洞外亮度 $L_{20}(S)$ 的影响因素有（　　）。

A. 天空面积百分比　B. 洞口朝向　C. 洞外环境　D. 设计速度

（3）在洞口土建完成时，宜进行洞外亮度 $L_{20}(S)$ 实测；实测值与设计值偏差较大时应调整照明系统的设计，取值的误差为（　　）。

A. 超出 −25% 时　　B. 超出 +25% 时

C. 超出 −35% 时　　D. 超出 +35% 时

（4）过渡段宜按渐变递减原则划分，过渡段与之对应的亮度计算式分别为（　　）。

A. $TR_1, L_{tr1} = 0.15 \times L_{th1}$　　B. $TR_2, L_{tr2} = 0.05 \times L_{th1}$

C. $TR_3, L_{tr3} = 0.02 \times L_{th1}$　　D. $TR_4, L_{tr4} = 0.01 \times L_{th1}$

（5）单向交通隧道中间段亮度 L_{in} 为（　　）。

A. $N \geq 1200$veh/(h · ln)，120km/h：10.0cd/m^2

B. $N \geq 1200$veh/(h · ln)，100km/h：6.5cd/m^2

C. 350veh/(h · ln) < N < 1200veh/(h · ln)，120km/h：6.0cd/m^2

D. 350veh/(h · ln) < N < 1200veh/(h · ln)，80km/h：2.5cd/m^2

习题参考答案及解析

一、单项选择题

1. B

2. D

【解析】公路隧道分类标准：特长隧道：$L>3000\text{m}$；长隧道：$1000\text{m}<L\leqslant3000\text{m}$；中隧道：$500\text{m}<L\leqslant1000\text{m}$；短隧道：$L<500\text{m}$。

3. D

4. D

5. D

6. B　　7. C　　8. A　　9. B　　10. C

11. C

12. C

13. B

【解析】隧道内照度低是主要矛盾，故应首选低照度摄像机。

14. A

15. B

16. A　　17. A　　18. A　　19. A　　20. C

21. A　　22. D　　23. A　　24. B　　25. C

26. D

27. D

【解析】《公路隧道通风设计细则》(JTG/T D70/2-02—2014)5.2.1。

28. D

【解析】误码率是数据传输的重要指标。检测用数据传输测试仪(误码测试仪)。

29. A

【解析】《公路照明技术条件》(GB/T 24969—2010)5.2。

30. D

【解析】《隧道环境检测设备　能见度检测器》(GB/T 26944.3—2011)3.1.1。

31. B

【解析】《隧道环境检测设备　能见度检测器》(GB/T 26944.3—2011)3.1.2。

32. B

【解析】《隧道环境检测设备　风速风向检测器》(GB/T 26944.4—2011)4.1。

二、判断题

1. √　　2. ×　　3. √　　4. √　　5. √

6. ×

【解析】射流风机的轴线应平行于隧道的轴线。

7. √

8. ×

9. ×

【解析】车辆驶入隧道时产生黑洞效应，驶出隧道时产生白洞效应。

10. √
11. √
12. ×
13. √
14. ×

【解析】中间段照明只与车速、车流量有关，而与洞外亮度无关。

15. √

【解析】根据《公路隧道照明设计细则》(JTG/T D70/2-01—2014)要求："入口段加强照明，白天分为晴天、云天、阴天、重阴4级控制，基本照明分为夜晚交通量大、交通量小2级控制，出口段加强照明分为白天、夜晚2级控制。"

16. √
17. ×
18. ×

【解析】应为不低于IP65。

19. √
20. ×
21. ×　　22. ×　　23. √　　24. √　　25. √
26. √
27. √

【解析】《隧道环境检测设备　通则》(GB/T 26944.1—2011)3.3.5。

28. √

【解析】《隧道环境检测设备　通则》(GB/T 26944.1—2011)3.5.7。

29. √

【解析】《隧道环境检测设备　能见度检测器》(GB/T 26944.3—2011)4.2。

30. √

【解析】《隧道环境检测设备　风速风向检测器》(GB/T 26944.4—2011)5.2.3。

31. √

【解析】《公路隧道照明设计细则》(JTG/T D70/2-01—2014)2.1.3。

32. ×

【解析】正对洞口方向20°。《公路隧道照明设计细则》(JTG/T D70/2-01—2014)2.1.3。

33. ×

【解析】漏掉洞口接近段减光。《公路隧道照明设计细则》(JTG/T D70/2-01—2014)3.0.5。

34. √

【解析】《公路隧道照明设计细则》(JTG/T D70/2-01—2014)3.0.13。

35. √

【解析】《公路隧道照明设计细则》(JTG/T D70/2-01—2014)4.1.5。

三、多项选择题

1. ABCD

【解析】俗称隧道四大难题。

2. ABCD

3. ABD

4. BCD

【解析】光亮度检测器的信号不参与对隧道风机的控制，选项 B、C、D 检测器的信号才参与对隧道风机的控制。

5. ACD

【解析】通风机不属于隧道交通监控设备，属于隧道通风设施。

6. ABCD　　7. BD　　8. ABCD　　9. ABCD　　10. ABCD

11. BCD

12. CD

13. ABCD

14. BC

【解析】本地控制指机器附近的配电柜内开关手动控制，监控中心控制指在监控室通过指令控制或依检测器的信号自动控制（远程控制）。

15. ABCD

【解析】4 个选项都是可为交通控制提供控制手段的设备。

16. ABD

【解析】《隧道环境检测设备　能见度检测器》（GB/T 26944.3—2011）4.2.1。

17. BCD

【解析】《公路隧道照明设计细则》（JTG/T D70/2-01—2014）3.0.4。

四、综合题

1.（1）ABCD　（2）ABCD　（3）BCD　（4）ABCD　（5）ABCD

【解析】（3）报警信号输出为非关键实测项目。

2.（1）ABCD　（2）ABC　（3）ABCD　（4）ABCD　（5）ABCD

【解析】（2）无气压要求。

3.（1）ABCD　（2）ABCD　（3）ABCD　（4）ABCD　（5）ABCD

4.（1）C　（2）ABCD　（3）ABCD　（4）ABCD　（5）ABCD

5.（1）C　（2）A　（3）ABCD　（4）BD　（5）BD

6.（1）ABCD　（2）ABCD　（3）ABC　（4）ABCD　（5）ABCD

【解析】（3）该处没有联合接地电阻（≤1Ω）这一项实测项目。

7.（1）AB　（2）ABCD　（3）AB　（4）ABC　（5）ABCD

【解析】（1）《公路隧道照明设计细则》（JTG/T D70/2-01—2014）4.1.1。

(2)《公路隧道照明设计细则》(JTG/T D70/2-01—2014)4.2。
(3)《公路隧道照明设计细则》(JTG/T D70/2-01—2014)4.2.2。
(4)《公路隧道照明设计细则》(JTG/T D70/2-01—2014)5.0.1。
(5)《公路隧道照明设计细则》(JTG/T D70/2-01—2014)6.1。

附录

新规范相关习题

《公路工程质量检验评定标准　第一册　土建工程》(JTG F80/1—2017)和《公路交通安全设施设计规范》(JTG D81—2017)中,增加了里程碑和避险车道两部分内容。为便于考生复习时参考,特将这两部分内容的相关习题编入附录中。

习　题

一、单项选择题

1. 里程碑和百米桩高度的允许偏差为(　　)。

A. ±3mm　　B. ±5mm　　C. ±10mm　　D. ±15mm

2. 里程碑和百米桩宽度和厚度的允许偏差为(　　)。

A. ±3mm　　B. ±5mm　　C. ±10mm　　D. ±15mm

3. 里程碑竖直度的规定值为(　　)。

A. ±3mm/m　　B. ±5mm/m　　C. ±10mm/m　　D. ±15mm/m

4. 里程碑和百米桩的抽检频率为(　　)。

A. 5%　　B. 10%　　C. 15%　　D. 20%

5. 避险车道制动床两侧应设置轮廓标,其反光器颜色为(　　)。

A. 红色　　B. 黄色　　C. 蓝色　　D. 绿色

二、判断题

1. 里程碑的样式、尺寸、颜色、字体应符合现行《道路交通标志和标线》(GB 5768)的规定。(　　)

2. 避险车道应设置交通标志标线轮廓标等交通安全设施。(　　)

3. 避险车道应设置完备的排水系统。(　　)

4. 避险车道制动床材料宜采用具有较高滚动阻力系数、陷落度较好、不易板结和被雨水冲刷的卵石材料，材料粒径以4 ~6cm为宜。（　）

5. 避险车道制动床末端应增设防撞桶、废轮胎等缓冲装置或设施。（　）

三、多项选择题

1. 里程碑和百米桩工程质量检验评定的实测项目为(　　)。

A. 安装位置准确度　　B. 外形尺寸

C. 里程碑竖直度　　D. 字体及尺寸

四、综合题

1. 试回答避险车道工程质量检验评定标准的问题。

(1)避险车道工程质量检验评定的基本要求为(　　)。

A. 避险车道基床应符合《公路工程质量检验评定标准　第一册　土建工程》(JTG F80/1—2017)第4章路基土石方工程的规定

B. 避险车道排水应符合《公路工程质量检验评定标准　第一册　土建工程》(JTG F80/1—2017)第5章排水工程的规定

C. 制动床铺装材料与级配应满足设计要求

D. 避险车道应设置交通标志标线轮廓标等交通安全设施，且应满足设计要求

(2)避险车道工程质量检验评定的实测项目为(　　)。

A. 避险车道宽度　　B. 制动床长度

C. 制动床集料厚度　　D. 坡度

(3)避险车道工程质量检验评定的关键实测项目为(　　)。

A. 避险车道宽度　　B. 制动床长度

C. 制动床集料厚度　　D. 坡度

(4)避险车道工程质量检验评定实测项目使用设备为(　　)。

A. 直尺　　B. 水准仪

C. 卷尺　　D. 逆反射系数测试仪

(5)避险车道检查频率为(　　)。

A. 引道入口处设测点　　B. 每车道测3个断面

C. 每车道测5个断面　　D. 每车道测8个断面

习题参考答案及解析

一、单项选择题

1. C

【解析】《公路工程质量检验评定标准　第一册　土建工程》(JTG F80/1—2017)11.12.2。

2. B

【解析】《公路工程质量检验评定标准　第一册　土建工程》(JTG F80/1—2017)11.12.2。

3. C

【解析】《公路工程质量检验评定标准　第一册　土建工程》(JTG F80/1—2017)11.12.2。

4. B

【解析】《公路工程质量检验评定标准　第一册　土建工程》(JTG F80/1—2017)11.12.2。

5. A

【解析】《公路交通安全设施设计细则》(JTG/T D81—2017)11.5.1。

二、判断题

1. √

【解析】《公路工程质量检验评定标准　第一册　土建工程》(JTG F80/1—2017)11.12.2。

2. √

【解析】《公路交通安全设施设计规范》(JTG D81—2017)11.1.1。

3. √

【解析】《公路交通安全设施设计规范》(JTG D81—2017)11.1.3。

4. ×

【解析】材料粒径以2～4cm为宜。《公路交通安全设施设计规范》(JTG D81—2017)11.2.7。

5. √

【解析】《公路交通安全设施设计规范》(JTG D81—2017)11.1.3。

三、多项选择题

1. BCD

【解析】《公路工程质量检验评定标准　第一册　土建工程》(JTG F80/1—2017)11.12.2。

四、综合题

1.(1)ABC　(2)ABCD　(3)B　(4)BC　(5)AC

【解析】《公路工程质量检验评定标准　第一册　土建工程》(JTG F80/1—2017)11.13.1、11.13.2。

第二部分

模拟试卷及参考答案

一、试验检测师模拟试卷

说明：

1. 本模拟试卷设置单选题30道、判断题30道、多选题20道、综合题10道（含50道小题），总计150分；模拟自测时间为150分钟。

2. 本模拟试卷仅供考生进行考前自测使用。

一、单项选择题（下列各题中，只有一个备选项最符合题意，请填写最符合题意的一个备选项，选错或不选不得分。每题1分。）

1. 振动试验时加速度信号偏差应不超过（　　）。

A. 2%　　B. 5%　　C. 8%　　D. 10%

2. 线圈中有无感应电动势，产生的主要原因是（　　）。

A. 线圈中有无磁力线通过　　B. 穿过线圈中磁力线的数目有无变化

C. 线圈是否闭合　　D. 线圈中有无磁通通过

3. 1单位立体角内发射1流明的光，其对应量为（　　）。

A. 亮度：1尼特（nt）　　B. 光通量：1流明（lm）

C. 照度：1勒克斯（lx）　　D. 发光强度：1坎德拉（cd）

4. 最常用的数码显示器的字码段数为（　　）。

A. 五段　　B. 六段　　C. 七段　　D. 九段

5. 下列逻辑符号中，能实现 $F=\overline{A+B}$ 逻辑功能的是（　　）。

A. 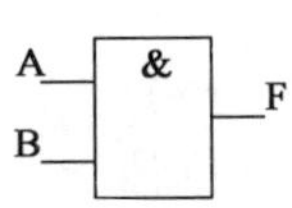

B. 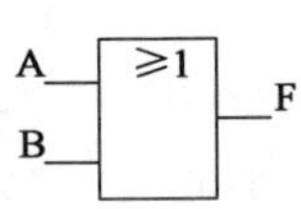

C. 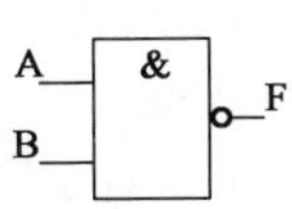

D. 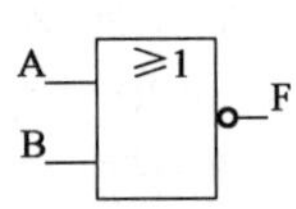

6. 采用GB/T 2828.2—2008工地检验时，其极限质量为（　　）。

A. LQ =2　　B. LQ =2.5　　C. LQ =3.15　　D. LQ =3.5

7. 辐射电磁场抗扰度试验要求对正常运行的设备四个侧面分别在发射天线垂直极化和水平极化位置进行试验，发射场强应采用（　　）。

A. 3V/m　　B. 5V/m　　C. 10V/m　　D. 20V/m

8. 随机变量 x 在 $-2s \sim 2s$ 区间出现的概率为（　　）。

A. 95.05%　　B. 95.15%　　C. 95.25%　　D. 95.45%

9. 接地电阻测试仪的工作原理为（　　）。

A. 电位极P2上的电压/电流极C2上的电流

B. 电流极C2上的电流/电位极P2上的电压

C. 辅助电流极C1上的电流/辅助电位极P1上的电压

D. 辅助电位极 P1 上的电压/辅助电流极 C1 上的电流

10. 根据《道路交通标志和标线 第2部分:道路交通标志》(GB 5768.2—2009)规定,按照交通标志的使用规则,请指出哪种形状的标志属于必须遵守的标志( )。

A. 四边形　B. 圆形　C. 正等边三角形　D. 叉形

11. 用两箱法进行温度变化试验时,如由于样品尺寸大,不能在3min内完成转换,那么只要不对试验结果产生可察觉的影响,可按下式增加转换时间(t_2)为( )。

A. $t_2 \leqslant 0.01t_s$　B. $t_2 \leqslant 0.03t_s$

C. $t_2 \leqslant 0.05t_s$　D. $t_2 \leqslant 0.07t_s$

12. 反光膜防粘纸可剥离性能试验时的环境温度与时间为( )。

A. 60℃ ±2℃的空间里放置4h　B. 65℃ ±2℃的空间里放置4h

C. 65℃ ±2℃的空间里放置4h　D. 70℃ ±2℃的空间里放置4h

13. 新划黄色反光标线的初始逆反射亮度系数不应低于( )。

A. $50mcd \cdot m^{-2} \cdot lx^{-1}$　B. $100mcd \cdot m^{-2} \cdot lx^{-1}$

C. $150mcd \cdot m^{-2} \cdot lx^{-1}$　D. $200mcd \cdot m^{-2} \cdot lx^{-1}$

14. 中央分隔带的波形梁护栏和混凝土护栏的防护等级为( )。

A. Bm、Am、SBm、SAm、SSm 五级

B. Cm、Bm、Am、SBm、SAm、SSm 六级

C. Bm、Am、SBm、SAm、SSm、HBm 六级

D. Bm、Am、SBm、SAm、SSm、HBm、HAm 七级

15. 波形梁钢护栏螺栓终拧扭矩的允许偏差为( )。

A. 3%　B. 5%　C. 7%　D. 10%

16. 隔离栅用钢管、钢板、钢带、紧固件、连接件的涂塑层(聚乙烯、聚氯乙烯)厚度为( )。

A. 0.25mm　B. 0.38mm　C. 0.50mm　D. 0.63mm

17. 玻璃钢防眩板巴柯尔硬度的技术要求为( )。

A. ≥20　B. ≥30　C. ≥40　D. ≥50

18. 观测角0.2°、水平入射角0°时,Ⅰ类白色太阳能突起路标的发光强度值为( )。

A. 450mcd　B. 480mcd　C. 520mcd　D. 550mcd

19. 轮廓标微棱镜型反射器(白色,观测角0.2°,入射角0°)的发光强度系数为( )。

A. $3.65cd \cdot lx^{-1}$　B. $4.65cd \cdot lx^{-1}$

C. $5.65cd \cdot lx^{-1}$　D. $6.65cd \cdot lx^{-1}$

20. ϕ63/54 硅芯管绕盘后的不圆度为( )。

A. ≤2%　B. ≤3%　C. ≤4%　D. ≤5%

21. 工程质量检验评定单元为( )。

A. 单位工程　B. 分部工程　C. 分项工程　D. 合同段

22. 检测环形线圈车辆检测器抗串扰试验时,在其输入端连接到地的外部电阻阻值为( )。

A. 不小于2Ω　B. 不小于20Ω　C. 不小于20kΩ　D. 不小于20MΩ

23. 光纤接头损耗平均值意为(　　)。

A. 多个接头的接头损耗平均值

B. 单个接头连续重复测试的接头损耗平均值

C. 单个接头隔天测试 3 次的接头损耗平均值

D. 单个接头分别从 A 端和 B 端测试的接头损耗平均值

24. 频带传输就是将基带信息进行(　　)的传输过程。

A. 滤波　　B. 采样

C. 数字化　　D. 载波调制和解调

25. 当光功率以 dBm 表示时,光接收机动态范围可表示为(　　)。

A. $P_{max} < P_R$　　B. $P_{max} - P_R$

C. $P_{max} > P_R$　　D. $P_{max} = P_R$

注:P_{max} 为以 dBm(分贝毫瓦)表示时不误码条件下能收的最大信号平均功率;P_R 为以 dBm(分贝毫瓦)表示时接收器的接收灵敏度。

26. 用于执法和收费为目的的汽车轴重动态检测仪车辆总重允许误差为(　　)。

A. ±3%　　B. ±5%　　C. ±7%　　D. ±9%

27. 实测过程为任意流程时关闭车道控制器(车道计算机)电源,要求车道工作状态正常,加电后数据无丢失。该测试为(　　)。

A. 断电数据完整性测试　　B. 突发事件测试

C. 断网测试　　D. 误码测试

28. 单台不间断电源(UPS)给计算机系统(总功率$\sum P_{Ni}$)供电,其输出功率应大于(　　)。

A. $\sum P_{Ni}$　　B. $1.3\sum P_{Ni}$　　C. $1.5\sum P_{Ni}$　　D. $2\sum P_{Ni}$

29. 公路隧道 LED 照明灯具初始光通量测得为 6000lm,亮度为 $6 \times 10^6 cd/m^2$,灯具额定功率为 50W,则灯具初始光效为(　　)。

A. 120lm/W　　B. 300000lm · W

C. $1000m^2 \cdot lm^{-1}$　　D. $1.2 \times 10^4 cd \cdot m^{-2} \cdot W^{-1}$

30. 隧道风速检测器测量风速时测量精度为(　　)。

A. ±0.05m/s　　B. ±0.1m/s　　C. ±0.15m/s　　D. ±0.2m/s

二、判断题(认为题述观点正确的请打√,错误的请打×,判断准确得分,否则不得分。每题 1 分。)

1. 交通工程常用的系统分析方法有线性规划、图与网络理论、灰色模型法等。(　　)

2. 用电压表、电流表测负载的电压、电流时,当负载电流较大时,电压表应直接和负载并联测电压;当负载电流较小时,电压表应并联在电流表与负载回路间测电压。(　　)

3. 接地电阻测试仪所测值为工频接地电阻 R,而冲击接地电阻 $R_I = R/\alpha$。(　　)

4. 国家规定的五种三相变压器标准连接组别是:Y/Y0-0,Y/Δ-11,Y0/Δ-11,Y0/Y-0 和 Y0/Y0-0。(　　)

5. 在 PLZOA 或 LPZOB 与 LPZ1 区交界处,从室外引来线路上安装的浪涌保护器的标称放

电电流 I_n 不宜小于 10/350μs、10kA。（　）

6. 盐雾试验中盐雾沉降的速度为：经 24h 喷雾后，每 $50cm^2$ 面积上为 1～2mL/h。（　）

7. 在验收检验中，当供货方不能提供批的质量信息时，应做加严检验处理。（　）

8. IP 第二位数字取值为 0～8。（　）

9. 室外机电设备耐温度交变性能试验：在不通电工作状态下高温 +70℃保持 2h，在 2min 内转移到低温 -40℃保持 2h，在 2min 内再转移到高温，如此共循环 5 次。（　）

10. 标志板抗冲击性能试验也可直接在需进行测试的标志板面上进行。（　）

11. 标志底板、滑槽、立柱、横梁、法兰盘等大型构件，其镀锌量不低于 $500g/m^2$。（　）

12. 根据《公路用防腐蚀粉末涂料及涂层》（JT/T 600.1—2004）规定，热固性粉末涂料涂层的附着性能要求不低于 0 级。（　）

13. 路面标线涂料耐磨性检测采用 JM-100 橡胶砂轮磨擦 200r/1000g 的方法，溶剂、水性、双组型涂料均要求减重≤40mg，而热熔性涂料减重≤60mg。（　）

14. 根据《路面标线涂料》（JT/T 280—2004）规定，热熔型标线涂料经人工加速耐候性试验后，亮度因数变化范围应不大于原样板亮度因数的 10%。（　）

15. 在做波形梁钢护栏原材料力学性能试验时，如果钢材试样没有明显的屈服点，应取规定塑性延伸强度 $R_{p0.5}$ 为参考屈服强度，并在试验报告中注明。（　）

16. 刺钢丝网的主要参数为捻数、刺距、刺长和钢丝直径（防腐处理后钢丝直径）。（　）

17. 根据《波形梁钢护栏　第 1 部分：两波形梁钢护栏》（GB/T 31439.1—2015）规定，对于基底金属材料的力学性能试验，其加载方式为负荷速率。（　）

18. 安装在道路直线段的太阳能突起路标使用闪烁方式时，闪烁频率宜为（30 ±5）次/min，占空比宜为 2:1。（　）

19. 柱式轮廓标安装时，其逆反射材料的表面应与道路行车方向平行。（　）

20. 根据《公路地下通信管道　高密度聚乙烯硅芯塑料管》（JT/T 496—2018），硅芯管耐落锤冲击性能试验是在高度 2m 处，用总质量 15.3kg 的落锤冲击 10 个试样。（　）

21. 根据《公路交通安全设施设计规范》（JTG D81—2017）防眩设施设置原则，当高速公路中央分隔带宽度≥5m 时，不必设置防眩设施。（　）

22. 测量视频传输性能的幅频特性时，发现视频通道增益在 10.9MHz 频率处比基准频率处降低了 5dB，则其特性不满足规范要求。（　）

23. 微分增益用电视信号发生器发送五阶梯测试信号，用视频测试仪测试。（　）

24. 量化脉冲调制是一个模拟信号变成数字信号的过程。（　）

25. SDH 的帧结构以字节为单位进行传输。（　）

26. 入口称重检测设备的称重传感器防护等级为 IP65。（　）

27. ETC 门架系统 RSU（路侧单元）型式检验具体项目主要包括载波频率、频率容积、等效全向辐射功率、调制系数、占用带宽、杂散发射、位速率、唤醒信号、前导码、邻道泄漏功率比、接收灵敏度、同信道干扰抑制比、邻信道干扰抑制比、接收带宽、工作温度、协议符合性、互操作性、并发通信、功耗等。（　）

28. 高速公路系统电源接地形式通常为 TD、TN、IT、TT 形式。（　）

29. 气体放电灯的频闪效应对视觉有影响的场所，采用电感镇流器时，相邻灯具应分接在

不同相序，以降低频闪深度。 ( )

30. 公路隧道照明设计应考虑运营期灯具受污状况和养护情况，养护系数 M 值宜取 0.7；纵坡大于 3% 且大型车比例大于 50% 的特长隧道，养护系数 M 值宜取 0.6。 ( )

三、多项选择题（在下列各题中的备选答案中，有两个或两个以上的备选项符合题意，请填写符合题意的备选项，选项部分正确按比例得分，出现错误选项该题不得分，完全正确的得满分。每题 2 分。）

1. 眩光产生的后果主要归结为（　　）。

A. 不适型眩光　B. 眼底型眩光　C. 失能型眩光　D. 光适应型眩光

2. 老化试验分为（　　）。

A. 温度老化试验　B. 阳光辐照老化试验
C. 加载老化试验　D. 盐雾老化试验

3. 公路交通安全设施抽样检验分为（　　）。

A. 工厂验收　B. 工地抽验　C. 监理抽查检验　D. 监督抽查检验

4. 正弦振动扫频试验的要求为（　　）。

A. 扫频应是连续的　B. 频率应随时间按指数规律变化
C. 扫频的速率应为每分钟一个倍频程　D. 容差为 ±5%

5. 一般盐雾试验的试验设备和仪器有（　　）。

A. 盐雾试验机　B. 温度测量仪器
C. 万能材料试验机　D. 盐雾沉降量测量仪器

6. 金属涂层的均匀性测试方法为（　　）。

A. 在构件每一面的上中下、左中右各取一点
B. 单面 6 个点，双面共 12 个点
C. 分别求出测量列的平均值、最小值和最大值
D. 再依据 C 选项的值计算涂层的不均匀度

7. 同块标志板的底板和板面所用材料不具有相容性，其损坏因素有（　　）。

A. 热膨胀系数　B. 电化学作用　C. 磁场作用　D. 其他化学作用

8. 反光膜夜间色色度性能试验要点为（　　）。

A. 标准照明体 A　B. 标准照明体 D_{65}
C. 2°视场角　D. 几何条件 45°，α:0°

9. 标线厚度范围为（　　）。

A. 溶剂型涂料标线 0.3 ~ 0.8mm　B. 热熔型涂料标线 0.7 ~ 2.5mm
C. 水性涂料标线 0.3 ~ 0.8mm　D. 双组份涂料标线 0.4 ~ 2.5mm

10. 根据《道路交通标志和标线　第 3 部分：道路交通标线》(GB 5768.3—2009) 规定，属于纵向标线的包括（　　）。

A. 路口导向线　B. 左弯待转曲线
C. 潮汐车道线　D. 导向车道线

11. 两波形梁板外形尺寸与允许偏差应符合(　　)。

A. 板的展开宽度尺寸应满足 481mm ± 1mm

B. 3.0mm 或 4.0mm 厚波形梁板,防腐处理后成型护栏板基板的实测最小厚度应分别不小于 2.95mm 和 3.95mm

C. 平均厚度应分别不小于 3.0mm 和 4.0mm

D. θ 角应不小于 5°

12. 测试遮盖率所需设备与材料(　　)。

A. 300μm 的漆膜涂布器

B. 标准 A 光源

C. 45°/0°色度计

D. 亮度因数 <5% 黑色底板和亮度因数 >80% 白色底板

13. 硅芯管抽样方案为(　　)。

A. 批量 2 ~ 25 盘,样本盘为 3,接收数 A_c 为 0

B. 批量 26 ~ 90 盘,样本盘为 13,接收数 A_c 为 1,拒收数 R_e 为 2

C. 批量 91 ~ 150 盘,样本盘为 20,接收数 A_c 为 2,拒收数 R_e 为 3

D. 批量 151 ~ 280 盘,样本盘为 32,接收数 A_c 为 4,拒收数 R_e 为 5

14. 根据《隔离栅　第 1 部分:通则》(GB/T 26941.1—2011)规定,请指出做镀锌(锌铝合金)层附着量试验(重量法)时,用于清洗试样表面油污所用的有机溶剂有(　　)。

A. 四氯化碳　　B. 苯

C. 乙醇　　D. 三氯化烯

15. 对称布线信道测试参数有(　　)。

A. 近端串音衰减比　　B. 近端串音衰减比功率和

C. 传播时延　　D. 外部近端串音衰减功率和

16. 信号沿链路传输损失的能量称为衰减。造成衰减的原因有(　　)。

A. 集肤效应　　B. 绝缘损耗

C. 阻抗不匹配　　D. 接触电阻

17. 入口称重检测设施车牌识别系统的多码流视频输出编码方式为(　　)。

A. H.263　　B. H.264　　C. H.265　　D. MJPEG

18. 低压电气设备常用的接地保护措施有(　　)。

A. 保护接地　　B. 保护接零　　C. 漏电保护　　D. 工作接地

19. 下面叙述不正确的有(　　)。

A. 高速公路收费、监控和通信系统建设时,应采用集中供电

B. 三相供电时,零线上应安装熔断器

C. 交通工程及沿线设施的强电线路必须与弱电线路分别敷设

D. 不同回路可以同管敷设

20. 隧道照明划分的功能区段有(　　)。

A. 接近段　　B. 适应段和过渡段

C. 引入段　　D. 基本段和出口段

四、综合题（从 10 道大题中选答 5 道大题，每道大题 10 分，共 50 分。请考生按照小题题号的答题卡相应位置填涂答案，如 10 道大题均作答，则按前 5 道大题计算分数。下列各题备选项中，有 1 个或 1 个以上是符合题意的，选项全部正确得满分，选项部分正确按比例得分，出现错误选项该题不得分。）

1. 回答机电设备的电气安全性能的相关问题。

(1)机电设备在工地仓库抽测其电源接线端子与机壳的绝缘电阻值为(　　)。

A. ≥50MΩ　　B. ≥80MΩ　　C. ≥100MΩ　　D. ≥150MΩ

(2)机电设备安装到位后抽测其电源接线端子与机壳的绝缘电阻值为(　　)。

A. ≥50MΩ　　B. ≥80MΩ　　C. ≥100MΩ　　D. ≥150MΩ

(3)使用交流 220V 供电的机电设备电气强度试验条件为(　　)。

A. 在产品电源接线端子与机壳之间施加频率 50Hz、有效值 1500V 的正弦交流电

B. 历时 1min，应无火花、闪络和击穿现象

C. 漏电电流不大于 2mA

D. 漏电电流不大于 5mA

(4)关于公路机电系统产品安全接地试验，说法正确的有(　　)。

A. 产品应设安全保护接地端子

B. 接地端子与机壳连接可靠

C. 接地端子与机壳之间的接触电阻应小于 0.1Ω

D. 接地端子与机壳之间的接触电阻应小于 0.25Ω

(5)公路机电系统设备宜采用的接地方式为(　　)。

A. 外场设备宜采用 TT 系统接地

B. 外场设备宜采用 IT 系统接地

C. 外场设备宜采用 TN-C-S 系统接地

D. 金属外壳的设备应设置保护端子且应清楚标注，便于识别

2. 回答人工加速耐候性试验的相关问题。

(6)人工加速耐候性试验的种类有(　　)。

A. 紫外灯　　B. 碳弧灯　　C. 碘钨灯　　D. 氙弧灯

(7)关于试样大小和数量，说法正确的有(　　)。

A. 试样大小一般根据试验架决定

B. 试样尺寸为 142mm × 65mm

C. 需进行耐候性能试验前后性能保留率测试时，初始试验试样数量应为有关规定数量的两倍

D. 如无相关规定，每项试验试样数量应不小于 20

(8)试验设备有(　　)。

A. 试验箱和辐照仪　B. 喷淋系统　　C. 黑板温度计　　D. 相对湿度控制装置

(9)其他试验条件为(　　)。

A. 波长 290 ~ 800nm 之间的光源辐照度为 550W/m^2，在光谱波长 340nm 处光谱辐照

度选择0.50W/(m^2·nm)

B. 黑板温度设定为(65±3)℃

C. 喷淋和氙灯冷节水为导电电阻大于1MΩ·cm

D. 喷水周期为18min,喷水102min干燥

(10)累计辐射能量计算式为(　　)。

A. $Q = ET \times 10^{-3}$ (kJ/m^2)　　B. $Q = ET \times 10^{3}$ (kJ/m^2)

C. $Q = ET \times 10^{-3}$ (J/m^2)　　D. $Q = ET \times 10^{3}$ (J/m^2)

3. 拟对某批Ⅲ类白色反光膜(无金属镀层)做色度性能试验,请回答下列问题。

(11)反光膜在白天的色度性能指标有(　　)。

A. 昼间色　　B. 表面色　　C. 色品坐标　　D. 亮度因数

(12)反光膜在夜间的色度性能指标有(　　)。

A. 昼间色　　B. 表面色　　C. 色品坐标　　D. 亮度因数

(13)白色在色品图(昼间色)中大致位置为(　　)。

A. 左上角　　B. 右下角　　C. 中间　　D. 左下角

(14)检测仪器有(　　)。

A. 色差计　　B. 非接触式色度计　　C. 逆反射测量仪　　D. 亮度计

(15)测得色品坐标 $X = 0.330$, $Y = 0.350$;亮度因数为0.29,该膜是否合格(　　)。

注:有效白色区域的四个角点坐标为 P_1(0.350,0.360),P_2(0.305,0.315),P_3(0.295,0.325),P_4(0.340,0.370);规范要求亮度因数≥0.27。

A. 色品坐标不合格　　B. 色品坐标合格

C. 亮度因数不合格　　D. 亮度因数合格

4. 突起路标固定于路面上,可独立使用或配合标线使用。请根据有关知识和标准回答下列问题。

(16)《道路交通标志和标线　第3部分:道路交通标线》(GB 5768.3—2009)规定,突起路标除了可标记车行道分界线、边缘线以外,还可以用来标记(　　)等危险路段。

A. 导流标线　　B. 进出口匝道

C. 弯道　　D. 路面障碍物

(17)《道路交通标志和标线　第3部分:道路交通标线》(GB 5768.3—2009)规定,突起路标和标线配合使用时,其颜色与标线颜色一致,布设间隔为(　　),也可根据实际情况适当加密。

A. 6~15m　　B. 10~20m　　C. 10~15m　　D. 5~15m

(18)根据《太阳能突起路标》(GB/T 19813—2005)的规定,太阳能突起路标一般由壳体、(　　)及控制器件等组成。

A. 主动发光元件　　B. 太阳电池

C. 储能元件　　D. 铅锌蓄电池

(19)根据《突起路标》(GB/T 24725—2009)规定,突起路标抗压荷载试验方法描述正确的是(　　)。

A. 测试前,将样品置于标准环境条件下调节8h

B. 在试验机下平台上放置一块比试样顶部受压面稍大、厚度为 9.5mm、邵氏硬度为 60A 的橡胶垫

C. 在试样顶部橡胶垫之上再放一块面积比试样大的、厚度为 13mm 的钢板

D. 调整试样、两块钢板、橡胶垫均在试验机上下压头作用力轴线上，启动试验机，以 2.5mm/min 速率加载，直至试样破坏或发生明显变形（>3.3mm）为止

（20）根据《突起路标》（GB/T 24725—2009）规定，突起路标碎裂后状态技术要求和试验方法描述正确的是（　　）。

A. 碎裂后状态技术要求适用于所有类别的突起路标

B. 试验前不需要对试样进行标准环境条件下的状态调节

C. 将试样放置于试验机上加载，加载速率为 50~60kN/min，直至破裂

D. 收集全部碎块放入孔径为 30mm 的标准筛中，均匀摇动 1min，检查筛中残留物形状，用钢直尺测量残留碎块最大尺寸

5. 请回答公路安全护栏的相关问题。

（21）公路安全护栏的功能有（　　）。

A. 横向吸收碰撞能量　　B. 碰撞缓冲

C. 诱导驾驶员视线　　D. 改变车辆行驶方向

（22）公路安全护栏的防护等级最高级别为（　　）。

A. SA　　B. SS　　C. HB　　D. HA

（23）若波形梁板为热浸镀锌铝合金聚酯复合涂层，其外涂层需进行的试验有（　　）。

A. 耐磨性试验　　B. 均匀性试验

C. 耐湿热性试验　　D. 抗弯曲性能试验

（24）波形梁外防腐层耐冲击性能试验时，试验方法描述正确的是（　　）。

A. 冲击高度由冲击能量和重锤质量决定

B. 同一试件进行冲击 3 次

C. 各冲击点与边缘相距不小于 15mm

D. 试样受冲击部分与边缘相距不小于 10mm

（25）拼接螺栓连接副整体抗拉荷载试验是波形梁钢护栏的重要力学试验项目，其测量不确定度主要来源于（　　）。

A. 试验机力值误差　　B. 拼接螺栓连接副缺陷

C. 试验夹具不完善　　D. 位移传感器误差

6. 回答 LED 可变信息标志的相关问题。

（26）LED 可变信息标志按支撑方式分为（　　）。

A. 门架式　　B. 悬臂式　　C. 柱式　　D. 附着式

（27）LED 可变信息标志按环境温度适用等级分为（　　）。

A. A 型（-20~55℃）　　B. B 型（-40~50℃）

C. C 型（-55~45℃）　　D. D 型（-65~40℃）

（28）显示屏组合发光像素由发光二极管组成，单粒发光二极管在额定电流时的法向发光强度应为（　　）。

A. 红色≥3000mcd　　B. 绿色≥6000mcd

C. 蓝色≥2000mcd　　D. 黄色≥4500mcd

(29)发光二极管的半强角不小于(　　)。

A. 10.0°　　B. 10.5°　　C. 11.0°　　D. 11.5°

(30)显示屏汉字宜采用的点阵字符为(　　)。

A. 8×8　　B. 12×12　　C. 24×24　　D. 32×32

7. 入口称重检测设施(设备)作为控制违法超限超载车辆进入高速公路的基础设施,具备对通过的车辆进行称量、识别分离、检测轴及轴组、车辆通过时间等信息自动采集,并形成完整的称重检测信息的功能。试回答入口称重检测设施的相关问题。

(31)入口称重检测设施(设备)一般构成部分有称重设备、轮轴识别设备、车牌识别及抓拍设备和(　　)。

A. 视频监控设备　　B. 电子显示屏　　C. 轮廓检测设备　　D. 安全引导设施

(32)称重检测设施中的称重设备安装调试完成后,其检定(校准)单位为(　　)。

A. 监理单位　　B. 监督单位

C. 有相关资质的检测机构　　D. 相关计量检定机构

(33)称重设备的主要功能要求有(　　)。

A. 自动检测出车辆总重等信息

B. 对车辆进行准确、有效的自动分离

C. 本地存储三个月的数据

D. 具有开放、通用数据传输接口和传输协议

(34)称重检测设备的主要性能指标要求有(　　)。

A. 总重误差:≤±2.5%　　B. 安全过载:≥125% F.S.

C. 温度范围:-20～+70℃　　D. 传感器防护等级:IP68

(35)轮轴识别设备的主要性能指标要求有(　　)。

A. 检测宽度:普通车道≥1200mm,超宽车道≥1600mm

B. 识别准确率:≥98%

C. 温度范围:-20～+70℃;相对湿度范围:0～95%

D. 防护等级:IP68

8. 回答下列色度、光度的相关问题。

(36)CIE 1931色彩空间色度图中y表示(　　)。

A. 红色分量　　B. 橙色分量　　C. 绿色分量　　D. 紫色分量

(37)色度测量仪有(　　)。

A. 标准色板　　B. 色度计　　C. 色差计　　D. 光谱光度计

(38)测逆反射色要用的设备有(　　)。

A. 远程色度计　　B. 远程光谱辐射度计

C. 标准A光源　　D. D_{65}光源

(39)逆反射光度测量方法有(　　)。

A. 比率法　　B. 替代法　　C. 直接发光强度法　　D. 直接亮度法

(40)逆反射光度测量仪器有(　　)。

A. 逆反射测量仪　B. 标准 A 光源　C. 照度计　D. 亮度计

9. 试回答玻璃珠产品的分类和用途的相关问题。

(41)根据玻璃珠与路面标线涂料的结合方式不同,玻璃珠可分为(　　)。

A. 面撒玻璃珠　B. 预混玻璃珠　C. 嵌入玻璃珠　D. 底层玻璃珠

(42)2 号玻璃珠宜用作(　　)。

A. 溶剂型标线涂料的预混玻璃珠　B. 热熔型标线涂料的预混玻璃珠

C. 双组份标线涂料的预混玻璃珠　D. 水性标线涂料的预混玻璃珠

(43)关于玻璃珠试样的制备过程,说法正确的有(　　)。

A. 随机抽取有代表性的整袋玻璃珠产品

B. 将该袋玻璃珠倒入某容器中后再从该容器倒入另一容器

C. 如此重复三次,以保证整袋玻璃珠在分选前能混合均匀

D. 混匀玻璃珠倒入两份分割器中重复分割,最后得到约 2000g 玻璃珠作为试样

(44)成圆率的技术要求为(　　)。

A. 有缺陷的玻璃珠、杂质等的质量应小于玻璃珠总质量的 20%

B. 玻璃珠成圆率不小于 80%

C. 其中粒径在 850 ~ 600μm 范围内玻璃珠的成圆率不应小于 70%

D. 其中粒径在 950 ~ 550μm 范围内玻璃珠的成圆率不应小于 80%

(45)贝克线用来测试玻璃珠的(　　)。

A. 折射率　B. 密度　C. 耐水性　D. 成圆率

10. 下图为开关电源输出杂音测试图,试根据《公路工程质量检验评定标准　第二册　机电工程》(JTG F80/2—2004)回答相关问题。

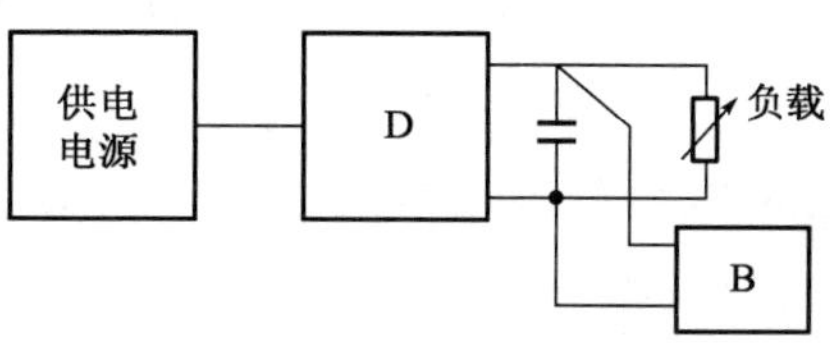

(46)开关电源输出杂音测试图中,D 和 B 分别代表(　　)。

A. D 代表受试设备　B. D 代表杂波计或杂波表

C. B 代表受试设备　D. B 代表杂波计或杂波表

(47)开关电源所属的分项工程实测项目为(　　)。

A. 通信管道与光电缆线路　B. 光纤数字传输系统

C. 数字程控交换系统　D. 通信电源

(48)检测图中的电容应选择(　　)。

A. 0.1μF 电解电容器　B. 1μF 电解电容器

C. 0.1μF 直流无极性电容器　D. 1μF 直流无极性电容器

(49)依据 JTG F80/2—2004,电话衡重杂音实测值要求为(　　)。

A. ≤2mV　B. ≤5mV　C. ≥2mV　D. ≥5mV

(50)除了电话衡重杂音外,开关电源还需测试的输出杂音有(　　)。

A. 峰值杂音　B. 窄频杂音　C. 变频杂音　D. 宽频杂音

模拟试卷参考答案及解析

一、单项选择题

1. B

【解析】《环境试验　第2部分:试验方法　试验Fc:振动(正弦)》(GB/T 2423.10—2019)4.1.3。

2. B

【解析】穿过线圈的磁力线数量发生变化才会产生感应电动势。感应电动势 $e=N\Delta\Phi/\Delta t$(式中:N 为匝数,$\Delta\Phi/\Delta t$ 为线圈中磁通变化率)。

3. D

【解析】依据发光强度的定义。

4. C

【解析】数字显示器件是最常用的显示器件,而笔画最多的数字8可用七段线条组合。

5. C

【解析】$F=\overline{A+B}$为或非门逻辑式,其对应为选项C中的或非门逻辑符号。

6. C

【解析】《公路交通安全设施质量检验抽样方法》(JT/T 495—2014)5.2.2.1。

7. A

【解析】《公路机电系统设备通用技术要求及检测方法》(JT/T 817—2011)4.11.3。

8. D

【解析】$-2s\sim2s$ 区间出现的概率(95.45%)比 $-s\sim s$ 区间出现的概率(68.27%)要高多了。

9. D

【解析】接地电阻值=辅助电位极P1上的电压/辅助电流极C1上的电流。

10. B

【解析】GB 5768.2—2009 中3.5。正等边三角形:用于警告标志;圆形:用于禁令和指示标志;叉形:用于"铁路平交道口叉形符号"警告标志;方形:用于指路标志,部分警告、禁令和指示标志,旅游区标志,辅助标志,告示标志等。

11. C

【解析】《环境试验　第2部分:试验方法　试验N:温度变化》(GB/T 2423.22—2012)4.5。

12. D

【解析】《道路交通反光膜》(GB/T 18833—2012)6.10。

13. B

【解析】《道路交通标线质量要求和检测方法》(GB/T 16311—2009)5.6.2。

14. D

【解析】《公路交通安全设施设计细则》(JTG/T D81—2017)6.2。

15. D

【解析】《公路工程质量检验评定标准　第一册　土建工程》(JTG F80/1—2017)11.4.2。

16. B

【解析】《隔离栅》(GB/T 26941.1—2011)4.2.3.1。

17. C

【解析】《防眩板》(GB/T 24718—2009)4.2。

18. B

【解析】《太阳能突起路标》(GB/T 19813—2005)5.7。

19. B

【解析】《轮廓标》(GB/T 24970—2010)6.3.2.2。

20. D

【解析】《公路地下通信管道　高密度聚乙烯硅芯塑料管》(JT/T 496—2018)4.2.1。

21. C

【解析】《公路工程质量检验评定标准　第一册　土建工程》(JTG F80/1—2017)3.2.5。

22. C

【解析】《环形线圈车辆检测器》(GB/T 26942—2011)5.4.3。

23. D

【解析】光纤在两个方向的传输损耗是不完全一样的。从 A 方向测 1 ~ n 个值,又从 B 方向测 1 ~ n 个值,第 i 个接头损耗平均值为 $\alpha_i = |\alpha_{iA} + \alpha_{iB}|/2$;每根光纤的接头损耗平均值为 $\alpha = \sum\alpha_i/n$。

24. D

【解析】频带传输就是将多个基带信息进行不同频率的载波调制后,同时在一个信道中传输,在各接收端再进行相应解调,解调后获得对应的基带信号,从而实现多个信号在同一信通中同时传输。

25. B

【解析】光接收机动态范围 $D = 10\lg(P_I/P_R) = 10\lg P_I - 10\lg P_R$。当光功率以 dBm 表示时,有 $D' = P_I(\text{dB}) - P_R(\text{dB})$,即本来是相除的,用 dBm 表示后可将二者分贝数相减。

26. C

【解析】《汽车轴重动态检测仪》[JJG(交通) 005—2005]3.1.1。

27. A

【解析】《公路工程质量检验评定标准　第二册　机电工程》(JTG F80/2—2004)4.2.2。

28. B

【解析】计算机系统冲击负荷不大,依据经验公式取 1.3 倍。

29. A

【解析】灯具初始光效 = 初始光通量/额定功率 = 6000lm/50W = 120lm/W。

30. D

【解析】《隧道环境检测设备　第4部分:风速风向检测器》(GB/T 26944.4—2011)4.1。

二、判断题

1. √

【解析】此外还有排队论、预测理论、时间序列法、回归分析法、神经网络法等方法。

2. √

【解析】当负载电流较大时,电压表的分流作用可忽略;当负载电流较小时,电流表的分压作用可忽略。

3. ×

【解析】冲击接地电阻 $R_1 = \alpha R$。

4. ×

【解析】最后一项为Y/Y-0。

5. ×

【解析】应为15kA。

6. ×

【解析】每 $80cm^2$ 面积上为1~2mL/h。

7. ×

【解析】应做孤立批处理,按GB/T 2828.2—2008的规定执行。

8. ×

【解析】2018年开始取值为0~9。《外壳防护等级(IP代码)》(GB/T 4208—2017)5.2。

9. ×

【解析】在通电工作状态下。《公路机电系统设备通用技术要求及检测方法》(JT/T 817—2011)4.2。

10. √

【解析】《道路交通标志板及支撑件》(GB/T 23827—2009)6.8。

11. ×

【解析】其镀锌量不低于 $600g/m^2$。《道路交通标志板及支撑件》(GB/T 23827—2009)5.3。

12. √

【解析】《公路用防腐蚀粉末涂料及涂层》(JT/T 600.1—2004)4.2.2。

13. ×

【解析】热熔性涂料磨擦后减重≤80mg。《路面标线涂料》(JT/T 280—2004)5。

14. ×

【解析】亮度因数变化范围应不大于原样板亮度因数的20%。《路面标线涂料》(JT/T 280—2004)5.2。

15. ×

【解析】应取规定塑性延伸强度 $R_{p0.2}$ 为参考屈服强度,并在试验报告中注明。

16. ×

【解析】防腐处理前裸钢丝直径。

17. ×

【解析】加载方式为应力速率。《波形梁钢护栏　第1部分:两波形梁钢护栏》(GB/T 31439.1—2015)5.3.2。

18. ×

【解析】占空比宜为1.5:1。《太阳能突起路标》(GB/T 19813—2005)5.10。

19. ×

【解析】逆反射材料表面与道路行车方向垂直。《轮廓标》(GB/T 24970—2010)5.2.1。

20. ×

【解析】硅芯管耐落锤冲击性能试验含常温和低温两个耐落锤冲击性能试验,每个试验10个试件,故硅芯管耐落锤冲击性能试验总试件数应为20个。

21. ×

【解析】≥9m时。《公路交通安全设施设计规范》(JTG D81—2017)10.2.1。

22. √

【解析】视频通道传输性能的幅频特性理想为31.5~38MHz的带通滤波器(如下图,虚线为理想幅频特性),在10.9MHz频率处比基准频率处只降低了5dB(衰减太小),则其特性不满足规范要求。

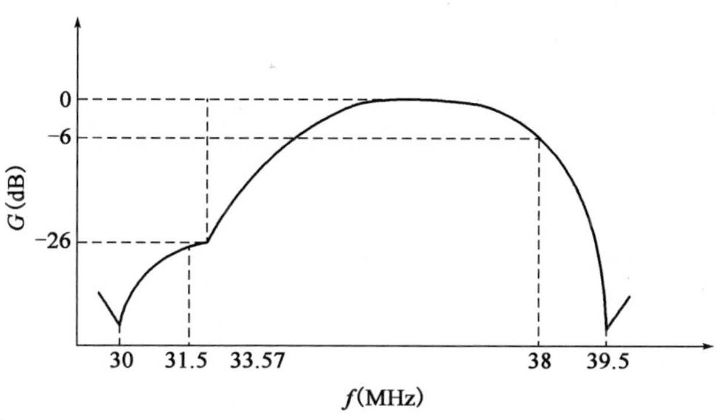

幅频特性频率响应图

23. ×

【解析】发送调制的五阶梯测试信号。《公路工程质量检验评定标准　第二册　机电工程》(JTG F80/2—2004)3.2.4。

24. √

【解析】量化脉冲调制就是把一个时间连续、取值连续的模拟信号变换成时间离散、取值离散的数字信号后在数字信道中传输。

25. √

【解析】SDII以字节(每字节8比特)为单位进行传输,所以它的帧结构是以字节为基础的矩形块状帧结构,由270×N列和9行的矩形字节组成。其在光纤上传输是成链传输,在光发端经并/串转换成链状结构进行传输,而在光收端经串/并转换还原成矩形块进行处理。

26. ×

【解析】IP68。《交通工程》2020 年版 P553。

27. ×

【解析】第二项为频率容限。《交通工程》2020 年版 P583。

28. ×

【解析】电源接地形式通常 TN、TT、IT 三种形式，TD 是生造凑数的，而高速公路电源接地形式通常为 TN、TT 两种形式。

29. √

【解析】不同相序的过零点时间是不同的，相邻灯具接在不同相序可降低频闪深度。

30. ×

【解析】纵坡大于 2%。《公路隧道照明设计细则》（JTG/T D70/2-01—2014）3.0.10。

三、多项选择题

1. ACD

【解析】选项 B 为凑数。

2. ABCD

【解析】高温老化一般分几个等级进行，交通工程部件光老化主要是氙弧灯老化，加载老化为加上荷载进行老化，盐雾老化适用于沿海地区及内陆盐湖周边地区的设备。此外还有热老化、湿热老化、臭氧老化等。

3. ABD

【解析】《公路交通安全设施质量检验抽样方法》（JT/T 495—2014）4.2。

4. ABC

【解析】选项 D 应为容差为 ±10%。《环境试验　第 2 部分：试验方法　试验 Fc：振动（正弦）》（GB/T 2423.10—2019）4.1.6。

5. ABD

【解析】不需要万能材料试验机。

6. ACD

【解析】单面 9 个点，双面共 18 个点。《公路交通工程钢构件防腐技术条件》（GB/T 18226—2015）7.6.1。

7. ABD

【解析】《道路交通标志板及支撑件》（GB/T 23827—2009）5.2.1。

8. AC

【解析】《道路交通反光膜》（GB/T 18833—2012）5.4.2。

9. ABCD

【解析】《道路交通标线质量要求和检测方法》（GB/T 16311—2009）5.4.1。

10. ABCD

【解析】《道路交通标志和标线　第 3 部分：道路交通标线》（GB 5768.3—2009）4.4、4.6 ~ 4.8。

11. ABC

【解析】θ 角应不小于 10°。《波形梁钢护栏　第 1 部分：两波形梁钢护栏》(GB/T 31439.1—2015)4.2.1。

12. ACD

【解析】选项 B 为 D_{65} 光源。《路面标线涂料》(JT/T 280—2004)3.2。

13. ABC

【解析】选项 D 接收数 A_c 为 3，拒收数 R_e 为 4。《高密度聚乙烯硅芯管》(GB/T 24456—2009)7.3.4.1。

14. ABCD

【解析】《隔离栅　第 1 部分：通则》(GB/T 26941.1—2011)附录 C.1.5。

15. ABCD

【解析】《综合布线系统电气特性通用测试方法》(YD/T 1013—2013)6。

16. ABCD

【解析】集肤效应为高频电流会往导线表面分布，使导体的等效高频电阻值增大；绝缘损耗指漏电流损耗；阻抗不匹配指两设备(或器材)特性阻抗不同会产生反射回波；接触电阻：如导线和某仪器连接在导线和仪器接线处形成的电阻。

17. BCD

【解析】《交通工程》2020 年版 P554。

18. ABC

【解析】工作接地不属于接地保护措施。

19. ABD

【解析】选项 A：高速公路收费、监控和通信系统建设时，不可能集中供电，外场设备的施工均借助车载发电机；选项 B：三相供电时，零线上严禁安装熔断器；选项 D：不同回路不能同管敷设。

20. ABCD

【解析】《公路隧道照明设计细则》(JTG/T D70/2-01—2014)3.0.6。

四、综合题

1.(1)C　　(2)A　　(3)ABD　　(4)ABC　　(5)AD

【解析】(1)《公路机电系统设备通用技术要求及检测方法》(JT/T 817—2011)4.8.2。

(2)《公路工程质量检验评定标准　第二册　机电工程》(JTG F80/2—2004)2.1.2。注意：机电设备安装前单机测试绝缘电阻值应≥100MΩ，适用标准 JT/T 817—2011；机电设备安装到系统后测试绝缘电阻值应≥50MΩ，适用标准 JTG F80/2—2004。

(3)《公路机电系统设备通用技术要求及检测方法》(JT/T 817—2011)4.8.3。

(4)《公路机电系统设备通用技术要求及检测方法》(JT/T 817—2011)4.8.4。

(5)TT 方式俗称为接地保护方式，它的整个电力系统有一点直接接地，用电设备的外露可导电部分通过保护线接在与电力系统接地点无直接关联的接地极，故障电压不互窜，电气装置正常工作时外露可导电部分为地电压，比较安全；但其相线与用电设备的外露可导电部分短路时，仍有触电的可能，须与漏电保护开关合用。机电系统外场设备用该种方式较好。

IT方式也称为经高阻接地方式，其电力系统的中性点不接地或经很大阻抗接地，用电设备的外露可导电部分经保护线接地，由于电源侧接地阻抗大，当某相线与用电设备的外露可导电部分短路时，一般短路电流不超过70mA，这种保护接地方式特别适用于环境特别恶劣的场合。机电系统外场设备不用该种方式。

TN-C-S方式中，系统中电源至用户的馈电线路N线与PE线是合一的，而在进户处分开。此方式经济性较差，安全性最好。但TN-C-S系统有一根专用接地线PE线，造价会提高，故机电系统外场设备不用该种方式。

2.(6)ABD　(7)ABC　(8)ABD　(9)ABCD　(10)A

【解析】(6)《塑料　实验室光源暴露试验方法　第2部分：氙弧灯》(GB/T 16422.2—2014)4。

(7)每项试验试样数量应不小于10。《公路沿线设施塑料制品耐候性要求及测试方法》(GB/T 22040—2008)6.1.1.4。

(8)《塑料　实验室光源暴露试验方法　第2部分：氙弧灯》(GB/T 16422.2—2014)4。

(9)《公路沿线设施塑料制品耐候性要求及测试方法》(GB/T 22040—2008)6.9.4。

(10)《公路沿线设施塑料制品耐候性要求及测试方法》(GB/T 22040—2008)6.9.5。

3.(11)CD　(12)C　(13)C　(14)AD　(15)BD

【解析】(11)注意本题问的是“色度性能指标”，指定量分析，故只选C、D。如是问“色度名称”，则4项都可选。

(12)《道路交通反光膜》(GB/T 18833—2012)5.4.2。

(13)《道路交通反光膜》(GB/T 18833—2012)5.4.1图3。

(14)《道路交通反光膜》(GB/T 18833—2012)。

(15)方法1：在《道路交通反光膜》(GB/T 18833—2012)P8页的图3中找(0.330,0.350)点，若落在白色区域，则色品坐标合格。

方法2：若无《道路交通反光膜》(GB/T 18833—2012)P8页的图3，利用尺和纸依题中的四个角点坐标做出有效白色区域图，在图上找(0.330,0.350)点，若落在有效白色区域，则色品坐标合格。

方法3：解析法，依题中的四个角点坐标P_1(0.350,0.360)，P_2(0.305,0.315)，P_3(0.295,0.325)，P_4(0.340,0.370)。P_1、P_2组成有效区域的下线，其方程为$y=0.22x+0.247$；P_3、P_4组成有效区域的上线，其方程为$y=x+0.030$。将测试值(0.330,0.350)的X值0.330代入下线方程，得$y=0.320<Y_C=0.350$(下线在测试值0.350之下)；将测试值的X值0.330代入上线方程，得$y=0.360>Y_C=0.350$(上线在测试值0.350之上)，且测试值X值在本题x变量的取值范围内。所以测试色品坐标(0.330,0.350)在白色区域内，色品坐标合格。

题中规定亮度因数≥0.27，实测亮度因数为0.29，故亮度因数合格。

4.(16)ABCD　(17)A　(18)ABC　(19)BCD　(20)BCD

【解析】(16)《道路交通标志和标线　第3部分：道路交通标线》(GB 5768.3—2009)7.1。

(17)《道路交通标志和标线　第3部分：道路交通标线》(GB 5768.3—2009)7.1.3。

(18)《太阳能突起路标》(GB/T 19813—2005)4.1。

(19)测试前,将样品置于标准环境条件(23℃ ±2℃)下调节4h。《突起路标》(GB/T 24725—2009)6.8。

(20)《突起路标》(GB/T 24725—2009)6.12。

5.(21)BCD　(22)D　(23)ABCD　(24)BC　(25)ACD

【解析】(21)安全护栏是一种纵向吸能结构。

(22)《公路交通安全设施设计规范》(JTG D81—2017)6.3。

(23)《公路交通工程钢构件防腐技术条件》(GB/T 18226—2015)6.3、6.10.3。

(24)冲击能量为9J。《漆膜耐冲击性测定法》(GB/T 1732—1993)。

(25)拼接螺栓连接副缺陷应排除在测量不确定度之外。

6.(26)ABC　(27)ABC　(28)ABC　(29)D　(30)BC

【解析】(26)《高速公路LED可变信息标志》(GB/T 23828—2009)4.1。

(27)《高速公路LED可变信息标志》(GB/T 23828—2009)5.1.3。

(28)黄色≥5500mcd。《高速公路LED可变信息标志》(GB/T 23828—2009)5.2.2。

(29)《高速公路LED可变信息标志》(GB/T 23828—2009)5.2.2。

(30)《高速公路LED可变信息标志》(GB/T 23828—2009)5.3.1。

7.(31)ABCD　(32)D　(33)ABD　(34)ABC　(35)ABCD

【解析】(31)《交通工程》2020年版P552。

(32)《交通工程》2020年版P553。

(33)本地存储一个月的数据。《交通工程》2020年版P553。

(34)IP65。《交通工程》2020年版P553。

(35)《交通工程》2020年版P553。

8.(36)C　(37)ABCD　(38)ABC　(39)ABCD　(40)ABCD

【解析】(36)x代表红色分量,y代表绿色分量。

(37)标准色板和试件颜色用肉眼比对;色度计是通过与合成颜料比较来测量或详细说明颜色的一种实验室仪器,可测出被测色的色品坐标;色差仪根据CIE色空间的L_{ab}、L_{ch}原理,测量显示出样品与被测样品的色差ΔE以及ΔL_{ab}值,交通工程中通常用此仪器测表面色,适合色彩评价和数据管控;光谱仪又称分光仪,可具体分辨出色彩中的光谱分量及组成比例。

(38)测量表面色时,采用D_{65}光源作为照明光源。照明观测条件是45°/0°,观测到的是昼间色。测量逆反射色时,采用标准A光源作为照明光源。标准A光源亮度近似于汽车前照灯,照明观测条件是入射角0°、观测角0.2°,观测到的是夜间色。

(39)《逆反射体光度性能测试方法》(JT/T 690—2007)6.1.1。

(40)逆反射测量仪本身带有标准A光源,观测角与照明角也已调节好,测试时可直接读取逆反射系数。而用比率法、替代法、直接发光强度法和直接亮度法测逆反射系数则要用到标准A光源、照度计和亮度计。

9.(41)AB　(42)BCD　(43)ABC　(44)ABC　(45)A

【解析】(41)《路面标线用玻璃珠》(GB/T 24722—2009)4.1.1。

(42)《路面标线用玻璃珠》(GB/T 24722—2009)4.2.2。

(43)得到约1000g玻璃珠作为试样。《路面标线用玻璃珠》(GB/T 24722—2009)6.1。

(44)《路面标线用玻璃珠》(GB/T 24722—2009)5.3。

(45)《路面标线用玻璃珠》(GB/T 24722—2009)4.1.2。

10.(46)AD　　(47)D　　(48)C　　(49)A　　(50)AD

【解析】(46)D 显然为开关电源对负载供电,而和负载并联的为测试仪器。

(47)《公路工程质量检验评定标准　第二册　机电工程》(JTG F80/2—2004)3.6。

(48)依据检测图规定。

(49)《公路工程质量检验评定标准　第二册　机电工程》(JTG F80/2—2004)3.6.2。

(50)《公路工程质量检验评定标准　第二册　机电工程》(JTG F80/2—2004)3.6.2。

二、助理试验检测师模拟试卷

说明：

1. 本模拟试卷设置单选题30道、判断题30道、多选题20道、综合题10道（含50道小题），总计150分；模拟自测时间为150分钟。

2. 本模拟试卷仅供考生进行考前自测使用。

一、单项选择题（下列各题中，只有一个备选项最符合题意，请填写最符合题意的一个备选项，选错或不选不得分。每题1分。）

1. 人眼中光谱视效率最大的光波长为（　　）。

A. 455nm　　B. 555nm　　C. 655nm　　D. 755nm

2. 振动试验时基准点的振幅控制信号偏差应不超过（　　）。

A. ±5%　　B. ±10%　　C. ±15%　　D. ±20%

3. 两个相同阻值的电阻R，并连接到电压为220V的电源上，则流过两电阻R的总电流为（　　）。

A. 220/2　　B. 220/(2R)　　C. 220/R　　D. 220×2/R

4. 防雷系统通常由接闪器、引下线和（　　）组成。

A. 避雷线　　B. 避雷针　　C. 避雷网　　D. 接地装置

5. 基底为非金属防腐涂层，其厚度检测所用仪器一般是（　　）。

A. 电涡流测厚仪　　B. 磁性测厚仪

C. 超声波测厚仪　　D. 射线测厚仪

6. 采用GB/T 2828.11—2008检验时，其监督总体数量不大于（　　）。

A. 150　　B. 200　　C. 250　　D. 300

7. 户外设备做振动试验，在2～9Hz扫频时期位移幅值为（　　）。

A. 2mm　　B. 3.5mm　　C. 5mm　　D. 6.5mm

8. 随机变量x在$-3s\sim3s$区间出现的概率为（　　）。

A. 99.38%　　B. 99.53%　　C. 99.58%　　D. 99.73%

9. 人工模拟盐雾试验包括中性盐雾试验、醋酸盐雾试验、铜盐加速醋酸盐雾试验和（　　）。

A. 高温湿热试验　　B. 静电效应试验

C. 酸性盐雾试验　　D. 交变盐雾试验

10. 标志板面普通材料色绿色的亮度因数要求为（　　）。

A. ≥0.06　　B. ≥0.12　　C. ≥0.18　　D. ≥0.24

11. 耐候性能试验后，Ⅳ反光膜逆反射系数 R_A 值不应低于（　　）。

A. 规范值的 50%　　B. 规范值的 65%

C. 规范值的 80%　　D. 规范值的 90%

12. 正常使用期间的黄色反光标线的逆反射亮度系数不应低于（　　）。

A. $50mcd \cdot m^{-2} \cdot lx^{-1}$　　B. $60mcd \cdot m^{-2} \cdot lx^{-1}$

C. $70mcd \cdot m^{-2} \cdot lx^{-1}$　　D. $80mcd \cdot m^{-2} \cdot lx^{-1}$

13. 防滑标线的抗滑值应不小于（　　）。

A. 35BPN　　B. 40BPN　　C. 45BPN　　D. 50BPN

14. 公路安全护栏碰撞能量的最高值为（　　）。

A. 520kJ　　B. 640kJ　　C. 760kJ　　D. 880kJ

15. 路侧的波形梁护栏和混凝土护栏的防护等级为（　　）。

A. B、A、SB、SA、SS 五级

B. C、B、A、SB、SA、SS 六级

C. C、B、A、SB、SA、SS、HB 七级

D. C、B、A、SB、SA、SS、HB、HA 八级

16. 隔离栅用双涂层构件时，钢管、钢板、钢带加工成型镀锌后涂塑（聚乙烯）层厚度为（　　）。

A. >0.25mm　　B. >0.30mm　　C. >0.35mm　　D. >0.40mm

17. 防眩板抗变形量 R 为（　　）。

A. <5mm/m　　B. <10mm/m　　C. <15mm/m　　D. <20mm/m

18. 太阳能突起路标的单粒 LED 在额定电流时的发光强度，不论白色、黄色和红色都应不小于 2000mcd，半强角不小于（　　）。

A. 5°　　B. 10°　　C. 15°　　D. 20°

19. 附着式轮廓标用合成树脂类材料做支架或底板时，其抗弯强度应不低于（　　）。

A. 30MPa　　B. 35MPa　　C. 40MPa　　D. 45MPa

20. 硅芯管耐落锤冲击性能试验的试件数量为（　　）个。

A. 5　　B. 10　　C. 15　　D. 20

21. 交通安全设施关键项目的合格率不小于（　　）。

A. 70%　　B. 75%　　C. 85%　　D. 95%

22. 公路能见度测试仪的测量误差范围为（　　）。

A. ±3%　　B. ±5%　　C. ±8%　　D. ±10%

23. 基带传输是指（　　）。

A. 按照数字信号原有的波形在信道上直接传输

B. 按照数字信号的基波在信道上直接传输

C. 按照数字信号的奇次谐波在信道上直接传输

D. 按照数字信号的偶次谐波在信道上直接传输

24. 半双工通信方式工作的是（　　）。

A. 对讲机　　B. 电视台视频信号　　C. 2G 手机　　D. 5G 手机

25. 光纤数字传输系统 2M 电口的比特误差比率 BER 标准值为(　　)。

A. $\leqslant 1\times10^{-9}$　　B. $\leqslant 1\times10^{-10}$

C. $\leqslant 1\times10^{-11}$　　D. $\leqslant 1\times10^{-12}$

26. 费额显示器的 LED 显示面板发光亮度不小于 $1500\mathrm{cd/m^2}$,测量发光亮度时环境照度变化应介于(　　)之间。

A. ±5%　　B. ±10%　　C. ±15%　　D. ±20%

27. F 级电动栏杆的起落总时间为(　　)。

A. <1.0s　　B. <1.4s　　C. <2.0s　　D. <2.5s

28. 发电机组控制柜安装后的绝缘电阻要求为(　　)。

A. ≥2MΩ　　B. ≥10MΩ　　C. ≥50MΩ　　D. ≥100MΩ

29. 公路照明的维护系数为(　　)。

A. 0.60　　B. 0.65　　C. 0.70　　D. 0.75

30. 采用显色指数 Ra > 65、相关色温 3300 ~ 6000K 的荧光灯、LED 灯等光源时,车速 $60\mathrm{km/h}\leqslant v<90\mathrm{km/h}$ 时的烟尘设计浓度上限为(　　)。

A. $0.0055\mathrm{m^{-1}}$　　B. $0.0060\mathrm{m^{-1}}$　　C. $0.0065\mathrm{m^{-1}}$　　D. $0.0070\mathrm{m^{-1}}$

二、判断题(认为题述观点正确的请打√,错误的请打×,判断准确得分,否则不得分。每题 1 分。)

1. 道路六级服务水平是最舒适的。(　　)

2. 某点在给定方向的亮度因数等于该方向的亮度与相同条件下全反射或漫反射的漫射体的亮度之比。(　　)

3. 雷击分为直击雷和感应雷。(　　)

4. 电路中有电压必有电流。(　　)

5. 单支避雷针在地面上的保护半径 $r=1.8h/p$(式中,h 为避雷针高度,p 为高度影响系数)。(　　)

6. 人工加速老化试验所用的仪器设备有人工加速老化试验箱、黑板温度计、拉力机、冰箱和恒温玻璃水槽。(　　)

7. 评定为不合格的分项工程,经加固、补强或返工、调测,满足设计要求后,可以重新进行检验评定。(　　)

8. 机电产品的电源接线端子与机壳的绝缘电阻应不小于 50MΩ。(　　)

9. 对机电设备进行辐射电磁场抗扰度试验时。对其四个侧面分别在发射天线垂直极化和水平极化位置进行试验,发射场强为 8V/m。产品的各种动作、功能及运行逻辑应正常。(　　)

10. 室外流化床浸塑复合涂层宜选用静电喷涂聚酯涂层、流化床浸塑涂层;聚乙烯(PE)高分子涂料适用于室内金属钢构件防腐。(　　)

11. 耐候性能试验后,Ⅰ类反光膜逆反射系数 R_A 值不应低于规范值的 80%。(　　)

12. 标志板下缘至路面净空高度用经纬仪、全站仪或尺测量,每块板测 3 点。(　　)

13. 溶剂型、热熔型、双组份、水性四种标线涂料均有的性能检验项目有密度、耐碱性、耐水性、耐磨性、色度性能、不粘胎干燥时间、流动度等。（　　）

14. 根据《防眩板》(GB/T 24718—2009)规定，抗风荷载、抗变形量、抗冲击性能为防眩板通用理化性能。（　　）

15. 跨越大型饮用水源一级保护区和高速铁路的桥梁以及特大悬索桥、斜拉桥等缆索承重桥梁护栏防护等级宜采用七(HB)级。（　　）

16. 刺钢丝网的主要参数为捻数、刺距、刺长和钢丝直径(防腐处理后钢丝直径)。（　　）

17. 轮廓标黑色标记采用涂料喷涂而成，涂料对柱体的附着性能应不低于一级的要求。（　　）

18. 太阳能突起路标一般由壳体、主动发光元件、太阳电池、储能元件组成。（　　）

19. 在行车道右侧应安装含白色逆反射材料的轮廓标。（　　）

20. 在《公路地下通信管道　高密度聚乙烯硅芯塑料管》(JT/T 496—2018)中，硅芯管环刚度分别为：$\phi32/26$、$\phi46/38$、$\phi50/41$，$\geq 40\text{kN/m}^2$；$\phi34/28$、$\phi40/33$，$\geq 50\text{kN/m}^2$；$\phi63/54$，$\geq 35\text{kN/m}^2$。（　　）

21. 交通安全设施按 20km 或标段划分单位工程，防眩设施、隔离栅、防落物网按 5 ~ 10km 路段划分分部工程，下属再划分防眩、防眩、隔离栅、防落物网分项工程。（　　）

22. 多模光纤接头衰耗应小于 0.1dB。（　　）

23. 可变标志实测项目显示屏平均亮度为 $\geq 6000\text{cd/m}^2$。（　　）

24. 频分多路复用多用于模拟通信。（　　）

25. SDH 继承和更新了 PDH。（　　）

26. 正弦振动试验设备由功率放大器、激振器、试验夹具组成。（　　）

27. 入口称重检测设备的总重误差：$\leq \pm 2.5\%$。（　　）

28. 公路用户与公用电网的界面为低压配电柜配电回路断路器出线端。（　　）

29. 影响人眼对眩光感觉强弱的因素是光源的强度。（　　）

30. 单向交通隧道照明可划分为入口段照明、过渡段照明、中间段照明、出口段照明。（　　）

三、多项选择题(在下列各题中的备选答案中，有两个或两个以上的备选项符合题意，请填写符合题意的备选项，选项部分正确按比例得分，出现错误选项该题不得分，完全正确的得满分。每题 2 分。)

1. 复合涂层厚度测试方法有(　　)。
   A. 显微镜法　B. 脱层法　C. 换算法　D. 钻孔法
2. 负反馈对放大电路的影响是(　　)。
   A. 降低放大倍数　B. 增大输入电阻
   C. 减小输出电阻　D. 扩展放大电路通频带
3. ETC 门架系统补光灯型式检验内容主要包括气候环境适应性、功耗和(　　)。
   A. 可见光色温　B. 亮度/光照度　C. 补光方式　D. 控制接口

4. 正弦振动试验的设备有(　　)。

A. 功率放大器　　B. 激振器　　C. 试验夹具　　D. 控制系统

5. 电气强度测试要点有(　　)。

A. 1.0 级耐压测试仪

B. 耐压测试仪零线接待测设备机壳,其相线接待测设备相线接线端

C. 喷雾耐压测试仪输出 50Hz、1500V 正弦交流电

D. 历时 1min 无火花、闪络或击穿现象,漏电电流不大于 5mA,试验通过,否则不合格

6. 代码 IP68 表示该电气设备外壳的防护能力为(　　)。

A. 防尘 6 级,防水 8 级

B. 防尘 8 级,防水 6 级

C. 可防强烈喷水;直径 2.5mm 的试具不得进入壳内

D. 可防持续潜水影响(可长期潜水);直径 1.0mm 的试具不得进入壳内

7. 交通标志形状有正等边三角形、圆形、倒等边三角形及(　　)。

A. 八角形　　B. 叉形　　C. 方形　　D. 扇形

8. 反光膜耐盐雾腐蚀性能试验中,盐溶液及温度条件为(　　)。

A. 5.0% ±0.1%(质量比)的盐溶液且在盐雾试验箱内连续雾化

B. 10.0% ±0.1%(质量比)的盐溶液且在盐雾试验箱内连续雾化

C. 箱内温度保持 35℃ ±2℃

D. 箱内温度保持 50℃ ±2℃

9. 道路交通标线按标线用途可分为非反光标线、反光标线和(　　)。

A. 突起振动标线　　B. 防滑标线　　C. 雨夜标线　　D. 其他标线

10. 1 号玻璃珠宜用作(　　)。

A. 溶剂型标线涂料的面撒玻璃珠

B. 热熔型标线涂料的面撒玻璃珠

C. 双组份标线涂料的面撒玻璃珠

D. 水性标线涂料的面撒玻璃珠

11. 根据《公路工程质量检验评定标准　第一册　土建工程》(JTG F80/1—2017)规定,波形梁钢护栏实测项目中关键项目有(　　)。

A. 波形梁板基底金属厚度　　B. 立柱基底金属厚度

C. 横梁中心高度　　D. 立柱埋置深度

12. 轮廓标耐候性能试验强度指标为(　　)。

A. 自然暴露试验:2 年

B. 自然暴露试验:3 年

C. 人工气候加速老化试验:1200h

D. 累积辐射能量达到 $4.32 \times 10^6 kJ/m^2$

13. 硅芯管复原率试验要点为(　　)。

A. 垂直方向加压至外径变形量为原外径的 50%

B. 立即卸荷

C. 试样不破裂、不分层

D. 5min 内外径能自然恢复到原来的 75% 以上

14. 轮廓标工程验收实测非关键项目有(　　)。

A. 安装角度　　B. 反射器中心高度

C. 柱式轮廓标竖直度　　D. 反射体色度光度指标

15. 光纤通信系统的质量指标主要有(　　)。

A. 误码率　　B. 抖动　　C. 漂移特性　　D. 可靠性

16. 公路光纤通信的主要设备有(　　)。

A. 光发射端机　　B. 光接收端机　　C. 光中继器　　D. 光解码器

17. 入口称重检测设施一般组成部分有称重设备、车牌识别及抓拍设备、电子显示屏和(　　)。

A. 轮轴识别设备　　B. 轮廓检测设备　　C. 安全引导设施　　D. 视频监控设备

18. 监控中心的接地有(　　)。

A. 工作接地(≤4Ω)　　B. 安全接地(≤4Ω)

C. 防雷接地(≤10Ω)　　D. 联合接地(≤1Ω)

19. 公路照明灯具应选择(　　)。

A. 截光型灯具　　B. 半截光型灯具

C. 抛物面型灯具　　D. 漫反射型灯具

20. 隧道交通监控中心为交通控制提供控制手段的设备有(　　)。

A. 隧道交通信号灯　　B. 车道控制信号灯

C. 可变信息板　　D. 紧急广播系统

四、综合题(从 10 道大题中选答 5 道大题,每道大题 10 分,共 50 分。请考生按照小题题号的答题卡相应位置填涂答案,如 10 道大题均作答,则按前 5 道大题计算分数。下列各题备选项中,有 1 个或 1 个以上是符合题意的,选项全部正确得满分,选项部分正确按比例得分,出现错误选项该题不得分。)

1. 回答关于公路交通工程钢构件防腐技术条件的相关问题。

(1)热镀防腐的方法使被镀钢构件浸入熔融的金属镀液中在表面形成涂层,是因为二者之间发生(　　)。

A. 溶解　　B. 化学反应　　C. 扩散　　D. 固化

(2)热浸镀锌铝合金浸塑复合涂层的工艺流程有(　　)。

A. 热浸镀锌铝合金工艺　　B. 喷涂工艺

C. 流化床工艺　　D. 静电涂装工艺

(3)达克罗的工艺流程有(　　)。

A. 浸涂工艺　　B. 刷涂工艺　　C. 喷涂工艺　　D. 烘烤工艺

(4)环氧锌基聚酯复合涂层的工艺流程有(　　)。

A. 抛丸工艺　　B. 喷丸工艺　　C. 粉末涂料工艺　　D. 静电涂装工艺

(5)粉末镀锌涂层的形成利用了(　　)。

A.机械设备　B.化学物质作用　C.冲击介质作用　D.气流吹拂作用

2.试回答电磁兼容的相关问题。

(6)电磁骚扰种类有(　　)。

A.电磁干扰　B.传导骚扰　C.辐射骚扰　D.静电放电

(7)电磁兼容性(EMC)指(　　)。

A.设备或系统在其电磁环境中能正常工作

B.设备或系统工作时不产生传导骚扰

C.设备或系统工作时不产生辐射骚扰

D.设备向外释放的电磁能量应在允许的范围内

(8)静电放电抗扰度要求有(　　)。

A.对所确定的放电点(操作人员正常使用设备时可能接触的表面)采用接触放电

B.试验电压为2kV,至少施加10次单次放电

C.放电之间间隔至少1s

D.产品的各种动作、功能及运行逻辑应正常

(9)辐射电磁场抗扰度要求有(　　)。

A.对正常运行的设备四个侧面分别在发射天线垂直极化位置进行试验

B.对正常运行的设备四个侧面分别在发射天线水平极化位置进行试验

C.发射场强为5V/m

D.产品的各种动作、功能及运行逻辑应正常

(10)电快速瞬变脉冲群抗扰度要求有(　　)。

A.将2kV试验电压通过耦合/去耦网络施加到供电电源端口和保护接地上

B.将1kV试验电压通过耦合/去耦网络施加到输入输出信号和控制端口上

C.施加试验电压5次

D.每次持续时间不少于1min

3.拟对某批Ⅲ类白色反光膜做耐候性能试验,请回答相关问题。

(11)自然暴露或人工加速老化后反光膜应无明显的(　　)。

A.裂缝、皱折　B.刻痕、凹陷

C.气泡、侵蚀、剥离　D.粉化或变形

(12)耐候性能试验后反光膜任何一边出现的收缩均不得超过(　　)。

A.0.5mm　B.0.6mm　C.0.8mm　D.1.0mm

(13)耐候性能试验后逆反射系数、色品坐标及亮度因数的测试角为(　　)。

A.观测角为0.1°,入射角为$-4°$、15°和30°

B.观测角为0.2°,入射角为$-4°$、15°和30°

C.观测角为0.5°,入射角为$-4°$、15°和30°

D.观测角为1.0°,入射角为$-4°$、15°和30°

(14)试验前,反光膜的逆反射系数$R_A=210\text{cd}\cdot\text{lx}^{-1}\cdot\text{m}^{-2}$(观测角0.2°、入射角15°),试验后$R_A'$(观测角0.2°、入射角15°)的合格值为(　　)。

A. $105cd \cdot lx^{-1} \cdot m^{-2}$　　B. $137cd \cdot lx^{-1} \cdot m^{-2}$

C. $168cd \cdot lx^{-1} \cdot m^{-2}$　　D. $189cd \cdot lx^{-1} \cdot m^{-2}$

(15)测得色品坐标 $X=0.285$，$Y=0.320$；亮度因数为 0.28，该膜是否合格(　　)。

注：有效白色区域的四个角点坐标为 P_1(0.350,0.360)，P_2(0.305,0.315)，P_3(0.295,0.320)，P_4(0.340,0.370)；规范要求亮度因数≥0.27。

A. 色品坐标不合格　　B. 色品坐标合格

C. 亮度因数不合格　　D. 亮度因数合格

4. 试回答下列道路交通标线工程质量检验评定的相关问题。

(16)《公路工程质量检验评定标准　第一册　土建工程》(JTG F80/1—2017)中，交通标线应符合的基本要求为(　　)。

A. 交通标线施划前路面应清洁、干燥、无起灰

B. 交通标线涂料应符合现行《路面标线涂料》(JT/T 280)和《路面标线用玻璃珠》(GB/T 24722)的规定

C. 交通标线的颜色形状和位置应符合现行《道路交通标志和标线》(GB 5768)的规定并满足设计要求

D. 反光标线玻璃珠应撒布均匀，施划后标线无起泡、剥落

(17)标线实测项目有标线线段长度、标线宽度、标线厚度、标线横向偏移和(　　)。

A. 标线纵向间距　　B. 标线逆反射亮度系数

C. 标线脱落面积　　D. 抗滑值(BPN)

(18)标线实测项目的关键项目有(　　)。

A. 标线厚度　　B. 抗滑值(BPN)

C. 标线逆反射亮度系数　　D. 标线脱落面积

(19)《公路工程质量检验评定标准　第一册　土建工程》(JTG F80/1—2017)新增的检测项目为(　　)。

A. 标线厚度　　B. 抗滑值(BPN)

C. 标线逆反射亮度系数　　D. 标线脱落面积

(20)标线厚度的测试仪器和频率为(　　)。

A. 标线厚度测试仪　　B. 卡尺

C. 每 1km 测 3 处，每处测 6 点　　D. 每 1km 测 3 处，每处测 9 点

5. 试回答突起路标检验项目的相关问题。

(21)突起路标型式检验项目为(　　)。

A. 外观质量、结构尺寸、色度性能、逆反射性能

B. 整体抗冲击性能、逆反射器抗冲击性能、抗压荷载、纵向弯曲强度

C. 耐磨损性能、耐温度循环性能、碎裂后状态、金属反射膜附着性能

D. 耐盐雾腐蚀性能、耐候性能、标识和包装

(22)突起路标出厂检验必检项目为(　　)。

A. 外观质量、结构尺寸　　B. 逆反射性能、抗压荷载

C. 碎裂后状态　　D. 标识和包装

(23)突起路标出厂检验不检项目为(　　)。

A. 色度性能　　B. 耐候性能　　C. 标识和包装　　D. 耐磨损性能

(24)突起路标出厂检验选检项目为(　　)。

A. 色度性能、整体抗冲击性能　　B. 逆反射器抗冲击性能、纵向弯曲强度

C. 耐磨损性能、耐温度循环性能　　D. 金属反射膜附着性能、耐盐雾腐蚀性能

(25)A3 类突起路标才做的检验项目为(　　)。

A. 碎裂后状态　　B. 纵向弯曲强度

C. 耐磨损性能　　D. 金属反射膜附着性能

6. 环形线圈车辆检测器是通过感应线圈电感量变化来检测车辆的一种车辆检测器,请依据《环形线圈车辆检测器》(GB/T 26942—2011)回答以下问题。

(26)环形线圈车辆检测器可检测的车辆参数有(　　)。

A. 交通量　　B. 瞬时车速　　C. 时间占有率　　D. 车辆高度

(27)依据 GB/T 26942—2011,环形线圈车辆检测器功能要求包括(　　)。

A. 自检功能　　B. 逻辑识别线路功能

C. 本地操作与维护功能　　D. 灵敏度调整功能

(28)依据 GB/T 26942—2011,有关电气安全性能的技术要求和试验方法,描述正确的是(　　)。

A. 绝缘电阻用精度 1.0 级、1500V 的兆欧表在电源接线端子与机壳之间测量

B. 产品应设安全保护接地端子,接地端子与机壳(包括带电部件的金属外壳)连接可靠,接地端子与机壳的连接电阻应小于 0.1Ω

C. 电气强度用精度 1.0 级的耐电压测试仪在接线端子与机壳之间测量

D. 产品应采取防雨、防尘措施,外壳的防护等级应不低于 GB/T 4208—2017 规定的 IP55 级

(29)依据 GB/T 26942—2011,进行环境适应性能试验时,需要在试验过程中对样品通电试验的是(　　)。

A. 耐低温性能试验　　B. 耐高温性能试验

C. 耐湿热性能试验　　D. 耐机械振动性能试验

(30)某检测中心对某高速公路一台环形线圈车辆检测器的车流量相对误差指标进行实测,实测数据为:人工计数为 100 辆,环形线圈车辆检测器的输出数据为 96 辆,则该环形车辆检测器车流量相对误差及结果为(　　)。

A. 4%　　B. 合格　　C. -4.0%　　D. 不合格

7. 回答 LED 可变信息标志型式检验和出厂检验的相关问题。

(31)LED 可变信息标志型式检验项目有材料要求、结构尺寸、外观质量、色度性能、视认性能、功能要求、通信接口与规程、绝缘电阻、电气强度、连接电阻、电源适应性、防护性能、结构稳定性、耐低温性能、耐高温性能、耐湿热性能、耐温度交变性能、耐机械振动性能和(　　)。

A. 耐化学品腐蚀性能　　B. 耐盐雾腐蚀性能

C. 耐候性能　　D. 可靠性

(32)LED 可变信息标志型式检验抽样方案为(　　)。

A. 按《公路交通安全设施质量检验抽样方法》(JT/T 495—2014)中5.1、5.2抽样

B. 按《公路交通安全设施质量检验抽样方法》(JT/T 495—2014)中5.3、5.4抽样

C. 随机抽取1个完整的标志产品

D. 随机抽取3个完整的标志产品

(33)LED可变信息标志型式检验判据为(　　)。

A. 电气安全性能不合格时,该次型式检验为不合格

B. 色度性能不合格时,该次型式检验为不合格

C. 耐盐雾腐蚀性能性能不合格时,该次型式检验为不合格

D. 若其他项出现不合格,在同批产品中加倍取样,对不合格项进行检验,若仍不合格,则该次型式检验为不合格

(34)LED可变信息标志出厂非检验项目有防护性能、结构稳定性、耐低温性能、耐高温性能、耐湿热性能、耐温度交变性能和(　　)。

A. 耐化学品腐蚀性能　　B. 耐盐雾腐蚀性能

C. 耐候性能　　D. 可靠性

(35)LED可变信息标志出厂检验抽样规则和判据为(　　)。

A. 批量不大于3台的产品,由产品生产企业质量检验部门按规范规定逐台进行检验,检验合格后签发合格证,方可出厂

B. 对于批量大于3台的产品,出厂检验样品应从生产线终端随机抽取不少于30%的样品,但不少于3台

C. 若3台全部合格则整个检验批合格,该批允许出厂;若有1台不合格,则需对整个批进行逐台检验,剔除不合格品

D. 出厂检验中,剔除的不合格品允许返修,返修后重新对不合格项进行检验,但返修次数不应超过3次

8. 回答下列光纤数字传输系统的相关问题。

(36)基带传输的特点为(　　)。

A. 把二进制信号中能量最集中的(含直流)基本频率带(简称基带信号)直接在信道中传输

B. 该信号不经过调制和解调过程,但一般会编码

C. 整个信道只传输一种信号

D. 该种传输信道利用率高

(37)频带传输的特点为(　　)。

A. 是将基带信号进行载波、调制和解调的传输过程

B. 频带传输适于计算机远距离通信

C. 一个信道可同时传输多路频带(经调制过的)不同的信号

D. 传输过程中将基带信号进行调制和解调的装置称为调制解调器(Modem)

(38)光纤数字传输系统由(　　)组成。

A. 光发射机　　B. 光接收机

C. 中继器、光纤连接器　　D. 光纤

(39)光发射机(光源)的特点为(　　)。

A. 由光源、驱动器和调制器组成

B. 用电信号对光源发出的光波进行调制,使其成为已调光波

C. 已调光波再取样离散、解调、编码

D. 光信号耦合到光纤进行传输

(40)光接收机(光检测器)的特点为(　　)。

A. 是实现光/电转换的设备

B. 由光检测器、解调器、放大器组成

C. 将光纤传输来的光信号经光检测器接收、解调、放大成为电信号

D. 上述电信号再经 D/A 转换供终端设备调用

9. 某段沥青路面高速公路刚刚竣工验收,需测定照明参数,回答以下问题。

(41)测试平均照度最小维持值时,维护系数应取(　　)。

A. 0.6　　B. 0.65　　C. 0.7　　D. 0.75

(42)若路面平均亮度最小维持值为 2.0cd/m^2,则平均亮度检测值应为(　　)。

A. 2.5cd/m^2　　B. 2.86cd/m^2　　C. 3.1cd/m^2　　D. 3.3cd/m^2

(43)若路面平均照度最小维持值为 30lx,则平均照度检测值应为(　　)。

A. 40.0lx　　B. 42.9lx　　C. 46.2lx　　D. 50.0lx

(44)该路段应选用灯具类型为(　　)。

A. 截光型　　B. 半截光型

C. 抛物面型　　D. 漫反射型

(45)该路段应采用的光源为(　　)。

A. 高压钠灯　　B. 低压钠灯　　C. 无极灯　　D. LED 灯

10. 温度交变试验用于评价电子元件设备和其他产品经受环境温度迅速变化的能力,请遵循《环境试验　第 2 部分:试验方法　试验 N:温度变化》(GB/T 2423.22—2012),回答以下问题。

(46)GB/T 2423.22—2012 中涉及以下几种试验方法,我国公路机电产品温度交变试验一般选择(　　)。

A. 试验 Na:规定转换时间的快速温度变化试验

B. 试验 Nb:规定温度变化速率的温度变化试验

C. 试验 Nc:两液槽温度快速变化试验

D. 试验 Q:密封

(47)以下有关温度交变试验设备描述正确的是(　　)。

A. 试验设备可以采用一个具有快速温度交变能力的专用试验箱,也可以采用一个高温箱和一个低温箱的组合

B. 如果采用两湿度箱的组合,高温箱和低温箱放置位置应能使试验样品在规定时间内从一个箱转移到另一个箱,转换方法可以是手动或自动

C. 试验箱中放置样品的任一区域内应能保持试验所规定的空气温度

D. 样品放入试验箱后,需在 5min 内完成对试验箱加压

(48)以下有关温度交变试验方法描述正确的是(　　)。

A. 初始检测时应按有关标准的规定,对试验样品进行外观检查及机械和电气安全性能的检测

B. 将无包装、不通电的试验样品,在“准备使用”状态下,按正常工作位置放置于试验箱内。然后打开样品的电源,使其处于正常工作状态

C. 高温和低温试验箱的转换时间应为 5 ~ 10min

D. 达到规定的试验持续时间后关闭试验箱电源,在标准大气条件下进行恢复,时间要足以达到温度稳定

(49)温度交变试验的严酷等级决定因素有(　　)。

A. 高温温度值　　B. 低温温度值

C. 转换时间　　D. 循环次数

(50)温度交变试验可能会使样品出现的问题有(　　)。

A. 样品内部出现润滑脂凝结现象

B. 样品的电源模块出现工作故障

C. 样品结构变形或开裂

D. 玻璃蒙面的样品破碎

模拟试卷参考答案及解析

一、单项选择题

1. C

【解析】555nm 时可见光的视效率为 1,其他可见光的视效率均小于 1。

2. C

【解析】《环境试验　第 2 部分:试验方法　试验 Fc:振动(正弦)》(GB/T 2423.10—2019)4.1.4。

3. D

【解析】$I = U/R$,两个相同阻值 R 的电阻并联,等效电阻为 $R/2$。

4. D

【解析】避雷线即引下线;避雷针、避雷网均为接闪器。

5. C

【解析】电涡流测厚仪只用于铜铝等良导体基底的涂层测厚,磁性测厚仪只用于铁磁基底的涂层测厚,超声波测厚仪可用于铁磁基底、铜铝等良导体基底及非金属基底的涂层测厚。

6. C

【解析】《公路交通安全设施质量检验抽样方法》(JT/T 495—2014)5.3.2.1。

7. B

【解析】《机电设备通用技术要求及检测方法》(JT/T 817—2011)4.4.2 。

8. D

【解析】$-3s \sim 3s$ 区间出现的概率(99.73%)比 $-s \sim s$ 区间出现的概率(68.27%)要高很多。

9. D

【解析】人工模拟盐雾试验包括中性盐雾试验(NSS 试验,最早,应用最广)、醋酸盐雾试验(腐蚀比 NSS 快 3 倍)、铜盐加速醋酸盐雾试验(腐蚀是 NSS 的 8 倍)、交变盐雾试验。

10. B

【解析】《道路交通标志板及支撑件》(GB/T 23827—2009)5.5。

11. C

【解析】《道路交通反光膜》(GB/T 18833—2012)5.14。

12. A

【解析】《道路交通标线质量要求和检测方法》(GB/T 16311—2009)5.6.1。

13. C

【解析】《道路交通标线质量要求和检测方法》(GB/T 16311—2009)5.7。

14. C

【解析】《公路护栏安全性能评价标准》(JTG B05-1—2013)3.0.1。

15. D

【解析】原为 B、A、SB、SA、SS 五级。《公路交通安全设施设计规范》(JTG D81—2017)6.2、6.3。

16. A

【解析】《隔离栅》(GB/T 26941.1—2011)4.2.4.1。

17. B

【解析】《防眩板》(GB/T 24718—2009)4.2。

18. C

【解析】《太阳能突起路标》(GB/T 19813—2005)5.6。

19. C

【解析】《轮廓标》(GB/T 24970—2010)6.2.1.1。

20. D

【解析】《公路地下通信管道 高密度聚乙烯硅芯塑料管》(JT/T 496—2018)4.3.1。

21. C

【解析】《公路工程质量检验评定标准 第一册 土建工程》(JTG F80/1—2017)3.2.5。

22. D

【解析】《公路工程质量检验评定标准 第二册 机电工程》(JTG F80/2—2004)2.2.2。

23. A

【解析】基带传输是按照数字信号原有的波形(以脉冲形式)在信道上直接传输,它要求信道具有较宽的通频带。基带传输不需要调制、解调,设备花费少,适用于小范围数据传输。

24. A

【解析】电视台视频信号是单工,对讲机是半双工,手机是全双工。

25. C

【解析】比特误差比率 BER 专业通信标准(10^{-11})比公路通信标准(10^{-8})高了 1000 倍。

26. B

【解析】《公路收费用费额显示器》(GB/T 27879—2011)5.6.1。

27. B

【解析】《收费用电动栏杆》(GB/T 24973—2010)5.6。

28. A

【解析】《公路工程质量检验评定标准　第二册　机电工程》(JTG F80/2—2004)5.1.2。

29. C

【解析】《公路照明技术条件》(GB/T 24969－2010)5.3。

30. C

【解析】《公路隧道照明设计细则》(JTG/T D70/2-01—2014)3.0.9。

二、判断题

1. ×

【解析】道路一级服务水平才是最舒适的。

2. √

【解析】定义如此。

3. √

【解析】直击雷能量巨大,可损坏建筑物,中断通信,伤及人畜。直击雷过后,由于静电感应和电磁感应在电线或电气设备上形成过电压(感应雷),主要危害建筑物内电子设备。

4. ×

【解析】有电压且必须要形成回路才有电流。

5. ×

【解析】应为 $r=1.5hp$。

6. √

【解析】《塑料　实验室光源暴露试验方法　第 2 部分:氙弧灯》(GB/T 16422.2—2014)。

7. √

【解析】《公路工程质量检验评定标准　第一册　土建工程》(JTG F80/1—2017)3.3.6。

8. ×

【解析】绝缘电阻应不小于 100MΩ。《公路机电系统设备通用技术要求及检测方法》(JT/T 817—2011)4.9.2。

9. ×

【解析】发射场强为 3V/m。《公路机电系统设备通用技术要求及检测方法》(JT/T 817—2011)4.11.3。

10. ×

【解析】室外流化床浸塑复合涂层宜选用聚乙烯(PE)高分子涂料;静电喷涂聚酯涂

层、流化床浸塑涂层适用于室内金属钢构件防腐。《公路交通工程钢构件防腐技术条件》(GB/T 18226—2015)5.2。

11. ×

【解析】R_A 值不应低于规范值的50%。《道路交通反光膜》(GB/T 18833—2012)5.14。

12. ×

【解析】每块板测2点。《公路工程质量检验评定标准　第一册　土建工程》(JTG F80/1—2017)11.2.2。

13. ×

【解析】流动度仅适于热熔型涂料。《路面标线涂料》(JT/T 280—2004)5。

14. √

【解析】《防眩板》(GB/T 24718—2009)4.2。

15. ×

【解析】宜采用八(HA)级。《公路交通安全设施设计规范》(JTG D81—2017)6.3.2。

16. ×

【解析】防腐处理前裸钢丝直径。

17. ×

【解析】应不低于二级。《轮廓标》(GB/T 24970—2010)6.2.1.2。

18. ×

【解析】缺控制器件。《太阳能突起路标》(GB/T 19813—2005)4.1。

19. √

【解析】《轮廓标》(GB/T 24970—2010)6.3.1。

20. ×

【解析】φ63/54规格:≥30kN/m^2。《公路地下通信管道　高密度聚乙烯硅芯塑料管》(JT/T 496—2018)。

21. √

【解析】《公路工程质量检验评定标准　第一册　土建工程》(JTG F80/1—2017)附录A。

22. ×

【解析】小于0.2dB。《公路工程质量检验评定标准　第二册　机电工程》(JTG F80/2—2004)3.2.4。

23. ×

【解析】≥8000cd/m^2。《公路工程质量检验评定标准　第二册　机电工程》(JTG F80/2—2004)2.4.2。

24. √

【解析】利用多种频率载波(频分),一根导线同时传输多路信号。

25. √

【解析】同步数字体系(SDH)是一整套传送网的国际标准,也是一种复用方法,还是一个组网原则。

26. ×

【解析】漏掉控制系统。《环境试验 第2部分:试验方法 试验Fc:振动(正弦)》(GB/T 2423.10—2019)4.1。

27. √

【解析】《交通工程》2020年版P553。

28. √

【解析】高压部分由电力部门负责。

29. ×

【解析】人眼对眩光感觉强弱不仅与光源的发光强度有关,还与光源背景亮度、视野内光束发散度的分布、光源表面的大小及光源与人眼的水平夹角有关。

30. ×

【解析】还有洞外引道照明以及洞口接近段减光设施。《公路隧道照明设计细则》(JTG/T D70/2-01—2014)3.0.5。

三、多项选择题

1. ABC

【解析】《公路交通工程钢构件防腐技术条件》(GB/T 18226—2015)7.4。

2. AD

【解析】对输入、输出电阻的影响,要通过不同类型的负反馈来实现,如串联负反馈增大输入电阻,电压负反馈减小输出电阻。

3. ABCD

【解析】《交通技术监控成像补光装置通用技术规范》(GA/T 1202—2014)。

4. ABCD

【解析】《环境试验 第2部分:试验方法 试验Fc:振动(正弦)》(GB/T 2423.10—2019)4.1。

5. ABCD

【解析】《公路机电系统设备通用技术要求及检测方法》(JT/T 817—2011)4.8.3。

6. AD

【解析】简言之,IP代码是防止异物和水进入设备的相关条款和规定。

7. ABC

【解析】《道路交通标志和标线 第2部分:道路交通标志》(GB 5768.2—2009)3.5。

8. AC

【解析】《道路交通反光膜》(GB/T 18833—2012)6.13。

9. ABCD

【解析】《道路交通标线质量要求和检测方法》(GB/T 16311－2009)4.2。

10. BCD

【解析】《路面标线用玻璃珠》(GB/T 24722—2009)4.2.1。

11. ABC

【解析】《公路工程质量检验评定标准 第一册 土建工程》(JTG F80/1—2017)11.4.2。

12. ACD

【解析】《轮廓标》(GB/T 24970—2010)7.6。

13. ABC

【解析】10min 内外径能自然恢复到原来的 85% 以上。《高密度聚乙烯硅芯管》(GB/T 24456—2009)5.3。

14. ABC

【解析】《公路工程质量检验评定标准 第一册 土建工程》(JTG F80/1—2017)11.8.2。

15. ABC

【解析】选项 A、B、C 为光纤通信系统最重要的质量指标。可靠性一般对具体设备而言。

16. ABC

【解析】一般数百公里以上才用光中继器(光放大器)。光解码器一般都装在光端机内,此题问的是设备,故光解码器不选。

17. ABCD

【解析】《交通工程》2020 年版 P552。

18. ABCD

【解析】《公路工程质量检验评定标准 第二册 机电工程》(JTG F80/2—2004)2.6.2。

19. AB

【解析】《公路照明技术条件》(GB/T 24969 -2010)6.1。

20. ABCD

【解析】4 个选项都是可为交通控制提供控制手段的设备。

四、综合题

1.(1)ABC (2)AC (3)ABCD (4)ABCD (5)ABC

【解析】(1)《公路交通工程钢构件防腐技术条件》(GB/T 18226—2015)3.1。

(2)《公路交通工程钢构件防腐技术条件》(GB/T 18226—2015)3.12。

(3)《公路交通工程钢构件防腐技术条件》(GB/T 18226—2015)3.18。

(4)《公路交通工程钢构件防腐技术条件》(GB/T 18226—2015)3.11。

(5)《公路交通工程钢构件防腐技术条件》(GB/T 18226—2015)3.19。

2.(6)ABCD (7)AD (8)ACD (9)ABD (10)ABCD

【解析】(6)电磁干扰指电磁骚扰引起设备传输通道或系统性能下降;传导骚扰指通过一个或多个导体传导能量的电磁骚扰;辐射骚扰指以电磁波的形式通过空间传播能量的电磁骚扰;静电放电指有不同静电电位的物体相互靠近或直接接触引起的电荷转移。静电放电轻者引起干扰,重者损坏设备。

(7)电磁兼容性(EMC)指设备或系统在其电磁环境中能正常工作且不对该环境中任何事物构成不能承受的电磁骚扰的能力。

(8)试验电压为4kV。《公路机电系统设备通用技术要求及检测方法》(JT/T 817—2011)。

(9)发射场强为3V/m。《公路机电系统设备通用技术要求及检测方法》(JT/T 817—2011)。

(10)《公路机电系统设备通用技术要求及检测方法》(JT/T 817—2011)。

3.(11)ABCD　(12)C　(13)B　(14)C　(15)AD

【解析】(11)《道路交通反光膜》(GB/T 18833—2012)P10。

(12)《道路交通反光膜》(GB/T 18833—2012)5.14。

(13)《道路交通反光膜》(GB/T 18833—2012)5.14。

(14)查《道路交通反光膜》(GB/T 18833—2012)表10得,Ⅲ类膜折合系数为0.8,故$R_A' = 0.8 \times R_A = 168cd \cdot lx^{-1} \cdot m^{-2}$。

(15)因测试值$X = 0.285 < X_3 = 0.29$(白色标点的X_{min}),故色品坐标不合格;又查表亮度因数标准值为≥0.27,实测值0.28大于标准值,故亮度因数合格。《道路交通反光膜》(GB/T 18833—2012)P8。

4.(16)ACD　(17)ABD　(18)AC　(19)B　(20)ABC

【解析】(16)选项B漏掉了《路面防滑涂料》(JT/T 712)。《公路工程质量检验评定标准　第一册　土建工程》(JTG F80/1—2017)11.3.1。

(17)《公路工程质量检验评定标准　第一册　土建工程》(JTG F80/1—2017)11.3.2。

(18)《公路工程质量检验评定标准　第一册　土建工程》(JTG F80/1—2017)11.3.2。

(19)《公路工程质量检验评定标准　第一册　土建工程》(JTG F80/1—2017)11.3.2。

(20)《公路工程质量检验评定标准　第一册　土建工程》(JTG F80/1—2017)11.3.2。

5.(21)ABCD　(22)ABCD　(23)B　(24)ABCD　(25)AD

【解析】(21)以上项目也为出厂检验项目。《突起路标》(GB/T 24725—2009)7.2。

(22)~(25)《突起路标》(GB/T 24725—2009)7.2。

6.(26)ABC　(27)ABCD　(28)BCD　(29)BCD　(30)AD

【解析】(26)《环形线圈车辆检测器》(GB/T 26942—2011)5.3.1。

(27)《环形线圈车辆检测器》(GB/T 26942—2011)5.3。

(28)《环形线圈车辆检测器》(GB/T 26942—2011)5.5、6.7。

(29)《环形线圈车辆检测器》(GB/T 26942—2011)5.7。

(30)《环形线圈车辆检测器》(GB/T 26942—2011)6.6.2.4。

7.(31)BCD　(32)C　(33)AD　(34)ABCD　(35)ABC

【解析】(31)《高速公路LED可变信息标志》(GB/T 23828—2009)7.2.4。

(32)《高速公路LED可变信息标志》(GB/T 23828—2009)7.2.3。

(33)《高速公路LED可变信息标志》(GB/T 23828—2009)7.2.5。

(34)耐化学品腐蚀性能虽不属于型式检验项目,但是非检项目,故选。《高速公路LED可变信息标志》(GB/T 23828—2009)7.3.3。

(35)返修次数不应超过2次。《高速公路LED可变信息标志》(GB/T 23828—2009)5.3.1。

8.(36)ABC　(37)ABCD　(38)ABCD　(39)ABD　(40)ABC

【解析】(36)选项D该种传输信道利用率很低。

(37)频带传输是多路信号同时在一个信道中传输的重要方法之一。

(38)中继器(光放大器)一般上百公里才用。

(39)选项 C 多余。

(40)选项 D 多余。

9.(41)C　(42)B　(43)C　(44)AB　(45)ACD

【解析】(41)《公路照明技术条件》(GB/T 24969－2010)5.3.2。

(42)平均亮度检测值 =2.0/0.7 =2.86cd/m^2。

(43)平均照度检测值 =30/0.7 =42.9lx。

(44)《公路照明技术条件》(GB/T 24969－2010)6.2.1。

(45)《公路照明技术条件》(GB/T 24969－2010)6.1。

10.(46)A　(47)ABC　(48)ABD　(49)ABCD　(50)ABCD

【解析】(46)《环境试验　第 2 部分:试验方法　试验 N:温度变化》(GB/T 2423.22—2012)7、8、9。

(47)《环境试验　第 2 部分:试验方法　试验 N:温度变化》(GB/T 2423.22—2012)7。

(48)转换时间应≤3min。《环境试验　第 2 部分:试验方法　试验 N:温度变化》(GB/T 2423.22—2012)。

(49)《环境试验　第 2 部分:试验方法　试验 N:温度变化》(GB/T 2423.22—2012)7.2.3。

(50)GB/T 2423.22—2012 中未提及以上情况,但温度交变试验可能会使样品出现以上问题。